Günther Wienberg (Hg.)

Schizophrenie zum Thema machen

Grundlagen und Praxis

Günther Wienberg (Hg.)

Schizophrenie zum Thema machen

Psychoedukative Gruppenarbeit
mit schizophren und schizoaffektiv erkrankten Menschen

Grundlagen und Praxis

2. bearbeitete Auflage

Psychiatrie-Verlag

Die Deutsche Bibliothek – CIP-Einheitsaufnahme

Schizophrenie zum Thema machen : psychoedukative Gruppenarbeit mit schizophren und schizoaffektiv erkrankten Menschen/PEGASUS. – Bonn : Psychiatrie-Verl.

Grundlagen und Praxis / Günther Wienberg (Hg.).
2., stark bearb. und erw. Aufl. – 1997
ISBN 3-88414-166-X
NE: Wienberg, Günther [Hrsg.]

© Psychiatrie-Verlag gGmbH, Bonn, 2. stark bearb. und erw. Auflage 1997
Alle Rechte vorbehalten.
Umschlaggestaltung: Frank Rothe, Bielefeld
Druck und Bindung: Kösel GmbH & Co, Kempten

Inhalt

Vorwort des Herausgebers — 9

Vorwort zur 2. Auflage — 11

Geleitwort: Asmus Finzen — 12

I. Grundlagen

Aktuelle Modellvorstellungen zur Schizophrenie – Das Verletzlichkeit-Streß-Bewältigungs-Konzept
Günther Wienberg

1. Einführung — 18
2. Krankheitszeichen schizophrener Psychosen — 19
3. Schizophrenieverständnis und Psychiatriegeschichte: Von Emil Kraepelin zu Luc Ciompi — 28
4. Die besondere Verletzlichkeit für Schizophrenie – Phase I — 36
5. Die Entwicklung akuter schizophrener Psychosen – Phase II — 71
6. Die Langzeitentwicklung schizophren erkrankter Menschen – Phase III — 94
7. Zusammenfassung und therapeutische Konsequenzen — 117

Psychoedukative Therapie schizophren Erkrankter – Einordnung und Überblick
Günther Wienberg und Bernhard Sibum

1. Kenntnisse und Einstellungen von Betroffenen über die Erkrankung und ihre Behandlung — 131
2. Die Therapie schizophren erkrankter Menschen – Grundlagen — 148
3. Neuroleptikatherapie — 172
4. Psychotherapie — 188
5. Psychoedukative Therapie — 195

Psychoedukative Gruppenarbeit mit schizophren und schizoaffektiv Erkrankten/PEGASUS – Ziele, Inhalte und Methoden
Günther Wienberg und Sibylle Schünemann-Wurmthaler

1. Zielsetzung des PEGASUS-Konzeptes	213
2. Inhalte	215
3. Rahmenbedingungen der praktischen Durchführung	218

II. Praxis

Experte für die eigene Erkrankung – Psychoedukative Gruppenarbeit aus Sicht eines Betroffenen
Wolfgang Voelzke

Erfahrungen mit der psychoedukativen Gruppenarbeit	228
Hinweise zur praktischen Durchführung	229
Wirkungen der psychoedukativen Gruppenarbeit auf mein Selbstbewußtsein als Psychiatrie-Erfahrener	229
Auswirkungen der psychoedukativen Gruppenarbeit auf meine Einstellung zur Erkrankung und meine individuelle Krisenbewältigung	230

Psychoedukative Gruppenarbeit im psychiatrischen Alltag einer Region – Erfahrungen mit der Umsetzung im ambulanten/komplementären Bereich
Sylke Albes, Thorsten Buick und Marite Pleininger-Hoffmann

Einführung	232
Vorbereitung und Organisation der Gruppenangebote	232
Die TeilnehmerInnen	233
Die ModeratorInnen	235
Das Manual	235
Auswirkungen und Bedeutung der Gruppenarbeit	236

**Vom Behandler zum Verhandlungspartner –
Erfahrungen mit psychoedukativer Gruppenarbeit
aus ärztlicher Sicht**
Veronika Christiansen und Bernhard Sibum

Einführung	239
Zur praktischen Durchführung	240
»Wirkungen« der Gruppenarbeit auf Seiten der TeilnehmerInnen	241
»Wirkungen« der Gruppenarbeit auf Seiten der ModeratorInnen	242
Zusammenfassung und Ausblick	243

**Produktive Störung –
Psychoedukative Gruppenarbeit
im tagesklinischen Kontext**
Marion Kastner-Wienberg

Einführung	245
Durchführung	249
Die Einschätzung der Wirkung – oder was ist bis jetzt dabei herausgekommen?	253
Resümee	256

**Das Fortbildungskonzept der PEGASUS-Gruppe –
Konzeption und praktische Erfahrungen**
Günther Wienberg, Bernhard Sibum und Uwe Starck

1. Einführung	257
2. Rahmenkonzept	259
3. Das Theorie-Seminar	262
4. Praxis-Training und Supervision	266

Anhang

Literatur	274
Autorinnen und Autoren	302

Vorwort des Herausgebers

»Schizophrenie zum Thema machen« – mit diesem Obertitel erscheinen gleichzeitig zwei Bücher im Psychiatrie-Verlag: das Manual zur Durchführung *»Psychoedukativer Gruppenarbeit mit schizophren und schizoaffektiv Erkrankten«/PEGASUS* einschließlich Materialien sowie dieses Buch mit dem Untertitel »Grundlagen und Praxis«.

Im ersten Kapitel der »Grundlagen« wird der Versuch unternommen, den aktuellen Wissensstand über schizophrene Psychosen, ihre Entstehungsbedingungen und Entwicklungsdynamik im Überblick darzustellen (WIENBERG). Dies geschieht auf der Grundlage eines theoretischen Rahmenmodells, das von einem recht breiten Konsens in der psychiatrischen Fachwelt getragen wird: dem Verletzlichkeits-Streß-Bewältigungsmodell schizophrener Psychosen. Im zweiten Kapitel wird vor dem Hintergrund dieses Modells ein Verständnis der Therapie schizophren Erkrankter entwickelt, das biologischen und psycho-sozialen Therapieansätzen ihren Stellenwert im Rahmen eines umfassenden Gesamtbehandlungsplanes zuweist. Dies geschieht unter besonderer Akzentuierung der *psychoedukativen Therapie*, die wir als unverzichtbaren Basisbaustein einer betroffenenorientierten Therapie betrachten, die sich an dem Grundsatz *Verhandeln statt Behandeln* ausrichtet (WIENBERG & SIBUM). Im dritten Kapitel schließlich werden Ziele, Inhalte und Methoden einer Variante psychoedukativer Therapie vorgestellt, die unsere Bielefelder Arbeitsgruppe in den letzten fünf Jahren entwickelt und erprobt hat, das PEGASUS-Konzept (WIENBERG & SCHÜNEMANN-WURMTHALER). Im Teil I »Grundlagen« wurde zugunsten einer besseren Lesbarkeit zumeist nur die männliche Form bei Personennennungen verwandt. Das uns durchaus bewußte Dilemma der deutschen Sprache in diesem Punkt bleibt bestehen.

Teil II »Praxis« läßt die oft graue Theorie hinter sich zugunsten von alltagsnahen und anschaulichen Erfahrungsberichten aus der Umsetzung des PEGASUS-Konzeptes in der Region Bielefeld. Diese stammen aus unterschiedlichen Kontexten: der Entwicklungs- und Erprobungsphase (SCHÜNEMANN-WURMTHALER & SIBUM), der ambulant-komplementären Arbeit (ALBES, BUICK & PLEININGER-HOFFMANN), sowie der tagesklinischen Versorgung (KASTNER-WIENBERG). Außerdem kommt die Betroffenenperspektive zur Geltung (VÖLZKE), und es werden die Erfahrungen mit psychoedukativer Gruppenarbeit speziell aus ärztlicher Sicht reflektiert (CHRISTIANSEN & SIBUM). Zusammengenommen möchten wir mit diesen Erfahrungsberichten Kolleginnen und Kollegen in anderen Regionen dazu ermutigen, psychoedukative Gruppenarbeit mit schizophren und schizoaffektiv erkrankten Menschen in ihre Praxis zu integrieren.

Dieses Buch richtet sich allerdings keineswegs ausschließlich an diejenigen psychiatrisch Tätigen, die konkret beabsichtigen, psychoedukative Therapie anzubieten. Zielgruppe sind vielmehr *Mitarbeiterinnen und Mitarbeiter aller Berufsgruppen, die in ihrer Praxis regelmäßig mit schizophren erkrankten Menschen zusammenarbeiten*. Sie sollen auf umfassende und zugleich verständliche Weise über den aktuellen Wissensstand zur Entwicklung und Behandlung schizophrener Psychosen informiert werden. Das Buch möchte damit eine Lücke schließen zwischen der fast kaum noch zu überblickenden Fülle von Einzelarbeiten und Forschungsberichten einerseits und den oft sehr umfangreichen Lehr- und Handbüchern andererseits. Es soll damit auch ein Beitrag geleistet werden, um die große Kluft zwischen Wissenschaft und Forschung sowie der Versorgungspraxis zu überbrücken. Dies immer wieder und immer wieder neu zu versuchen, ist sowohl fachlich als auch ethisch geboten: Wir schulden es den Betroffenen, daß wir unsere Handlungskonzepte nicht nur »gut meinen«, sondern sie auch nach dem besten verfügbaren Wissen ausrichten. Dabei ist unser Kenntnisstand über Schizophrenie nach wie vor äußerst lückenhaft und unbefriedigend. Aber wir wissen heute durchaus viel mehr als nichts, vor allem die letzten zwei Jahrzehnte haben zu einem qualitativen Erkenntnissprung geführt. Dieses Wissen wollen wir in seinen zentralen Inhalten verfügbar machen (Teil I); und wir beschreiben, was uns und den Betroffenen widerfährt, wenn wir versuchen, unser Wissen mit ihnen zu teilen und auch von ihnen zu lernen (Teil II).

Als Herausgeber habe ich vielen zu danken: Zuallererst den Co-Autoren und -Autorinnen, die nicht nur ihre Termine eingehalten, sondern auch einen manchmal wohl allzu kritischen Herausgeber ertragen haben; dem Psychiatrie-Verlag dafür, daß er einen Herausgeber erträgt, der weder Termine noch Seitenzahlen einhält; den Kollegen Hermann WAND und Else LEUTHARDT für die kritische Lektüre des ersten Kapitels sowie meinem Freund Dr. Jochen OSTERMANN für seine Durchsicht und seine wertvollen Anregungen zu den Kapiteln 1 und 2.

Ganz besonders danken möchte ich meiner Mitarbeiterin Frau Heike STEINBRÜCK, die den Großteil der Texte nicht nur erfaßt sondern immer wieder mit großem Gleichmut bearbeitet hat – solange bis mein Drang zum Perfektionismus erschöpft und die Verlagstermine unausweichlich geworden sind. Und schließlich – last but not least – danke ich meiner Frau Marion, die schmerzlich registriert, aber immer wieder akzeptiert hat, daß ich während der Arbeit an diesem Buch an vielen Abenden und Wochenenden zwar physisch anwesend, geistig jedoch oft ganz woanders gewesen bin.

Widmen möchte ich das Buch den beiden Psychiatern, von denen ich am meisten gelernt habe: Niels PÖRKSEN, der mich das Handwerk der Gemeindepsychiatrie gelehrt hat; und Luc CIOMPI, dem Vordenker und Wegbereiter eines Schizophrenie-Verständnisses, das den Betroffenen ihre Würde zurückgibt.

Günther Wienberg *Bielefeld, im März 1995*

Vorwort zur 2. Auflage

Knapp 2 Jahre nach Erscheinen dieses Buches im Frühjahr 1995 wird die 2. Auflage fällig. AutorInnen und Herausgeber freuen sich – und sind auch ein wenig überrascht – über den Erfolg des PEGASUS-Konzeptes im allgemeinen und dieses Begleitbandes über »Grundlagen und Praxis« im besonderen.

Sowohl die Nachfrage von Buch und Manual, als auch die inhaltlichen Rückmeldungen, die uns erreicht haben, bestätigen uns in der Überzeugung, daß es an der Zeit war und ist, Schizophrenie auf diese Weise zum Thema zu machen.

Nachdem das Manual bereits im Februar 1996 in einer korrigierten und verbesserten 2. Auflage erschienen ist, liegen die »Grundlagen« nunmehr ebenfalls in verbesserter und aktualisierter Form vor. Die wichtigsten Veränderungen gegenüber der 1. Auflage:

- Im Kapitel »Aktuelle Modellvorstellungen zur Schizophrenie« wurde ein Abschnitt über die Krankheitszeichen der Schizophrenie hinzugefügt, der auch auf die Unterscheidung von positiven und negativen Symptomen eingeht. Diese hat in den letzten Jahren – auch unter therapeutischen Gesichtspunkten – zunehmend an Bedeutung gewonnen.
- Sowohl im 1. als auch im 2. Kapitel (»Therapie«) wurde relevante neue Literatur zwischen Mitte 1995 und Ende 1996 selektiv berücksichtigt und eingearbeitet.
- Im 2. Teil des Buches (»Praxis«) wurde der Bericht von Sibylle SCHÜNEMANN-WURMTHALER und Bernhard SIBUM aus der Entwicklungs- und Erprobungsphase des PEGASUS-Konzeptes herausgenommen. Diese Phase liegt inzwischen 6 Jahre zurück, und unsere Erfahrungen mit dem Konzept beruhen nunmehr auf einer breiteren Grundlage. U.a. liegen erste Ergebnisse systematischer TeilnehmerInnen- und ModeratorInnen-Befragungen vor (s. Literaturverzeichnis: WIENBERG 1997).
- Hinzugefügt wurde am Schluß des Praxis-Teils ein Artikel von WIENBERG, SIBUM & STARCK über das Fortbildungs-Konzept unserer Arbeitsgruppe und die Erfahrungen, die wir damit bisher gemacht haben.

Die übrigen Arbeiten des Praxis-Teils (VOELZKE; ALBES, BUICK & PLEININGER-HOFFMANN; CHRISTIANSEN & SIBUM; KASTNER-WIENBERG) wurden unverändert in die 2. Auflage übernommen. Als authentische Erfahrungsberichte sind sie nach wie vor aktuell und praxisrelevant.

Als Herausgeber danke ich an dieser Stelle meiner Mitarbeiterin, Frau Christa Hartmann, für ihre Unterstützung bei der mühseligen Aufgabe, das Literaturverzeichnis stets auf dem aktuellen Stand zu halten.

Ein besonderer Dank gilt dem Team vom Psychiatrie-Verlag für die gute und verläßliche Zusammenarbeit, ohne die auch die 2. Auflage nicht hätte realisiert werden können.

Günther Wienberg *Bielefeld, im März 1997*

Geleitwort

Schizophrenie ist eine ernste, aber gut behandelbare Krankheit. Schizophrenie ist ein Leiden, das Angst macht. Sie ist zugleich die schillernste aller psychischen Störungen. Weil sie so vielfältig ist, tun sich selbst Erfahrene oft schwer damit. Unerfahrene – das sind auch Kranke am Beginn ihres Leidens, Angehörige, Menschen aus dem Freundeskreis und Berufskollegen und die breite Öffentlichkeit – stehen der Krankheit eher ratlos oder zweifelnd gegenüber. Wo so viel Unklarheit besteht, müssen Vorurteile Platz greifen. Diese versteigen sich auf der einen Seite zum Märchen von der Unheilbarkeit der Störung, auf der andern zu der Unterstellung, die Schizophrenie gäbe es gar nicht. Sie sei eine Erfindung der Psychiatrie. Leider trifft das nicht zu.

Der Gerechtigkeit halber sei angemerkt, daß auch die Psychiatrie sich mit der Schizophrenie, den »Psychosen aus dem schizophrenen Formenkreis« – so die korrektere Bezeichnung – schwergetan hat. Seit Emil Kraepelin, ein in Heidelberg und München tätiger deutscher Arzt und Psychiatrieforscher, Ende des 19. Jahrhunderts eine Gruppe von psychischen Störungen, die bis dahin als voneinander unabhängige Krankheiten gegolten hatten, als »Dementia praecox« zusammenfaßte, haben die Krankheit und ihre Diagnose eine wechselvolle Geschichte durchgemacht. Dazu hat die unglückliche Begriffsbildung durch Kraepelin gewiß beigetragen. Die Psychosen aus dem schizophrenen Formenkreis bewirken eben gerade *keine* »Dementia praecox«, keinen vorzeitigen Verlust des Verstandes, der Denk- oder der Wahrnehmungsfähigkeit und schon gar nicht den Verlust der Intelligenz. Deshalb war es folgerichtig, daß Eugen Bleuler, Arzt und Forscher am Zürcher Burghözli, 1911 mit einer neuen Sichtweise von der Krankheit auch einen neuen Namen vorschlug. Leider erwies sich Bleulers Begriff als nicht weniger suggestiv als jener Kraepelins: Das Klischee von der »gespaltenen Persönlichkeit« leitet sich direkt vom Wort Schizophrenie ab.

Was ist nun also Schizophrenie? In der wissenschaftlichen Psychiatrie hat sich seit Anfang der siebziger Jahre ein Konsens darüber entwickelt. Der bekannte Londoner Sozialpsychiater John Wing hat diesen bereits vor einigen Jahren zusammengefaßt (deutsch Heinz Katschnig: Die andere Seite der Schizophrenie). Danach gibt es Krankheitserfahrungen, die ein zentrales schizophrenes Syndrom bedingen, das bei Kranken überall in der Welt anzutreffen ist: Das zentrale Syndrom ist gekennzeichnet durch das Erleben der Eingebung von Gedanken, der Gedankenübertragung und des Gedankenentzugs, durch Stimmen, die der Betreffende in der dritten Person über sich sprechen hört oder die seine Handlungen und Gedanken begleiten, überhaupt durch veränderte Wahrnehmungen seiner physischen Umgebung. So kann beispielsweise die ganze Welt in einen so intensiven persönlichen Bezug zu ihm treten, daß sich jedes Geschehen speziell auf ihn zu beziehen scheint und eine besondere Mitteilung an ihn enthält. Es ist leicht einzusehen, daß ein davon Betroffener alle seinem kulturellen Hintergrund geläufigen Erklärungen, wie etwa Hypnose, Telepathie, Radiowellen oder Besessenheit zu Hilfe holt, um diese Störung zu erklären. Mit einiger Phantasie kann man sich so leicht vorstellen, was sich zu Beginn einer Schizophrenie abspielt und verstehen, weshalb Angst, Panik und Niedergeschlagenheit so häufig sind, und warum das Urteilsvermögen so oft gestört ist.

Gestörte Verständigung

Menschen, die unerschütterlich von der Wirklichkeit dessen, was sie sehen und hören, überzeugt sind, haben aus der Sicht der Mitmenschen »Wahnideen«. Sie erleben, daß andere ihnen zu nahe treten, sie bedrohen. Sie fühlen sich verfolgt. Die Außenwelt nimmt das als »Verfolgungswahn« wahr. Das Erleben, insbesondere aber das Verhalten der Kranken, das für andere oft nicht mehr verständlich und nachvollziehbar wird, bestimmt die Art und Weise, wie sie mit anderen umgehen und wie diese auf sie reagieren. Es leuchtet ein, daß eine Verständigung zwischen unterschiedlichen Wahrnehmungswelten nur schwer möglich ist, manchmal unmöglich. Insbesondere solange die Krankheit als solche nicht erkannt und anerkannt ist, reagieren Mitmenschen mit Unverständnis. Sie sind ungehalten. Sie »normalisieren«. Sie pochen darauf, daß der oder die andere die Regeln des üblichen mitmenschlichen Umgangs einhalten, daß sie ihre Aufgaben und sozialen Rollenverpflichtungen erfüllen. Sie erwarten, daß die Erkrankten sich »normal« verhalten. Sie kommen gar nicht auf die Idee, sie könnten es mit psychisch gestörten Menschen zu tun haben.

Sie erwarten deshalb von ihnen, sie mögen sich verhalten wie andere Menschen auch; und sie sind schlicht sauer, wenn Kranke, die zu Beginn ihres Leidens ja auch nicht wissen, was sich in ihnen abspielt, auf ihre Symptome etwa mit sozialer Lähmung und gefühlsmäßigem Rückzug reagieren und beispielsweise nicht mehr pünktlich und nicht mehr regelmäßig zur Arbeit erscheinen. Sie sind ungehalten, wenn die Kranken im Gespräch mit ihnen zugleich mit ihren Stimmen beschäftigt sind. Sie verstehen ihre Angst und ihre Schreckhaftigkeit nicht und reagieren schließlich mit Gereiztheit, wenn sie mit ihrem Wunsch nach früher üblicher Nähe und sozialem und emotionalem Umgang mehrfach zurückgewiesen werden, weil auch das Gefühlsleben der Kranken gestört ist, ohne daß die Menschen aus ihrer Umgebung dies wissen.

Leid und Bedrückung

Es ist nicht schwer, sich vorzustellen, daß aus solchem psychosebedingten einander Nicht-Verstehen-Können viel Leid erwachsen kann, viel Zorn, Bedrückung, Gefühle von Gereiztheit und Bedrohung, aber auch Aggressivität bis zur Handgreiflichkeit. Es ist auch nicht schwer zu verstehen, daß die Veränderung der gegenseitigen Wahrnehmung, für die man keine Erklärung hat, bei den Kranken wie bei ihrer Umgebung Ratlosigkeit auslösen muß – und Hilflosigkeit. Wenn die bewährten Formen des Umgangs miteinander nicht tragen, werden Beziehungen aussichtslos. Wenn soziale Normen und Erwartungen nicht mehr eingehalten werden und gewohntes Rollenverhalten nicht mehr gelebt werden kann, trägt das Prinzip von der Normalisierung und Normalität im Umgang miteinander nicht mehr. Es muß zum Bruch kommen, wenn das Verhalten des anderen nicht als krank verändert wahrgenommen und damit bis zu einem gewissen Grad auch entschuldigt werden kann.

Im Alltag gehen langwierige Leidensphasen dem Begreifen voraus, daß eine Krankheit vorliegt: heftige Konflikte zwischen den Kranken und ihren Angehörigen, Abbrüche von Freundschaften, sozialer Rückzug der Betroffenen, Ausschluß aus Vereinigungen und Gruppen, in denen sie lange gelebt haben, Berufs- und Wohnungsverlust, wenn nicht gar Verwahrlosung. Dabei geht es beiden Seiten gleich. Die Kranken spüren, daß sich mit ihnen etwas verändert hat, daß irgend etwas nicht stimmt. Aber sie wissen nicht was, zumindest können sie es nicht als psychische Krankheit begreifen. Ihre gesunden Mitmenschen merken ebenfalls, daß sich etwas verändert. Aber sie können sich nicht erklären, was. Sie deuten die Veränderung aufgrund von allgemeinen sozialen und normalpsychologischen Maßstäben. Ein Krankheitsgedanke liegt fern, weil die Unterstellung wechselseitiger »Normalität« eine wesentliche Grundlage gesellschaftlichen Zusammenlebens und Handelns ist. Dem Scheitern der normalpsychologischen Bewältigungsversuche folgt nicht selten die krisenhafte Zuspitzung, der psychische Zusammenbruch, der die Diagnose und die psychiatrische Behandlung erst möglich macht.

Mythos der Unheilbarkeit

In der Öffentlichkeit ist die Schizophrenie auch heute noch mit dem Mythos der Unheibarkeit belastet. Nichts ist falscher als das. Bei konsequenter Behandlung ist Schizophrenie eine Krankheit mit recht günstiger Prognose. Seit der Erstbeschreibung durch Eugen BLEULER ist bekannt, daß ein Fünftel bis ein Drittel der Schizophreniekranken unabhängig von der Art der Behandlung von allein wieder gesundet. Ein weiteres Drittel hat mit Unterstützung der Therapie eine günstige Prognose. Aber auch beim letzten Drittel kann die heutige Psychiatrie durch aufeinander abgestimmten Einsatz von Medikamentenbehandlung, Psychotherapie und sozialen Rehabilitationsmaßnahmen viel bewirken. Ein Anliegen des von Günther WIENBERG herausgegebenen Buches und dem dazugehörigen Manual ist es, die Behandlungschancen unter dem besonderen Aspekt der psychoedukativen Arbeit mit schizophreniekranken Menschen zu verbessern.

Glücklicherweise ist der therapeutische Nihilismus gegenüber den Störungen aus dem schizophrenen Formenkreis, der die Psychiatrie lange Zeit beherrscht hat, allenthalben im Schwinden begriffen. Das hängt nicht zuletzt mit dem Aufstieg der Vulnerabilitätshypothese zusammen, die in diesem Buch ausführlich vorgestellt wird. Sie bündelt unsere Vorstellungen von der Entstehung und dem Wesen am treffendsten und enthält in ihrem Kern zugleich eine Aufforderung zum Handeln. Sie nimmt Gedanken wieder auf, die Eugen BLEULER bereits in der Erstbeschreibung der Gruppe der Schizophrenien angedeutet und Manfred BLEULER in einem autobiographischen Text fortgeführt hat:

> »Unsere Therapie wird oft als symptomatisch beurteilt und viele glauben, daß sie durch eine ›kausale Therapie‹ ersetzt werden wird, sobald die Ursache der Psychose entdeckt ist. Ich bin überzeugt, daß wir heute schon viel über die Ursache der Krankheit wissen, dieses Wissen erlaubt uns, unsere Therapie im Hinblick auf die Genese der Psychose als angemessen kausal und sehr wichtig anzusehen. Wir

meinen, diese Therapie verdient es, weiterentwickelt und mit einem Gefühl der Überzeugung angewendet zu werden: Wir wollen den Patienten in aktive Gemeinschaften eingliedern, Möglichkeiten für die Entfaltung seiner Fähigkeiten schaffen und ihn beruhigen, wenn die Psychose zu quälend ist oder ein gefährlicher Erregungszustand eintritt« (M. BLEULER 1985).

Im Sinne Bleulers handeln

Damit dies möglich ist – die Kranken in aktive Gemeinschaften einzugliedern und Gelegenheit für die Entfaltung ihrer Fähigkeiten zu schaffen –, müssen wir sie möglichst frühzeitig und umfassend in die Behandlung einbeziehen. Wir müssen sie in den Stand versetzen, sich aktiv mit ihrer Krankheit auseinanderzusetzen. Voraussetzung dafür ist wiederum, daß sie so viel wie möglich über ihre Krankheit erfahren. Dazu wiederum ist es notwendig, daß wir einige Vorurteile über Bord werfen. Das wichtigste ist jenes, daß Schizophreniekranke krankheitsbedingt »krankheitsuneinsichtig« seien. Auch körperlich Kranke sind uneinsichtig gegenüber den wohlmeinenden Ratschlägen ihrer Behandelnden. Auch sie verleugnen ihre Krankheit. Sie wollen sich nicht damit konfrontieren.

Es ist richtig, daß jene Veränderungen, die das zentrale schizophrene Syndrom ausmachen, die Wahrnehmung der schizophrenen Störung, insbesondere aber ihre Identifikation als Krankheit erschweren. Aber daß sich etwas in ihnen verändert, daß sich ihre Beziehungen zu anderen Menschen verändern, das spüren die Kranken allemal. Und diese Selbst-Erfahrung der Krankheit ist ein wichtiger Anknüpfungspunkt für den Erwerb von Wissen darüber. Solches Wissen kann helfen, die eigene Vulnerabilität – die individuelle Verletzlichkeit – zu erkennen und belastende Situationen womöglich zu meiden oder Wege zu ihrer Bewältigung zu entwickeln. Es kann helfen, einen vernünftigen Umgang mit Medikamenten, ihren Wirkungen und ihren Nebenwirkungen zu finden. Es kann helfen, Entfaltungsspielräume zu entwickeln und ihre Grenzen zu erkennen.

Vieles von dem, was man heute den psychoedukativen Ansatz nennt, war im klassischen sozialpsychiatrischen Rahmen selbstverständlicher Bestandteil von Behandlung und Rehabilitation – manches davon mehr, manches weniger bewußt. Dennoch ist es von unschätzbarem Vorteil, die Elemente des Lernens, des Trainings und des bewußten Erfahrungsaustauschs zu einem therapeutischen Ansatz eigener Art weiterzuentwickeln. Zum einen durchlaufen beileibe nicht alle Schizopreniekranken sozialpsychiatrisch fundierte Rehabilitationsprogramme. Zum andern kann der psychoedukative Ansatz nicht nur *gezielter* eingesetzt werden, sondern auch *früher* im Verlauf der schizophrenen Erkrankung und auf diese Weise zur Vermeidung von Rückfällen und Chronifizierung beitragen. Vor allem macht er zum Programm, was viele Therapeutinnen und Therapeuten aller Professionen, viele Kranke und Angehörige noch immer ängstlich vermeiden – und was für den weiteren Verlauf außerordentlich wichtig ist: Er macht die Schizophrenie zum Thema.

Asmus Finzen *Basel, im Frühjahr 1995*

Für die praktische Umsetzung

Manual und Materialien
zu
Schizophrenie zum Thema machen
Psychoedukative Gruppenarbeit mit schizophren und
schizoaffektiv erkrankten Menschen/PEGASUS
von
G. Wienberg, S. Schünemann-Wurmthaler, B. Sibum

ISBN 3-88414-165-1, 2. Aufl.,
134 Seiten im Großformat A4, mit 43 Kopiervorlagen
(Materialien für ein 14 Stunden umfassendes Gruppenkonzept)
48.- DM (44.50 sFr, 350 öS)

Das PEGASUS-Manual
bildet die Grundlage zur praktischen Durchführung eines
14 Stunden umfassenden Gruppenkonzeptes. Ziele, Inhalte und
methodische Durchführung der einzelnen Stunden werden
detailliert beschrieben, Kopiervorlagen für sämtliche didaktische
Materialien sind beigefügt.

•

Das PEGASUS-Konzept
ist gedacht als therapeutischer »Basisbaustein« im Rahmen
eines eher langfristig angelegten Behandlungs- und Betreuungsprozesses.
Es ist nur in geschlossenen Gruppen sinnvoll durchführbar, wobei eine
gewisse Belastbarkeit der TeilnehmerInnen gewährleistet sein muß.

•

Sein Hauptanwendungsgebiet
liegt deshalb im ambulanten (Sozialpsychiatrische Dienste,
Praxen, Fachambulanzen, Polikliniken) und komplementären
Bereich (Wohneinrichtungen, Kontakt- und Beratungsstellen,
Tagesstätten). Aber auch Tageskliniken können unter
bestimmten Voraussetzungen geeignet sein.

Psychiatrie-Verlag

I. Grundlagen

*Alles sollte so einfach wie möglich
gemacht werden, aber nicht einfacher.*

Albert Einstein

Aktuelle Modellvorstellungen zur Schizophrenie – Das Verletzlichkeit-Streß-Bewältigungs-Konzept

Günther Wienberg

1. Einführung

Psychoedukative Gruppenarbeit mit Menschen, die mehrfach eine akute schizophrene Psychose durchlebt haben, macht die schizophrene Erkrankung selbst unmittelbar zum Thema. Es geht um die vorausgehenden und auslösenden Bedingungen, das Erleben der akuten Psychose, die Behandlungsmöglichkeiten sowie die Rolle des Betroffenen bei der Früherkennung, Bewältigung und Vorbeugung von psychotischen Krisen.

Psychoedukative Gruppenarbeit ist damit als ein Versuch zu verstehen, die Sprachlosigkeit zu überwinden, die zwischen psychiatrisch Tätigen einerseits und Betroffenen andererseits traditionell besteht und bis heute weit verbreitet ist, wenn es um Fragen wie etwa folgende geht:

Wie lautet meine Diagnose? Was ist Schizophrenie? Wie entsteht die Krankheit? Wie sind meine Zukunftsaussichten? Was nützen/schaden neuroleptische Medikamente? Was kann ich selbst tun, um seelisch stabil zu bleiben?

Die Tatsache, daß solche und ähnliche Fragen bis in die Gegenwart hinein von Betroffenen nur selten gestellt und von Professionellen noch seltener zufriedenstellend beantwortet werden, wirft ein bezeichnendes Licht auf die »therapeutische Beziehung« in der Psychiatrie. Psychiatrisch Tätige nehmen zumeist für sich in Anspruch, diese Beziehung soweit wie möglich offen, partnerschaftlich und verläßlich zu gestalten. Wie ist es aber um die Qualität dieser Beziehung bestellt, wenn Fragen wie die oben genannten ausgeklammert oder allenfalls fragmentarisch behandelt werden? Offenheit müßte doch heißen, den eigenen Standpunkt und die jeweiligen Kenntnisse möglichst transparent und damit hinterfragbar zu machen. Partnerschaftlich ist eine Haltung, die den Dialog wagt und die Erfahrungen, Kenntnisse und Fähigkeiten von Betroffen zu Wort kommen und gelten läßt. Verläßlich schließlich ist ein Helfer wohl erst, wenn er sich den zum Teil ja existentiellen Fragen nicht verschließt und gemeinsam mit dem Fragenden zumindest nach vorläufigen Antworten sucht.

Wenn es stimmt, daß Inhalts- und Beziehungsebene in der zwischenmenschlichen Kommunikation nicht voneinander zu trennen sind, läßt die verbreitete Nicht-Kommunikation über den Inhalt »Schizophrenie« darauf schließen, daß auch etwas an der Beziehung nicht stimmt. Denn letztlich wird *das* Thema ausgeklammert, das psychiatrisch Tätige und Betroffene zu allererst zusammenbringt. Andersherum: Die bewußte und aktive Thematisierung des Inhaltes »Schizophrenie« wird auch die Beziehungsebene verändern und genau das ist die Erfahrung, die wir, die Autoren dieses Bandes, gemacht haben. Doch dazu später (s. Teil II).

Beginnen wir mit dem *Inhalt.* In diesem Kapitel werden diejenigen Modellvorstellungen über schizophrene Psychosen, ihre Entwicklung und Behandlung dargestellt, die unserem Konzept der psychoedukativen Gruppenarbeit zugrunde liegen. Diese Modellvorstellungen repräsentieren die hauptsächlichen Inhalte, die die professionellen Teilnehmer (die Moderatoren) als *Informationen* in die Gruppenarbeit einbringen. Zugleich liefern diese Modellvorstellungen selbst aber auch die beste *Begründung* dafür, warum es sinnvoll und notwendig ist, psychoedukative Gruppen für Betroffene anzubieten.

Die inhaltliche Darstellung dieses Kapitels zielt darauf ab, einen Überblick über den theoretischen und empirischen Hintergrund der Gruppenarbeit zu geben. Dieser Überblick muß auf eine Vertiefung im Detail verzichten. Die Darstellung dieses Kapitels bietet deshalb für sich genommen noch *keine* hinreichende Informationsbasis dafür, um die Inhalte, um die es in der Gruppenarbeit geht, so weit zu erarbeiten, wie es für die praktische Durchführung erforderlich ist. Dies gilt zumindest für solche Leser, die über keine oder nur geringe Vorkenntnisse über den aktuellen Stand der Forschung und Theoriebildung zu schizophrenen Psychosen verfügen.

Um diesen Lesern Hilfestellung für die eigene Erarbeitung der jeweiligen Inhalte zu vermitteln, wird großer Wert auf weiterführende Literaturhinweise gelegt. Die Auswahl der Literatur orientiert sich dabei an folgenden Grundsätzen:
- Vorrangig werden neuere, deutschsprachige Übersichtsarbeiten genannt. In diesen Arbeiten findet sich ein zusammenfassender Überblick über den Forschungsstand zu dem jeweiligen Themenbereich, der einigermaßen repräsentativ und möglichst aktuell ist.
- Falls entsprechende deutschsprachige Arbeiten nicht vorliegen oder diese nicht ausreichend repräsentativ/aktuell sind, werden nachrangig aktuelle englischsprachige Übersichtsarbeiten aufgeführt.
- Deutsch- oder englischsprachige Einzelarbeiten (ohne Übersichtscharakter) werden dann angegeben, wenn sie für das Thema von herausragender Bedeutung sind und/oder geeignete Übersichtsarbeiten dazu nicht vorliegen.

2. Krankheitszeichen schizophrener Psychosen

2.1 Symptome und Diagnostik

»Das grundsätzliche Kennzeichen, das freilich nicht in jedem Stadium nachweisbar ist, liegt darin, daß das Gesunde dem Schizophrenen erhalten bleibt. Es wird nicht aufgelöst, sondern versteckt. Das schizophrene Leben ist weiter gekennzeichnet durch Mangel an Einheitlichkeit und Ordnung aller psychischen Vorgänge ... und die Unmöglichkeit, sich als einheitliche Person zu empfinden.« (E. BLEULER 1969, S. 369)

Wie das ganze Buch, so wendet sich auch dieses Kapitel in erster Linie an Praktiker. Es wird also vorausgesetzt, daß der Leser aus praktischer Erfahrung im psychiatrisch-psychosozialen Kontext eine anschauliche Vorstellung von Menschen hat, die an einer akuten oder auch einer chronischen schizophrenen Psychose erkrankt sind.

»Anschaulich« ist dabei gemeint im Sinne von »äußerlich im Verhalten wahrnehmbar«. Eine Vorstellung, wie schizophrene Psychosen erlebt werden, wie sie sich anfühlen, ist damit nicht notwendigerweise verbunden. Die Diagnose einer schizophrenen Psychose muß sich allerdings weitgehend auf das von außen Wahrzunehmende stützen (einschl. der Äußerungen der Betroffenen über innere Vorgänge). Diagnostische Hilfsmittel, wie sie bei anderen Erkrankungen wertvolle Dienste leisten können (z.B. Laborwerte, Röntgenaufnahmen etc.), helfen bei Psychoseerkrankungen bekanntlich nicht weiter.

Eine anschauliche Vorstellung vorausgesetzt wird hier auf eine differenzierte Beschreibung von Krankheitszeichen (Symptomen) schizophrener Psychosen verzichtet. Dem unerfahrenen Leser können die Arbeiten von TÖLLE (1991) und FINZEN (1993 a) empfohlen werden.

In diesem Abschnitt sollen lediglich einige grundlegende Erkenntnisse bezüglich der Symptomatik schizophrener Erkrankungen zusammengefaßt werden.

1. *Schizophrene Psychosen sind mehr oder weniger tiefgreifende Störungen der Gesamtpersönlichkeit.*
   Das heißt, sie betreffen in der Regel nicht nur einzelne, bestimmte psychische Funktionen, sondern sie beeinflussen das Erleben und Verhalten in seiner Gesamtheit. So sind zumeist simultan betroffen:
   - *Das Denken:* Es kann inhaltlich (z.B. in Form eines Wahns) oder formal (z.B. in Form von Zerfahrenheit, Sperrung, Gedankenabreißen, gemachten Gedanken und Gedankenentzug) gestört sein.
   - *Das Fühlen:* Die Störungen des Gefühlslebens können außerordentlich vielfältig sein, z.B. inadäquater Affekt (das Erleben entspricht nicht dem Affektausdruck); Ambivalenz (beziehungsloses Nebeneinander unvereinbarer Erlebnisqualitäten), Instabilität; erlebte Gefühlsverarmung, depressive Verstimmungen; übersteigerter Affekt, Glücksgefühl. In der akuten Psychose bzw. dem unmittelbaren Vorstadium fehlt darüber hinaus Angst bis zur Panik fast nie. Schizophrene Psychosen sind also immer auch tiefgreifende Störungen des Gefühlslebens.
   - *Das Wahrnehmen (sehen, hören, riechen, schmecken, tasten):* Alle diese Sinne können qualitativ verändert sein; oder es kommt zu Halluzinationen (Wahrnehmungen ohne erkennbare Reizgrundlage), wobei akustische Halluzinationen (z.B. Stimmenhören) am häufigsten sind.
   - *Das Körperempfinden:* Die Störungen des Körperempfindens, auch Zönästhesien genannt, sind ebenfalls außerordentlich vielfältig. HUBER und seine

Arbeitsgruppe in Bonn haben diesen oft wenig beachteten Aspekt des schizophrenen Krankheitserlebens intensiv bearbeitet; sie unterscheiden 15 Typen von Zönästhesien, darunter Taubheits- und Lähmungserscheinungen, Sensationen der Vergrößerung/Verkleinerung, Bewegungs-, Zug- und Druckempfindungen etc. (HUBER & GROSS 1994).

- *Störungen des Verhaltens:* Die vielfältigen Störungen des Denkens, Wahrnehmens und Empfindens wirken sich natürlich auf das Verhalten der Betroffenen aus: Es kann fremd wirken, ist nicht mehr wie gewohnt einschätzbar und vorhersehbar; es kann zu für die Umwelt sehr bizarren Verhaltensweisen kommen einschl. selbst- oder fremdgefährdenden Handlungen. Extreme Verhaltensstörungen sind die katatone Erregung und die katatone Hemmung bis hin zum Mutismus (Bewegungslosigkeit und Ausdruckserstarrung). Ausgeprägte katatone Störungen sind aber unter dem Einfluß der modernen medikamentösen Behandlung seltener geworden. Schließlich:

- *Das Ich-Erleben:* Desintegration der psychischen Funktionen, d.h. Denken, Fühlen, Wahrnehmen, Handeln werden nicht mehr als Einheit erlebt; Autismus (Rückzug aus der Wirklichkeit in ein Binnenleben); Entfremdungserlebnisse (Depersonalisation, Derealisation); Verlust der Meinhaftigkeit, häufig verbunden mit dem Erleben des von außen Gemachten und der Beinflussung.

Die Desintegration oder »Dissoziation« der psychischen Funktionen ist besonders charakteristisch für das Ich-Erleben schizophren erkrankter Menschen. Denken, Fühlen, Wahrnehmen, Wollen, Handeln werden nicht mehr als einheitlich, als aus der eigenen Persönlichkeit organisch hervorgehend, erlebt. Schon KRAEPELIN sah im »Verlust der inneren Einheitlichkeit der Verstandes-, Gemüts- und Willensleistungen in sich und untereinander« ein wesentliches Charakteristikum der »dementia praecox«, und E. BLEULER bezeichnete diese Störung als Schizophrenien, weil nach seiner Überzeugung »die Spaltung der verschiedensten psychischen Funktionen eine ihrer wichtigsten Eigenschaften ist« (zit. nach ERKWOH 1996, S. 557). Diese Einsichten sind von großer Bedeutung für ein angemessenes Verständnis der Erkrankung und des Erkrankten.

2. *Kein Krankheitszeichen/Einzelsymptom ist spezifisch für schizophrene Erkrankungen.*
Das heißt, alle genannten Symptome können auch bei anderen psychischen bzw. psychotischen Erkrankungen vorkommen (z.B. organischen oder affektiven Psychosen; ANDREASEN 1995).

Selbst so »typisch« für schizophrene Erkrankungen erscheinende Symptome wie Halluzinationen kommen nicht nur bei anderen psychotischen Erkrankungen vor (z.B. schweren Depressionen, organischen Psychosen), sondern offensichtlich auch bei Menschen, die an keiner psychischen Erkrankung leiden. So gibt es inzwischen sowohl in den Niederlanden als auch in England Selbsthilfevereinigungen von Menschen, die Stimmen hören, also eine bestimmte Form von akustischen Halluzinationen haben. Epidemiologische Studien deuten darauf hin, daß 2-4 % der Bevölkerung mehr oder weniger häufig Stimmen hört, nur etwa 1/3 davon nimmt psychiatrische Hilfen in Anspruch. Viele schweigen über diese Erfahrung aus Angst, für »verrückt« gehalten zu werden. Das Phänomen scheint oft im Zusammenhang mit traumatischen Erlebnissen aufzutauchen (STRATENWERTH 1995).

Aus Untersuchungen mit älteren, sehbehinderten Menschen ist außerdem bekannt, daß etwa 12 % mehr oder weniger häufig optische Halluzinationen erleben, die je etwa zur Hälfte als »neutral bis angenehm« und »gemischt bis unangenehm« empfunden werden. Dreiviertel der Betroffenen haben über diese Erfahrungen bisher nicht mit ihrem Arzt gesprochen, aber alle waren erleichtert, zu erfahren, daß diese Erlebnisse nichts mit einer psychischen Erkankung zu tun haben müssen (THEUNISSE et al. 1996).

3. *Kein Einzelsymptom der Schizophrenie ist obligatorisch.*

   Das heißt, es gibt kein Symptom, dessen Vorhandensein für sich genommen die Diagnose sichert und ohne dessen Vorhandensein man nicht von einer schizophrenen Psychose sprechen kann. Dieser Umstand kommt z.B. dadurch zum Ausdruck, daß die verbreitetsten modernen Diagnose-Systeme (z.B. das *Diagnostic and Statistical-Manual of Mental Disorders*/DSM der Amerikanischen Psychiatrischen Gesellschaft sowie die *International Classification of Diseases*/ICD der Weltgesundheitsorganisation) für die Diagnose einer schiozophrenen Psychose keine definierten Einzelsymptome fordern, sondern eine variable Auswahl aus einer Liste mehr oder weniger charakteristischer Symptome.

4. *Das mit Abstand häufigste Symptom der akuten Psychose ist die »mangelnde Krankheitseinsicht«.*

   Dies ist jedenfalls ein Ergebnis der *International Pilot Study of Schizophrenia*, die unter Regie der WHO mit den gleichen Instrumenten und Methoden in mehr als 10 verschiedenen Ländern weltweit durchgeführt wurde. Die Befunderhebungen bei mehr als 800 akut Erkrankten ergaben u.a. folgende Symptomhäufigkeit:

   - Mangelnde Krankheitseinsicht   97 %
   - Akustische Halluzinationen   74 %
   - Beziehungswahn   70 %
   - Gefühlsverarmung   66 %
   - Verfolgungswahn   64 %
   - Denkstörungen   52 %

   (SCHIED 1990; zum Problem der Krankheitseinsicht vgl. WIENBERG & SIBUM in diesem Band, 1.).

5. *Die Diagnose einer Psychose aus dem schizophrenen Formenkreis basiert demnach auf der Identifikation eines »Musters« von für sich genommen unspezifischen, aber mehr oder weniger charakteristischen Einzelsymptomen.*

   Das, was bis heute »Schizophrenie« genannt wird, ist also eine Konventions- oder Vereinbarungssache. Die Grundlage für diese Vereinbarung war über die Jahrzehnte z.T. deutlichen Veränderungen unterworfen. Heute beruht sie wieder verstärkt auf den Beschreibungen des Krankheitsbildes, wie sie Emil KRAEPELIN und Eugen BLEULER vor rund 100 Jahren vorgelegt haben. Auch die modernen Diagnose-Systeme (DSM und ICD) beruhen sehr weitgehend auf den Kriterien von KRAEPELIN und seinen Nachfolgern.

Es bleibt eine scheinbar paradoxe Feststellung: Einerseits ist nicht genau anzugeben, wodurch »die Schizophrenie« definiert und abgegrenzt wird; zugleich besteht aber unter Forschern und Experten weltweit gegenwärtig ein sehr breiter Konsens darüber, wann von »Schizophrenie« gesprochen wird und wann nicht. Die begrifflich-definitorische Unsicherheit ist darüber hinaus in der Regel größer als die klinische, d.h. in der Praxis fällt die Diagnosestellung dem Kliniker bei typischen Bildern eher leicht, wenn auch an den Rändern zu anderen Störungsbildern im Einzelfall erhebliche Unsicherheiten verbleiben können. Dies gilt z.B. für die *Mischbilder* der schizoaffektiven Psychosen.

2.2 Positive und negative Symptome

Es hat in der psychiatrischen Krankheitslehre immer wieder Versuche gegeben, die verwirrende Vielfalt von Symptomen schizophrener Psychosen zu ordnen, wobei zumeist auch eine Hierarchisierung (Gewichtung) beabsichtigt war.

Ein bis heute bedeutsamer Versuch ist die Unterscheidung von Grund- und akzessorischen Symptomen durch Eugen BLEULER.

Zu den *Grundsymptomen* zählte er:
- Assoziationsstörungen: Denk- und Aufmerksamkeitsstörungen
- Affektivitätsstörungen: insbesondere Ambivalenz
- Störungen in Beziehungen zur Welt und zu anderen Menschen: insbesondere Autismus
- Störungen des Willens/Antriebs: Mangel an Initiative, Interesselosigkeit (Abulie, Anhedonie).

Zu den *akzessorischen* (hinzutretenden, nebensächlichen) Symptomen gehören:
- alle Wahnphänomene
- Halluzinationen
- katatone Hemmung und Erregung.

Hinter dieser Einteilung steht der Versuch, die akuten und in der Regel mehr oder weniger rasch und vollständig vorübergehenden Störungsbilder von den andauernden, zur Chronifizierung neigenden Störungen zu unterscheiden. Damit war die Vorstellung verbunden, die Grundsymptome stellten das »Kernsyndrom« der Schizophrenie dar. In den siebziger Jahren wurde dieser Versuch u.a. von den Arbeitsgruppen um John WING (WING & BROWN 1970) sowie John STRAUSS (STRAUSS et al. 1974) wieder aufgenommen, Anfang der achtziger Jahre von CROW (1980) und ANDREASEN (1982). Terminologisch wird jetzt unterschieden zwischen *positiven und negativen Symptomen* der Schizophrenie. Dabei verweist der Begriff »positiv« auf Erlebnis-, Verhaltens- und Ausdrucksweisen, die unter normalen – nicht krankhaften – Umständen nicht auftreten; »negativ« meint dagegen eine Beeinträchtigung bzw. Reduzierung von psychischen Funktionen, die normalerweise – in nicht krankhaften Zuständen – vorhanden sind.

Art und Zahl der Symptome, die von den verschiedenen Autoren und Arbeitsgruppen der jeweiligen Kategorie zugeordnet werden, variieren mehr oder weniger deutlich voneinander. Tab. 1 gibt eine Übersicht über diejenigen Symptome, bei denen die Übereinstimmung in der Zuordnung heute im allgemeinen sehr groß ist (vgl. die Übersichten bei KLOSTERKÖTTER 1990, MÖLLER 1995 a, b; ANDREASEN et al. 1995).

Tab. 1: Positive und negative Symptome der Schizophrenie (enge Fassung)

positiv	negativ
Wahnsymptome	Affektverflachung
Halluzinationen	Interessen- und Initiativverlust
	Inaktivität
	Sozialer Rückzug

Weniger Übereinstimmung herrscht dagegen bei der Zuordnung folgender Symptome: Bestimmte Arten von formalen Denk- und Aufmerksamkeitsstörungen; ungewöhnliches, »bizarres« Verhalten sowie unangemessene, d.h. nicht zur Situation passende Affekte (MÖLLER 1995 a, b). Diese Phänomene werden von den einen Autoren eher zu den positiven, von anderen dagegen zu den negativen Symptomen gezählt. Mehreren neueren Untersuchungen zufolge gehören sie nicht zur Negativ-Symptomatik (vergl. PERALTA & CUESTA 1996).

Man kann die Frage, welche Symptome »zusammengehören«, auch auf empirisch-statistischem Wege angehen. Hierbei verwendet man ein bestimmtes statistisches Analyseverfahren, die sog. Faktorenanalyse. Man geht dabei so vor, daß man an einer möglichst großen Gruppe von Patienten überprüft, welche aus einer Liste von Symptomen in welcher Ausprägung vorhanden sind. Anschließend wird durch ein mehrstufiges Rechenverfahren ermittelt, welche Symptome überzufällig häufig zusammen auftreten und so einen gemeinsamen »Faktor« bilden. Es sind inzwischen mehrere Dutzend solcher Studien in verschiedenen Ländern und an verschiedenen Untersuchungspopulationen durchgeführt worden, und die Ergebnisse weisen ein recht hohes Maß an Übereinstimmung auf. Bei der Interpretation der Ergebnisse von Faktoren-Analysen ist jedoch zu beachten, daß diese in hohem Maße davon abhängen, welche und wieviele Merkmale man in die Untersuchung einbezieht. So steigt z.B. mit der Zahl der untersuchten Merkmale (hier: Symptome) tendenziell auch die Zahl der gefundenen Faktoren. Darüber hinaus ist wichtig, welche Patientengruppe (Erst- oder chronisch Erkrankte) man zu welchem Zeitpunkt (akut krank, remittiert) untersucht.

Die empirische Analyse von Symptom-Konstellationen mittels Faktorenanalyse zeigt nun, daß die positiven Symptome Wahn und Halluzinationen praktisch immer zusammen auftreten, das gleiche gilt für die in Tabelle 1 genannten Negativ-Symptome.

Darüber hinaus findet sich in der überwiegenden Mehrzahl der neueren Untersuchungen ein dritter, relativ unabhängiger Faktor, der zumeist mit »Desorganisation« bezeichnet und durch Symptome gebildet wird, die auf formale Denkstörungen, außergewöhnliche Verhaltensweisen und unangemessene Affekte hindeuten (KLIMIDIS et al. 1993, JOHNSTONE & FRITH 1996, Übersicht bei ANDREASEN et al. 1995).

Die Symptome schizophrener Psychosen gruppieren sich also zu drei *Syndromen* (Symptom-Gruppen): Der Positv-Symptomatik, der Negativ-Symptomatik und der Desorganisiertheit. Dabei kann man die Auffassung vertreten, daß die Desorganisiertheit ein zweites positives Syndrom darstellt und somit die grundlegende Einteilung in positive und negative Symptom-Komplexe erhalten bleibt.

Die jeweiligen Symptome eines Syndroms tendieren sehr stark dazu, gemeinsam aufzutreten, während die Syndrome untereinander ein gewisses Maß an Unabhängigkeit aufweisen. In der Regel kovariieren sie gering- bis mittelgradig untereinander, d.h. sie können sowohl isoliert als auch in Kombination auftreten. »Reine« Formen von positven oder negativen schizophrenen Psychosen sind jedoch sehr selten, in aller Regel finden sich im Quer- und im Längsschnitt sowohl positive als auch negative Symptome (MARNEROS et al. 1992).

> Die Differenzierung von positiven und negativen Symptomen kann als empirisch begründetes Folgekonzept der »klassischen Unterformen« der Schizophrenie – paranoid-halluzinatorische, katatone, hebephrene und »einfache« Schizophrenie – gelten. Ein wesentlicher Unterschied zwischen den Syndromen und den »Unterformen« besteht jedoch darin, daß erstere im Quer- und im Längsschnitt mehr oder weniger große Überschneidungen aufweisen, während letzteren intraindividuell und über die Zeit eine gewisse Stabilität zugeschrieben wurde.

Die Unterscheidung von positven und negativen Symptomen hat in den letzten Jahren die Forschung stark angeregt, die Ergebnislage ist allerdings in vielen Punkten noch sehr vorläufig.
- Das Vorkommen negativer Symptome scheint in höherem Maße genetisch beeinflußt als das Vorkommen positiver.
- Vor allem die Negativ-Symptome sind in hohem Maße unspezifisch, die Abgrenzung beispielsweise zu depressiven Syndromen kann im Einzelfall schwierig sein.
- Es lassen sich keine konsistenten Geschlechts- und Altersunterschiede bezüglich Intensität und Ausprägung der Symptomatik feststellen.
- Negative Symptome sprechen schlechter auf konventionelle Neuroleptika an als positive (s. dazu auch WIENBERG & SIBUM in diesem Band, 3.).
- Ausgeprägte Negativ-Symptomatik im frühen Verlauf wird als ein ungünstiges prognostisches Merkmal diskutiert; die prognostische Bedeutung von Negativ-Symptomen ist jedoch nach wie vor nicht gesichert.
- Das gleiche gilt für Zusammenhänge zwischen Negativ-Symptomen und Gehirnanatomie bzw. -funktion.
  (MARNEROS & ANDREASEN 1992, MÜLLER-SPAHN et al. 1992, MAURER & HÄFNER 1995, MÖLLER 1995 a, b).

Unter therapeutisch-rehabilitativen Gesichtspunkten ist von besonderer Bedeutung der Verlauf, d.h. die zeitliche Dynamik positiver und negativer Symptome. Dabei ist zu unterscheiden zwischen den verschiedenen Stadien des Krankheitsverlaufs.
- Die erste Krankheitsepisode beginnt in den meisten Fällen mit Negativ-Symptomen. In einer methodisch anspruchsvollen Verlaufsstudie der Arbeitsgruppe um HÄFNER in Mannheim fanden sich zu Beginn der Erster-

krankung bei 70 % der Patienten ausschließlich Negativ-Symptome, bei 20 % positive und negative Symptome und bei 10 % ausschließlich positive Symptome.
- Im weiteren Verlauf der akuten Krankheitsepisode stehen in den meisten Fällen die positiven Symptome im Vordergrund, zum Teil wohl deshalb, weil sie die weniger spektakulären Negativ-Symptome überdecken.
- Die nachhaltige Besserung der Symptomatik nach einer akuten Psychose (Remission) braucht Zeit. In einer Gruppe von Ersterkrankten erreichten innerhalb eines Jahres 83 % der Patienten eine vollständige Remission der positiven und negativen Symptome. Bis dahin dauerte es im Durchschnitt fast 36 Wochen(!), wobei die Zeit bis zur Remission bei Männern erheblich höher war (48 Wochen) als bei Frauen (17 Wochen). Die Autoren resümieren: »Wir waren überrascht über die lange Zeitdauer bis zur Besserung.« (LIEBERMANN et al. 1993) In einer Studie von DRURY et al. (1996 b) betrug die durchschnittliche Zeit bis zur Remission immerhin 23 Wochen. Auch hier brauchten männliche Patienten länger bis zur Remission als weibliche.

  Angesichts der heutzutage immer kürzer werdenden Dauer stationärer Akutbehandlungen wird deutlich, daß die allermeisten Patienten zum Zeitpunkt der Entlassung aus der Klinik alles andere als symptomfrei und belastbar sind. Viele brauchen danach Wochen bis Monate, um eine wirklich stabile Besserung zu erreichen. Auch nach der Remission schließt sich bei vielen Betroffenen noch eine mehr oder weniger lange andauernde Phase der herabgesetzten Belastbarkeit und beeinträchtigten Befindlichkeiten an (»postremissives Erschöpfungssyndrom«).
- Im postakuten Stadium zeigen positive und negative Symptome eine unterschiedliche Dynamik. Weiterhin kommen zumeist beide Arten von Symptomen zeitgleich, wenn auch mit unterschiedlicher Intensität vor. Außerdem nehmen sowohl positive als auch negative Symptome im Durchschnitt deutlich ab, wobei die positiven Symptome jedoch anfangs stärker zurückgehen und im weiteren Verlauf stärker fluktuieren, während sich die negativen Symptome als etwas stabiler erweisen. Aus verschiedenen Verlaufsstudien läßt sich die Faustregel herleiten, daß die Negativ-Symptomatik über 2 Jahre im Schnitt um die Hälfte zurückgeht.
- Im längerfristigen Verlauf ist der Wandel von primär positiven zu primär negativen Syndromen und umgekehrt häufig.
(MARNEROS & ANDREASEN 1992, MÜLLER-SPAHN et al. 1992, ARNDT et al. 1995, EATON et al. 1995, MAURER & HÄFNER 1995)

Aus diesen Ergebnissen läßt sich weder ableiten, daß die Negativ-Symptomatik generell und stetig zunimmt, noch daß es stabile »Typen« von positiven und negativen Schizophrenien gibt. Dieser Umstand deutet bereits darauf hin, daß der Entwicklung der Symptomatik schizophrener Psychosen kein biologisch determinierter, eigengesetzlicher Krankheitsprozeß zugrunde liegt, sondern daß psychische und soziale Einflüsse eine wichtige Rolle spielen.

Eine weitere, gerade auch im Rahmen des Verletzlichkeits-Streß-Bewältigungs-Modells schizophrener Psychosen wichtige Unterscheidung ist die zwischen *primären* und *sekundären* Negativsymptomen (CARPENTER et al. 1985). Ihr liegt die Hypothese zugrunde, daß ein Teil der Negativ-Symptomatik unmittelbar krankheitsbedingt ist (morbogen), während ein anderer Teil nur indirekt in Beziehung zur schizophrenen Erkrankung steht und insofern als »sekundär« gelten kann. Als mögliche Entstehungsbedingungen für sekundäre Negativ-Symptome werden diskutiert:

- Negativ-Symptome als Reaktion auf das Auftreten oder die Verschlimmerung positiver Symptome (vergl. dazu 5.3);
- Negativ-Symptome als Folge der neuroleptischen Behandlung (z.B. Akinesie, vergl. WIENBERG & SIBUM, in diesem Band, 3.3.1);
- Negativ-Symptome als Folge eines unterstimulierenden Milieus (vergl. dazu 6.4.3);
- Negativ-Symptome im Zusammenhang mit depressiven Syndromen (vgl. CARPENTER et al. 1985, MÖLLER 1995 a, b).

Die zuletzt genannten depressiven Syndrome können wiederum – soweit sie nicht Teil der Psychoseerkrankung selbst sind (z.B. bei schizoaffektiven Psychosen) – psychoreaktiv bedingt sein durch Verluste und Einschränkungen, die mit einer schizophrenen Erkrankung oft verbunden sind; sie können behandlungsbedingt sein (z.B. »neuroleptikainduzierte Depression«) oder sie können einer bestimmten Verlaufsphase nach Abklingen der akuten Psychose entsprechen (»postremissiver Erschöpfungszustand«).

Die zeitliche Dynamik positiver, primärer und sekundärer negativer Symptome illustriert exemplarisch Abbildung 1.

Ausmaß und Bedingungsfaktoren der sekundären Negativ-Symptomatik dürften von Fall zu Fall variieren, sie bedürfen jedoch einer sorgfältigen Diagnostik und besonderer therapeutischer Aufmerksamkeit. Wir werden deshalb der sekundären Negativ-Symptomatik an verschiedenen Stellen dieses und des folgenden Kapitels wiederbegegnen. Die primäre Negativ-Symptomatik wird im Zusammenhang mit dem Basisstörungskonzept noch einmal aufgegriffen (vergl. 4.3).

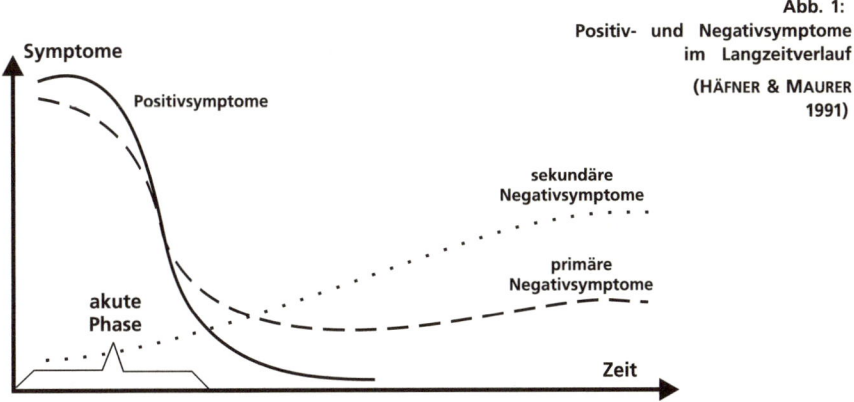

Abb. 1: Positiv- und Negativsymptome im Langzeitverlauf
(HÄFNER & MAURER 1991)

3. Schizophrenieverständnis und Psychiatriegeschichte: Von Emil Kraepelin zu Luc Ciompi

3.1 Das traditionelle Krankheitskonzept der Schizophrenie – Emil Kraepelin und Eugen Bleuler

Eine geschichtliche Einordnung dessen, was wir als »aktuelle Modellvorstellungen« über schizophrene Psychosen bezeichnen, empfiehlt sich u.a. aus zwei Gründen:

Zum einen, weil im historischen *Vergleich* der Konzepte und Implikationen ihre Unterschiedlichkeit am besten kenntlich wird. Zum anderen, weil das, was zu unterschiedlichen Zeiten als »psychiatrischer Fortschritt« galt, nur allzu oft seine Opfer unter den Erkrankten gefunden hat und wir damit auch aktuell »fortschrittlichen« Konzepten einen Vorschuß an Skepsis und historischer Relativierung schulden.

Das Schizophrenie-Konzept ist historisch vor allem mit den Namen Emil Kraepelin und Eugen Bleulerverbunden. Kraepelin faßte 1896 erstmals eine Gruppe von psychischen Störungen, die bis dahin als voneinander unabhängige Erkrankungen gegolten hatten, zu einer Krankheitseinheit zusammen, die er »Dementia praecox« nannte. Hierin bestand seine vereinheitlichende Leistung. Zugleich vollzog er jedoch einen folgenreichen Teilungsakt, indem er die Dementia praecox und die Zyklothymien (manisch-depressiven Erkrankungen) voneinander abgrenzte.Vereinheitlichung und Abgrenzung dieser Krankheitseinheiten basierten auf zwei Kriterien: Symptomatik und Verlauf.

Was die Symptomatik angeht, so prägte Kraepelin mit seiner auf genauer klinischer Beobachtung, Beschreibung und Klassifizierung beruhenden Methode nachhaltig und bis heute die psychiatrische Krankheitslehre. Als kaum weniger einflußreich erwies sich seine Auffassung über Verlauf und Ausgang dieser Psychosen: Während er die Zyklothymien für grundsätzlich gutartige, die Persönlichkeit nicht nachhaltig verändernde Störungen hielt, war die Dementia praecox für ihn regelhaft mit einem schlechten Ausgang und Verlauf verbunden. Dabei maß er der negativen Zukunftsaussicht der Dementia praecox bis hin zu ihrem schließlichen Ausgang in »Verblödung« sogar größeres Gewicht für die Diagnose zu, als der aktuellen Symptomatik. Dies ging so weit, daß er bis zur achten Auflage seines Lehrbuches (Kraepelin 1913) die geheilten Fälle nachträglich als falsch diagnostiziert ausklammerte. Später hat er zwar eingeräumt, daß nicht in allen Fällen ein chronisch-fortschreitender Verlauf bis zum »Verfall der Persönlichkeit« eintritt, die Betonung des schlechten Verlaufs und Ausgangs blieb jedoch bis in die Gegenwart hinein ein Eckpfeiler des traditionellen Krankheitskonzeptes der Schizophrenie.

Eugen Bleuler war es, der den Schizophrenie-Begriff 1908 einführte. Er verwies wiederholt auf die grundlegenden Gemeinsamkeiten mit Kraepelin, insbesondere was die »Gruppierung und Heraushebung der einzelnen Symptome« betrifft. Bezüglich Verlauf und Ausgang relativierte Bleuler die Auffassung von einem unausweichlich hoffnungslosen Prozeß. Dabei scheint er über die Zeit jedoch pessimistischer geworden zu sein. Zwar beschrieb er die häufige soziale Remission, stellte jedoch bereits 1908 fest, daß es nie zu einer *restitutio ad integrum* (vollständigen Heilung) komme (E. BLEULER 1908).

BLEULER ging über KRAEPELIN hinaus, indem er Grundsymptome und akzessorische (nebensächliche) Symptome unterschied; in seiner Erkenntnis, daß das Ersterkrankungsalter sehr variabel ist; sowie in seiner psychologischen Deutung vieler Krankheitserscheinungen mittels FREUDscher Konzepte, die er zum besseren Verständnis des Patienten und zur biographischen Einordnung der Erkrankung heranzog.

Die Bezeichnung »Schizophrenie*n*« (Mehrzahl!) wählte BLEULER aufgrund seiner Einwände gegen die Betonung des frühen Ersterkrankungsalters (praecox) sowie des Verblödungsprozesses (Dementia). Vor allem aber schienen ihm die elementarsten Störungen in einer »Zersplitterung und Aufspaltung des Denkens, Fühlens und Wollens und des subjektiven Gefühls der Persönlichkeit« zu liegen. Bedauerlicherweise ist diese von BLEULER intendierte Bedeutung des Begriffs Schizophrenie im Sinne einer *Desintegration der psychischen Funktionen* und einer fundamentalen Ich-Störung in der Folgezeit popularisiert worden durch Begriffe wie »Spaltungsirresein« oder »Persönlichkeitsspaltung«. Bis heute wird der Schizophrenie-Begriff vor diesem Hintergrund als Metapher zur Charakterisierung jedweder Form schwer verständlichen oder inkonkruenten Verhaltens mißbraucht (FINZEN 1996). Hierdurch wird das Bild der Allgemeinheit von dieser Erkrankung erheblich verzerrt, wahrscheinlich mit kaum weniger diskriminierenden Folgen für die Betroffenen, als sie der Begriff der »frühzeitigen Verblödung« hatte.

Es bleibt die schöpferische Leistung KRAEPELINS und BLEULERS, das Gemeinsame in der Fülle scheinbar heterogener Phänomene gesehen zu haben. Am Ende dominieren dann auch die *Gemeinsamkeiten* zwischen beiden und bilden die Basis für ein Schizophrenie-Konzept, das fast einhundert Jahre lang weithin unangefochten Bestand hatte. Diese Übereinstimmung bestand bezüglich:

- der charakteristischen Symptome;
- der Auffassung, daß es sich um eine Gruppe von – im Quer- und Längsschnitt u. U. schwer abgrenzbaren – Störungen handelt;
- des Dichotomie-Konzeptes der endogenen Psychosen, wobei unscharfe Grenzen zwischen Schizophrenien und manisch-depressiven Erkrankungen als »Mischformen« grundsätzlich anerkannt wurden (heute: »schizoaffektive Erkrankungen«);
- der Auffassung vom Kern der schizophrenen Psychosen als einer *tiefgreifenden Störung der Gesamtpersönlichkeit* (KRAEPELIN: »Zerstörung des inneren Zusammenhangs der Persönlichkeit«, BLEULER: »Spaltung der psychischen Funktionen«);
- des (fast) immer schlechten Verlaufs und Ausgangs; und
- der Vermutung einer körperlichen Krankheitsursache (SCHARFETTER 1990, Kap. 2).

Die Fixierung auf die somatische, hirnorganische Verursachung der Schizophrenie blieb sowohl bei KRAEPELIN als auch bei BLEULER zeitlebens erhalten.

Vor allem dieser Umstand verweist auf den psychiatriegeschichtlichen Kontext, in dem das traditionelle Krankheitskonzept entstanden ist.

KRAEPELIN wird unschwer als Kind seiner Zeit erkennbar, steht er doch ganz in der Tradition der sog. »Hirnpsychiatrie« (TRENCKMANN 1988), die die 70er und 80er Jahre des letzten Jahrhunderts beherrscht hat. Diese Tradition ordnete psychische Funktionen bestimmten Hirnregionen zu. Psychische Störungen erschienen demnach als Folge einer Hirnpathologie. Wie die Entwicklung des Gehirns wurde somit auch das Seelische für hochgradig erblich determiniert gehalten.

Daran schloß sich die Vorstellung von der Gefahr einer schleichenden Verschlechterung des Erbgutes an (Degenerationslehre), die die Grundlage des um sich greifenden Sozialdarwinismus darstellte. Psychisch Kranke erschienen vor diesem Hintergrund als hilflose Opfer der Krankheit, die als unabwendbares Schicksal aufgefaßt wurde. Dementsprechend war das ärztliche Interesse vorwiegend diagnostisch und eine Grundhaltung weit verbreitet, die als therapeutischer Nihilismus bezeichnet werden kann.

Von dieser geistigen Basis aus führen direkte Verbindungslinien zur zunehmenden Isolierung der psychisch Kranken. Nie war die Zahl der in Anstalten untergebrachten Menschen größer als Anfang dieses Jahrhunderts. Die Isolierungsbestrebungen waren zunehmend mit dem Gedanken verknüpft, die Zeugung erbkranken Nachwuchses zu verhindern.

> »Von den 1880ern an war die akademische medizin-wissenschaftliche Gemeinschaft – angeführt von ihren Professoren – zunehmend beschäftigt mit Humangenetik, Eugenik, ›Rassen-Hygiene‹, Degenerations-Theorien und Monismus sowie mit der Übernahme von Maßnahmen wie Schwangerschaftsabbruch, Sterilisation, Selektion der Nachkommen und Prävention des Alkoholkonsums..., das alles mit dem Ziel, die Reinheit der Rasse zu verbessern« (SHEPERD 1995, S. 179, Übers. G.W.).

SHEPERD (1995) dokumentiert, daß KRAEPELIN ein aktiver Protagonist dieser Tradition war, auch um den Preis, sich wissenschaftlich zweifelhafter Methoden zu bedienen.

Etwa ein halbes Jahrhundert später wurden diese Vorstellungen während des Dritten Reiches in unvorstellbarer Weise radikalisiert und führten schließlich zur massenhaften Tötung von Kranken und Behinderten.

> »Wenn schon keine Therapie und Befreiung des einzelnen Patienten möglich ist, dann wenigstens die staatstragende Therapie und Befreiung der Gesellschaft von den psychisch Kranken« (DÖRNER & PLOG 1984, S. 472).

KRAEPELIN war und blieb letztlich der hirnpsychiatrischen Tradition verhaftet, auch wenn er neben einer hirnpathologischen noch andere körperliche Ursachen für möglich hielt. Sein Denken blieb »somatizistisch«, der Kranke als Mensch und seine sozialen Bezüge kommen in diesem Krankheitsverständnis nicht vor. Es ist schließlich vor allem Eugen BLEULERS Verdienst, die menschliche und soziale Seite psychotischen Krankseins (wieder) in die Psychiatrie eingebracht zu haben (TRENCKMANN 1988)

3.2 Ein neues Schizophrenie-Paradigma: Joseph Zubins Vulnerabilitätshypothese

»Der Mensch, sein Ich, ist grundsätzlich desintegrationsfähig, aber in unterschiedlichem Grad desintegrationsgefährdet« (SCHARFETTER 1990, S. 4).

Grundlage und Voraussetzung dafür, daß sich ab Ende der 70er/Anfang der 80er Jahre dieses Jahrhunderts ein neues Schizophrenie-Paradigma zu entwickeln begann, war die Erkenntnis, daß einer der Eckpunkte des traditionellen Krankheitskonzeptes unhaltbar ist: die Annahme des regelhaft schlechten Verlaufs und Ausgangs schizophrener Psychosen. Diese Annahme muß spätestens seit den drei »klassischen« Langzeitstudien aus Zürich (Manfred BLEULER 1972), Lausanne (CIOMPI & MÜLLER 1976) sowie Bonn (HUBER, GROSS & SCHÜTTLER 1979) endgültig als widerlegt gelten (zu den Ergebnissen dieser Studien vgl. unten 6.1 und 6.2).

Auch der amerikanische Psychologe und Psychiater Joseph ZUBIN war aufgrund eigener klinischer Erfahrungen und Untersuchungen zu der Überzeugung gelangt, daß die langfristige Prognose der Schizophrenie eher günstig ist. Schon 1963 veröffentlichte er eine erste Fassung der Vulnerabilitätshypothese in einer »unbekannten Zeitschrift« (ZUBIN 1990). Die Zeit war damals für dieses Konzept offenbar noch nicht reif. Die Ergebnisse der europäischen Langzeitstudien bestärkten ihn dann jedoch in seiner Auffassung, und die erneute Publikation der Hypothese 15 Jahre später (ZUBIN & SPRING 1977) fand die entsprechende Resonanz.

Das Vulnerabilitätskonzept versucht vor allem, dem episodischen Charakter der meisten schizophrenen Psychosen sowie ihrem überwiegend günstigen Verlauf gerecht zu werden. In ihrer schlichtesten Form besagt die Vulnerabilitätshypothese ZUBINS folgendes:

Schizophrene Psychosen entstehen durch das Zusammenwirken einer besonderen Vulnerabilität oder *Verletzlichkeit* des Individuums und mehr oder weniger unspezifischen Belastungen, die *Streß* bei diesem Individuum auslösen. Dabei interagieren Verletzlichkeit und Streß in der Weise, daß es bei einer sehr ausgeprägten Verletzlichkeit nur geringfügiger Belastungen (Stressoren) bedarf, um eine akute Psychose auszulösen. Ist die Verletzlichkeit dagegen gering, führt erst starker Streß zu einer Erkrankung (ZUBIN & STEINHAUER 1981).

ZUBIN definiert Verletzlichkeit als *Schwellensenkung gegenüber sozialen Reizen*. Streß ist also für ihn in erster Linie die Folge *psychosozialer* Belastungen, auch wenn er einräumt, daß endogene Faktoren als Auslöser psychotischer Episoden nicht auszuschließen sind. Diese Vorstellung und die von ZUBIN gewählte graphische Veranschaulichung implizieren, daß letztlich jeder Mensch *psychosefähig* ist, wenn er den entsprechenden Belastungen ausgesetzt ist.

Darüber hinaus enthält ZUBINS Modell von vornherein eine personale sowie eine soziale Komponente: Prämorbide Persönlichkeit und soziales Netzwerk. Diese werden als »Moderator-Variablen« für den Zusammenhang von Verletzlichkeit und Streß angesehen: Die Wirkung von Stressoren kann gemildert werden durch Kompetenzen und Ressourcen des einzelnen und seines sozialen Umfeldes. Demnach ist es auch vom *Coping- oder Bewältigungsverhalten* der Betroffenen abhängig, ob es angesichts von Belastungen zu einer psychotischen Krise kommt. Damit wird deutlich, daß das ZUBINsche Konzept von vornherein als Vulnerabilitäts-Streß-Coping- oder *Verletzlichkeits-Streß-Bewältigungs-Modell* aufzufassen ist (OLBRICH 1987).

Wir wissen nicht, inwieweit ZUBIN selbst an historische Vorläufer anknüpft, der Verletzlichkeits-/Vulnerabiltäts-Begriff hat jedoch in der Psychiatrie durchaus Tradition. Er steht in enger Verbindung zum Dispositions- bzw. Anlagebegriff, der bis zur Mitte des 19. Jahrhunderts noch nicht mit Erblichkeit gleichgesetzt wurde, sondern auch die Faktoren einbezog, die die Entwicklung der Persönlichkeit beeinflussen. Die erbbiologische Reduktion des Anlagebegriffs, die auch von KRAEPELIN mitvollzogen wurde, ist wiederum im Zusammenhang zu sehen mit dem Einfluß von Degenerationslehre und Sozialdarwinismus im Übergang vom 19. zum 20. Jahrhundert.

Entstehungsmodelle von Psychosen, in denen die Vulnerabilität eines zu seelischen Störungen disponierten Menschen eine zentrale Rolle spielt, folgen dem Denkmodell der *Reaktivität*. Die Lehre von der reaktiven Entstehung aller psychotischen Erkrankungen gehörte während des 19. Jahrhunderts lange Zeit zum Grundkonsens auch der deutschsprachigen Psychiatrie. Erst durch die Krankheitslehre KRAEPELINs und das damit verbundene Denkmodell der Endogenität geht dieser Konsens verloren (»endogen« bedeutet letztlich »ohne Anlaß«). Das Wiederaufleben des Verletzlichkeits-Konzeptes stellt damit nicht zuletzt das Endogenitäts-Konzept der traditionellen psychiatrischen Krankheitslehre grundsätzlich in Frage und ist somit durchaus von Brisanz (SCHMIDT-DEGENHARD 1988).

> Historisch kann im übrigen nachvollzogen werden, daß die Begriffe Verletzlichkeit und Vulnerabilität unterschiedliche Bedeutungsgehalte hatten. Verletzlichkeit stand eher für den psychischen, Vulnerabilität für den biologischen Aspekt (SCHMIDT-DEGENHARD 1988). Demgegenüber ist aus ZUBINs Konzept keinerlei Rechtfertigung für eine Beschränkung auf biologische Anlagefaktoren abzuleiten (OLBRICH 1987). Insofern unterscheidet sich dieses Konzept auch vom sog. Diathese-Streß-Modell, dessen Diathese-Komponente im allgemeinen als eine rein erblich bedingte Disposition aufgefaßt wird. Insbesondere in der anglo-amerikanischen Literatur fällt nicht selten auf, daß Vulnerabilitäts-Streß-Modell gesagt bzw. geschrieben, genau besehen jedoch Diathese-Streß-Modell gemeint wird (z.B. GOTTESMAN 1993). Diese Auffassung stimmt mit dem ZUBINschen Konzept nicht überein und stellt eine erneute biologistische Reduktion dar.

Um 1930 verschwindet der Vulnerabilitäts-/Verletzlichkeits-Begriff relativ plötzlich aus der deutschsprachigen psychiatrischen Literatur, um erst fast fünf Jahrzehnte später aus Übersee wieder in die Diskussion gebracht zu werden. Zeitumstände dürften wiederum mitverantwortlich dafür sein, daß dieser Begriff offensichtlich auf sehr fruchtbaren Boden fiel; dabei spielte wohl die Attraktivität, die kybernetisch-systemisch-ökologische Perspektiven Ende der 70er/Anfang der 80er Jahre zunehmend fanden, eine wichtige Rolle.

Hiermit bestelle ich
☐ Systemische Praxis (39,80 DM)
☐ und kostenlos das Gesamtverzeichnis
und den Buchtip

Name, Vorname

Beruf

Straße/Ort

Datum, Unterschrift

Bitte schicken Sie Ihr Gesamtverzeichnis auch an:

Name, Vorname

Straße

Ort

**Werbeantwort
Postkarte**

**Psychiatrie Verlag
Thomas-Mann-Str. 49 a**

53111 Bonn

Bitte
ausreichend
frankieren

Thomas Keller/Nils Greve (Hg.)

■ Systemische Praxis in der Psychiatrie

Dieser Band gibt einen spannenden Überblick über den derzeitigen Stand des systemischen Denkens und Handelns in der Psychiatrie der Bundesrepublik sowie einen Einblick in die Praxis amerikanischer und europäischer Systemiker.

»Die systemische Therapie etablierte sich schon zu Beginn ihrer Entwicklung vor nunmehr 50 Jahren dort, wo sich überwiegend chronische Patienten ansammelten. Auch die Autorinnen und Autoren dieses Buches fanden ihr Tätigkeitsfeld eher auf den »Abstellplätzen« der Psychiatrie. Sie geben in bester systemischer Tradition den direkten Blick in ihre therapeutische »Werkstatt« frei. Sie vermitteln, daß systemisches Arbeiten erstaunlich erfolgreich sein und Spaß machen kann. Vielleicht wird der Band Zeichen setzen für einen systemischen Neubeginn in der Psychiatr e. Gewiß aber ist er ein Tonikum für alle, die in der Routine ihres psychiatrischen Alltags nach starken positiven Reizen suchen.«

(Aus dem Vorwort von Helm Stierlin)

Aus dem Inhalt:

Cecchin/Kruckenberg: Systemtherapie – Sozialtherapie – ein Diskurs • Ludewig: Zum Krankheitsbegriff in der Psychiatrie – eine systemische Betrachtung • Deissler: Psychiatrische Sprachspiele: Von Objekten in Be-Handlungen zu Personen in Ver-Handlungen Sluzki: Die Herausbildung von Erzählungen als Fokus therapeutischer Gespräche • Andersen: Von der Behandlung zur Konversation Deissler/Keller: Die Klinik als Fortsetzung von verlorener Familie • Greve: Sechs Vorschläge für professionelle Helfer in psychiatrischen Diensten und Einrichtungen • Schweitzer-Rothers: Wege psychiatrischer Chronifizierungsprozesse • Booker/Blymyer: Lösungsorientierte stationäre Kurztherapie • Selkkula: Die Kopplung von Familie und Krankenhaus – eine Untersuchung am Grenzsystem • Keller: Systemisches Handeln im psychiatrischen Krankenhaus • Hartviksen: Paviljongen, ein Gästehaus – eine demokratische Alternative unter den psychiatrischen Einrichtungen Norwegens

ISBN 3-88414-186-4, 425 S., br., 39.80 DM (37 sFr, 291 öS)

3.3 Das Drei-Phasen-Modell der Schizophrenie von Luc Ciompi

Ciompis Modell basiert wesentlich auf den Ergebnissen der eigenen Langzeituntersuchung; in seinem Zentrum steht die Vulnerabilitätshypothese Zubins. Insofern ist das Drei-Phasen-Modell als eine spezifische *Variante* des Verletzlichkeits-Streß-Bewältigungs-Paradigmas aufzufassen. Dabei handelt es sich um die inzwischen wohl am weitesten ausgearbeitete Variante, die einem – von Ciompi selbst formulierten – hohen integrativen Anspruch genügt. Das Drei-Phasen-Modell ist insofern als *Metatheorie* zu verstehen, als es beansprucht, die Vielzahl der bekannten Fakten und wissenschaftlichen Erklärungsansätze in ein widerspruchsfreies Modell zu integrieren, statt sich nur auf partielle Aspekte zu beziehen. Insbesondere beabsichtigt es, die *Wechselwirkung* zu erklären zwischen

- biologisch-körperlichen und psychosozialen Faktoren;
- angeborenen und erworbenen Faktoren;
- intrapsychischen und zwischenmenschlich-kommunikativen Prozessen;
- kognitiven und affektiven Prozessen (Denken und Fühlen);
- strukturellen und dynamischen Aspekten;
- akut-produktiven und chronisch-unproduktiven Zuständen (Ciompi 1986 a).

> Sicher ist es kein Zufall, daß etwa um die Zeit, als Ciompi sein Modell erstmals in umfassender Form publizierte (Ciompi 1982), auch andere Autoren wichtige integrative Darstellungen vorlegten, die von ihm z.T. einbezogen wurden (Scheflen 1981, Strauss & Carpenter 1981, Nüchterlein & Dawson 1984).

Seine integrative Kraft gewinnt das Drei-Phasen-Modell vor allem dadurch, daß es sich an der allgemeinen Systemtheorie und Kybernetik, neuerdings auch der Chaostheorie, ausrichtet. Dabei werden jedoch gleichzeitig ganz unterschiedliche Betrachtungsebenen einbezogen, ohne daß eine bestimmte Ebene verabsolutiert wird.

Von Ciompi selbst liegen mehrere, recht komprimierte Übersichtsarbeiten zum Drei-Phasen-Modell vor, das von ihm auch als *integratives psycho-biologisches Modell der Schizophrenie* bezeichnet wird (Ciompi 1986 a, 1989, 1990 a). Besonders auf diese Arbeiten wird hier verwiesen.

Da sich das in diesem Buch vorgestellte Konzept der psychoedukativen Gruppenarbeit inhaltlich sowie vom Aufbau her sehr eng an Ciompis Modell orientiert, wird dessen allgemeiner Rahmen zunächst knapp skizziert. In den folgenden Abschnitten werden die wichtigsten Einzelkomponenten des Modells soweit behandelt, wie es für einen Überblick über Hintergrund und Inhalte der Gruppenarbeit erforderlich ist.

Abb. 2 (S. 35) zeigt eine der von Ciompi selbst verwendeten Veranschaulichungen des Drei-Phasen-Modells (eine andere findet sich im Abschnitt 7).

Die Darstellungsform von Abb. 2 stellt vor allem auf die Variabilität der Einflußbedingungen in den einzelnen Phasen und die Bandbreite der möglichen Ausgänge ab, die ein Kontinuum bilden.

- *Phase I* umfaßt die Zeitspanne bis zum Auftreten der ersten akuten Psychose (*prämorbide Phase*). In dieser Phase entwickelt sich die besondere Verletzlichkeit für Schizophrenie durch ein Wechselspiel von (angeborenen und erworbenen) biologischen sowie psychosozialen Einflüssen und Bedingungen. Das individuelle Ausmaß der Verletzlichkeit ist ebenso unterschiedlich ausgeprägt, wie die jeweilige Gewichtung biologischer und psychosozialer Bedingungsfaktoren. Ungünstige Einflüsse können kumulieren; genausogut können ungünstige biologische Bedingungen durch besonders günstige psychosoziale Entwicklungsbedingungen kompensiert werden (und umgekehrt). Die Verletzlichkeit kann, muß aber nicht zur Entwicklung psychotischer Zustände führen.

- *Phase II* ist die Phase der *akuten psychotischen Dekompensation*, in der produktive Symptome vorherrschen. Auslöser solcher psychotischen Zustände sind plötzliche oder längerdauernde Belastungen, die von dem Betroffenen subjektiv als Streß erlebt werden. Dabei handelt es sich im allgemeinen um belastende zwischenmenschliche Prozesse oder plötzlich eintretende, emotional belastende Ereignisse. Kritisch sind auch Lebensphasen, die Umstellung und Neuanpassung erfordern. Im günstigen Fall können solche, durch Belastungen entstehende Krisen, individuell oder mit sozialer Unterstützung bewältigt werden, ohne daß es zu einem völligen psychotischen Zusammenbruch kommt. Im ungünstigen Fall kommt es in Interaktion mit der Umwelt zu teufelskreisartigen Eskalationsprozessen, deren Resultat dann das mehr oder weniger plötzliche »Überschnappen« des psychischen Systems in die psychotische Verrückung ist. Bei diesen Eskalationen können biologische Einflüsse eine zusätzlich destabilisierende Rolle spielen (z.B. die Wirkung von Drogen).
- *Phase III* umfaßt die *langfristige Entwicklung* nach dem Durchleben einer oder mehrerer akutpsychotischer Phasen. Der langfristige Verlauf und Ausgang ist, wie wir heute wissen, außerordentlich vielgestaltig und aufzufassen als kaum vorhersehbarer, offener Lebensprozeß von besonders disponierten Menschen. Dabei kommt es vor allem auf die psychosozialen Entwicklungsbedingungen und -einflüsse an. Aber auch die biologischen Anteile der Verletzlichkeit sowie neuronale Bahnungs- und Prägungsprozesse spielen eine Rolle.

Vor diesem Hintergrund versteht CIOMPI *psychotisch*:

> »Nicht als ein Absolutum, sondern als Resultante von immer wieder neuen und von Fall zu Fall anderen Konstellationen, in welchen biologische, psychologische und soziale Faktoren in wechselnder Kombination zusammenspielen« (1990 a, S. 56).

In den folgenden Abschnitten 4 bis 6 werden die einzelnen Phasen des Modells detaillierter behandelt.

Aktuelle Modellvorstellungen zur Schizophrenie

Abb. 2:
Das Drei-Phasen-Modell der Schizophrenie: Schematische Darstellung der Möglichkeiten der Langzeitentwicklung unter dem Einfluß von günstigen und ungünstigen biologischen und psychosozialen Faktoren (nach CIOMPI 1986 a)

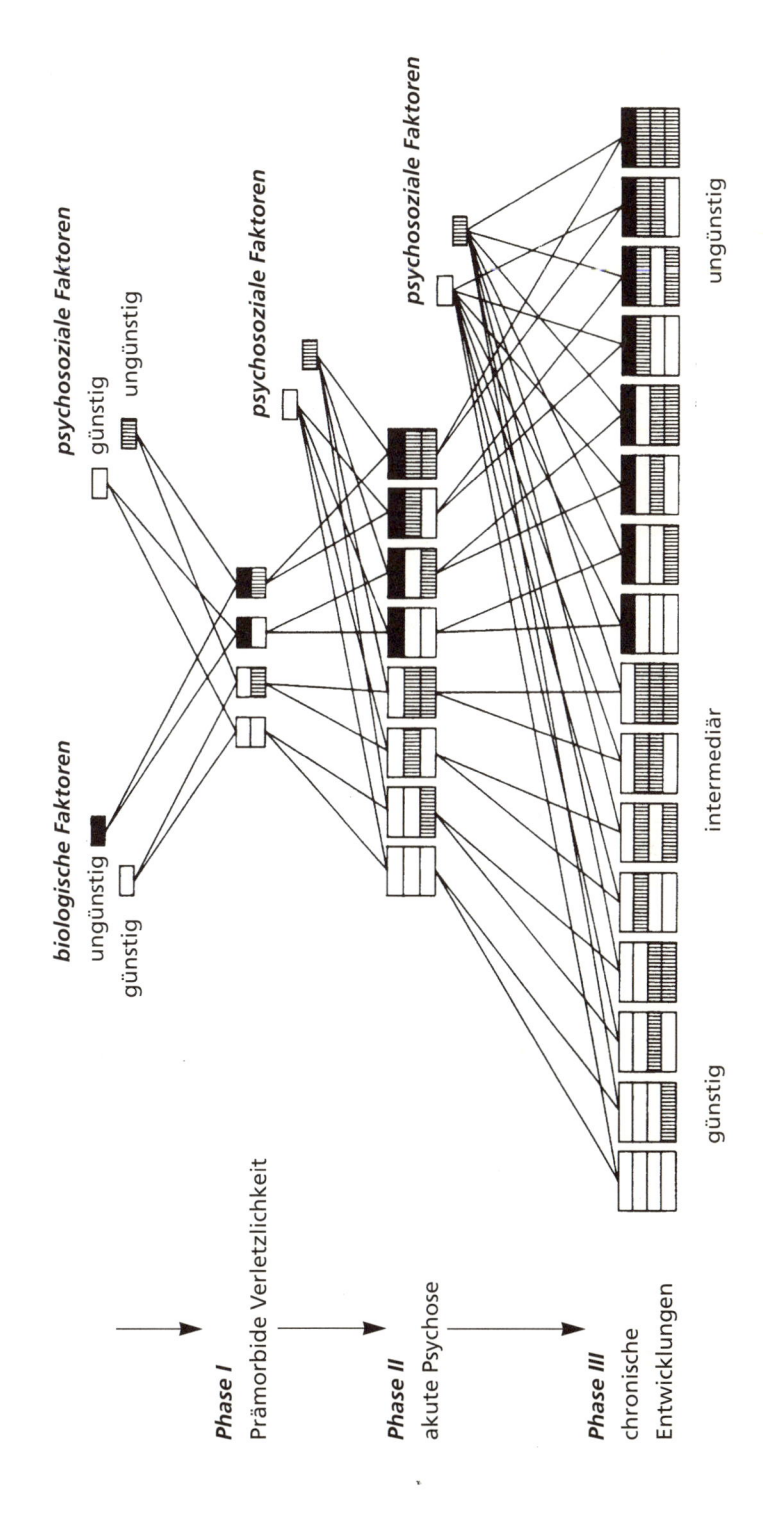

Phase I
Prämorbide Verletzlichkeit

Phase II
akute Psychose

Phase III
chronische
Entwicklungen

4. Die besondere Verletzlichkeit für Schizophrenie – Phase I

Die Verletzlichkeitshypothese ZUBINS und das Drei-Phasen-Modell CIOMPIS, wie es im letzten Abschnitt beschrieben wurde, sind in dieser allgemeinen Form grundsätzlich auch auf andere psychische oder psychosomatische Erkrankungen anwendbar. Ihr Erklärungswert wäre letztlich gering, wenn sich nicht genauer angeben ließe, worin denn *das Spezifische der schizophrenen Verletzlichkeit* zu sehen ist.

Was unterscheidet schizophrene und schizophreniegefährdete Menschen vor und unabhängig von der akuten psychotischen Phase von anderen psychisch Kranken sowie von psychisch Gesunden?

Das Besondere der schizophrenen Verletzlichkeit wird heute in *Störungen der Informationsverarbeitung* gesehen. In diesem Abschnitt geht es deshalb um folgendes:
- zunächst wird die »objektive« Seite dieser Störungen zusammenfassend charakterisiert;
- es folgt eine Darstellung der subjektiven Aspekte dieser Störungen anhand des Basisstörungskonzeptes;
- im dritten Schritt werden CIOMPIS »affekt-logische Bezugssysteme« als übergreifendes Konzept eingeführt; und
- schließlich wird ein skizzenhafter Überblick über mögliche Bedingungsfaktoren der schizophrenen Verletzlichkeit gegeben.

4.1 Störungen der Informationsverarbeitung

Die verschiedenen Konzeptionen zum Verletzlichkeits-Streß-Bewältigungs-Modell der Schizophrenie stimmen sehr weitgehend darin überein, daß das Wesentliche dieser Erkrankungen nicht in den oft spektakulären, in der Regel jedoch flüchtigen akuten psychotischen Symptomen zu sehen ist, sondern daß diese sich sekundär aus grundlegenderen Störungen entwickeln, die vor und unabhängig von der akuten psychotischen Symptomatik bestehen. Diese werden als *Störungen der Informationsverarbeitung* aufgefaßt.

Der Begriff Informationsverarbeitung stammt aus der experimentell ausgerichteten kognitiven Psychologie. Gemeint sind damit alle Prozesse der Aufnahme, Zuordnung, Verknüpfung sowie Bewertung von inneren und äußeren Informationen (Reizen), die dem Erleben und Verhalten zugrunde liegen. Modelle der menschlichen Informationsverarbeitung versuchen in der Regel, den Prozeß von der Aufnahme *(input)* über die Verarbeitung bis zur Umsetzung in beobachtbares Verhalten *(output)* nachzuvollziehen, wobei der Mensch als offenes kybernetisches System aufgefaßt wird. Dabei werden zumeist unterschiedliche Ebenen und Komponenten der Informationsverarbeitung definiert. Derzeit existieren in der kognitiven Psychologie eine Vielzahl unterschiedlicher Modelle, die sich bezüglich der Komponenten und Ebenen der Informationsverarbeitung z.T. erheblich unterscheiden.

Folgt man solchen Modellen, so zeigen schizophrene Menschen in allen Phasen der Informationsverarbeitung Störungen, die sie im Durchschnitt sowohl von anderen Gruppen psychisch Kranker als auch von Gesunden unterscheiden. Zwar weisen z.B. auch Patienten mit affektiven Psychosen in der Regel deutliche Beeinträchtigungen ihrer kognitiven Funktionen gegenüber gesunden Kontrollpersonen auf, das Leistungsprofil schizophren Erkrankter ist jedoch auch im Vergleich zu affektiv Erkrankten quantitativ und qualitativ verschieden (z.B. GOLDBERG et al. 1993 a, ALBUS et al. 1996). Vor allem sind die Störungen depressiv oder manisch Erkrankter weitgehend reversibel, während dies bei schizophrenen nicht der Fall ist (ZIHL 1996).

Da diese Störungen z.T. bereits seit Jahrzehnten untersucht werden, ist die Befundlage außerordentlich vielfältig und komplex. In letzter Zeit mehren sich allerdings Studien, die nicht spezifische Einzelfunktionen isoliert betrachten, sondern versuchen, mit einem breiten Spektrum von Verfahren die Störungen mehrdimensional zu erfassen. In solchen Untersuchungen zeigt sich regelhaft, daß schizophren erkrankte Probanden in nahezu allen Funktionsbereichen signifikante Beeinträchtigungen gegenüber nicht-psychiatrischen Vergleichsgruppen aufweisen (z.B. SPAULDING et al. 1989: 8 von 10 Funktionen; BRAFF et al. 1991: 14 von 17 Funktionen; BLANCHARD et al. 1994: 13 von 15 Funktionen; CANNON et al. 1994: 7 von 7 Funktionen; HEATON et al. 1994: 7 von 8 Funktionen).

Von großem theoretischen Interesse ist dabei der Befund von SPAULDING et al.(1989), daß sich die einzelnen Funktionen faktoranalytisch nicht differenzieren lassen, sondern sehr stark covariieren; dies deutet auf einen gemeinsamen Bedingungsfaktor als Grundlage für die verschiedenen Einzelstörungen hin.

Bisher fehlt jedoch eine Integration der Einzelbefunde in ein konsistentes und umfassendes Modell der menschlichen Informationsverarbeitung. Es folgt eine Aufzählung der wichtigsten Bereiche, in denen sich Auffälligkeiten bei der Informationsverarbeitung schizophrener Menschen finden. Sie orientiert sich an der Unterscheidung zwischen *sensorisch-perzeptionellen* und *konzeptionellen* Störungen von BRENNER (1989; vgl. Abb. 3, S. 38).

Eher *sensorisch-perzeptionelle Störungen*:
- Störungen präattentiver Prozesse wie eine verminderte spontane Reaktionsbereitschaft;
- quantitative und qualitative Beeinträchtigungen der Reizerkennung und -speicherung;
- erhöhte Ablenkbarkeit und Kontextabhängigkeit bei der Informationsaufnahme;
- verringerte Aufnahmekapazität (»Kanalkapazität«) und Verarbeitungsgeschwindigkeit;
- Probleme bei der Integration unterschiedlicher sensorischer Reizmodalitäten;
- Schwierigkeiten bei der Auswahl relevanter und der Hemmung irrelevanter Reize;
- verminderte Fähigkeit, einen Aufmerksamkeitsfokus aufrecht zu erhalten und flexibel zu verlagern.

Abb. 3:
Schamatisches Modell der menschlichen Informationsverarbeitung

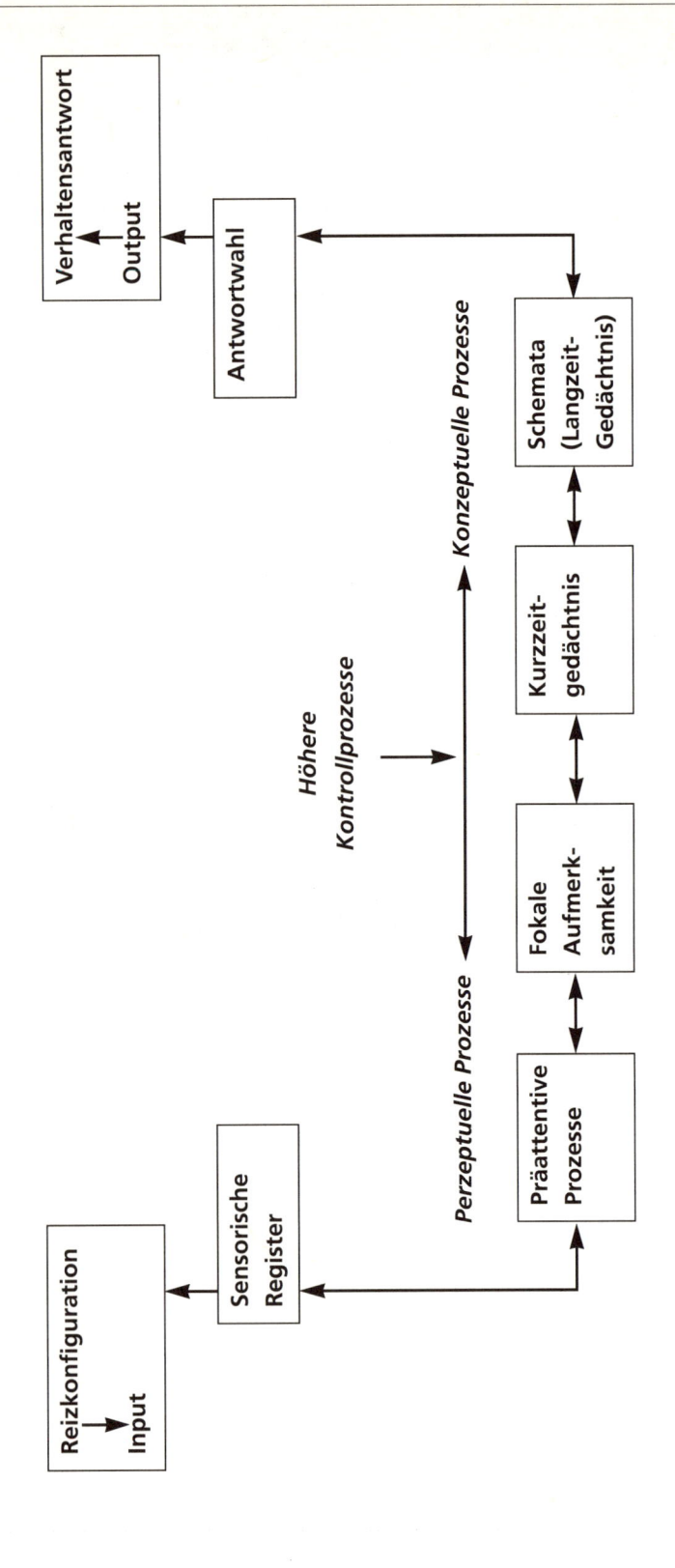

Eher *konzeptionelle Störungen*:

- beeinträchtigte Abstraktionsleistungen, auffällige Konzeptbildung;
- Probleme beim deduktiven und analogen Schließen sowie beim Erkennen logischer Klassen;
- gestörte Suchprozesse im Kurzzeitspeicher;
- Störungen in der Organisation des Kurzzeitspeichers und beim Zugriff auf den Langzeitspeicher (vgl. auch BRENNER 1983, 1986; BRAFF 1993; RIST 1995);
- Auffälligkeiten bei der Organisation des Langzeitspeichers (»lockerere«, instabilere assoziative Netzwerke; SPITZER 1993).

Insgesamt lassen sich also bei Menschen mit einer Verletzlichkeit für Schizophrenie in allen Stadien der Informationsverarbeitung, wie sie in Abb. 3 schematisch dargestellt ist, Beeinträchtigungen nachweisen. Die Schwierigkeit, umgrenzte Störungen auf bestimmten Stufen der Informationsverarbeitung zu isolieren, könnte darauf zurückzuführen sein, daß »höhere« Kontrollprozesse gestört sind, die auf mehreren Stufen benötigt werden (RIST 1995).

Die Störungen der Informationsverarbeitung können heute als relativ hochspezifisch für schizophreniegefährdete Menschen gelten, d.h. sie finden sich in diesem Ausmaß und dieser Qualität weder bei anderen psychischen Erkrankungen noch bei Gesunden. Weitere wichtige Merkmale dieser Störungen im Lichte neuerer Untersuchungen:

- Sie sind über die Zeit weitgehend stabil, d.h. unabhängig vom Lebensalter oder der Krankheitsdauer (HEATON et al. 1994, HYDE et al. 1994, CHEN et al. 1996); sie finden sich außerdem bereits bei Ersterkrankten und können deshalb schwerlich als *Folge* der Erkrankung angesehen werden (SAYKIN et al. 1994, RUBIN et al. 1995).
- Die Behandlung mit Neuroleptika beeinflußt die Störungen nicht wesentlich, z.T. finden sich *schlechtere* Leistungen bei neuroleptisch behandelten Patienten (ZIHL 1996, LEWINE et al. 1996); Störungen der Informationsverarbeitung sind auch nachweisbar bei Patienten, die noch nie neuroleptisch behandelt wurden (GOLDBERG et al. 1993b).
- Im Hinblick auf den Zusammenhang zwischen Störungen der Informationsverarbeitung und Symptomatik ist die Ergebnislage nicht ganz eindeutig. Insgesamt scheint der Zusammenhang eher schwach zu sein; wenn überhaupt statistisch bedeutsame Beziehungen festgestellt werden, so weniger ausgeprägt mit positiven als mit negativen Symptomen (FRITH et al. 1991, GOLDBERG et al. 1993 a, BRAFF et al. 1991, BARNETT et al. 1996). Dies bedeutet, daß die Störungen keineswegs als Sekundärphänomene der psychotischen Symptomatik aufgefaßt werden können.
- Auch bei nahen Verwandten schizophren Erkrankter sind kognitive Beeinträchtigungen offenbar häufiger und stärker ausgeprägt als im Durchschnitt der Bevölkerung (POGUE-GEILE et al. 1991, PARK et al. 1995). Insbesondere zeigen schizophren erkrankte eineiige Zwillinge ausgeprägtere kognitive Störungen als ihre nicht erkrankten Geschwister; diese wiederum schneiden in einer Reihe von Funktionen schlechter ab als gesunde Vergleichspersonen (GOLDBERG et al. 1993c, CANNON et al. 1994).

Alles in allem können die Störungen der Informationsverarbeitung damit als relativ stabile, weitgehend spezifische und »objektiv« erfaßbare Merkmale der schizophrenen Verletzlichkeit gelten.

Solche Merkmale werden auch *Verletzlichkeits-Marker* genannt, und es wird in den letzten Jahren verstärkt nach Untersuchungsverfahren gesucht, die es erlauben, solche Marker möglichst zuverlässig und ökonomisch zu erfassen (CLARIDGE 1994, SUSLOW & AROLT 1996). Falls dies gelingt, könnten sich Möglichkeiten zur Primärprävention oder Früherkennung ergeben.

Historisch ist interessant, daß *Aufmerksamkeitsstörungen* schon sehr früh das Interesse von Klinikern und experimentell orientierten Psychologen gefunden haben. Sowohl KRAEPELIN als auch BLEULER haben bereits charakteristische Aufmerksamkeitsstörungen bei schizophrenen Patienten beobachtet:

KRAEPELIN beschreibt »... Störungen der Aufmerksamkeit, denen wir bei unseren Kranken sehr häufig und in auffallender Ausprägung begegnen. Ganz allgemein geht ihnen Neigung und Fähigkeit ab, ihre Aufmerksamkeit aus eigenem Antrieb stark und dauernd anzuspannen«; und BLEULER findet »...eine gewisse Unstetigkeit der Aufmerksamkeit; die Kranken schweifen ab, bleiben nicht bei der Stange, lassen ihre Gedanken wahllos nach den verschiedensten Richtungen wandern. Andererseits bildet sich öfters längere Zeit hindurch eine starre Bindung der Aufmerksamkeit heraus« (zit. nach OLDIGS 1985, S. 66/67).

Die experimentalpsychologische Schizophrenieforschung hat sich zunächst ebenfalls schwerpunktmäßig mit Aufmerksamkeitsstörungen befaßt. Die wichtigsten Befunde dazu liegen seit Jahrzehnten vor und können zu den solidesten Bausteinen in unserem Wissen über schizophrene Psychosen gerechnet werden.

Einer der Pioniere dieser Forschungsrichtung war seit den 30er Jahre der amerikanische Psychologe SHAKOW, dessen Ergebnisse zur Störung der Daueraufmerksamkeit (»Segmentierung«) über die Jahrzehnte immer wieder bestätigt werden konnten. Auch Joseph ZUBIN hat entsprechende Störungen bei Schizophrenen untersucht, insbesondere bei der Verlagerung *(»shift«)* der Aufmerksamkeit. Zu den Pionieren dieser Forschungsrichtung gehören auch McGHIE und CHAPMAN, die sich seit Anfang der 60er Jahre mit der erhöhten Ablenkbarkeit und gestörten Reizauswahl beschäftigen.

Insgesamt ist die experimentalpsychologische Erforschung solcher Störungen inzwischen mehr als ein halbes Jahrhundert alt und hat immer wieder auch theoretische Modelle zur Einordnung der Befunde inspiriert. Bemerkenswert ist jedoch, daß es offenbar sehr lange kaum eine Beziehung zwischen der experimentalpsychologischen Forschung einerseits sowie psychiatrischer Praxis und Forschung andererseits gegeben hat. Diese äußerst fruchtbare Brücke konnte offenbar erst geschlagen werden, nachdem im Rahmen des Verletzlichkeits-Konzepts erkennbar wurde, daß die psychopathologischen Phänomene *nicht* unmittelbarer Ausdruck gestörter psychischer Prozesse sind, sondern als vermittelte Resultanten grundlegender *primärer* Störungen aufzufassen sind.

Im weiteren Verlauf der Entwicklung hat sich dann der Schwerpunkt der Forschung von relativ einfachen Aufmerksamkeitsleistungen verlagert zu komplexeren Prozessen der Informationsverarbeitung auf konzeptioneller Ebene. Dabei ist jedoch darauf zu verweisen, daß die Trennung zwischen perzeptionellen und konzeptionellen Prozessen letztlich künstlich ist und daß es bisher nicht befriedigend gelungen ist, Aufmerksamkeitsleistungen eindeutig von »höheren« Prozessen der Informationsverarbeitung abzugrenzen. Vielmehr scheint es so zu sein, daß intakte Aufmerksamkeitsfunktionen die Grundlage und notwendige Voraussetzung für andere wichtige kognitive Funktionen (z.B. Wahrnehmung, Gedächtnis) bilden (SUSLOW & AROLT 1996).

Zum Schluß dieses Überblicks soll versucht werden, die Befundlage zu verdichten, ohne sie unzulässig zu verkürzen. Nach HEMSLEY (1993) besteht der kleinste gemeinsame Nenner der unterschiedlichen Befunde und Modelle darin, daß bei schizophreniegefährdeten Menschen *der Einfluß gespeicherter Regelmäßigkeiten früherer Erfahrungen auf die aktuelle Wahrnehmung und Verarbeitung geschwächt* ist. Die basale Störung der Schizophrenie wird deshalb aufgefaßt als »Störung bei der fortlaufenden Integration von aktuellem Input und gespeichertem Material« (S. 635). Die *gemeinsame Endstrecke* bestehe darin, daß der aktuelle Reizinput nicht in Beziehung gesetzt werden kann zu gespeicherten Regelmäßigkeiten (S. 643). Dies wirkt sich für die Betroffenen so aus, daß sie auch bereits Bekanntes immer wieder wie neu und mit »Staunen vor der Welt« erleben.

Dabei ist wichtig zu verstehen, daß entsprechende Regelmäßigkeiten oder Konzepte sehr wohl gedächtnismäßig gespeichert sein können. Das Problem liegt darin, daß die gespeicherten Inhalte zeitweise nicht schnell und automatisch, sondern allenfalls bei bewußter Anstrengung verfügbar sind. Es handelt sich also nicht um einen Defekt, sondern um eine *funktionelle Labilisierung* solcher Zuordnungsprozesse (STRAUBE 1983). PATTERSON (1987) formuliert ganz ähnlich, wenn er »einen Mangel der automatischen Wiederverfügbarmachung früherer Erfahrungen parallel zu dem ... wahrgenommenen aktuellen Reiz« vermutet.

Solche Störungen sind um so wahrscheinlicher
- je komplexer die Reizsituation ist;
- wenn gleichzeitig unterschiedliche Sinnesmodalitäten beansprucht werden;
- je stärker Ablenkungs- oder Störreize sind; und
- je mehr Streß erlebt wird (BRAFF 1993).

Das Problem der gestörten Informationsverarbeitung schizophreniegefährdeter Menschen liegt also in erster Linie bei der *selektiven* Aufmerksamkeit; die *gerichtete, kategorial* auswählende Aufnahme und Verarbeitung innerer und äußerer Reize ist zeitweise beeinträchtigt. Genau das meinen offenbar andere Autoren, wenn sie die Störung folgendermaßen auf den Begriff bringen:
- »Erschwerte Fähigkeit, eine übergreifende Einstellung aufrecht zu erhalten« (SHAKOW);
- »Anfälligkeit von Gewohnheitshierarchien« (HUBER);
- »Eingeschränkte Fähigkeit, die Welt automatisch als gegliedert und bedeutungsvoll wahrzunehmen« (SÜLLWOLD);
- »Wahrnehmungen werden nicht in den Kontext eines Hintergrundwissens gestellt« (ANSCOMB);
- »Erhöhte Störbarkeit affekt-logischer Programme« (CIOMPI).

Jenseits der eher verwirrenden Fülle von Einzelergebnissen scheint es also im Hinblick auf das Kernproblem ein recht hohes Maß an Übereinstimmung zwischen Autoren ganz unterschiedlicher Herkunft und Orientierung zu geben. BLEULERS Begriff von den »gelockerten Assoziationen« hat ebenfalls bereits eine große Nähe zu dem hier Gemeinten.

Das Verletzlichkeits-Konzept nimmt diese grundlegenden Erkenntnisse auf und begreift die Störungen der Informationsverarbeitung als Basis, von der aus sich die akuten psychotischen Zustandsbilder im Rahmen eines phasenweisen Dekompensationsprozesses entwickeln (vgl. unten 5.).

Die Bedeutung einer unbewußt-automatischen und hocheffizienten selektiven Aufmerksamkeit ist wohl nur zu ermessen, wenn man sich für einen Moment versucht vorzustellen, wie es ist, wenn sie fehlt: Man wäre schutzlos einem schier grenzenlosen Bombardement von Reizen ausgeliefert. Denn in Phasen des Wachbewußtseins ist jeder Mensch, zumindest in alltäglichen Situationen, mit einem potentiell unendlich vielfältigen Reizangebot konfrontiert.

> Dies gilt schon für eher reizarme Kontexte. So bin ich – diese Zeilen in meinem heimischen Arbeitszimmer schreibend – beispielsweise folgenden Reizen ausgesetzt: Vielfältige optische Eindrücke im Nahfeld (Schreibtisch) im Zimmer und vor dem Fenster; akustische Reize, wie das Brummen einer Fliege im Wohnzimmer, das an- und abschwellende Rauschen des Verkehrs auf der nahegelegenen Bundesstraße, das Rascheln vom Wind im Strauch vor meinem Fenster, das Plätschern des Wassers in unserem Bachlauf, Kinderlaute aus Nachbars Garten, Schritte meiner Frau im ersten Stock; propriozeptive Reize, wie die Wärme der Schreibtischunterlage, auf die die Sonne scheint, meine schwitzende rechte Hand (es ist heiß), das leichte Schmerzen von Daumen und Zeigefinger derselben Hand (vom vielen Schreiben), der Druck des Korbgeflechts auf meine Oberschenkel etc.; innere Reize, wie Herzschlag, ein leichter Druck auf den Augen, trockener Mund, eine leichte Verspannung der Nackenmuskulatur etc. Wäre meine selektive Aufmerksamkeit aktuell beeinträchtigt, wäre ich gar nicht oder nur mittels bewußter Konzentration und Mühegabe in der Lage, diesen Abschnitt zu Ende zu schreiben. Denn ständig würden Ablenkungsreize einschießen und sich aufdrängen, die die gleiche oder sogar größere Intensität hätten, wie die äußeren und inneren Reize, auf die es ankommt, wenn ich bis zum Abendessen fertig sein will: Gedanken, motorische Aktivitäten (Schreiben), optische Kontrolle (Lesen). Ich würde nichts zustande bringen oder nur sehr langsam vorankommen und laufend Fehler machen, obwohl es sich doch noch um eine recht überschaubare Situation handelt.

Sehr viel schwerer noch haben es Menschen mit einer störanfälligen Informationsverarbeitung, wenn sie sozialen Situationen ausgesetzt sind, in denen es um viel komplexere, weil zwischenmenschlich-kommunikative Reize geht.

In den klassischen experimentellen Versuchsanordnungen zur Erfassung von Besonderheiten der Informationsverarbeitung verlangt man zumeist isolierte Reaktionen (z.B. Knopfdruck) auf ganz einfache Reize (z.B. Ton- oder Lichtsignal) und mißt das Ergebnis eindimensional (z.B. Reaktionszeit). Schon bei solchen einfachen Anordnungen zeigen sich typischerweise signifikante Beeinträchtigungen bei schizophreniegefährdeten Menschen. Wieviel komplexer und irritierender sind dagegen soziale Situationen, zumal wenn Emotionen im Spiel sind. Wahrnehmungen und Verhalten in solchen Situationen sind jedoch ungleich schwerer zu erfassen als in einfachen Leistungsexperimenten. In den letzten Jahren wird allerdings zunehmend versucht, bei der Erforschung der Informationsverarbeitung der sozialen Realität näher zu kommen.

So berichten GARFIELD et al. (1987), daß schizophren Erkrankte auf Bildern von Gesichtern anderer Menschen schwerer als Depressive und Gesunde Gefühle wie Freude, Trauer, Furcht, Ärger, Ekel etc. erkennen können. Dies gilt besonders für negativ getönte Emotionen. CRAMER et al. (1989) zeigten schizophrenen Patienten und Gesunden Videoaufnahmen von Situationen mit eindeutigem emotionalen Gehalt. Die schizophrenen Patienten entdeckten die vorherrschende Emotion seltener als die Gesunden und nahmen z.T. sogar entgegengesetzte Emotionen wahr. Auch zwei deutsche Arbeitsgruppen untersuchten, wie remittierte schizophrene Patienten den emotionalen Gehalt von Gestik und Mimik anderer Menschen wahrnehmen. GRÜSSER (1991) berichtet von »dramatischen« Störungen beim Erkennen von Gesichtern und dem emotionalen Ausdruck von Mimik und Gestik. Diese Störungen seien ausgeprägter als bei irgendeiner anderen visuell-kognitiven Funktion. Auch GAEBEL & WÖLVER (1992) fanden Beeinträchtigungen beim Erkennen von Gefühlsqualitäten und stellten außerdem fest, daß auch entsprechende Verhaltensweisen (Imitation, Simulation von Gefühlen) im Vergleich zu depressiv erkrankten und gesunden Kontrollpersonen deutlich beeinträchtigt waren. Solche Störungen lassen sich zwanglos im Rahmen der Informationsverarbeitungshypothese erklären. Ihre alltäglichen Auswirkungen im sozialen Leben dürften für die Betroffenen erheblich sein.

> Dies belegt eine Auswertung von 14 Studien aus den 90er Jahren, die den Zusammenhang von Störungen der Informationsverarbeitung einerseits sowie der sozialen/beruflichen Anpassung und sozialen Fertigkeiten andererseits untersuchten. Es zeigt sich durchgängig: je ausgeprägter die Beeinträchtigung kognitiver Funktionen wie Gedächtnis, Aufmerksamkeit und Konzeptbildung, desto größer die sozialen Defizite (GREEN 1996).

Die andere Seite der Störanfälligkeit bezüglich abstrahierender, verknüpfender und integrierender Funktionen ist die tendenzielle *Überlegenheit* von schizophreniegefährdeten Menschen bei Aufgaben, die eine besonders genaue Wahrnehmung erfordern (HEMSLEY 1990).

STRAUBE verdeutlicht am Beispiel einfacher Wahrnehmungsexperimente, daß Schizophrene dort keine Ordnung einführen, wo keine ist, also in geringerem Maße der Tendenz zur »guten Gestalt« unterliegen (1992, S. 103). SHAKOW wird folgende Feststellung zugeschrieben: Wenn es ein Wesen gäbe, von dem man sagen könne, daß es den Wald vor lauter Bäumen nicht sähe, so sei dies der Schizophrene (BUCHANAN 1993). Dies bedeutet auf der anderen Seite, daß schizophreniegefährdete Menschen die einzelnen Bäume besonders genau und differenziert wahrnehmen können.

Die eigentümliche Spannung zwischen besonderer Genauigkeit und erschwerter Zuordnungsfähigkeit kommt in dem Selbstzeugnis eines Betroffenen zum Ausdruck:

> »Wir Schizophrenen sind immer die ersten, die mitbekommen, wenn irgend etwas

nicht stimmt; aber wir können nicht genau feststellen, was es ist und was dann zu tun ist« (zit. nach Freedman et al. 1991, Übers. G.W.)

Die Kehrseite der Störung der selektiven Aufmerksamkeit ist demnach in einer *besonderen Sensibilität und Offenheit* der Wahrnehmung zu sehen. Unter diesem Gesichtspunkt kann Verletzlichkeit auch positiv verstanden werden im Sinne einer besonderen *Dünnhäutigkeit*, die an sich nichts Krankhaftes darstellt, sondern eine Normvariante, die sich unter geeigneten Umständen auch als besondere Begabung entfalten kann. Denn während »die Schizophrenen ... die Welt eher so (sehen), wie sie wirklich ist« (Kline, zit. nach Straube 1992), wirft der Gesunde vielleicht oft allzu schnell das Netz seiner geistigen Orientierung über die Welt. Dies erlaubt ihm zwar einerseits, sich relativ ökonomisch und sicher zurechtzufinden, allerdings auf Kosten der Vernachlässigung von Details und Besonderheiten. Wenn es stimmt, daß das Leben gerade in den Details liegt (John Strauss auf dem Berner Schizophrenie-Symposium 1993), dann erleben schizophrene Menschen besonders intensiv – mit allen Chancen, aber auch allen Risiken, die damit verbunden sind.

4.2 Das Basisstörungskonzept

Ist, wie im vorangegangenen Abschnitt dargelegt, die Fähigkeit beeinträchtigt, »alte« Reize bzw. Regelmäßigkeiten bei der Orientierung in der Welt zu benutzen, so sind alle Reize neu. Ein davon betroffener Organismus wäre einem steten Bombardement immer wieder neuer, nicht sicher einzuordnender Eindrücke ausgesetzt.

Dieser Effekt scheint die Grundlage zu sein für das von schizophrenen Menschen häufig beschriebene Phänomen der *Reizüberflutung*:

> »Zeitweise merke ich, daß ich nicht richtig reden kann, kriege die Worte nicht zusammen. Die anderen verstehen mich nicht, weil ich wohl Silben verschlucke. Dabei war ich Schulsprecher, weil ich so gut reden konnte ... Stimmen, Geräusche und wenn ich selbst spreche ›hallen‹ ständig im Kopf nach. Wenn ich gleichförmige Bewegungen gemacht habe, z.B. beim Laufen, kann ich nicht aufhören, die Bewegung geht weiter wie der Nachhall im Kopf. Am quälendsten sind Gedanken, so ›Frusts‹. Da denke ich plötzlich ›Warum bin ich ein Mensch‹ oder ›Was ist Schmerz‹. Das beherrscht mich dann so, daß ich nichts anderes mehr denken und tun kann. Am gesamten Körper entstehen dabei sehr negative, fremdartige Gefühle, die ich nicht beschreiben kann, es wäre so ähnlich, als wenn ich eine nicht-existente Farbe beschreiben sollte ... Wenn ein gesprochener Satz beendigt ist, hallt bzw. arbeitet es in meinem Kopf weiter. Manchmal nimmt dies so überdimensionale Formen an, daß ein furchtbarer Krach im Kopf entsteht, der wiederum gibt mir das Gefühl, mein Kopf würde wegfliegen ... Manchmal habe ich das Gefühl, ich schrumpfe zu einem Zwerg ... Das mich ständig begleitende Ohrenpfeifen hat sich verstärkt, ich reagiere sehr empfindlich auf Geräusche ... Als Laie vermute ich, *daß mein Gehirn bzw. die Sinneseindrücke vollkommen überreizt sind und ich deshalb alles sehr, sehr intensiv erlebe*. Ich vertrage keinerlei Belastungen ... Alles was nicht greifbar ist, löst in mir negative Gefühle aus ... Ich fühle mich ständig an irgend etwas erinnert und glaube, nichts neu zu erleben ... Vieles nehme ich nicht bewußt auf, es dauert Sekunden, bis ich überhaupt schalte ... Nichts bleibt richtig haften, die Erinnerung ist nur schemenhaft ... Wenn ich einen Satz im Kopf vorformuliere und ihn nicht sofort

ausspreche, kann ich nach kurzer Zeit nicht mehr beschwören, ob ich diesen Satz nun doch ausgesprochen oder noch als Gedanken im Kopf habe, was mich sehr verwirrt ...« (SÜLLWOLD 1977, S. 33).

Hierbei handelt es sich um die Selbstschilderung eines Oberschülers, der um das 18. Lebensjahr das erste Mal psychotisch erkrankte. Diese Schilderung enthält eindrucksvolle Beschreibungen psychischer Störungen, die ganz unterschiedliche Erlebnisbereiche bzw. psychische Funktionen betreffen und die offensichtlich als einschneidend bis quälend erlebt werden. Diese Störungen sind – und dies ist entscheidend – *keine* psychotischen Symptome im Sinne der Psychopathologie, sondern sie bestehen vor und zum Teil unabhängig von der akuten psychotischen Symptomatik.

Diese bewußt erlebten Veränderungen werden *Basisstörungen* genannt und stellen für die Betroffenen »die unmittelbare Erfahrung dessen dar, was die gegenwärtige Schizophrenieforschung als ›besondere Vulnerabilität‹ konzeptionell entwickelt hat« (SÜLLWOLD & HUBER 1986, S. 2).

Die Verwendung der Begriffe Basisstörungen, Basissymptome, Basisstadien etc. in der Literatur ist nicht ganz einheitlich. HUBER, der diese Konzepte in die Diskussion eingeführt hat, verwendet den Begriff Basissymptome als Bezeichnung für die Beschwerden bzw. Beeinträchtigungen der Betroffenen und den Begriff Basisstörungen als Bezeichnung für die diesen hypothetisch zugrundeliegenden Störungen der Informationsverarbeitung. Wie viele andere Autoren schließen wir uns dieser Konvention *nicht* an, sondern bezeichnen die Beschwerden/Beeinträchtigungen als Basis*störungen*. Dies unterstreicht, daß es sich dabei noch *nicht* um Krankheits*symptome* i.S. der Psychopathologie handelt. Tabelle 2 (s. Seite 46) gibt eine Übersicht über charakteristische Basisstörungen und die erlebten Folgen.

Zur Erfassung von Basisstörungen wurde ein Selbstbeurteilungsverfahren (der »Frankfurter Beschwerdefragebogen«/FBF) sowie ein Fremdbeurteilungsverfahren (die »Bonner Skala zur Erfassung von Basissymptomen«/BSABS) entwickelt (Beschreibungen beider Verfahren finden sich bei SÜLLWOLD & HUBER 1986).

Wichtige *generelle Merkmale* von Basisstörungen sind:
- Sie sind nur über das persönliche Erleben der Betroffenen zugänglich.
- Sie gehen den eigentlichen, für Schizophrenien typischen Symptomen mehr oder weniger lange voraus (als sogenannte Vorpostensyndrome und Prodrome) und folgen ihnen nach.
- Sie verlaufen häufig wellen- und schubförmig und sind grundsätzlich reversibel (HUBER 1983).
- Ihre Häufigkeit und Intensität schwankt in Abhängigkeit von inneren und äußeren Einflüssen:
  »Zwar können sie auch ohne erkennbaren Anlaß endogen sich manifestieren oder verstärken, sie können aber auch durch situative Faktoren provoziert werden, insbesondere durch arbeitsmäßige, körperliche oder geistige Beanspruchung, bestimmte soziale Alltagssituationen, die anscheinend die Informationsverarbeitungskapazität des Patienten überfordern, durch Situationen, die eine Spaltung der

Tab. 2: »Basisstörungen« als subjektives Erleben der schizophrenen Verletzlichkeit

1. Störungen des Denkens
Durcheinanderlaufen, Aufdringlichkeit von Gedanken; Ablenkung durch abwegige Einfälle; Überflutetwerden; Blockierung, Leere; Fremdheit (Inhalte nicht fixieren können).
Folge: Gefühl mangelnder Kontrolle über die eigenen Denkvorgänge; Versuch, die Störungen durch bewußte Selbstkontrolle zu bewältigen und nach außen hin zu verbergen.

2. Störungen der Sprache
Ausdruck: Verstümmelung von Worten, mangelnde Verfügbarkeit von Worten, unvollständige Sätze, andere Worte als beabsichtigt.
Wahrnehmung: Mangelnde Entschlüsselung, mangelndes Sinnverständnis, gestörtes Behalten.
Folge: Gefühl der Unsicherheit in Situationen, die verbale Kommunikation einschließen; soziale Unsicherheit/Rückzug.

3. Störungen der Wahrnehmung
Allgemein: Schwierigkeiten bei der Integration von Reizen aus verschiedenen Sinnesbereichen.
Sehen: Farbveränderungen, Intensitätsveränderungen, Störungen der Figur/Grund-Wahrnehmung, Störungen der Größenkonstanz.
Hören: Intensitätssteigerung, Veränderung der Qualität von Tönen (Fremdheit).
Leibgefühle: Ungewöhnliche, fremdartige, bizarre Körperempfindungen.
Folge: Gefühl der Überreizung, Überforderung; Rückzug, Abschirmung.

4. Störungen der Gefühle
Mangelnde Unterscheidbarkeit von Gefühlen, Gefühlsschwankungen, Gleichzeitigkeit sich widersprechender Gefühle.
Folge: Unsicherheit gegenüber dem eigenem Erleben; Verstimmung, Unlust (Anhedonie).

5. Bewegungs- und Automatismus-Störungen
Blockierung von Bewegungsabläufen, nicht beabsichtigte Bewegungen, sich überlagernde Bewegungstendenzen, mangelnde Koordination. Vormals ohne bewußte Aufmerksamkeitszuwendung ablaufende Handlungsvollzüge sind nur mit erhöhter Konzentration und bewußter Anstrengung zu vollbringen (z.B. Waschen, Anziehen, Telefonieren, Fahrradfahren).
Folge: Irritation, Unsicherheiten im Bewegungsablauf; Verlangsamung.

Aufmerksamkeit erfordern, durch Tätigkeiten unter Zeitdruck oder emotional affizierende ›Minimalanlässe‹» (Süllwold & Huber 1986, S. 67/68).

- Sie *ähneln* Empfindungen Gesunder in körperlichen und seelischen Ausnahmezuständen. D.h., sie sind der Qualität nach größtenteils nicht spezifisch für schizophreniegefährdete Menschen. Das »Spezifische im Unspezifischen« liegt im Ausmaß und der zeitlichen Ausdehnung der Störungen:

»Sie sind kennzeichnend für Schizophrenie, aber nicht in dem Sinne, daß sie ausschließlich dort vorkommen« (Süllwold & Huber 1986, S. 118).

Die relative Spezifität der Basisstörungen sowie die Tatsache, daß sie der psychotischen Ersterkrankung oft lange vorausgehen, könnten einen Zugang zur Früherkennung und präventiven Behandlung eröffnen; erste Untersuchungen hierzu liegen vor (Gross, et al. 1991).

Durchgängig im *Erleben* der Störungen ist die Erfahrung innerer Verwirrung und Desorientierung. Diese geht zumeist einher mit dem Gefühl, die Kontrolle über die eigenen psychischen Abläufe zu verlieren (Verlust der »Selbstverfügbarkeit«). Von da aus gibt es fließende Übergänge zu dem Erleben, an unerklärliche Vorgänge ausgeliefert zu sein, das fast immer mit Angst verbunden ist. Schließlich führt die grundlegende Verunsicherung im Erleben fast notwendigerweise zu einer allgemeinen Verunsicherung im Verhalten.

Die *Reaktion* von Betroffenen auf das Erleben der Störungen ist außerordentlich vielfältig. Fast alle wissen, was für sie günstig und zuträglich und was ungünstig und schädlich ist:

»Die Selbstschilderungen ... zeigen die Auseinandersetzung der Patienten mit ihren Basissymptomen, den von der Umgebung oft nicht bemerkten Kampf mit den Störungen« (Süllwold & Huber 1986, S. 89).

Häufig sind Versuche, durch bewußte Konzentration und Anspannung die Kontrolle über psychische Funktionen und das Verhalten zurückzugewinnen, wobei die Störungen nach außen zumeist verborgen werden. Diese Bemühungen gleichen einem Balanceakt, in dem immer wieder neu ein Gleichgewicht zwischen inneren Vorgängen und Umweltanforderungen hergestellt werden muß. Gelingt dies nicht oder nur unvollkommen, ist die Toleranz gegenüber alltäglichen Anforderungen erheblich herabgesetzt. Die Betroffenen fühlen sich überfordert und sind oft erschöpft bis hin zur Unfähigkeit, sich den Anforderungen von außen zuzuwenden und dem schließlichen Rückzug und Abbruch des Kontaktes zur Umwelt. Ist diese Umwelt uninformiert über das Erleben und Befinden oder reagiert sie verständnislos und ohne Rücksicht auf die herabgesetzte Belastbarkeit, besteht die Gefahr von teufelskreisartigen Eskalationsprozessen, an deren Ende dann eine akute psychotische Episode stehen kann.

Bei der Frage, wie sich aus nicht kompensierbaren Basisstörungen schließlich akut-psychotische Symptome entwickeln, war man bis vor kurzem auf plausible Annahmen und Analogien angewiesen (vgl. Süllwold 1983 a, Kap. 2).

Inzwischen ist es Klosterkötter in einer aufwendigen, mehrjährigen Studie gelungen nachzuweisen, daß es tatsächlich charakteristische, auch interindividuell stabile Übergangsreihen zwischen Basisstörungen und psychotischen Symptomen gibt. Auf der Basis von ausführlichen Interviews kann KLOSTERKÖTTER (1988, 1992) zeigen, daß bestimmte Arten von Basisstörungen über bestimmte Zwischenphänomene mit hoher Regelmäßigkeit in ganz spezifische psychotische Symptome übergehen. Dabei spielt offenbar das Subjekt bzw. seine Erklärungen und Bedeutungszuschreibungen eine *gestaltende* Rolle: Es versucht, sich die zunehmende Neu- und Andersartigkeit von Eindrücken zu erklären und durch aktive Sinngebung zu bewältigen. Auf diese Weise wird die Herausbildung psychotischer Symptome zumindest ansatzweise normalpsychologisch deut- und nachvollziehbar. »Psychotisch sein« verliert den Charakter des unerklärlich-uneinfühlbar Irrationalen (zur Dynamik der psychotischen Dekompensation vgl. unten, 5.1).

Versuchen wir, das Basisstörungs-Konzept historisch einzuordnen, so ist zunächst festzustellen, daß die sogenannte »Grundstörungsdiskussion« in der Psychiatrie eine lange Tradition hat. Entsprechende Wurzeln finden sich wiederum sowohl bei KRAEPELIN, der explizit »Grundstörungen« postulierte, sowie bei BLEULER mit seiner Unterscheidung von Grundsymptomen und akzessorischen Symptomen (vergl. oben 2.1). Insgesamt wurde die Beobachtung und Beschreibung dieser Phänomene im Rahmen einer objektivierenden, das subjektive Erleben der Betroffenen tendenziell entwertenden Psychiatrie jedoch stark vernachlässigt. Der Befund war und ist zumeist immer noch wichtiger als das Befinden.

> Aktuell gibt es Bezüge zwischen den Konzepten Negativ-Symptome und Basisstörungen. Das Negativ-Syndrom weist ja deutliche Überschneidungen mit den »Grundsymptomen« BLEULERs auf und auch das Basisstörungs-Konzept beansprucht, den »Kern« des Phänomens »Schizophrenie« zu berühren. So fassen KLOSTERKÖTTER et al. (1994) das Basisstörungskonzept als »deutsche Version« des Negativ-Symptom-Konzeptes auf. HUBER (1995) besteht demgegenüber auf der Nicht-Identität beider Konzepte und stellt fest, daß sich sowohl positive als auch negative Symptome aus Basisstörungen entwickeln. U.E. ist außerdem der unterschiedliche methodische Zugang ein wichtiges Unterscheidungskriterium: während (Negativ-)Symptome grundsätzlich der Verhaltensbeobachtung zugänglich sind, handelt es sich bei Basisstörungen prinzipiell um subjektive Phänomene, die nur über das *Erleben* der Betroffenen erschlossen werden können.

Es waren vor allem die Arbeitsgruppen um Gerd HUBER in Bonn und Lilo SÜLLWOLD in Frankfurt, die an historische Vorläufer anknüpften und sich seit den 60er bzw. 70er Jahren intensiv mit der subjektiven Seite dessen auseinandergesetzt haben, was wir heute die besondere Verletzlichkeit schizophrener Menschen nennen.

In diesem Konzept rücken der Betroffene und die Krankheit wieder näher an das allgemein Menschliche:

> »Das Basisstörungs-Konzept kann wesentlich zur Überwindung des Mythos von den sog. Geisteskrankheiten und damit verbundenen Vorstellungen ihrer Unheilbarkeit, Unbeeinflußbarkeit und grundsätzlichen Andersartigkeit beitragen und diese Dogmen durch Beschreibungen und darauf gegründete Modelle ersetzen, die

dem tatsächlichen Erleben und dem Wesen der Krankheit eher entsprechen« (SÜLLWOLD & HUBER 1986, S. 41).

»Die Tatsache, daß diese (die Basisstörungen, G.W.) weitgehend einsichtsfähig sind, erlaubt es unserem Erachten nach, dem Patienten ein akzeptierbares Konzept seiner Erkrankung zu vermitteln. Er erlebt sich als vermindert belastbar, kann jedoch sowohl sich selbst verstehen als auch sich anderen verständlich machen. Die Entwicklung eines derartigen Selbstkonzeptes erleichtert es, Motivation für weitere Hilfsmaßnahmen nach der Entlassung zu wecken« (SÜLLWOLD 1983 b, S. 179).

4.3 Ciompis Konzept der »affekt-logischen Bezugssysteme«

Wie wir unter 3.3 gesehen hatten, fußt CIOMPIS Drei-Phasen-Modell unmittelbar auf ZUBINS Verletzlichkeitshypothese. Den Kern dieser Verletzlichkeit sieht auch CIOMPI darin, » ... daß schizophrene und schizophreniegefährdete Menschen wesentlich, vielleicht sogar in erster Linie, an einer *Störung der Informationsverarbeitung* leiden« (1985, S. 59).

Insofern integriert CIOMPIS Modell die experimental-psychologischen Befunde zu spezifischen Informationsverarbeitungsdefiziten ebenso wie die Erkenntnisse zum subjektiven Erleben dieser Störungen, die insbesondere das Basisstörungs-Konzept erbracht hat.

Entsprechend dem Charakter des Drei-Phasen-Modells als Meta-Theorie geht CIOMPI jedoch weit über die bereits bekannten Einzelbefunde hinaus und entwirft bereits in der Affektlogik (CIOMPI 1982) ein allgemeines kybernetisch-systemisches Modell der menschlichen Psyche und ihrer Entwicklung, das später weiter ausgearbeitet und generalisiert wird (CIOMPI 1986 b, 1993 c).

Die zentrale Annahme der »Affektlogik« besteht darin, daß Fühlen und Denken, affektive und kognitive Prozesse untrennbar zusammengehören und unabhängig voneinander gar nicht vorkommen. Sie können allenfalls künstlich, unter analytischen oder methodischen Aspekten, auseinandergehalten werden. Beide, Fühlen und Denken, sind *Verarbeitung von Information* oder Reaktionsweisen des psychischen Systems im Austausch mit seiner Umwelt. Sie sind außerdem als komplementäre und gleichgewichtige Erfassungsweisen der begegnenden Wirklichkeit zu begreifen:

> »In ihrem Zusammenspiel ›orten‹ (bzw. ordnen) beide Erfassungsweisen die begegnende Wirklichkeit optimal ökonomisch wie zwei Schnittlinien einer Peilung: Das phylogenetisch ältere, körpernahe, deutlich trägere und unschärfere aber viel umfassendere ›Fühlsystem‹ auf der einen Seite verleiht dem entstehenden, operationellen ›Bild‹ der Wirklichkeit gewissermaßen Tiefe und Ganzheitlichkeit, während das phylogenetisch jüngere, körperferne, abstraktere, präzisere aber auch viel punktuellere ›Denksystem‹ zu seiner Schärfe beiträgt. Es ist klar, daß die resultierende ›Tiefenschärfe‹ imminent im Dienst des Überlebens, d.h. der Autopoiese steht« (CIOMPI 1986 b, S. 382).

Die integrative Kraft von CIOMPIS Denken zeigt sich u.a. darin, daß sein Konzept der affekt-logischen Bezugssysteme aufbaut auf zwei so verschiedenen Traditionen wie der FREUDschen Psychoanalyse (Fühlen) sowie der genetischen Erkenntnistheorie PIAGETS (Denken) und diese zusammenführt.

Von PIAGET stammt die Erkenntnis, daß die Psyche als Hierarchie von kognitiven *Schemata* oder Bezugssystemen verstanden werden kann. Diese entstehen von der Geburt an durch einen fortwährenden Prozeß der *Assimilation* (Einbau äußerer Informationen) und *Akkommodation* (Anpassung der bereits bestehenden Schemata). Sie bilden den Niederschlag konkreter Erfahrungen im Handeln (sensori-motorische Aktionen) und in der Kommunikation mit zentralen Bezugspersonen (zwischenmenschliche Transaktionen). Aus dem psychoanalytischen Kontext stammt die Einsicht, daß kognitive Schemata von vornherein mit elementaren affektiven »Färbungen« versehen sind (z.B. Lust, Unlust). Dem Begriff oder Schema »Mutter« z.B. wird schon früh eine ganz bestimmte Skala von – günstigenfalls überwiegend positiven – Affekten zugeordnet. Im Phänomen der Übertragung zeigt sich, daß solche frühen affektiven Prägungen bis in das Erwachsenenalter hinein wirksam sein können.

Die affekt-logischen Bezugssysteme zeichnen sich durch eine (im Vergleich zum Tier) viel größere Kapazität, Verdichtung und logische Hierarchisierung aus. Ein zentraler Aspekt dabei ist die Symbolik (Sprache). Entsprechend leistungsfähig und effizient aber möglicherweise auch störanfälliger ist die Psyche (psychotische Phänomene bei Tieren gelten allgemein als unwahrscheinlich). Diese Bezugssysteme stellen den Niederschlag der persönlichen Lern-Geschichte aller Interaktionen mit der Umwelt in Form von integrierten *Fühl-, Denk- und Verhaltensprogrammen* dar.

Das *biologische Substrat* der affekt-logischen Bezugssysteme ist in einem entsprechend ausgestalteten Netzwerk von Nervenzellen (Neuronen) und den Verbindungen zwischen ihnen (Axone, Dendriten) im Neokortex zu sehen. Auch dieses Netzwerk entwickelt sich in Abhängigkeit von Wechselwirkungen mit der Umgebung: Reichhaltige Stimuli oder Informationen erzeugen entsprechend gut ausgebildete Netzwerke, Reizarmut dagegen führt zu neuronaler Atrophie. Dieses Phänomen wird *neuronale Plastizität* genannt:

> Je öfter ein bestimmter, raum-zeitlicher Impuls im Kortex durchgespielt wird, desto effizienter werden seine Synapsen im Verhältnis zu anderen. Dank dieser synaptischen Effizienz werden spätere synaptische Inputs die Tendenz haben, die gleichen neuronalen Systeme zu durchlaufen und so dieselben, sowohl direkten wie psychischen Antworten hervorrufen wie der ursprüngliche Reiz (nach POPPER & ECCLES 1989, S. 463).

Demnach lassen sich nach CIOMPI sowohl Gehirn als auch Psyche mit einem – anfänglich nur in Rudimenten angelegten – Weg- oder Kanalsystem vergleichen, daß durch den Gebrauch selbst entsteht und sich in der Interaktion mit der Umwelt zu einem immer komplexer hierarchisierten Gefüge von Haupt- und Nebenstraßen entwickelt. Diese Gefüge sind als offene Systeme aufzufassen und können auch als lauter *Programme* mit kognitiven und affektiven Anteilen verstanden werden. Sie stellen das eigentliche *Gedächtnis* dar, indem sie sich im jeweiligen Kontext aktualisieren und das Wahrnehmen und Verhalten entsprechend den angelegten Mustern kanalisieren. *Persönlichkeit* wird deshalb auch als weitgehend stabil gewordenes Muster von affekt-logischen Bezugssystemen verstanden, gewissermaßen als Muster von Mustern (CIOMPI 1988 b).

Im Hinblick auf psychische Erkrankungen ist von Bedeutung, daß diese Programme einerseits eine gewisse *Trägheit* besitzen und andererseits in hohem Maße anpassungsfähig sind; beide Merkmale

> »... sind lebenswichtig: Erst eine gewisse Stabilität internalisierter Strukturen ermöglicht ihre zweckmäßige Anwendung in ähnlichem Kontext; auf der anderen Seite aber ist eine funktionelle Anpassung an wesentlich veränderte Umstände nur dank der Plastizität solcher Systeme möglich« (Ciompi 1986 b, S. 391).

Affekt-logische Bezugssysteme zeichnen sich außerdem durch eine gewisse *Schwerkraft* aus: Sie ziehen Gefühle, Gedanken und Handlungen an wie ein Wegsystem den Verkehr oder ein Kanalsystem das Wasser und wirken so als Raster, durch die wir »Wirklichkeit« nicht nur wahrnehmen, sondern auch gestalten, ordnen, klassifizieren und ggf. deformieren. Schließlich:

> »Psychische Gesundheit kann gleichgesetzt werden mit optimal spannungsarmökonomischer, psychische Krankheit dagegen mit spannungsvoll-unökonomischer Informationsverarbeitung« (ebd.).

Gesundes psychisches Funktionieren ist damit immer eine Frage der *Beziehung* zwischen angelegten inneren Programmen und Umweltanforderungen. Dabei werden instabile, disharmonisch strukturierte Programme besonders störanfällig sein und prädisponieren so zu psychischen Erkrankungen.

> Um im Bild zu bleiben, stelle man sich das Weg- oder Kanalsystem einmal bildlich vor: als Landkarte. Karten abstrahieren, verdichten, schaffen Übersicht. Eine gute Landkarte zeigt ein hierarchisch-anschaulich gegliedertes System von Autobahnen, Bundesstraßen sowie Nebenstraßen verschiedener Ordnungen bis hin zu Feld- oder sogar Fußwegen. Damit bietet sie eine ausgezeichnete Grundlage für eine rasche und sichere Orientierung in der Wirklichkeit und *zugleich* effektives und ökonomisches Handeln. Wer von Hamburg nach München gelangen will, dem genügt fast ein Blick zur Orientierung, und er wird auf der Autobahn auf dem schnellsten und sichersten Weg ans Ziel kommen, ohne sich unterwegs mehr als ein- oder zweimal neu orientieren zu müssen. Geben wir dem gleichen Reisenden jedoch eine Karte in die Hand, in der alle Straßen gleichfarbig und gleichbreit eingezeichnet sind, dürfte er ernsthafte Orientierungsprobleme bekommen. Er müßte sich fast an jeder Abzweigung neu orientieren, würde nur langsam vorankommen und Gefahr laufen, sich immer wieder zu verfahren. Seine Informationsverarbeitung sowie das daraus resultierende Verhalten sind also verlangsamt, fehleranfällig und beanspruchen ihn stark.

Projiziert man eine solche Landkarte ins Dreidimensionale, so ergibt sich ein gutes »Bild« von der Struktur affekt-logischer Bezugssysteme und den diesen entsprechenden neuronalen Netzwerken. Demnach würden schizophreniegefährdete Menschen von Haus aus über »schlechtere« Karten, also instabilere und störanfälligere Bezugssysteme verfügen, die vor allem unter Streß ihre orientierunggebende und handlungsleitende Funktion einbüßen können.

Soweit zum Konzept der affekt-logischen Bezugssysteme. Es geht insofern weit über das Verletzlichkeits-Konzept hinaus, als es
- Denken und Fühlen »versöhnt« und als untrennbare Aspekte von Informationsverarbeitung auffaßt;

- auf einem allgemeinpsychologischen Modell der Psyche beruht, sich also auch auf nicht-psychotische Menschen bezieht; und
- zugleich hochgradig integrativ ist, indem es strukturelle und dynamische, biologische und psychosoziale, synchrone und diachrone, intrapsychische und zwischenmenschliche Aspekte berücksichtigt.

4.4 Bedingungsfaktoren der schizophrenen Verletzlichkeit

4.4.1 Prinzip der gemeinsamen Endstrecke – Äquifinalität

Im Rahmen eines systemtheoretisch-kybernetischen Modells schizophrener Psychosen macht es genaugenommen keinen Sinn mehr, von *der Ursache* oder *den Ursachen der Schizophrenie* zu sprechen. Allenfalls kann man fragen, wodurch das prämorbide Terrain für die Entwicklung von schizophrenen Psychosen, also die individuelle Verletzlichkeit, bedingt ist.

Dabei wird die Verletzlichkeit für Schizophrenie im Rahmen des Drei-Phasen-Modells als hochspezifische Störung der Informationsverarbeitung verstanden, also als ein Phänomen, das schizophreniegefährdete von gesunden sowie von anderen psychisch kranken Menschen unterscheidet.

Nach unserem heutigen Wissensstand kann für die Entstehung dieser Verletzlichkeit keine einzelne spezifische Ursache und wahrscheinlich auch keine begrenzte Zahl eindeutig identifizierbarer ursächlicher Faktoren nachgewiesen werden. Vielmehr ist davon auszugehen, daß die Vorstellung von einer linearen, einsinnigen Verknüpfung von einzelnen spezifischen Ursachen und ihren Wirkungen, die ja dem traditionellen medizinischen Krankheitskonzept folgt, grundsätzlich ungeeignet ist, um die Entstehung störanfälliger affekt-logischer Bezugssysteme angemessen zu erklären.

CIOMPI geht deshalb bei seinem Drei-Phasen-Modell vom *Prinzip der Äquifinalität* (Prinzip der gemeinsamen Endstrecke) aus, das in der allgemeinen Systemtheorie eine wichtige Rolle spielt. Dieses Prinzip besagt, daß ein und derselbe Endzustand (z.B. die schizophrene Verletzlichkeit) grundsätzlich auf – potentiell unendlich vielen – unterschiedlichen Ausgangsbedingungen beruhen kann. Abbildung 4 soll diesen Zusammenhang verdeutlichen.

Demnach entwickelt sich die Verletzlichkeit durch eine – in jedem Einzelfall unterschiedliche – Kombination biologischer und psychosozialer Einflußbedingungen, die untereinander wiederum in komplexer Weise in Wechselwirkung treten können. Diese Faktoren sind sämtlich *mehr oder weniger unspezifisch* für Schizophrenie. Sie unterscheiden sich zwar wahrscheinlich in ihrer Spezifität, kein einzelner Bedingungsfaktor wird jedoch für sich genommen ausschließlich bei schizophreniegefährdeten Menschen aufzufinden sein. Außerdem ist davon auszugehen, daß wir bei weitem nicht alle (potentiellen) Bedingungsfaktoren kennen, die im Vorfeld von Schizophrenien eine Rolle spielen können. Vermutlich ist ihre Zahl unendlich.

Die jeweilige qualitative und quantitative Ausprägung sowie die Wechselwirkung der Bedingungsfaktoren determinieren die individuelle Ausprägung der Verletzlichkeit. Sie wird am besten im Sinne einer *relativen Wahrscheinlich-*

Aktuelle Modellvorstellungen zur Schizophrenie

Abb. 4: Individuelle Verletzlichkeit und Äquifinalität

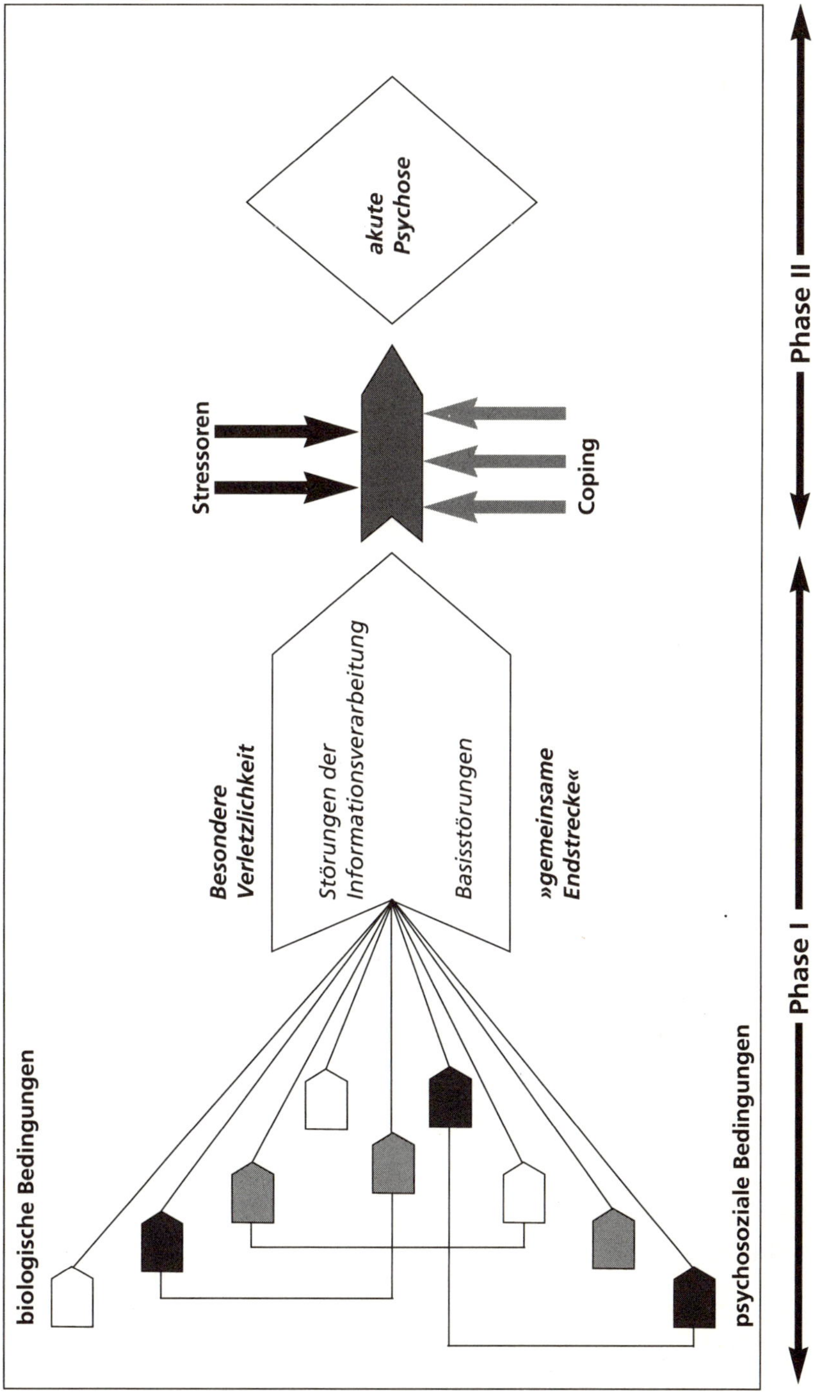

keit verstanden, mit der der Mensch psychotisch reagiert, wobei Stressoren einerseits und (günstigem) Bewältigungsverhalten andererseits gegenläufige Wirkungen zugeordnet werden können. In diesem Sinne gilt für alle im folgenden zu diskutierenden Einflußbedingungen:
- *keine* ist obligatorisch;
- sie sind mehr oder weniger *unspezifisch*;
- sie stehen in *Wechselwirkung* untereinander;
- sie stellen *Beispiele* für Einflüsse dar, die nach unserem heutigen Wissen bei der Entstehung der schizophrenen Verletzlichkeit von Bedeutung sein können;
- ihre jeweilige *Gewichtung* ist interindividuell verschieden.

4.4.2 Biologische Bedingungsfaktoren

Es kann unterschieden werden zwischen *vererbten* und im Verlauf der frühkindlichen Entwicklung *erworbenen* biologischen Bedingungen.

a) Genetische Bedingungen:
Daß Vererbung bei der schizophrenen Verletzlichkeit eine Rolle spielen kann, steht heute außer Zweifel. Diese Erkenntnis stützt sich auf folgende gut belegte Fakten:
- Das lebenslange Erkrankungsrisiko ist in der Verwandtschaft Schizophrener proportional zum Verwandtschaftsgrad erhöht (in der Durchschnittsbevölkerung beträgt es ca. 1 %, bei einem Kind mit einem schizophrenen Elternteil etwa 10 %-15 %).
- Bei eineiigen, also erbgleichen Zwillingen, ist die Wahrscheinlichkeit, daß beide schizophren erkranken, erheblich höher als bei zweieiigen Zwillingen (40 % bis 50 % gegenüber 5 % bis 15 %).
- Kinder von schizophrenen Eltern(-teilen) (sog. Hochrisiko-Kinder) haben auch dann ein deutlich erhöhtes Erkrankungsrisiko, wenn sie in einer Adoptivfamilie aufwachsen. In kontrollierten Studien fanden sich bei den adoptierten Hochrisiko-Kindern Erkrankungsraten zwischen 9 % und 19 %, in den jeweiligen Kontrollgruppen von adoptierten Kindern ohne schizophren erkranktes Elternteil 1 %-10 % (FLEKKØY 1987, GOTTESMAN 1993, KENDLER & DIEHL 1993, MCGUFFIN et al. 1995).

Nach wie vor unbekannt ist jedoch das »Was« und »Wie« der genetischen Vermittlung. Nach den vorliegenden Erkenntnissen ist jedoch davon auszugehen, daß die genetische Grundlage schizophrener Erkrankungen heterogen und polygenetisch ist, d.h. wahrscheinlich ist eine Vielzahl unterschiedlicher Gene daran beteiligt, die untereinander in Wechselwirkung treten.

> Die in den letzten Jahren mit großem Aufwand betriebenen Versuche, in Familien mit außerordentlich hoher Erkrankungshäufigkeit spezifische Defekte bei einzelnen Genen zu identifizieren (sog. *Kopplungs-Studien*), haben bisher keinerlei eindeutige Befunde erbracht.

Die Penetranz der Vererbung ist außerdem gering, d.h. daß nicht jeder Träger der genetischen Disposition tatsächlich erkranken muß. Schließlich ist der in Familien schizophren erkrankter Menschen übertragene Phänotyp unscharf begrenzt; vererbt werden kann offenbar nicht nur eine Disposition zur Erkrankung, sondern auch psychopathologische und physiologische Besonderheiten (z.B. Störungen der Informationsverarbeitung).

> »(Die) Anlage tritt nicht regelmäßig, sondern nur unter ungünstigen Bedingungen (z.B. zusätzlichen genetischen Risikofaktoren, ungünstigen Umgebungsbedingungen) als Schizophrenie in Erscheinung; unter günstigeren Bedingungen stellt sie sich in Form weniger beeindruckender Normabweichungen dar« (MAIER et al. 1995, S. 72).

Diese Auffassung über die Vererbung als möglicher Bedingungsfaktor schizophrener Psychosen ist zwanglos vereinbar mit dem Drei-Phasen-Modell CIOMPIS.

Auf der anderen Seite sprechen die bekannten Fakten zur Genetik auch dafür, daß nicht-genetische Bedingungen in vielen, wenn nicht in den meisten Fällen wirksam sein müssen. Mit ca. 60 % weist die Mehrheit der Betroffenen einen völlig unbelasteten Stammbaum auf (GOTTESMAN 1993).

Wäre die Schizophrenie eine reine Erbkrankheit, müßten beispielsweise die eineiigen Zwillingsgeschwister von schizophren Erkrankten zu 100 % ebenfalls erkranken. Darüber hinaus könnte die höhere Konkordanz bei eineiigen Zwillingen zum Teil darauf zurückzuführen sein, daß sie in den meisten Fällen einer Plazenta entstammen und damit während der fötalen Entwicklung identischen intrauterinen Bedingungen unterliegen.

> In einer sehr interessanten Pilotstudie konnten DAVIS et al. (1995) zeigen, daß das Ausmaß der Konkordanz bei monozygoten Zwillingen stark in Abhängigkeit davon variiert, ob sie aus einer oder aus zwei Placentae stammten. Unter den Zwillingen aus einer Placenta, die den gleichen Blutkreislauf haben und damit das gleiche Risiko für über den Blutkreislauf übertragene Erkrankungen, betrug die Konkordanz ca. 60 %, bei den monozygoten Zwillingen aus zwei Placentae dagegen nur ca. 11 %! Demnach wäre es weniger die Erbgleichheit, sondern eher das identische intrauterine Milieu, das für die erhöhte Konkordanz bei monozygoten Zwillingen verantwortlich wäre. Die Autoren berichten darüber hinaus, daß die Konkordanzraten für Schizophrenie etwa in der gleichen Größenordnung liegen wie bei Multipler Sklerose, Tuberkulose und HIV-Erkrankungen, sämtlich rein infektionsbedingte Krankheiten.

b) Erworbene biologische Bedingungen:

Als erworbene biologische Bedingungen sind hier alle Einflüsse anzusehen, die störend oder schädigend auf das sich entwickelnde kindliche Gehirn einwirken. Untersucht werden dabei in erster Linie Einflüsse vor, während und unmittelbar nach der Geburt; diese werden in der Forschung zumeist zusammenfassend als Schwangerschafts- und Geburtskomplikationen bezeichnet. Die Forschungsergebnisse hierzu haben sich in den letzten Jahren erheblich verdichtet und stimmen in ihrem generellen Trend recht gut überein:

- im Vergleich mit ihren gesunden Geschwistern finden sich in der Vorgeschichte schizophren Erkrankter durchschnittlich häufiger Schwangerschafts- und Geburtskomplikationen;

- dies gilt auch im Vergleich mit Kontrollpersonen aus der Allgemeinbevölkerung; und
- auch im Vergleich mit verschiedenen anderen psychiatrischen Krankheitsbildern weisen schizophrene Menschen fast immer signifikant häufiger Schwangerschafts- und Geburtskomplikationen auf (STÖBER et al.1993);
- die Komplikationen sind besonders häufig bei männlichen und chronisch Erkrankten und solchen mit frühem Krankheitsbeginn (MURRAY 1994).

Neueren Untersuchungen zufolge finden sich bei einem Drittel bis der Hälfte von schizophren Erkrankten Auffälligkeiten in der Schwangerschaft und bei der Geburt; in der Allgemeinbevölkerung liegt diese Rate in der Regel unter 20 % (SACKER et al. 1995, WARNER 1995).

Aus methodischen Gründen besonders gut untersucht sind die Auswirkungen von mütterlichen Infektionen, insbesondere grippalen Infekten, auf das spätere Erkrankungsrisiko der Nachkommen. Bei solchen Untersuchungen werden z.B. zeitlich umgrenzte Grippeepidemien in Beziehung gesetzt zum Erkrankungsrisiko von Nachkommen derjenigen Frauen, die während dieser Epidemien schwanger waren. Auch in diesen Untersuchungen deutet die Mehrzahl der Befunde darauf hin, daß eine schwere Infektionskrankheit der Mutter während der Schwangerschaft die Wahrscheinlichkeit erhöht, daß das Kind Jahrzehnte später an einer schizophrenen Psychose erkrankt.

Der Einfluß auf das Erkrankungsrisiko scheint jedoch bezogen auf die Gesamtpopulation nicht sehr ausgeprägt. Er ist deshalb vor allem aus theoretischen Gründen interessant. Denn ein erhöhtes Erkrankungsrisiko wurde in den meisten Studien nur für das zweite Schwangerschafts-Trimester (4. bis 6. Monat) gefunden. Eine Infektionskrankheit – oder eine andere schwere Belastung – der Mutter ist also offenbar vor allem dann ein potentieller biologischer Bedingungsfaktor der Verletzlichkeit, wenn er in einer bestimmten Entwicklungsphase des Fötus einwirkt. Es gibt demnach möglicherweise zu einem frühen Zeitpunkt der kindlichen Entwicklung ein *Verletzlichkeits-Fenster* (STÖBER et al.1994; HUTTUNEN et al. 1994).

Die genannten Ergebnisse sagen an sich noch nichts darüber aus, *wie* eine mütterliche Erkrankung sich auf den Fötus auswirkt; und sie schließen selbstverständlich auch nicht aus, daß andere als infektiöse Stressoren eine ähnliche Wirkung auf das Erkrankungsrisiko des Kindes haben können. So stellten SUSSER et al. (1996) z.B. eine Verdoppelung des Erkrankungsrisikos fest bei Nachkommen von Frauen, die im Frühstadium der Schwangerschaft unter Hunger gelitten hatten. Bei der Untersuchung der Auswirkungen von psychosozialen Stressoren während der Schwangerschaft sind retrospektiv angelegte Studien wegen der nie auszuschließenden Erinnerungsprobleme und nachträglicher Interpretationen nicht aussagekräftig. Deshalb verdient die prospektive Untersuchung von MYHRMAN et al. (1996) Beachtung: In Nord-Finnland wurden 96 % aller Schwangerschaften des Jahrgangs 1966 (mehr als 11.000 Fälle) nach einheitlichen Merkmalen dokumentiert, darunter auch Schwangerschafts- und Geburtskomplikationen sowie die Erwünschtheit der Schwangerschaft. Aufgrund von Fallregisterdaten wurde 28 Jahre später festgestellt, daß die Häufigkeit schizophrener Erkrankungen unter den unerwünschten Nachkommen um den Faktor 2,5 gegenüber den erwünschten Nachkommen erhöht war, und zwar unabhängig davon, ob Schwangerschafts- und Geburtskomplikationen vorlagen. Die Autoren werten das Ergebnis als Hinweis auf einen *psychosozialen* Risikofaktor für schizophrene Erkrankungen.

Bisher hat man sich offenbar deshalb auf die Wirkung von Infektionskrankheiten konzentriert, weil diese relativ leicht zu untersuchen sind.

> Die Befunde zum Zusammenhang von mütterlichen Infektionskrankheiten während der Schwangerschaft und erhöhtem Erkrankungsrisiko des Kindes könnten im übrigen die weltweit festzustellende *saisonale Geburtenhäufung* bei schizophren Erkrankten im Frühjahr erklären. Das 2. Trimester der Schwangerschaft fällt in diesen Fällen auf der Nordhalbkugel der Erde in die Monate November/Dezember, die besonders zu Viruserkrankungen prädisponieren (BECKMANN & JAKOB 1994). Auch die überdurchschnittliche Häufigkeit schizophrener Erkrankungen bei Menschen aus unteren sozialen Schichten in städtischen Ballungsgebieten (LÖFFLER & HÄFNER 1994) könnte zumindest mitbedingt sein durch die größere Verbreitung von Infektionskrankheiten in diesen Bevölkerungsgruppen (CASTLE et al. 1993).

Pränatale Einflüsse scheinen außerdem mit genetischen Einflüssen in Wechselwirkung zu stehen, indem sie diese entweder verstärken oder »ersetzten« (MCNEIL 1987, STÖBER et al. 1993, 1994).

Problematisch an der Erforschung von Schwangerschafts- und Geburtskomplikationen ist, daß es sich dabei noch um ein sehr breites Konzept handelt, mit dem die unterschiedlichsten Einflüsse gemeint sein können. Bis heute ist weitgehend unklar, welche Art von Komplikationen welche Wirkungen hat. Es deutet allerdings einiges darauf hin, daß vor allem solche Einflüsse von Bedeutung sind, die in irgendeiner Form zu Sauerstoffmangel im Gehirn des Fötus führen (MCNEIL 1987, KENDELL et al. 1996).

Bis hierher scheint die Mehrzahl der Forschungsergebnisse dafür zu sprechen, daß sowohl Vererbung als auch Schwangerschafts- und Geburtskomplikationen wichtige biologische Bedingungsfaktoren der schizophrenen Verletzlichkeit sein können. Offen blieb dagegen, welche Wirkungen diese Einflüsse haben. Dieser Frage wird im allgemeinen nachgegangen, indem man untersucht, ob und inwiefern sich die Gehirne schizophren Erkrankter von den Gehirnen in Kontrollgruppen unterscheiden. Hierbei kann man grundsätzlich zwei Zugänge unterscheiden, den *strukturellen* und den *funktionalen*.

c) Strukturelle kortikale Veränderungen:

Hier geht es um die Frage, ob der Aufbau, die *Morphologie* des Gehirns schizophrener Menschen in signifikanter Weise Abweichungen aufweist. Die Forschung zu dieser Frage ist so alt wie das Krankheitskonzept Schizophrenie. Sie hat seit Ende der 70er Jahre großen Aufwind bekommen durch neue technische Möglichkeiten (zunächst Computer-Tomographie/CT, später das Magnetic-Resonance-Imaging/MRI). Solche Verfahren erlaubten aussagekräftige Untersuchungen am lebenden Gehirn, während man vorher weitgehend auf die Untersuchung der Gehirne von Verstorbenen angewiesen war.

Bis heute gilt als der am besten gesicherte morphologische Befund, daß schizophrene Menschen gegenüber Kontrollpersonen im Durchschnitt *erwei-*

terte Hirnzwischenräume (Ventrikel) und dementsprechend eine globale Verminderung in der Substanz des Großhirns aufweisen. Dies würde darauf hindeuten, daß eine makroskopische Hirnschädigung im Sinne einer diffusen Atrophie (Schwund) des Großhirns vorliegt. Die Annahme des traditionellen Krankheitskonzeptes, daß es sich bei der Schizophrenie um ein prozeßhaftes Geschehen auf hirnorganischer Grundlage handelt, wäre mit einem solchen Befund vereinbar.

Es gibt jedoch inzwischen sehr gewichtige Hinweise darauf, daß die Bedeutung der Ventrikel-Erweiterungen in der Vergangenheit erheblich überschätzt wurde. VAN HORN & MCMANUS (1992) haben eine Meta-Analyse von 39 CT-Studien zur Ventrikel-Erweiterung bei Schizophrenie durchgeführt und kommen zu einem verblüffenden Ergebnis: Der Unterschied zwischen Schizophrenen und Kontrollgruppen nimmt mit dem Alter der jeweiligen Studie ab. D.h., je jünger die Studie, desto geringer ist der mittlere Unterschied zwischen schizophren Erkrankten und Kontrollpersonen. Dieser Effekt wird von den Autoren selbst darauf zurückgeführt, daß die jüngeren Studien methodisch besser sind; z.B. bezüglich der Auswahl von Kontrollpersonen, der Meßtechnik etc. Die Meta-Analyse von VAN HORN & MCMANUS bezieht sich auf Untersuchungen, die bis 1990 erschienen sind. Aus einer neueren Übersicht geht hervor, daß 6 von 9 Studien, die nach der Analyse von VAN HORN & MCMANUS veröffentlicht wurden, *keine* signifikanten Unterschiede im Ventrikelvolumen zwischen schizophren Erkrankten und Vergleichsgruppen finden (LEWINE 1992). Darüber hinaus besitzt der Nachweis von Ventrikelerweiterungen bei schizophren Erkrankten nur eine sehr geringe Spezifität, denn diese finden sich auch bei Alzheimer-Demenz, Alkoholmißbrauch, Mangelernährung etc. (BENES 1993). In ihrer Meta-Analyse von mehr als 30 Vergleichsstudien bei schizophren und affektiv Erkrankten finden ELKIS et al. (1995) zwar durchschnittlich signifikant größere Ventrikel in der schizophrenen Gruppe, die Größenordnung dieses Effekts ist jedoch sehr gering. Aus diesen Ergebnissen kann geschlossen werden, daß – wenn es überhaupt nachweisbare Hirnsubstanzverluste bei einer großen Gruppe von schizophren Erkrankten gibt – diese geringer bzw. seltener sein müssen, als lange Zeit angenommen wurde. Daß Ventrikel-Erweiterungen eine Rolle spielen können, wird allerdings durch eine Reihe von Studien gestützt, die schizophren Erkrankte vergleichen mit ihren nicht erkrankten, eineiigen Zwillingen. In diesen Studien findet sich eine hohe Spezifität von Ventrikel-Erweiterungen bei den erkrankten Zwillingen. Darüber hinaus ist gut bestätigt, daß Ventrikel-Erweiterungen bei schizophren Erkrankten nicht ausschließlich als *Folge* der Erkrankung bzw. der Neuroleptika-Therapie angesehen werden können. Konsistente Beziehungen zu anderen relevanten Merkmalen des Krankheitsgeschehens (z.B. genetische Belastung, Negativ-Symptomatik, Schwangerschafts- und Geburtskomplikationen, konnten bisher allerdings nicht nachgewiesen werden. Deshalb kann eine leichte Vergrößerung der Hirnzwischenräume allenfalls als ein möglicher *zusätzlicher und unspezifischer* biologischer Risikofaktor bei Menschen mit einer Verletzlichkeit für Schizophrenie aufgefaßt werden (CHUA & MCKENNA 1995).

Mit den verbesserten methodischen und technischen Möglichkeiten hat sich ein zweiter Strang von hirnmorphologischen Untersuchungen entwickelt, der in den 80er und 90er Jahren enorm expandiert ist: die Untersuchung umgrenzter Abweichungen in spezifischen Hirnregionen. Hier nun weist die Ergebnislage inzwischen im Hinblick auf bestimmte Hirnregionen ein hohes Maß an Übereinstimmung auf. Alle in den letzten Jahren erschienenen Übersichtsarbeiten zu diesem Thema stimmen darin überein, daß umschriebene Störungen im Bereich des *temporalen Kortex*, insbesondere im *limbischen System*, für Schizophrenie relativ hoch spezifisch sind (KERWIN & MURRAY 1992, GUR & PEARLSON 1993, BECKMANN & JAKOB 1994, CHUA & MCKENNA 1995, BOGERTS 1995). Diese Feststellung gilt unabhängig von der Methodik (bildgebende Verfahren oder Untersuchung der Gehirne Verstorbener).

> Beim limbischen System handelt es sich um eine recht große, komplexe und schwierig abgrenzbare Region des Großhirns, zu der Teile der Großhirnrinde und des Temporallappens ebenso gehören wie darunterliegende (subkortikale) Kerne, insbesondere Hippocampus und Amygdala (Mandelkern).

So berichtet BOGERTS (1995), daß sich in 34 von 42 Studien quantitative oder qualitative Abweichungen in den limbischen Strukturen Schizophrener gegenüber Kontrollgruppen fanden. Inzwischen gibt es zwei weitere Studien, die bei schizophren Erkrankten quantitative Abweichungen finden (ARNOLD et al. 1995, FLAUM et al. 1995), letztere in einer sehr großen Stichprobe. Zusammengenommen läßt sich feststellen, daß die im Vergleich zu unterschiedlichen Kontrollgruppen und mit unterschiedlichen technischen Verfahren festgestellten Abweichungen bei limbischen Strukturen inzwischen zu den am besten bestätigten Befunden der Schizophrenie-Forschung gehören (BOGERTS 1995).

Von besonderer Bedeutung scheinen dabei folgende Bereiche des limbischen Systems zu sein: Hippocampus, Regio entorhinalis sowie die Amygdala. Diese Befunde weisen insofern ein relativ hohes Maß an Spezifität auf, als sie sich bei der Hälfte bis zwei Drittel der schizophren Erkrankten feststellen lassen. Dabei handelt es sich um *mikroskopische* Abweichungen, die *nicht* fortschreiten, also zeitlich stabil sind. Außerdem ist bekannt, daß die betroffenen Hirnregionen sich bereits während der Schwangerschaft und kurz nach der Geburt rapide entwickeln, so daß es sich um *frühe Entwicklungsstörungen des Gehirns* handeln muß. Diese können offenbar sowohl genetisch als auch durch erworbene Einflüsse mitbedingt sein. Dabei deutet vieles darauf hin, daß die Entwicklung der betroffenen Hirnregionen besonders störanfällig um die Mitte der Schwangerschaft, also im 2. Trimester, ist (BLOOM 1993, BECKMANN & JAKOB 1994). Hiermit wird eine plausible Brücke geschlagen zu der Hypothese vom *Verletzlichkeits-Fenster*, die sich aus den Untersuchungen zur Wirkung von biologischen Belastungen im zweiten Schwangerschaftstrimester ergibt (s.o., b). Im Zusammenhang mit der Vulnerabilitätshypothese kommt den Befunden zum limbischen System eine Schlüsselrolle zu:

> »Das limbische System ermöglicht affektives Verhalten ... und ist an Lernprozessen und der Gedächtnisbildung beteiligt« (ZILLES & REHKÄMPER 1993, S. 334).

Entorhinaler Kortex, Hippocampus und Amygdala werden als zentral bei der *Integration von Affekt und Intellekt* angesehen (FRITH & DONE 1988). Dem

Hippocampus wird eine wichtige Rolle beim »sensorischen Gating«, beim verbalen und nonverbalen Lernen sowie beim Vergleich von aktueller mit vergangener Erfahrung zugeschrieben (BOGERTS 1993, BAXENDALE 1995). Und in einer neueren Arbeit stellt BOGERTS fest, daß es keine direkten Verbindungen zwischen Neokortex und Hypothalamus gibt:

> »Die pathophysiologische Interpretation limbischer Strukturdefekte läuft darauf hinaus, daß eine gestörte limbische Vermittlerfunktion zwischen Neokortex und dem Septum-Hypothalamus-Hirnstammbereich zu einer Dissoziation zwischen kognitiven Aktivitäten und emotionalen Reaktionen führt und somit zu einer Entkopplung von Denken und Fühlen« (BOGERTS 1995, S. 179).

Auch MARKOWITSCH (1996) bezeichnet das limbische System als »Flaschenhalsstruktur« und führt aus:

> »Das limbische System ist der Filter, den die Informationen für das episodische Gedächtnis ... zu passieren haben. Es ist zugleich die Instanz, die relevante Inhalte aussortiert, mit Emotionen versieht und wahrscheinlich bündelt, mithin synchronisiert, bevor sie sie bestimmten Bezirken der Hirnrinde zur Ablagerung zuordnet – etwa wie bei der Postverteilung« (S. 57).

Unter neurobiologischer Perspektive bestände der Kern der Verletzlichkeit schizophrener Menschen demnach in einer Störung der raumzeitlichen Integration und Koordination verschiedener Hirnregionen und -funktionen (eine allgemeinverständliche Einführung in Aufbau und Funktionsweisen des menschlichen Gehirns auf aktuellem Stand der Neurowissenschaften gibt DAMASIO 1996).

Die Übereinstimmung der jüngsten Ergebnisse der biologischen Forschung mit dem Konzept der Störung der Informationsverarbeitung, der instabilen affekt-logischen Bezugssysteme von CIOMPI und sogar der Idee von der *Dissoziation der psychischen Funktionen* bei Eugen BLEULER ist also frappierend. CIOMPIS Modell der Psyche und seine Vorstellung vom Kern der schizophrenen Verletzlichkeit sind mit diesen biologischen Befunden nicht nur vereinbar, sondern werden durch sie gestützt. In einer neueren Arbeit betont er dementsprechend auch die »Schlüsselrolle«, die limbische und hypothalamische Strukturen bei der Integration von Fühlen und Denken spielen (CIOMPI 1991) und spricht von der Schizophrenie als einer »Limbopathie« (CIOMPI 1993 c).

d) Funktionelle kortikale Veränderungen:

Hier soll lediglich auf zwei Aspekte kurz eingegangen werden:

- Die *Hypofrontalitäts-Hypothese*: Nach dieser Hypothese ist die Stoffwechselaktivität im frontalen Kortex Schizophrener herabgesetzt. Die Mehrzahl der bisher durchgeführten Untersuchungen finden diese Hypothese bestätigt, wobei der Befund unter Aktivierungsbedingungen, d.h. während der Bearbeitung bestimmter Testaufgaben, stabiler ist als unter Ruhebedingungen. Demgegenüber konnten vereinzelte Befunde *struktureller* Abweichungen im frontalen Kortex nicht konsistent bestätigt werden (GUR & PEARLSON 1993, LIDDLE 1994, CHUA & MCKENNA 1995). Die relative Hypofrontalität steht offenbar im Zusammenhang mit verminderten Leistungen bei den jeweiligen Tests sowie mit chronisch-unproduktiven Zuständen und Negativ-Symptomen der Schizophrenie.

Nach SCHARFETTER (1990) ist der präfrontale Kortex funktionell zuständig für die zeitliche, serielle Organisation von Kognition und Verhalten in geordnete Muster. Er spielt außerdem eine Rolle bei der Auswahl von bedeutungsvollen und der Hemmung irrelevanten sensorischen Inputs. Die Folgen von Störungen in diesem Bereich wären demnach Überschwemmung mit Input und Verminderung zielgerichteter, geordneter Aktivität (Passivität, Apathie etc.).

WEINBERGER (1987) hat ein Modell vorgeschlagen, nach dem die schizophrene Symptomatik insgesamt vor allem auf ein gestörtes *Zusammenspiel* von limbischen und frontalen Strukturen zurückzuführen ist. In einer Untersuchung seiner Arbeitsgruppe fanden sich jüngst Ergebnisse, die dieses Modell stützen (WEINBERGER et al. 1992). »Bereiche des hinteren und mittleren Temporallappens sind vielfältig verbunden mit dem präfrontalen Kortex über direkte reziproke Bahnen sowie durch indirekte Verbindungen über den Thalamus. Es kann sein, daß temporaler und frontaler Kortex zusammen ›auf eine Wellenlänge‹ (*online*) kommen müssen und gemeinsam Informationen als ein neuronales Netzwerk verarbeiten müssen, damit Arbeitsgedächtnis und gespeicherte Erfahrung bei der Steuerung des Verhaltens genutzt werden können« (KNABLE & WEINBERGER 1995, S. 228; Übers. G.W.).

Grundsätzlich ist angesichts der potentiell vielfältigen morphologischen Abweichungen bei schizophren Erkrankten und ihrer jeweils eher geringen Spezifität davon auszugehen, daß nicht die morphologische Abweichung an sich – im Sinne eines Defekts – in Zusammenhang mit der späteren Erkrankung steht. Viel plausibler ist, daß die morphologischen Abweichungen – wenn sie denn im Einzelfall vorliegen – als Bedingung für *übergeordnete, funktionelle Störungen* wirken.

LIDDLE (1995) spricht in diesem Zusammenhang z.B. von einer »dynamischen Imbalanz« zwischen Hirnregionen, die nicht auf einen einzelnen, spezifischen Defekt zurückzuführen sei.

- Die *Dopamin-Hyphothese* der Schizophrenie: Diese besagt grob vereinfacht, daß schizophrene Störungen durch einen Überschuß des Botenstoffes (Transmitters) *Dopamin* in bestimmten Hirnregionen (mit-) bedingt sind. Die Hypothese beruht vor allem auf der Tatsache, daß exzessive Dopaminausschüttung (z.B. durch Gabe von Amphetaminen) zum Auftreten oder zur Verschlimmerung schizophrener Symptome führt sowie auf der antipsychotischen Wirkung von Medikamenten, die den Dopaminstoffwechsel hemmen (z.B. Neuroleptika). Dopamin ist allerdings nur eine von einer großen Vielzahl von Transmitter-Substanzen im zentralen Nervensystem des Menschen. Generell wird seine Rolle im Zusammenhang mit schizophrenen Psychosen heute stark relativiert und in Wechselwirkung mit anderen Botenstoffen gesehen. Im Unterschied zu manchen anderen Gebieten der Schizophrenieforschung scheint die Forschung auf dem Gebiet der Neurobiochemie des Gehirns je länger sie dauert desto verwirrendere und inkonsistentere Ergebnisse zu zeitigen (LIEBERMAN & KOREEN 1993, KORNHUBER & WELLER 1994). Die Bedeutung von Neurotransmitterstörungen als biologischen Bedingungsfaktoren der schizophrenen Verletzlichkeit ist damit derzeit äußerst umstritten. CIOMPI hat deshalb vorgeschlagen, insbesondere den Dopaminstoffwechsel als *vermittelnden* Prozeß oder Mediator bei der akuten psychotischen Dekompensation aufzufassen. Einiges deutet nämlich darauf hin, daß das dopaminerge System des Gehirns auf *Streß* reagiert und damit z.T. umweltabhängig ist (CIOMPI 1989, vergl. auch ELLIOT & SAHAKIAN 1995). Die Wirkung von Neuroleptika bei akuten Psychosen besagt demnach für sich genommen keinesfalls, daß Abweichungen des Dopaminstoffwechsels eine ursächliche Bedeutung für Schizophrenie haben. Als Brücke zur Morphologie kann gelten, daß dem limbischen System eine zentrale Rolle als Umschaltstation des Transmitter-Stoffwechsels, insbesondere auch des Dopamin, zugeschrieben wird (REYNOLDS 1989).

Soweit der Überblick über zentrale Aspekte der aktuellen biologischen Schizophrenieforschung. Abbildung 5 stellt einen Versuch dar, die Zusammenhänge zwischen den bisher behandelten Aspekten schematisch zu verdeutlichen.

Als relativ gesichert kann gelten, *daß* erworbene und vererbte biologische Bedingungen interagieren bei der Entwicklung der schizophrenen Verletzlichkeit, also entweder additiv/kumulativ oder komplemenär wirken. Auf welche *Weise* sie zu strukturellen und/oder funktionellen Beeinträchtigungen führen, ist im einzelnen ungeklärt. Strukturelle und funktionelle Störungen treten jedoch mit hoher Wahrscheinlichkeit wiederum untereinander in eine Wechselwirkung (z.B. beim Wechselspiel zwischen den Strukturdefiziten im limbischen System und dem Stoffwechsel im frontalen Kortex, oder bei der Umschaltung des Dopaminstoffwechsels im limbischen System).

> MUNDT stellt dementsprechend fest, » ... daß das biologische Substrat für eine schizophrene Erkrankung in einem allgemeinen morphologischen und funktionellen *Integrationsdefizit* des ZNS, insbesondere im Bereich des Hippocampus, besteht ...Genetische Disposition, erworbene Störungen und frühe Entwicklung scheinen in der Pathogenese dieses Integrationsdefizites in schwer entwirrbarer Weise ineinanderzugreifen« (1991, S. 10).

Wir müssen also feststellen, daß unser Wissen über die biologische Seite der Schizophrenie nach wie vor mehr als lückenhaft ist. Wir wissen jedoch mehr als nichts. Die Forschung der letzten Jahrzehnte hat einen Schub an neuen Ergebnissen erbracht, die sich zu einem Muster fügen, in dem das limbische System, seine Reifung und frühe Entwicklung, eine zentrale Rolle zu spielen scheinen. Diese Erkenntnis ist ausgezeichnet vereinbar mit der Hypothese, daß eine Störung der Informationsverarbeitung bzw. der ihr zugrunde liegenden affekt-logischen Bezugssysteme sowie neuronalen Netzwerke den Kern der schizophrenen Verletzlichkeit ausmacht.

4.4.3 Psychosoziale Bedingungsfaktoren

> »Letzten Endes gilt es festzuhalten, daß es zur Frage der psychologischen Verursachung schizophrener Psychosen reichlich vage Theorien gibt und wenig handfeste Befunde« (FINZEN 1993 a, S. 95).

Aktuelle Modellvorstellungen zur Schizophrenie 63

Abb. 5: Zusammenwirken erworbener und vererbter *biologischer* Bedingungsfaktoren

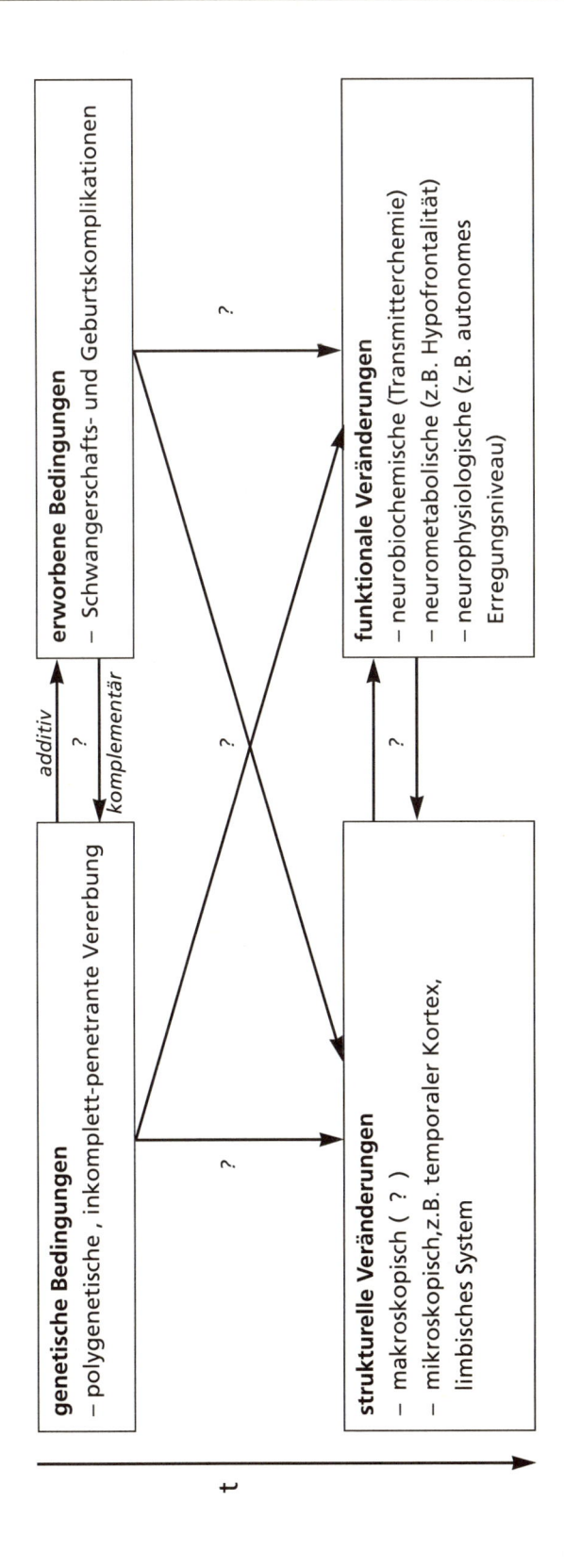

erworbene Bedingungen
– Schwangerschafts- und Geburtskomplikationen

genetische Bedingungen
– polygenetische, inkomplett-penetrante Vererbung

additiv ? *komplementär*

funktionale Veränderungen
– neurobiochemische (Transmitterchemie)
– neurometabolische (z.B. Hypofrontalität)
– neurophysiologische (z.B. autonomes Erregungsniveau)

strukturelle Veränderungen
– makroskopisch (?)
– mikroskopisch, z.B. temporaler Kortex, limbisches System

t

a) Methodische Schwierigkeiten:

Der Feststellung FINZENS ist uneingeschränkt zuzustimmen. Wir sind in diesem Bereich, noch mehr als bei den biologischen Einflußbedingungen, weitgehend auf Spekulationen und Vermutungen angewiesen.

Der Rückstand in unserem Wissen um die psychosozialen Entwicklungsbedingungen später schizophren erkrankender Menschen hat in erster Linie methodische Gründe.

In der biologischen Forschung können Querschnitts-Vergleiche zwischen psychotisch erkrankten und gesunden Probanden aussagekräftig sein (z.B. bzgl. Hirnstruktur und -funktionen); unter psychosozialen Aspekten ist dieser Vergleich trivial, da entsprechende Unterschiede immer als *Folge* der Psychose aufgefaßt werden können. Da es sich im biologischen Bereich zumindest z.T. um harte Fakten handelt, kann man diese außerdem auch retrospektiv, d.h. nach der Ersterkrankung, einigermaßen verläßlich erfassen (z.B. Schwangerschafts- und Geburtskomplikationen); für psychosoziale Aspekte ist dies sehr viel schwieriger.

Letztlich wären nur prospektive Untersuchungen von unausgelesenen Gruppen von Kindern aussagekräftig, in denen man dann nach Jahrzehnten vergleicht, wie sich die psychosozialen Geschichten schizophren erkrankter und nichterkrankter Kinder voneinander unterscheiden. Solche Studien wären aber wegen des geringen Erkrankungsrisikos in der Allgemeinbevölkerung enorm aufwendig: Man müßte mindestens 10.000 Personen über Jahrzehnte untersuchen, um schließlich wenigstens 100 schizophren Erkrankte darunter zu haben. Ein solcher Aufwand ist nicht realisierbar.

Als relativ sichere Datenbasis bleiben deshalb auch hier fast nur Adoptions- bzw. Hochrisikostudien. Da diese nur genetisch belastete Kinder einbeziehen (meist solche schizophrener Mütter), ist ihre Aussagekraft jedoch begrenzt.

b) Hochrisiko- und Adoptionsstudien:

Hochrisikostudien aus Europa, USA und Israel stimmen weitgehend darin überein, daß genetisch belastete Kinder mit schizophrenen Elternteilen überzufällig häufig kognitive Störungen der Art aufweisen, wie wir sie als *Störungen der Informationsverarbeitung* bei schizophren Erkrankten finden (CORNBLATT et al. 1992; KREMEN et al. 1994, MIRSKY et al. 1995). Das heißt, Beeinträchtigungen von Aufmerksamkeits- und Konzentrationsleistungen sind häufig bereits viele Jahre vor dem Auftreten klinischer Symptome zu beobachten und bei Kindern mit genetischer Belastung für Schizophrenie stärker ausgeprägt als bei Kindern mit affektiv erkrankten Elternteilen oder unauffälligen Kontrollgruppen. Hochrisiko-Kinder zeigen aber nicht nur kognitive Besonderheiten, sondern regelmäßig auch Auffälligkeiten in ihrem Sozialverhalten und ihrer Affektivität: Sie sind im Durchschnitt ängstlicher und unsicherer als ihre Altersgenossen; ihre kommunikativen Fähigkeiten sind schwächer ausgeprägt und sie neigen dazu, interpersonelle Kontakte zu meiden. Sie weisen außerdem Rückstände bei der motorischen Integration und Koordination auf.

In Ergänzung zu den Hochrisiko-Studien liegen jetzt Ergebnisse aus zwei großangelegten Kohorten-Studien aus Großbritannien vor. Hier wurden Zufallsstichproben aller Kinder, die in England, Schottland und Wales in einer bestimmten Woche im März 1946 (JONES et al. 1994) bzw. im März 1958 geboren wurden (CROW et al.

1995), regelmäßig mit einem standardisierten Instrumentarium nachuntersucht. Als die Untersuchungsgruppen 43 bzw. 28 Jahre alt waren, wurden diejenigen, die bis dahin wenigstens einmal mit einer schizophrenen Erkrankung im Untersuchungsgebiet hospitalisiert worden waren, identifiziert (wieviele hiervon genetisch belastet, also Hochrisiko-Kinder waren, ist unbekannt). Anschließend wurden die im Alter von 8, 11 und 16 Jahren bzw. im Alter von 7 und 11 Jahren erhobenen Daten der schizophren Erkrankten mit denen der Nichtschizophrenen verglichen. Die Ergebnisse weisen ein hohes Maß an Übereinstimmung mit denen der Hochrisiko-Studien auf: Die später schizophren Erkrankten zeigten im Durchschnitt schon als Kinder bzw. Jugendliche signifikant schlechtere kognitive Leistungen, v.a. im Bereich der sprachgebundenen Funktionen; sie waren ängstlicher und neigten zu sozialem Rückzug und zeigten motorische Entwicklungsverzögerungen. In diesem speziellen Merkmalsprofil unterschieden sich die später schizophren Erkrankten darüber hinaus in beiden Studien von denjenigen, die später an neurotischen oder affektiven Störungen erkrankten (JONES et al. 1994, CROW et al. 1995).

Obwohl sie sich in Anlage und Methodik z.T. erheblich voneinander unterscheiden, weisen die Ergebnisse der verschiedenen Hochrisiko- und Entwicklungsstudien also mit hoher Übereinstimmung in eine Richtung: Viele schizophren erkrankte Menschen zeigen schon als Kinder und Jugendliche Auffälligkeiten in ihren kognitiven Funktionen und (als Folge davon?) in ihrem Sozialverhalten. Wegen ihres prospektiven Charakters kommt den Ergebnissen beider Arten von Studien ein besonderes Gewicht zu.

Vor allem die Befunde der Hochsiko-Studien werden oft als starker Hinweis auf genetische Bedingungsfaktoren interpretiert. Dieser Schluß ist jedoch so lange nicht zwingend, wie der Einfluß der frühkindlichen Interaktion mit einem schizophrenen Elternteil als alternative Hypothese in Betracht kommt.

Einen guten Beleg für einen möglichen Einfluß der psychosozialen Entwicklungsbedingungen auf das spätere Erkrankungsrisiko liefert die dänische Hochrisikostudie der Arbeitsgruppe um SCHULSINGER und MEDNICK. Sie fanden, daß diejenigen genetisch belasteten Kinder, die später tatsächlich schizophren erkrankten, während der ersten 10 Lebensjahre doppelt so viel Zeit in Heimen verbrachten als später an einer Borderline-Störung leidende und dreimal soviel wie psychisch gesund gebliebene (SCHULSINGER et al. 1992). Demnach könnte soziale Deprivation durch frühe und lange Trennung von primären Bezugspersonen ein Risikofaktor für das spätere Auftreten schizophrener Psychosen sein.

Adoptionsstudien können dann zur Aufklärung psychosozialer Einflußbedingungen beitragen, wenn sie die Wirkungen unterschiedlicher Entwicklungsmilieus bei gleichermaßen genetisch belasteten Kindern vergleichen. Während frühere Adoptionsstudien psychosozialen Variablen nur geringe Beachtung beimaßen, stellt eine sowohl vom Aufwand als auch von der methodischen Qualität her einzigartige Untersuchung genau diesen Vergleich an. Es handelt sich um die finnische Adoptivfamilien-Studie von TIENARI und Mitarbeitern, die Ende der 60er Jahre begann und noch andauert (TIENARI et al. 1989, 1994).

Die untersuchten Kinder sind vor 1970 geboren und drei Viertel von ihnen wurden vor Erreichen des zweiten Lebensjahres adoptiert. In diesem Zusammenhang sind die Resultate von Interesse, die sich auf *unterschiedliche Entwicklungsbedingungen* der Hochrisiko-Kinder in ihren Adoptivfamilien beziehen. Kurz gesagt fand man, daß das spätere Risiko dieser Kinder, tatsächlich an einer Störung aus dem schizophrenen Formenkreis zu erkranken, in enger Beziehung steht zur »seelischen Gesundheit« der Adoptivfamilie. Wurde diese als »schwer gestört« eingestuft, war das Erkrankungsrisiko deutlich höher als in »neurotischen« Familien; in diesen wiederum war das Risiko höher als in »gesunden« Familien. Erblich belastete Kinder entwickeln sich also in Abhängigkeit vom familiären Milieu unterschiedlich; entsprechend unterscheiden sie sich bezüglich ihrer Verletzlichkeit für schizophrene Erkrankungen. Damit haben die bisherigen Ergebnisse der TIENARI-Gruppe einen überzeugenden Beleg für den Einfluß psychosozialer Bedingungen auf das Erkrankungsrisiko für Schizophrenie geliefert. Die »seelische Gesundheit« der Familien wurde dabei sehr sorgfältig in mehrtägigen Untersuchungen anhand differenzierter Kriterien erhoben und dann in Globalbeurteilungen verdichtet (TIENARI et al. 1985). Diese Beurteilung erfolgte in der Regel jedoch zumeist erst, nachdem das Kind bereits seit mehreren Jahren in der Familie lebte (Querschnitts-Befund).

Wie aber entwickeln sich Beziehungsmuster zwischen dem Kleinkind und seinen primären Bezugspersonen über die Zeit, also im Längsschnitt?

c) Die frühe kindliche Entwicklung schizophrener Menschen:

Nach den Ergebnissen der modernen Verhaltensforschung und Entwicklungspsychologie ist ein *adäquater Reizschutz* von großer Bedeutung für eine gesunde Entwicklung. In fortlaufender Interaktion mit dem Kind dosieren Eltern die Reize, die sie ihrem Kind anbieten, in Abhängigkeit von dessen Aufmerksamkeitsgrad, Aufnahmekapazität und Bedürfnissen. Auf diese Weise »vermitteln« sie einerseits Umwelteinflüsse soweit, wie dies für einen angemessenen Reizschutz notwendig ist. Andererseits fördern sie durch Ermutigung und Unterstützung mittels Gestik, Mimik, Tönen und Bewegungen die rezeptiven und motorischen Aktivitäten des Kindes und tragen so entscheidend zur neuronalen Reifung bei (EGGERS 1991). Dabei handelt es sich schon relativ früh um ein zyklisches Geschehen insofern, als auch das Kind Kontrolle über die Initiierung, Aufrechterhaltung und Beendigung von sozialen Kontakten ausübt und so reguliert, daß eine optimale Stimulation resultiert (RAUH 1982, LEFF 1990).

Es fällt nicht schwer, in diesen auf Verhaltensbeobachtung beruhenden Vorstellungen das wiederzuentdecken, was PIAGET als Prozeß der Assimilation und Akkommodation bei der Entwicklung kognitiver Schemata beschrieben hat. Die kognitiv-affektive Entwicklung gründet damit einerseits auf dem neuronalen Substrat kortikaler Strukturen und Funktionen, das partiell einem »endogenen« Reifungsprozeß unterliegt. Es stellt somit gewissermaßen das »Rohmaterial« für die Entwicklung der Psyche dar. Andererseits ist die Entfaltung dieses Potentials im Verlauf der frühen Kindheit im Sinne des Aufbaus differenzierter, flexibler und zugleich stabiler innerer Bezugssysteme oder Programme in hohem Maße ein *interaktionelles, zwischenmenschliches Geschehen.*

Dieser Umstand offenbart sich in besonders dramatischer Weise am Beispiel sog. Wolfskinder, die unter Tieren ohne menschlichen Kontakt aufwuchsen. Solche Kinder weisen elementare und später kaum noch kompensierbare affektiv-kognitive Störungen auf (ALANEN 1994).

Vor diesem Hintergrund ist ein weiteres Ergebnis der prospektiven britischen Entwicklungsstudie von JONES et al. (1994) interessant: die Mütter derjenigen Kinder, die später an Schizophrenie erkrankten, zeigten im Expertenurteil (sog. »*health visitors*«) deutlich weniger Verständnis und Kompetenz im Umgang mit ihren damals vierjährigen Kindern als andere Mütter.

In zwei neueren retrospektiven – und damit weniger aussagekräftigen – Studien zeigte sich, daß schizophren Erkrankte das Erziehungsverhalten ihrer Eltern(teile) stärker ablehnend, weniger emotional warm sowie weniger empathisch, kontingent und sensibel wahrnahmen als Vergleichsgruppen (SKAGERLIND et al. 1996, MENSCHING et al. 1996).

Unter der Perspektive der psychoanalytischen Ich-Psychologie läßt sich die frühkindliche Entwicklung als phasenweise Herausbildung reifer *Subjekt-Objekt-Repräsentanzen* beschreiben. Diese stellen nach CIOMPI (1988 a) die für die Identitätsentwicklung und für das zwischenmenschliche Verhalten wichtigsten affektiv-kognitiven Bezugssysteme dar. Die Theorie der Subjekt-Objekt-Repräsentanzen basiert auf psychoanalytischen Phasenmodellen der psychischen Entwicklung.

KERNBERGS Vorstellung über die Entwicklung von Subjekt-Objekt-Repräsentanzen baut auf diesen Phasenmodellen auf.

Demnach entwickeln sich im Verlauf der ersten beiden Lebensjahre zunächst aus einer »undifferenzierten Matrix« miteinander verbundene Subjekt-Objekt-Repräsentanzen, die einerseits lustbetont andererseits unlustbetont sind. Diese frühen, globalen Subjekt-Objekt-Repräsentanzen sind charakterisiert durch polare, gegensätzliche Gefühlsqualitäten der Art »ganz gut« und »ganz schlecht«. »Du« und »ich« sind dagegen noch ungeschieden (*Symbiose*). Aus dieser differenzieren sich im Laufe der weiteren Entwicklung erste, voneinander getrennte Subjekt- und Objekt-Repräsentanzen. Diese sind zunächst noch in unverbundene »ganz gute« und »ganz schlechte« Anteile aufgespalten. Dem nächsten Reifungsschritt wird dann für die weitere Entwicklung der Identität entscheidende Bedeutung zugemessen. Es geht um die Erkenntnis und Integrierung, daß sowohl das Ich als auch das erste bedeutsame Du »gute« und »schlechte« Anteile in sich vereinen. So entwickeln sich *ambivalente* Gesamt-Selbst- und Gesamt-Objekt- Repräsentanzen (CIOMPI 1982, S. 184 f, ROHDE-DACHSER 1987).

Die Grundlage für schizophrene und schizophrenienahe Störungen wird im Rahmen der psychoanalytischen Ich-Psychologie im allgemeinen phasenspezifisch gesehen. Demnach spielt die nicht gelungene Integration positiver und negativer Anteile von Subjekt und Objekt vor allem bei der Entwicklung von narzißtischen bzw. Borderline-Störungen eine Rolle. Schizophrene Psychosen i.e.S. wären dagegen bei einer nicht gelungenen Auflösung der symbiotischen Beziehung zwischen Selbst- und Primärobjekt zu erwarten.

Vor allem zu lange andauernde, überprotektiv-symbiotische Objektbeziehungen der Mutter stellen demnach die Basis für konfuse, unklar abgegrenzte Subjekt-Objekt-Repräsentanzen dar. Solche Beziehungen sind gekennzeichnet durch Mangel an Klarheit, Empathie und Kontinuität auf seiten der Mutter und dienen vor allem der Befriedigung ihrer eigenen symbiotischen Bedürfnisse. Auf seiten des Kindes kann es so zu fundamentalen Defiziten in der Identitätsentwicklung mit instabilem Selbstbild und durchlässigen Ich-Grenzen kommen.

Dem naheliegenden Einwand, mit der Vorstellung der frühen Störung der Objekt-Beziehungen werde letztlich die »schizophrenogene Mutter« wiederbelebt, wird mit dem Hinweis auf den grundsätzlich interaktiven Charakter der Mutter-Kind-Dynamik begegnet. Demnach kann die symbiotische Überprotektion auch als *Reaktion* auf die Ich-Schwäche eines primär verletzlichen Kindes aufgefaßt werden. In der Interaktion kann es so schließlich zu einer kaum noch zu lösenden gegenseitigen Abhängigkeit und gemeinsamen Regression der Beteiligten kommen (CIOMPI 1988 b, LEFF 1990).

Neuerdings wird auch von psychoanalytischer Seite die Phasenspezifität schizophrener Störungen zunehmend relativiert. Einflüsse auf die schizophrene Verletzlichkeit seien nicht auf die frühe Mutter-Kind-Beziehung zu reduzieren, vielmehr sei von einer *Kontinuität* familiärer Störungen auszugehen (ALANEN 1994).

Bevor wir auf das Thema Schizophrenie und Familie eingehen, gilt es jedoch zunächst festzuhalten, daß Befunde aus Verhaltensforschung, psychoanalytischer Entwicklungspsychologie und PIAGETscher Erkenntnistheorie das Konzept der affekt-logischen Bezugssysteme stützen. In fortlaufender Interaktion mit der vor allem menschlichen Umwelt reifen und entwickeln sich entweder relativ stabile oder instabile innere Bezugssysteme. So ist zwar nicht bewiesen, aber doch sehr plausibel gemacht, daß Störungen der kindlichen Entwicklung zur schizophrenen Verletzlichkeit beitragen können.

d) Schizophrenie und Familie:
Welche Bedeutung kommt der familiären Interaktion für die Entstehung des prämorbiden Terrains zu, das wir Verletzlichkeit nennen?

Die klassischen und aktuellen Ansätze zur familiären Kommunikation nehmen das System Familie als Ganzes in den Blick und beschränken sich nicht auf die dyadische Kommunikation in der frühen Kindheit. Die Wurzeln dieser Konzepte liegen zum einen auf psychoanalytischem Gebiet (LIDZ, WYNNE, SINGER, STIERLIN), zum anderen bei den frühen kommunikationstheoretisch orientierten Forschern (BATESON, JACKSON, HALEY, WEAKLAND). Eine Übersicht über diese frühen Ansätze vermittelt der Sammelband von BATESON et al. (1969). Sowohl die frühen psychodynamischen als auch die kommunikationstheoretischen Ansätze waren zunächst stark *pathogenetisch* orientiert. An die Stelle der »schizophrenogenen Mutter« (FROMM-REICHMANN), die sich als unhaltbares Konstrukt erwiesen hatte, trat die »schizophrenogene Familie«.

Auch die frühen kommunikationstheoretischen Ansätze waren noch dem Ursache-Wirkungs-Modell verhaftet. Dies gilt auch für die *Double-bind-Hypothese*, die bereits 1956 erstmals vorgeschlagen wurde. 1967 dann, in der Ausarbeitung dieser Hypothese von WATZLAWICK, BEAVIN & JACKSON, wird die »systemische Wende« vollzogen:

»Die Doppelbindung *verursacht* nicht Schizophrenie. Man kann lediglich sagen, daß dort, wo Doppelbindungen zur vorherrschenden Beziehungsstruktur werden und wo sich die diagnostische Aufmerksamkeit auf den sichtlich am meisten gestörten Partner beschränkt, das Verhalten dieser Person den diagnostischen Kriterien des klinischen Bildes von Schizophrenie entspricht« (WATZLAWICK et al. 1974, S. 198).

Inzwischen hat sich eine systemisch-konstruktivistische Denkrichtung weitgehend durchgesetzt und scheint seit einigen Jahren dabeizusein, ein ganz eigenes Schizophrenie- bzw. Psychose-Paradigma zu entwickeln (für den deutschsprachigen Raum vgl. z.B. SIMON 1988, 1990). Systemisches Denken im Sinne einer erkenntnistheoretischen Meta-Position und Haltung scheint sich dabei unter der Hand zu einer rasch expandierenden theoretisch-therapeutischen Schule *neben* anderen mit geringer integrativer Ausstrahlung zu entwickeln. Die Beiträge dieser Schule fokussieren primär die *aktuell-interaktive, aufrechterhaltende* und weniger die historisch-ursächliche Perspektive. Familie, bzw. die darin stattfindende Kommunikation, wird konsequent als ein sich selbst organisierendes kybernetisches System betrachtet. »Psychotisches Verhalten« ist Ausdruck und Teil der Selbst-Organisation dieses Systems. Die Arbeiten wichtiger Vertreter dieses Ansatzes können in diesem Zusammenhang nicht differenziert erörtert werden (ein aktueller Überblick findet sich bei RETZER 1994, Kap. 6).

Bedeutsam für das CIOMPIsche Modell war jedoch die Auseinandersetzung mit den Arbeiten der Palo Alto-Gruppe um Gregory BATESON, die sich seit den späten 50er Jahren mit der Beziehung zwischen schizophrenen Störungen und solchen Kommunikationsformen beschäftigte, die *widersprüchlichen, paradoxen* oder *»Double-bind«-Charakter* haben.

CIOMPI (1982) weist dabei explizit und richtigerweise darauf hin, daß es bisher nicht einmal den ursprünglichen Schöpfern dieser Konzepte gelungen ist, sie soweit zu operationalisieren, daß sie intersubjektiv zuverlässig erfaßt werden können. Er war sich jedoch zugleich bewußt, daß diese Konzepte grundsätzlich einen wichtigen Punkt thematisieren. Es mangele allerdings an begrifflicher Klarheit. So widmet sich CIOMPI im 5. Kapitel der »Affektlogik« vorrangig der Präzisierung und Klärung dieser Begriffe und ihrer Bedeutung bei der Entwicklung psychotischer Phänomene.

Zur Definition: »Beim einfachen Widerspruch kollidiert ein umschriebenes Bezugssystem mit einem größeren; beim Paradox stoßen affektiv-kognitive Bezugssysteme gleicher Ordnung aufeinander; der Double-bind stellt jene maximal unlustvolle Variante eines Paradoxons dar, in welchem zwei affektiv völlig negativ getönte und zugleich unvereinbare Inhalte in versteckter und deshalb auch nicht durch eine ›Meta-Sprache‹ überwindbare Weise aufeinanderprallen« (CIOMPI 1982, S. 245).

Als Beispiele für diese Kommunikationsformen seien genannt:
- Widersprüchliche Kommunikation: »Wenn ich z.B. mit einem Kind lange Zeit fröhlich spiele, und es dann plötzlich irgendeines winzigen Vergehens wegen böse anfauche, dann enthält mein Verhalten einen Widerspruch, der zumindest einen Moment lang eine stimmungsmäßige Verwirrung ... erzeugt« (S. 189);
- paradoxe Kommunikation: »Sei spontan!«; »Sei selbständig!«;
- Double-bind: »Eine Mutter weist ihren schizophrenen Sohn, der ihr bei einem Besuch im Krankenhaus zur Begrüßung freudig den Arm um die Schulter legen will, durch ihre Haltung brüsk ab und fragt dann, nachdem der sich verwirrt

zurückgezogen hat: ›Liebst Du mich nicht mehr?‹. Als er daraufhin rot wird, fährt sie fort: ›Lieber, du mußt nicht so leicht verlegen werden und Angst vor deinen Gefühlen haben‹ « (S. 207).

Phänomene wie diese schaffen zweifellos affektive Spannung und Verwirrung, vor allem im Hinblick auf die Integration von Fühlen und Denken. Von besonderer Bedeutung sind dabei die umfassenden *kontradiktorischen Fundamentalbotschaften* des Double-bind, weil sie die Betroffenen in einen unauflösbaren und zugleich schwerwiegenden Konflikt vom Typ »Sei, der du nicht bist!« bringen.

Da affektiv-kognitive Bezugssysteme nicht zuletzt den verdichteten Niederschlag des tatsächlichen familiär-zwischenmenschlichen Geschehens darstellen, liegt die Annahme nahe, daß innerpsychische und familiäre Konflikte, konfus-widersprüchliche Verhaltens- und Kommunikationsweisen im Familiensystem und kognitiv-affektive Auffälligkeiten bei einzelnen als »unterschiedliche Facetten ein und desselben Gesamtphänomens« aufgefaßt werden können (CIOMPI 1982, S. 247).

> »Klare und eindeutige soziale Verhältnisse, zwischenmenschliche Beziehungen, Kommunikationsprozesse usw. müssen sich deshalb in ebenso klaren und eindeutigen innerpsychischen Bezugssystemen, konfus-widersprüchliche äußere Verhältnisse in unklaren innern Strukturen spiegeln. Die pathogene Wirkung konfuser Kommunikationsformen wird damit verständlicher« (CIOMPI 1986 a, S. 52).

Auf diese Weise können familiäre Kommunikationsprozesse zweifellos eine nicht zu vernachlässigende Rolle bei der Entwicklung der instabilen, störanfälligen Bezugssysteme von schizophrenen Menschen spielen. Allerdings gilt auch hier:

> »Formale, intrafamiliäre Kommunikationsstörungen scheinen in Familien Schizophrener gehäuft zu sein; sie sind aber qualitativ nicht spezifisch« (SCHARFETTER 1990, S. 167).

e) Manfred Bleulers Familienanamnesen:

Zum Schluß dieses Abschnitts, in dem es ja um eher »weiche« Fakten geht, soll Manfred BLEULERS Sicht der Dinge stehen. Er hat sich in seiner Langzeituntersuchung (BLEULER 1972) intensiv auch mit den Lebensgeschichten und Kindheitserfahrungen seiner Patienten befaßt, die er im Durchschnitt über mehr als zwei Jahrzehnte lang persönlich begleitet hat. Seine Auffassungen hierzu beruhen also auf der Kenntnis von vielen einzelnen Schicksalen, die er synchron und diachron verdichtet hat:

> »Als wesentlicher Eindruck, der einem nach dem Studium vieler Kindheitsgeschichten Schizophrener (unabhängig von jeder Statistik) bleibt, ist festzuhalten: Das Leid, das spätere Schizophrene in ihrer Kindheit oft erduldet haben, ist erschütternd. Allerdings läßt sich nicht immer entscheiden, inwiefern es durch das Wesen des Kindes selbst verursacht ist und inwiefern ihm das Kind unabhängig von seinem Wesen ausgesetzt worden ist. Da sich Leid nicht messen läßt, ist das Leid späterer Schizophrener nicht mit dem Kindheitsleid Gesunder quantitativ vergleichbar. Eine besondere Art des Leides späterer Schizophrener gegenüber dem Leid, das viele andere Kinder erdulden, ist aus meiner Erfahrung nicht ersichtlich. *Höchstens kann ich vermuten, daß Lebensverhältnisse, welche ambivalente Einstellungen verstärken, eine besondere Rolle spielen*« (S. 69).

»Schizophrene stammen erschreckend oft, in der Mehrzahl der Fälle, aus ungünstigen Kindheitsverhältnissen, nämlich aus ›broken homes‹ oder aus schauderhaften Verhältnissen in der elterlichen Familie. Immerhin stammt eine erhebliche Minderzahl der schizophrenen Probanden aus rechten Kindheitsverhältnissen« (S. 149).

»Nur selten fand ich Kindheitsgeschichten, die nicht tiefes Mitleid auslösten. Diese Ausnahmen sind so selten, daß sich Zweifel regen, ob das Leid dann nicht einfach verschwiegen worden ist« (S. 157).

»Ist das Leid in der Kindheit Schizophrener schwereres Leid als jenes von Süchtigen, Neurotikern und anderen Kranken? Meinem Eindruck nach nicht ... Eine bestimmtere Antwort ergibt sich aber auf die Frage, ob – wenn nicht das Maß – die Art der Ungunst der Kindheitserlebnisse bei späteren Schizophrenen irgend etwas besonderes an sich habe. Eindrucksmäßig würde ich die Frage verneinen ... Eine Vermutung ergibt sich freilich: Die Lebensverhältnisse, unter denen Schizophrene in der Kindheit gelitten haben, *kann man vorwiegend als solche deuten, die Zwiespälte im Empfinden des Kindes hervorrufen*« (S. 158).

»Hingegen läßt sich nicht glaubhaft machen, daß es ganz spezifische psychotraumatische Lebenserfahrungen gäbe, die auf alle späteren Schizophrenen und nur auf spätere Schizophrene eingewirkt hätten. Alle Lebenserfahrungen, die Menschen bedrücken und zermürben, vermögen bei der Entstehung von Schizophrenien eine Rolle zu spielen. *Die Voraussetzung dazu muß in einer besonderen persönlichen Empfindsamkeit gesucht werden*... Freilich scheinen ungünstige Lebenserfahrungen der einen Art viel eher mit Schizophrenie zu gefährden als solche anderer Art: *Mit Schizophrenie gefährden vor allem zwiespältige Lebenserfahrungen, die eine einheitliche Zielsetzung, eine einheitliche Willensbildung und das Heranwachsen und Erhalten eines starken persönlichen Selbständigkeitsgefühls, eines starken Ichs, stören*« (S. 566); Hervorhebungen G.W.

Aus diesen Formulierungen von 1972 schauen wesentliche Grundannahmen des »neuen« Schizophrenieparadigmas bereits heraus: Die Verletzlichkeits-Hypothese und das Prinzip der gemeinsamen Endstrecke ebenso wie die Auffassung einer basalen Ich-Schwäche, zu der widersprüchliche oder »zwiespältige« Lebenserfahrungen beitragen können. Auch vor diesem Hintergrund kann Manfred BLEULER getrost als einer der Pioniere des »neuen Denkens« über Schizophrenie in die Psychiatriegeschichte eingehen.

5. Die Entwicklung akuter schizophrener Psychosen – Phase II

5.1 Die Dynamik der psychotischen Entgleisung

»Der Überstieg besteht darin, daß der Erkrankende die Konfrontation seines psychischen Lebens mit der Realität (in maßgebenden Belangen) ganz und gar aufgibt ... Seine innere Entwicklung hat einen Schwellenwert erreicht. Das Ringen um Einheit, um Harmonisierung seiner inneren Welt ist ihm jetzt zu schmerzhaft, zu schwierig, ist ihm unmöglich geworden, er gibt auf« (BLEULER 1972, S. 147).

»Die akutpsychotische Dekompensation läßt sich als krisenhafte Störung der Informationsverarbeitung im Sinne der Überforderung eines von vornherein mehr oder weniger labilen und stellenweise defektuösen affektiv-kognitiven Bezugs- bzw. Verarbeitungssystems empfindlicher und vulnerabler Menschen auffassen, wobei Disposition und aktuelle Umstände im Sinne einer Ergänzungsreihe von Fall zu Fall auf verschiedene Weise zusammenwirken« (CIOMPI 1982, S. 275 f).

Diese krisenhafte Überforderung oder auch »Überschwemmung« (CIOMPI 1985) eines störanfälligen informationsverarbeitenden Systems ist nicht als urplötzlicher Einbruch im Sinne eines Alles-oder-Nichts-Phänomens zu verstehen. Vielmehr handelt es sich um einen zeitlich mehr oder weniger ausgedehnten Dekompensations*prozeß*:

> »Bei Überforderung kommt es ... zunehmend zu krankhaften Erscheinungen, von einer einfachen Erhöhung der nervösen Spannung etwa in Form von ängstlicher Unsicherheit oder Gereiztheit über pathologische Ambivalenz, Angst, Aggressivität oder Depressivität bis zu affektiv-kognitiver Verwirrung und Erregung, ja schließlich zu psychotischen Entfremdungserlebnissen der äußeren Realität oder der eigenen Person gegenüber (Derealisations- und Depersonalisationsphänomen) mit Einschluß von Wahn und Halluzinationen« (CIOMPI 1988 a, S. 320).

Die Erkenntnis, daß akute Psychosen sich nur selten plötzlich, überfallartig und ohne Vorzeichen einstellen, sondern sich in einem krisenhaft-eskalierenden Prozeß über Tage, Wochen, zuweilen auch Monate hin entwickeln, ist keineswegs neu.

Eine nordamerikanische Arbeitsgruppe hat 1978 insgesamt 16 Phasenmodelle der akuten schizophrenen Dekompensation von unterschiedlichsten Autoren – darunter auch die bekannte deutsche Arbeit von CONRAD (1958) – zusammengestellt und analysiert (DOCHERTY et al. 1978). Die Autoren finden »überraschende« und »bemerkenswerte« Übereinstimmungen zwischen den ausgewerteten Phasenmodellen und kommen zu dem Schluß, daß die schizophrene Psychose ein Stadium in einem Prozeß des biologischen und psychologischen Zusammenbruchs ist, der eine spezifische Struktur und charakteristische Dynamik aufweist. Aufgrund ihrer Meta-Analyse kommen sie zu einem *Fünf-Phasen-Modell* der psychotischen Dekompensation:

1. *Diffuse Überforderung* mit Überstimulation, Angst, Irritierbarkeit, Ablenkbarkeit, Leistungseinbußen.
2. *Einengung der Wahrnehmung/Informationsverarbeitung* mit Antriebsminderung, Apathie, sozialem Rückzug, Depressivität bis zur Hoffnungslosigkeit.
3. *Unkontrollierte, impulsive Bewältigungsversuche* mit risikohaftem Verhalten, hypomanischer Stimmung, z.T. Aggressivität, ersten Beziehungsideen.
4. *Psychotische Desorganisation* mit
   – Destrukturierung der externen Welt mit zunehmender perzeptueller und kognitiver Desorganisation, häufigen Beziehungsideen etc.;
   – Destrukturierung des Selbst mit Verlust des Identitätsgefühls, starker Angst bis zur Panik, manifesten Halluzinationen;
   – totalem Zusammenbruch mit Verlust der Selbststeuerung, ggf. katatonen Symptomen.
5. *Psychotische Re-Stabilisierung* mit zunehmender (psychotischer) Organisiertheit, verminderter Angst, ggf. Wahn (paranoide Syndrome) oder massiver Abwehr von Unlust und Verantwortung (hebephrene Syndrome).

Sicherlich ist nicht davon auszugehen, daß die psychotische Dekompensation bei allen Betroffenen uniform und linear in dieser Weise verläuft. Wichtig ist jedoch die Erkenntnis, daß die zeitliche Erstreckung des Dekompensationsprozesses zumindest potentiell die Chance der Intervention und Deeskalation eröffnet. TSCHACHER et al. (1996) berichten über eine Studie, in der 21 Krankheitsverläufe über mindestens 50 Tage hinweg minutiös dokumentiert wurden. Dabei zeigten sich Regelmäßigkeiten, die als empirische Stützung des Phasenmodells von DOCHERTY et al. (1978) gewertet werden können: »Psychotizität folgt auf Erregung und auf Rückzug, nicht umgekehrt« (TSCHACHER et al. 1996, S. 17).

> Die von DOCHERTY et al. (1978) postulierten Phasen sind übrigens weitgehend deckungsgleich mit Phasenmodellen, wie sie in der Allgemeinen Krisentheorie vertreten werden (CIOMPI 1993 a). In der Affektlogik weist CIOMPI außerdem darauf hin, daß der Unterschied von »alltäglicher« und »krankhafter« Verrückung ein gradueller ist und daß es dazwischen alle möglichen Übergänge gibt (1982, S. 289). Als Beispiele wären zu nennen: religiöse Bekehrungserlebnisse, die Folgen sog. »Gehirnwäsche«, Schockzustände oder auch der Zustand des Verliebtseins. Ob »noch normal« oder »schon krank« sei in erster Linie eine Frage der *Ausschließlichkeit*, der *Stabilität* und der *Dauer* des verrückten Zustands, weniger der Qualität des Erlebens.

Bedeutsam an dem Phasenmodell von DOCHERTY et al. erscheint insbesondere die Unterscheidung zwischen den Phasen 4 und 5. Hierin kommt zum Ausdruck, daß die Reorganisation *in* der Psychose auch aufgefaßt werden kann als ein *Selbstheilungsversuch* der Psyche, als Überstieg vom unerträglichen Chaos der psychotischen Desorganisation in eine »neue Ordnung«, der insofern entlastend wirkt, als die Psyche in ein neues, ver-rücktes Gleichgewicht hineinfindet. CIOMPI spricht in diesem Sinne auch von akuten Psychosen als aktuell »besten Lösungen«:

> »Deshalb kann ein derartiges ›Überschnappen‹ paradoxerweise befreiend wirken; wie in einem Gewitter entlädt sich darin eine lange aufgestaute, ins Unerträgliche gewachsene untergründige Spannung im ganzen System plötzlich in spektakulärem Blitz und Donner. Kein Wunder, daß ... in der Folge massive, sog. ›homöostatische‹ Regulationsmechanismen wirksam werden können, die jede Rückkehr ins alte ›Regime‹ verhindern oder doch erschweren« (CIOMPI 1988 a, S. 334).

Die psychotische »Lösung« wird allerdings selbst zum Problem, insofern es zu einer tiefgreifenden Störung des Realitätsbezuges im Sinne einer autistischen Verschiebung aller Gewichte und Bezüge des gesamten inneren Bezugssystems kommt. D.h., der akut psychotische Mensch ist in seinem verrückten Zustand gewissermaßen eingemauert, während psychische Extremzustände beim Gesunden weit mobiler und reversibler sind (CIOMPI 1982, S. 289).

Bleibt die Frage, wie man sich das am Ende plötzliche »Überschnappen« an dem *»point of no return«*, wie ihn Manfred BLEULER nennt, vorzustellen hat? CIOMPI greift hier zurück auf system- und chaostheoretische Modellvorstellungen zur Dynamik biologischer, also offener Systeme. Diese sind u.a. durch folgende grundlegende Merkmale charakterisisiert: sie sind komplex, d.h. ihr Verhalten ist von einer Vielzahl von Variablen abhängig; sie sind autonom, d.h. sie unterliegen zwar Kontext-Einflüssen, entwickeln aber spezifische Formen der Selbstorganisation; sie verhalten sich dynamisch unter dem Einfluß positiver und negativer Feedbackeinflüsse (SCHIEPEK 1994, WEINER 1994).

Charakteristisch für die Interaktion offener biologischer Systeme mit ihrer Umgebung sind *gemischte* Feedbackprozesse. Sie tragen zur fortlaufenden

Anpassung des Systems an Kontextveränderungen bei und halten gleichzeitig eine relative interne Stabilität aufrecht. Ungebremste positive oder negative Feedbackprozesse sind dagegen eher untypisch für lebende Systeme. Sie können jedoch eine besondere Rolle bei der Entwicklung klinischer Symptome spielen. Dies gilt insbesondere für fortgesetzte *positive* Feedbackschleifen, die offenbar relativ leicht zu plötzlichen, qualitativen Änderungen des Systemverhaltens führen (»Teufelskreis-Prozesse«).

Ciompi erläutert die destabilisierende Wirkung von Systemen nach dem

> »Prinzip des fortgesetzten, positiven Feedback, d.h. der ständig wiederholten Verstärkung ganz bestimmter Reaktionen bis zu einem schließlichen Umschlagpunkt ... Voraussetzung hierfür ist eine andauernde Energiezufuhr in ein ›offenes System‹. Ein gutes Bild für das Gemeinte liefert etwa die Tatsache, daß es, wie wir in der Schule lernten, theoretisch möglich sein soll, eine ganze solide Brücke durch fortgesetzten Fingerdruck am richtigen Ort und genau im richtigen Moment, nämlich immer gerade dann, wenn dadurch eine vorhandene Eigenschwingung verstärkt wird, zum Einsturz zu bringen. Andere Beispiele aus dem Bereich der Physik sind die Lawine, die Feuersbrunst, die atomare Kettenreaktion« (Ciompi 1982, S. 300 f).

Gregory Bateson hat solche Prozesse als »Runaways« bezeichnet und der Chemiker Ilya Prigogine hat gezeigt, daß sich Systeme durch fortgesetzte positive Rückkopplungseffekte über turbulente »Fluktuationen« in neue Systemzustände oder »Regimes« treiben lassen, die durch plötzliches *nicht-lineares* Umschlagen in eine neue Organisationsform des Systems zustande kommen. Diese heißen »dissipative Strukturen«, weil sie ihre Energie dissipieren (zerstreuen, umwandeln), und bleiben fern vom ursprünglichen Gleichgewicht relativ stabil. Als Zeichen von Fluktuationen können bei schizophreniegefährdeten Menschen alle Phänomene der Instabilität im Vorfeld von Psychosen verstanden werden, z.B. Ambivalenzphänomene (Ciompi 1988 a). Ein wichtiges Charakteristikum der Dynamik nicht-linearer Systeme ist, daß kleine Veränderungen einer Variablen, besonders in deren Ausgangszustand, überproportionale und unvorhergesehene Auswirkungen auf die anderen Variablen haben können. Dabei spielt der Faktor Zeit eine kritische Rolle (»Schmetterlingseffekt«).

Der chaostheoretische Ansatz kann als Weiterentwicklung der allgemeinen Systemtheorie zu einer Theorie der Dynamik komplexer Systeme aufgefaßt werden. Im Rahmen von chaostheoretischen Modellen wird nun neuerdings versucht, psychotische Prozesse im Sinne des Wortes *berechenbar* zu machen:

> »Es läßt sich nun zeigen, daß es eine Frage von Intensität, Tempo und Rhythmus aller zusammenwirkenden Faktoren sein muß, ob es zu einfachen, linearen Verläufen – z.B. zu einer steten, proportionalen Zunahme von Angst und Spannung bei zunehmender Belastung ohne schließlichen Qualitätssprung – zum plötzlichen, nicht-linearen Umschlag in psychotische Verhaltensweisen, zu chaotischen ›Turbulenzen‹ oder andersartigen pathologischen Funktionsweisen kommt. Eine kritische ›Verrückung‹ des multifaktoriellen Systems tritt also keineswegs obligat, sondern nur unter ganz bestimmten, besonders ungünstigen Voraussetzungen auf« (Ciompi 1988 a, S. 336).

Chaos in diesem Sinne ist keineswegs gleichzusetzen mit Zufall, gemeint ist ein deterministisches Chaos. Angestrebt wird eine Identifizierung der tatsächlich bedeutsamen biologischen und psychosozialen Variablen und ihre genaue Erfassung und Messung. Auf dieser Grundlage werden dann formalisierte mathematische Modelle entwickelt, die dazu dienen, das Systemverhalten möglichst exakt zu simulieren. Der Vergleich zwischen simuliertem und beobachtbarem Systemverhalten erlaubt eine Aussage zur Gültigkeit bzw. Angemessenheit des theoretischen Modells (SCHIEPEK 1994). Erste interessante Schritte in diese Richtung berichten CIOMPI et al. (1992), CIOMPI (1993 b) und TSCHACHER et al. (1996). Bis zur Möglichkeit, solche chaostheoretischen Modellvorstellungen der psychotischen Verrückung praktisch nutzbar zu machen, dürfte es freilich noch ein langer Weg sein.

Fürs erste bleibt festzuhalten, daß die systemtheoretische Beschreibung der psychotischen Dekompensation als krisenhafte Überforderung des informationsverarbeitenden Systems durch fortgesetzte positive Rückkopplung bis zu einem plötzlichen Umschlagpunkt durchaus plausibel und auch praktisch sehr bedeutsam erscheint. Insbesondere ist diese Vorstellung dem Selbsterleben vieler Betroffener sehr viel näher als das traditionelle Krankheitskonzept.

5.2 Frühwarnzeichen

Wenn akute schizophrene Psychosen den End- oder Umschlagpunkt eines phasenweise ablaufenden Dekompensationsprozesses darstellen, ergibt sich die Frage, *ob* und *woran* Betroffene und ihre Umgebung wahrnehmen können, daß sie sich in einer Krise befinden und Gefahr laufen, psychotisch zu dekompensieren.

Die ersten, die dieser Frage in systematischer Form nachgingen, waren HERZ & MELVILLE (1980). Sie stellten zwei Gruppen von Patienten folgende Frage:

> »Können Sie uns sagen, ob Sie Veränderungen in Ihren Gedanken, Gefühlen oder Ihrem Verhalten bemerkten, welche Sie denken ließen, daß Sie krank würden und in die Klinik gehen müßten« (HERZ et al. 1989).

Siebzig Prozent der Befragten beantworteten diese Frage positiv, ihre Angehörigen sogar zu 90 %.

In späteren Untersuchungen wurden vergleichbare Werte gefunden. In 8 Studien zwischen 1985 und 1991 lag der Anteil derjenigen Befragten, die Frühwarnzeichen berichteten, zwischen 63 % (HEINRICHS et al. 1985) und 100 % (BEHREND 1996); der Median dieser Studien ist 73 %.

In der Pionierstudie von HERZ & MELVILLE wurden folgende Prodromal-Symptome am häufigsten genannt (Patienten und Angehörige):
- *häufiger als 70 %*: Nervosität und Gespanntheit;
- *häufiger als 60 %*: Konzentrationsstörungen, Schlafstörungen, Ruhelosigkeit, Depressivität, verminderte Lebensfreude, »Besetztsein« von ein oder zwei Dingen;
- *häufiger als 50 %*: Interesselosigkeit, Beziehungsideen.

In einer neueren deutschen Studie fanden GAEBEL et al. (1993) in einer großen Stichprobe von 364 Patienten folgende Prodromal-Symptome:

- Schlafstörungen: 83 %
- Ruhelosigkeit: 81 %
- Konzentrationsstörungen: 77 %
- Angespanntheit/Nervosität: 76 %
- Interesseverlust: 59 %
- Depressivität: 51 %

> Die Liste der fünf häufigsten Prodromal-Symptome aus einer anderen deutschen Studie ist praktisch identisch, allerdings mit anderen absoluten Häufigkeiten und in einer anderen Rangreihe (WIEDEMANN et al. 1994).

Art und Häufigkeit der Symptome stimmen also in verschiedenen Studien recht gut überein. Es handelt sich dabei um *unspezifische, nicht-psychotische* Beeinträchtigungen, die auch *Frühwarnzeichen* genannt werden.

Von großer Bedeutung für den möglichen Nutzen dieser Frühwarnzeichen bei der Vorhersage und ggf. Prävention von psychotischen Episoden ist die Frage, ob sie *rechtzeitig* wahrgenommen werden können. HERZ & MELVILLE (1980) fanden, daß 52 % der Patienten und 68 % der Angehörigen Frühwarnzeichen eine Woche oder länger vor der akuten Dekompensation wahrnehmen können. BIRCHWOOD (1992) berichtet, daß 75 % der Patienten Frühwarnzeichen zwei Wochen oder länger vorher registrieren. Demnach dürfte in den meisten Fällen ausreichend Zeit verbleiben, um ggf. Maßnahmen zur Verhinderung einer akuten psychotischen Dekompensation zu ergreifen.

Die Frage, ob Frühwarnzeichen akute Psychosen *tatsächlich* zuverlässig vorhersagen, ist nur im Rahmen von prospektiven Studien zu beantworten, in denen das Befinden von schizophreniegefährdeten Menschen in kurzen Zeitabständen fortlaufend untersucht wird und die Ergebnisse in Beziehung zum Rückfallgeschehen gesetzt werden. Inzwischen liegen etwa ein halbes Dutzend solcher Untersuchungen vor (BIRCHWOOD 1992, MALLA & NORMAN 1994).

Das generelle Ergebnis ist, daß die Vorhersagekraft von Frühwarnzeichen nicht optimal ist, wobei die Schwankungsbreite der Ergebnisse beträchtlich ist. Zu unterscheiden sind:
- die *Sensitivität* der Vorhersage, d.h. die Wahrscheinlichkeit, daß einem Rückfall tatsächlich Frühwarnzeichen vorausgehen. Hier liegen die Werte zwischen 10 % und 63 %;
- die *Spezifität*, d.h. die Wahrscheinlichkeit, daß nach dem Auftreten von Frühwarnzeichen tatsächlich ein Rückfall eintritt. Hier liegen die Werte zwischen 70 % und 93 %.

Mit anderen Worten: Nicht alle Rückfälle lassen sich mittels Frühwarnzeichen vorhersagen; wenn aber Frühwarnzeichen auftreten, so ist dies ein sehr zuverlässiges Alarmsignal!

> Die bisherigen prospektiven Untersuchungen sind allerdings nur begrenzt aussagekräftig, weil es sich überwiegend um Interventionsstudien gehandelt hat, in denen auf Frühwarnzeichen mit (zusätzlicher) neuroleptischer Medikation reagiert wur-

de. Auf diese Weise könnte ein nicht geringer Teil korrekt vorhergesagter Rückfälle unentdeckt geblieben sein (BIRCHWOOD 1992, GAEBEL et al. 1993).

Generell ist im Hinblick auf den praktischen Umgang mit Frühwarnzeichen auf folgende Punkte hinzuweisen:

- Frühwarnzeichen sind *in hohem Maße individuell*. Dies gilt sowohl für ihre Qualität als auch für die Intensität und die Zeitspanne ihres Auftretens. BIRCHWOOD (1992) spricht deshalb von einer *einzigartigen Rückfall-Signatur* jedes Betroffenen. Allgemeine Listen von Frühwarnzeichen (s.o.) helfen deshalb im Einzelfall nur begrenzt weiter. Sie eignen sich allenfalls zur Groborientierung und müssen jeweils durch persönliche, spezifische Frühwarnzeichen ergänzt werden. Darüber hinaus ist zu beachten, daß die Veränderungen häufig keineswegs dramatisch, sondern eher subtil sind.
- Der Zeitpunkt des Auftretens der Frühwarnzeichen ist wichtig,
»... weil der zeitliche Abstand zur akuten Erkrankung einen wesentlichen Einfluß auf die zu wählende Bewältigungsstrategie haben kann: Ein und dasselbe Warnsignal kann bei dem einen Patienten 3 Monate vor der akuten Erkrankung auftreten, bei einem anderen aber erst eine Woche vorher, entsprechend unterschiedlich, zum Teil sogar diametral entgegengesetzt, können dann die hilfreichen Bewältigungsstrategien sein« (BEHREND 1996, S. 173).
- Das Erkennen und Nutzen von Frühwarnzeichen bedarf der *gezielten Förderung*. Zwar können viele Betroffene spontan über Frühwarnzeichen berichten, anderen ist deren Bedeutung jedoch nicht bewußt. Deshalb werden psychoedukative Verfahren vorgeschlagen, um die Wahrnehmung von Frühwarnzeichen und angemessene Reaktionen darauf gezielt zu fördern. Dabei stellten z.B. JOLLEY et al. (1990) fest, daß eine einzige Schulungssitzung offenbar nicht ausreichend ist; und MARDER et al. (1994) fanden, daß sich die Kompetenz, mit der Betroffene und ihre Behandler »echte« Frühwarnzeichen erkennen, bereits im Verlauf von sechs Monaten erheblich verbessert.

Das Konzept der Frühwarnzeichen erscheint also insgesamt als äußerst bedeutsam im Hinblick auf die aktive Rolle der Betroffenen bei der Erkennung und ggf. Vorbeugung akuter Krankheitsepisoden. Auf der anderen Seite ist anzuerkennen, daß es eine vermutlich eher kleine Gruppe von Betroffenen gibt – nach unserer Erfahrung weniger als 10 % –, die trotz entsprechender Information und externer Unterstützung keine Frühwarnzeichen bei sich feststellen können, oder bei denen diese bruchlos in die psychotische Symptomatik übergehen und so kein Spielraum zum »Gegensteuern« bleibt.

5.3 Selbsthilfe- und Bewältigungsversuche (Coping)

Genau wie bezüglich der Frühwarnzeichen ist auch die systematische Untersuchung von Selbsthilfe- und Bewältigungsversuchen von Betroffenen ein noch junges Kind der Schizophrenie-Forschung.

Vor dem Hintergrund des traditionellen Krankheitskonzeptes müssen solche Versuche als sinnlos erscheinen, da der Betroffene als Opfer eines eigengesetzlichen, prozeßhaften Krankheitsgeschehens gesehen wird. Deshalb sind empirische Studien zu diesem Problembereich – von einzelnen bemerkenswerten Vorläufern abgesehen (z.B. IRLE & PÖRKSEN 1971) – erst ab Anfang der 80er Jahre zu verzeichnen. Wie im Falle der Frühwarnzeichen rückt das Subjekt, seine Wahrnehmungen und Aktivitäten im Umgang mit der Störung, erst ins Blickfeld, nachdem das Verletzlichkeits- Streß-Bewältigungs-Modell an Boden gewonnen hatte. Andererseits hat auch BLEULER schon von Bewältigungsversuchen bei seinen Patienten gewußt (BÖKER & BRENNER 1983).

HEIM (1986) definiert Krankheitsbewältigung ganz allgemein folgendermaßen:

> »Krankheitsbewältigung (Coping) kann somit als das Bemühen definiert werden, bereits bestehende oder erwartete Belastungen durch die Krankheit innerpsychisch (emotional/kognitiv) oder durch zielgerichtetes Handeln aufzufangen, auszugleichen, zu meistern oder zu verarbeiten« (S. 367).

Coping-Bemühungen werden von den allermeisten schizophren Erkrankten berichtet, wenn sie daraufhin befragt werden. In 7 Studien zwischen 1983 und 1991 finden sich Häufigkeitsangaben von 82 % (McCANDLESS-GLIMCHER et al. 1986) bis 100 % (BRENNER et. al. 1987); der Medianwert beträgt 92 %, wobei die meisten Betroffenen mehrere Maßnahmen angeben. Nur etwa einer von 10 Befragten berichtet also, keinerlei Selbsthilfe- oder Bewältigungsversuche zu unternehmen! Dabei findet sich Bewältigungsverhalten sowohl im Vorfeld von Psychosen (z.B. bezogen auf Basisstörungen und Frühwarnzeichen) als auch im Umgang mit manifesten psychotischen Symptomen (positiven oder negativen).

Grundsätzlich besteht in der Literatur zum Thema Coping bei schizophren Erkrankten Übereinstimmung dahingehend, daß die Übergänge zwischen Bewältigungsversuchen und psychotischen Symptomen *fließend* sein können. Dies ist besonders augenfällig bei Negativ-Symptomen wie Apathie und Rückzug, die immer auch als passive Bewältigungsmaßnahmen zum Schutz vor Überforderung verstanden werden können (STRAUSS 1989 b; WIEDL & SCHÖTTNER 1989, SAUPE et. al. 1991; vgl. auch 2.2 und 6.4). Was die Art dieser Versuche angeht, so findet sich – nicht zuletzt in Abhängigkeit von der Erhebungsmethode – eine *beeindruckende Vielfalt und Individualität*, die bisher nur unzureichend thematisiert worden ist. So konnte CARR (1988) in einer Fragebogenuntersuchung mit 200 Befragten ca. 350 verschiedene Bewältigungsmaßnahmen differenzieren, wobei fast die Hälfte der Befragten über den Fragebogen hinausgehende, individuelle Ergänzungen machte. Plastische Beschreibungen von Bewältigungsmaßnahmen auf kasuistischer Grundlage finden sich bei LANGE (1981) sowie DITTMANN & SCHÜTTLER (1989).

Im deutschsprachigen Raum gibt es inzwischen erste Ansätze, die Vielfalt der Bewältigungsmaßnahmen faktorenanalytisch auf wenige grundlegendere Dimensionen zurückzuführen. Dabei fanden sich relativ ähnliche Lösungen in den Studien von THURM-MUSSGAY et al. (1991) sowie ENGLER et. al. (1993). Es konnten jeweils vier Bewältigungs-Faktoren unterschieden werden:

- »Kognitive Auseinandersetzung« (aktives Coping)
- »Rückzug/Passivität« (Vermeidung, Depressivität)
- »Hilfesuche« (Suche nach sozialer Unterstützung)

- »Ablenkung« (Religiosität)

(in Klammern die Faktoren von ENGLER et al. 1993, Bezeichnung von G.W.).

Bis auf den letzten Punkt scheint die Übereinstimmung zwischen den beiden Studien recht hoch.

Einige weitere wichtige Befunde aus der Forschung zum Bewältigungsverhalten schizopreniegefährdeter Menschen:

- Es besteht eine signifikante und positive Beziehung zwischen Häufigkeit und Art von Selbsthilfeversuchen sowie Basisstörungen (BÖKER 1986, BRENNER et al. 1987). Bewältigungsversuche finden sich außerdem häufiger bei Betroffenen, die Frühwarnzeichen erleben (DITTMANN & SCHÜTTLER 1990 a).
- Insgesamt scheinen Art und Ausmaß der Selbsthilfeversuche schizophrener Patienten sich nicht auffällig von denen anderer Gruppen psychisch Kranker und neurologisch Kranker zu unterscheiden (VAN DEN BOSCH et al. 1992, DITTMANN & SCHÜTTLER 1992).
- Bewältigungsverhalten hängt mit Aspekten des Krankheitsverlaufs zusammen. Nicht Wiedererkrankte geben häufiger bestimmte Selbsthilfeversuche an als Wiedererkrankte (IRLE & PÖRKSEN 1971). Je schwerer die Erkrankung, desto weniger präventive Bewältigungsmaßnahmen werden berichtet (THURM-MUSSGAY & HÄFNER 1990). LEE et al. (1993) fanden signifikante Beziehungen zwischen Häufigkeit von Selbsthilfestrategien und sozialer Situation, Anzahl von Krankenhausaufenthalten, Lebensqualität, Alltagsbewältigung und Symptomatik: Je besser der Verlauf unter diesen Aspekten, desto mehr hilfreiche Bewältigungsstrategien gaben die Befragten an.
- Selbsthilfe- und Bewältigungsmaßnahmen werden von den Betroffenen selbst als hilfreich *bewertet* (MCCANDLESS-GLIMCHER et al. 1986, HAMERA et al. 1991). Wie sie tatsächlich *wirken* – z.B. in bezug auf die Verhinderung von akuten Episoden – ist dagegen bisher unbekannt.
- Kenntnis und Einsatz von Bewältigungsmaßnahmen sind offenbar erfahrungsabhängig: Sie sind um so häufiger, je länger die Ersterkrankung zurückliegt und je mehr akute Krankheitsepisoden durchgemacht wurden. Diese Zusammenhänge sind unabhängig vom Lebensalter (COHEN & BERK 1985, TAKAI et al. 1990, DITTMANN & SCHÜTTLER 1990 a, THURM-MUSSGAY & HÄFNER 1990).
- Bewältigungsversuche stehen in einem positiven Zusammenhang mit Krankheitseinsicht und integrierender (im Gegensatz zu isolierender) Krankheitsverarbeitung (TAKAI et al. 1990) sowie in einem negativen Zusammenhang mit Abwehr und Verleugnung der psychotischen Erkrankung (BREIER & STRAUSS 1983). DITTMANN & SCHÜTTLER (1990 a) fanden außerdem eine enge Beziehung zwischen Bewältigung und »Beschäftigung mit der Erkrankung«:

»Von entscheidender Bedeutung war die Frage, ob sich ein Patient mit der eigenen Erkrankung beschäftigte oder nicht. Bei den 76 % der Patienten, bei denen dies der Fall war, bestand ein erheblich höherer Score als bei den übrigen Patienten. Hier findet sich erstmals ein Hinweis dafür, auf welche Weise die Ausbildung von

Bewältigungsstrategien bei einem Patienten indirekt gefördert werden kann, indem nämlich das Interesse für die Erkrankung geweckt und die Auseinandersetzung damit gefördert wird« (DITTMANN & SCHÜTTLER 1990 a, S. 284).

Wie erwähnt, ist über die Wirkung von Selbsthilfe- und Bewältigungsmaßnahmen generell bisher kaum etwas bekannt. Dies gilt insbesondere im Hinblick auf die Unterscheidung von nützlichen, hilfreichen sowie unnützen oder sogar schädlichen Verhaltensweisen. Letztere sind in der bisherigen Forschung so gut wie gar nicht thematisiert worden. Ausnahmen stellen die Studien von DITTMANN & SCHÜTTLER (1989) sowie COHEN & BERK (1985) dar, in denen (potentiell) schädliche Maßnahmen wie Alkohol- und Drogenmißbrauch zumindest angesprochen werden.

Dabei muß der Mißbrauch von Drogen unterschiedlicher Art als bedeutsamer Risikofaktor bei der Auslösung akuter Psychosen aus dem schizophrenen Formenkreis angesehen werden. Dies gilt für Cannabis (THORNICROFT 1990, EIKMEIER et al. 1991, LINSZEN et al. 1994), für Stimulantien wie Amphetamine und Kokain (MUESER et al. 1992 a, HERMLE et al. 1992), für Halluzinogene (HERMLE et al. 1992) und wahrscheinlich auch für Alkohol (DRAKE et al. 1989, GEISELHART & MAUL 1993, KOZARIC-KOVACIC et al. 1995). Dementsprechend kommt dem Substanzmißbrauch auch eine Bedeutung als verlaufsbeeinflussendem Bedingungsfaktor zu (vgl. 6.2). Grundsätzlich stellt sich die Frage, ob der Substanzmißbrauch primär und unabhängig von der schizophrenen Symptomatik vorkommt, oder ob es sich um ein Folgeproblem im Sinne einer »Selbstbehandlung« mit diesen Drogen handelt. Im letzten Fall lägen problematische bis schädliche Bewältigungsversuche vor. Die Befundlage scheint jedoch insgesamt eher gegen die Selbstbehandlungs-Hypothese zu sprechen (MUESER et al. 1992 a, NEWMAN & MILLER 1992).

Bemerkenswert und wohl auch bezeichnend für die Beziehung zwischen Betroffenen und psychiatrisch Tätigen sind schließlich folgende Hinweise:

»Im Verlauf der Interviews waren wir beeindruckt von der Überraschung und Freude der Patienten, daß jemand sich beträchtliche Zeit nahm, um die Methoden kennenzulernen, die sie im Umgang mit ihren Symptomen entwickelt haben« (COHEN & BERK 1985, S. 407, Übers. G. W.).

»Viele Patienten werden durch das Interview erstmals mit dem Bewältigungsansatz konfrontiert und reagieren ausgesprochen positiv auf die ihnen zugeschriebene Rolle als aktiver Partner im Bewältigungsprozess« (THURM-MUSSGAY et al. 1991, S. 297).

»Alle Patienten äußerten ihre Zufriedenheit darüber, daß sich jemand die Zeit nahm, mit ihnen über das Thema der Krankheitsbewältigung zu sprechen« (DITTMANN & SCHÜTTLER 1992).

Bisher sind die Selbsthilfe- und Bewältigungsversuche Betroffener offenbar allzu selten Thema in der Psychiatrie. So fand LANGE (1981) bei der Sichtung von mehreren 100 Krankenakten nur in 19 % der Fälle, daß irgendein Verhalten vermerkt wurde, das auf Selbsthilfe- und Bewältigungsmaßnahmen schließen läßt.

Die verbreitete Mißachtung der Eigenaktivitäten der Betroffenen ist um so problematischer, als konstruktivem Bewältigungsverhalten eine potentiell große Bedeutung für die Therapie und Rehabilitation zuzumessen ist:

»Je mehr wir über die individuell wahrscheinlich unterschiedlichen, in zirkulären Reiz-Reaktionsspiralen sich aufbauenden und verstärkenden Erlebnisabwandlungen wissen, die zur psychotischen Krise führen, um so eher können wir aus den vom Patienten bisher versuchten autoprotektiven Maßnahmen jene auslesen und verstärken helfen, die den circulus vitiosus am wirksamsten und ökonomischsten unterbrechen. Wenn der Patient seine Kraft auf die effektiven Maßnahmen zu konzentrieren vermag, dürfte das Erlebnis erfolgreicher Selbststabilisierungen seine Autonomie und Selbstachtung stärken, die durch jahrelange Krankheit massiv geschädigt werden« (BÖKER 1986, S. 186).

5.4 Auslösende Bedingungsfaktoren – Streß

»Wir sehen oft zeitliche Zusammenhänge zwischen Beginn der Psychose und Änderung der Lebensbedingungen« (BLEULER 1972, S. 601).

Streß ist die *Reaktion* eines Organismus auf Anforderungen seiner Umgebung, und zwar auf solche Anforderungen, die seine Ressourcen überfordern. Diese Reaktion ist interindividuell weitgehend *unspezifisch* und kann unterschiedlichste biopsychische Funktionen in Abhängigkeit von ihrer Reagibilität betreffen (SMITH 1987, HATFIELD 1989). Streß ist also zu unterscheiden von den Belastungen oder *Stressoren*, die ihn auslösen.

CIOMPI (1989) macht deutlich, daß Streß in allen drei Phasen seines Schizophrenie-Modells eine Rolle spielt, weist ihm aber eine besonders wichtige Funktion im Zusammenhang mit der *Auslösung* akuter Psychosen zu.

Beispiele für die Bedeutung von Streß in der ersten Phase wären etwa die Wirkung »gestörter« Familienverhältnisse bei adoptierten Risikokindern (TIENARI et al. 1989) sowie die Wirkung widersprüchlicher, konfuser Kommunikation.

Schematisch läßt sich für den Einzelfall das Zusammenwirken von Verletzlichkeit und (streßauslösenden) Belastungsfaktoren bei der Auslösung akuter Psychosen wie in Abbildung 6 auf Seite 82 darstellen.

Diese Grafik verwenden wir auch in der psychoedukativen Gruppenarbeit. Sie wird den Teilnehmern ausgehändigt. Dabei kann das individuelle *Ausmaß* der Verletzlichkeit als *Abstand* zwischen prämorbidem Verletzlichkeits-Niveau und Dekompensationsschwelle veranschaulicht werden. Das intraindividuelle Niveau der Verletzlichkeit wird als über die Zeit konstant gesetzt. Dabei handelt es sich um eine vereinfachende Annahme, die der tatsächlichen Entwicklungsdynamik wahrscheinlich nicht gerecht wird (vgl. 7.4). Anhand dieser einfachen Grafik läßt sich bereits recht gut veranschaulichen, welche grundsätzlichen Möglichkeiten es gibt, um einer psychotischen Dekompensation vorzubeugen: akute Belastungen reduzieren (durch Vermeiden oder aktives Bewältigen); überdauernde Belastungen reduzieren (durch Vermeiden oder Bewältigen); die Dekompensationsschwelle heraufsetzen (durch neuroleptischen Schutz); besondere Bedeutung kommt dem Verhalten im Grenzbereich zu (Reaktion auf Frühwarnzeichen).

Bei der Analyse der Streß-Komponente des Drei-Phasen-Modells ist es nützlich, die zeitlichen Dimension zu berücksichtigen:
- alltägliche, stark fluktuierende Stressoren;
- plötzliche, akut auftretende Stressoren;
- relativ überdauernde Belastungen;
- lebensphasisch auftretende Belastungen.

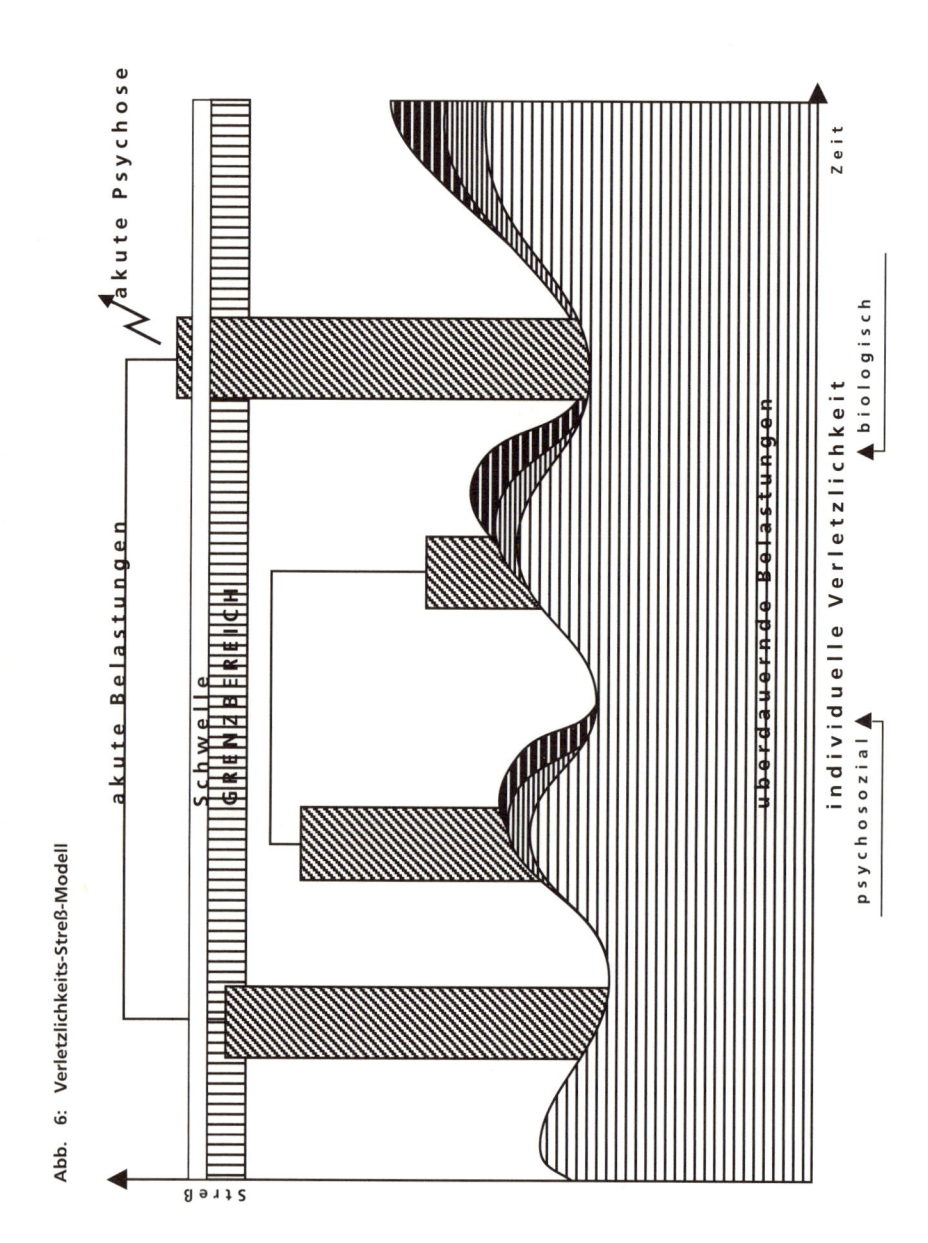

Abb. 6: Verletzlichkeits-Streß-Modell

Bevor wir uns diesen im einzelnen zuwenden, sind einige theoretische Erwägungen vorauszuschicken. NORMAN & MALLA (1993 a) gehen explizit von ZUBINS Verletzlichkeitshypothese aus (siehe auch Abbildung 2) und legen eine scharfsinnige Analyse der Beziehung zwischen Stressoren und schizophrenen Psychosen vor. Sie stellen fest:
1. Die meisten Menschen, die an Schizophrenie erkranken, werden bereits bei *niedrigem bis mittlerem* Streßniveau psychotisch, weil ihre Verletzlichkeit und damit ihre Streßanfälligkeit gegenüber der Durchschnittsbevölkerung erhöht ist.
2. Demgegenüber folgt aus dem Verletzlichkeits-Streß-Konzept *nicht* notwendig, daß psychotisch Erkrankte im Durchschnitt häufigeren oder stärkeren Belastungen ausgesetzt sind und damit *mehr Streß* erleben als andere Menschen.
3. *Zwingend* folgt dagegen aus diesem Konzept, daß eine *Beziehung* bestehen muß zwischen Streß und dem Auftreten von Symptomen bzw. psychotischen Episoden.

Vor diesem Hintergrund soll im folgenden ein Überblick über den Forschungsstand gegeben werden, wobei die Coping-Komponente, die ja theoretisch als Mediator auf die Beziehung zwischen Belastungen und akuter Psychose einwirkt, hier unberücksichtigt bleibt. Die Interaktion aller relevanten Variablen ist simultan bisher nicht einmal ansatzweise untersucht.

a) Alltäglicher Streß:
Aus NORMAN & MALLAS erster Feststellung folgt ebenso wie aus den Modellvorstellungen zur Dynamik der akuten psychotischen Dekompensation (s.o. 5.1), daß auch für sich genommen geringfügige und alltägliche Belastungen im Rahmen einer von »Teufelskreis«-Prozessen geprägten Dynamik zu psychotischen Symptomen führen können. Zwar sind solche Eskalationsprozesse schwer zu objektivieren, es spricht jedoch einiges dafür, daß diese Folgerung aus dem Verletzlichkeits-Streß-Konzept zutreffend ist:
- HUBER (1993) stellt vor dem Hintergrund des Basisstörungskonzeptes fest: »Alle möglichen, die krankheitsbedingt geminderte Informationsverarbeitungskapazität überfordernden Situationen können die Psychose auslösen, z.B. emotional affizierende Ereignisse, rasch wechselnde unterschiedliche Anforderungen, alltägliche, primär affektiv neutrale Situationen (z.B. Unterhaltung von und mit Menschen, Besucher und Besuche, Gegenwart zu vieler Menschen, ›Trubel‹, ›Rummel‹ in Kaufhäusern, Bussen, Zügen, Straßenverkehr, optische oder akustische Stimulation, z.B. durch Fernsehen), besondere ungewöhnliche, unerwartete neue Anforderungen oder körperliche und/oder psychische arbeitsmäßige Beanspruchung« (S. 328 f).
- Diese Feststellung wird zum Teil bestätigt durch die Angaben von Betroffenen selbst. Von 261 Patienten, die nach Stressoren als Auslöser für einen persönlichen Rückfall befragt wurden, konnten 94 % entsprechende Auslöser nennen. Der am häufigsten genannte Stressor (24 %) war interessanterweise das *Alleinsein!* Auf den Rängen 2 bis 6 folgten sämtlich Belastungen, die mit *zwischenmenschlichen Kontakten* zu tun haben (zwischen 14 % und 7 %); nachrangig wurden Stressoren im Zusammenhang mit

der Arbeit und dem Tagesablauf genannt (THURM-MUSSGAY et al. 1991). Die gleichermaßen große Bedeutung von Streß durch Alleinsein und durch zwischenmenschliche Kontakte ist dabei durchaus plausibel:

»Die Angst vor der Gefahr, Mitmenschen übermäßig nahezukommen, bei gleichzeitig starkem Bedürfnis nach mitmenschlicher Nähe und Liebe, ist der charakteristische Ambivalenzkonflikt des Schizophrenen. Eine enge mitmenschliche Beziehung ohne Angst, ohne Gefahr für das eigene Ich erleben zu können, ist für diese Kranken ein kaum lösbares Problem. Distanzverminderung scheint häufiger als Distanzerweiterung eine Veranlassungssituation für die Erkrankung zu sein« (TÖLLE 1991, S. 213).

- In einer prospektiven Studie stellten MALLA et al. (1990) fest, daß sowohl starke *(major)* als auch geringfügige *(minor)* Belastungen im Vorfeld akuter Psychosen überdurchschnittlich häufig vorkommen. NORMAN & MALLA (1991) fanden, daß der *subjektiv* wahrgenommene Streß mit alltäglichen Belastungen, nicht jedoch mit plötzlichen, starken Belastungen korreliert; und NORMAN & MALLA (1994) konnten in einer Längsschnittstudie zeigen, daß bei bis zu 35 % der Untersuchten eine signifikante Beziehung zwischen der subjektiven Belastung durch alltägliche Stressoren und der Ausprägung von unterschiedlichen Befindlichkeitsstörungen und Symptomen besteht.

Es spricht demnach einiges für die mögliche Rolle selbst alltäglicher Anforderungen bei der Auslösung von Streß und Psychosen. Von Interesse ist in diesem Zusammenhang der Hinweis von HATFIELD (1989), daß auch *innere* Erfahrungen Streßfaktoren darstellen können. Sie veranschaulicht dies anhand zahlreicher Selbstzeugnisse von Betroffenen und beschreibt dabei Phänomene, in denen wir unschwer Basisstörungen wiedererkennen (vgl. oben 4.2). Basisstörungen könnten demnach sowohl Folge als auch Auslöser von Streß sein, eine Vorstellung, die mit dem systemisch angelegten Drei-Phasen-Modell durchaus vereinbar ist.

b) Akute schwere Belastungen – »Life-Events«:
Die Wirkung relativ plötzlich eintretender akuter Belastungen auf schizophreniegefährdete Menschen wird bereits seit Ende der 60er Jahre in der sogenannten Life-Events-Forschung (*Life-Events* = Lebensereignisse) untersucht. Typische Life-Events sind z.B. Unfälle, körperliche Krankheiten, Todesfälle, Trennungen, Arbeitsplatzverlust, Umzug, Reisen, Prüfungen, Stellenwechsel, Beförderung, Heirat, Geburt etc.

Die Untersuchung der Auswirkungen solcher Ereignisse wirft eine Reihe methodischer Probleme auf, die bei der Interpretation der Befunde zu berücksichtigen sind. Eindeutige Ergebnisse sind nur von Studien zu erwarten,
- die ausschließlich unabhängige Lebensereignisse berücksichtigen, d.h. solche, die nicht bereits als Folge einer beginnenden psychotischen Dekompensation aufgefaßt werden können;
- die den subjektiv erlebten Streß der Betroffenen berücksichtigen (die gleichen Lebensereignisse können interindividuell ganz unterschiedliche Bedeutung haben);
- die negativ wie auch positiv bewertete Ereignisse einbeziehen (auch plötzliche Veränderungen zum Guten können Streß auslösen);
- die Lebensereignisse möglichst prospektiv erfassen (bei retrospektiven Studien

ist nicht auszuschließen, daß Betroffene sich den Rückfall erst nachträglich mit bestimmten Ereignissen erklären); (vgl. NORMAN & MALLA 1993 b).

In ihrer aufschlußreichen Meta-Analyse zum Zusammenhang von Lebensereignissen und Schizophrenie haben NORMAN & MALLA (1993 a) alle Studien einbezogen, die zwischen 1967 und 1991 erschienen sind und die o.g. Anforderungen mindestens zum Teil erfüllen. Die vorliegenden Ergebnisse werden in drei Gruppen eingeteilt:
1. *Vergleich der Häufigkeit von Lebensereignissen bei schizophren Erkrankten und anderen psychiatrisch erkrankten Patientengruppen:* In 8 Studien wurden 18 Gruppenvergleiche angestellt; 10 (= 56 %). Diese Vergleiche ergaben, daß Stressoren in anderen Patientengruppen häufiger vorkommen (insbesondere bei Depressiven), bei den übrigen Vergleichen fanden sich keine bedeutsamen Unterschiede.
2. *Vergleich der Häufigkeit von Lebensereignissen bei schizophren Erkrankten und psychisch Gesunden:* In 7 Studien wurden 14 Gruppenvergleiche angestellt; 5 (= 36 %) fanden signifikant häufiger Lebensereignisse bei schizophren Erkrankten, in keinem Fall wiesen die Gesunden höhere Werte auf.
3. *Untersuchung des Zusammenhangs von Lebensereignissen und psychotischen Symptomen bzw. Rückfällen innerhalb der Gruppe der schizophren Erkrankten:* In 8 Studien wurden 30 Vergleiche angestellt, in 23 (= 77 %) fanden sich Unterschiede in der erwarteten Richtung, d.h. auf Stressoren folgte eine Verschlechterung des psychischen Befindens.

Setzt man diese Befundlage in Beziehung zu den einleitend referierten theoretischen Überlegungen, so stellt lediglich die unter 3. genannte Art von Untersuchungen eine strenge Prüfung des Zusammenhangs von Streß und schizophrenen Psychosen dar. Unterschiede, wie sie in den Studien vom Typ 1 und 2 untersucht wurden, ergeben sich dagegen aus dieser Hypothese *nicht* zwingend.

Die Studien vom Typ 3 belegen nun recht eindeutig, daß ein Zusammenhang zwischen Streß und psychotischer Symptomatik besteht. Insbesondere findet sich dieser Zusammenhang in sämtlichen 4 Studien, die *prospektiv* angelegt und deshalb besonders aussagekräftig sind (HARDESTY et al. 1985, VENTURA et al. 1989, MALLA et al. 1990, HIRSCH et al. 1992).

Dabei sind die Studien von HIRSCH et al. (1992) sowie von VENTURA et al. (1992) noch nicht in die Meta-Analyse von NORMAN & MALLA (1993 a) einbezogen. In diesen Studien konnte außerdem belegt werden, daß das Risiko, nach einem Lebensereignis psychotisch zu erkranken, besonders dann erheblich erhöht ist, wenn keine Neuroleptika eingenommen werden.

Die Studien vom Typ 1 und 2 besagen lediglich, daß im Vorfeld anderer psychischer Erkrankungen (vor allem bei Depressionen) Lebensereignisse eher noch häufiger sind als bei Schizophrenien und daß schizophreniegefährdete Menschen vermutlich nicht wesentlich häufiger von Lebensereignissen betroffen sind als psychisch Gesunde.

Diese nicht ganz eindeutige Ergebnislage wird durch die Ergebnisse von zwei weiteren Studien ergänzt, die ebenfalls nicht in die Analyse von NORMAN & MALLA

(1993 a) eingegangen sind. Dabei fanden DOHRENWEND et al. (1987) keine Unterschiede in der Häufigkeit von Lebensereignissen zwischen schizophren Erkrankten, Depressiven und Gesunden; BEBBINGTON et al. (1993) dagegen berichten mehr schwere Lebensereignisse bei schizophren Erkrankten als bei Gesunden.

Entgegen der eher skeptischen Bilanz in früheren Übersichtsarbeiten (z.B. TENNANT 1985) muß nach der differenzierten Analyse von NORMAN & MALLA nunmehr davon ausgegangen werden, daß Life-Events eine wichtige Rolle bei der Auslösung akuter Psychosen spielen. Das bedeutet allerdings nicht, daß sie im Vorfeld jeder Psychose anzutreffen sind. Denn wie wir unter a) gesehen hatten, ist es wahrscheinlich, daß bereits alltägliche Belastungen auslösende Wirkungen haben können.

c) Relativ überdauernde Belastungen – »Expressed Emotion«:

Das Konzept der *Expressed Emotion/EE* wurde bereits vor mehr als 30 Jahren von dem Engländer George BROWN in die psychiatrische Diskussion gebracht (BROWN 1990). In einem Satz zusammengefaßt besagt es, daß bei einem schizophreniegefährdeten Menschen ein deutlich erhöhtes Risiko für psychotische Rückfälle dann besteht, wenn er in einer familiären Umgebung lebt, in der die Kommunikation mit den Angehörigen von intensiven Gefühlsäußerungen einer bestimmten Art geprägt ist. OLBRICH hat bereits 1983 in einer Übersicht über die Entwicklung dieses Konzeptes darauf hingewiesen, daß EE in Fachkreisen gelegentlich als eine Art »Wunderformel« gehandelt zu werden scheint, »die wenig behagliche Erinnerungen etwa an die ›Doublebind‹-Ära weckt« (OLBRICH 1983, S. 113). Diese Gefahr scheint auch heute noch nicht vollständig gebannt. Zugleich aber weist das EE-Konstrukt drei zentrale Merkmale auf, die es *wesentlich* von der Double-bind-Hypothese unterscheiden:

1. Es beruht auf einer eindeutigen, operationalen Definition und ist sehr zuverlässig meßbar;
2. über den Zusammenhang mit dem Rückfall-Geschehen liegen inzwischen mehr als 2 Dutzend *prospektive* Studien vor, deren Ergebnisse sehr weitgehend übereinstimmen;
3. EE wird *nicht* als »Ursache« der Schizophrenie aufgefaßt, sondern als ein potentiell wichtiger auslösender bzw. verlaufsbeeinflussender Bedingungsfaktor.

Zu 1.: EE wird operational definiert durch die Methode seiner Erfassung. Diese erfolgt auf der Basis eines ein- bis zweistündigen Interviews, das mit den nächsten Familienangehörigen – in der Regel Eltern(-teil) oder (Ehe-) Partner – geführt wird (*Camberwell Family Interview*/CFI). Dieses Interview findet in Abwesenheit des Patienten statt, während sich dieser in stationärer Behandlung befindet. Inhaltlich geht es um verschiedene Aspekte des Zusammenlebens in den drei Monaten vor der stationären Aufnahme. Das Interview wird auf Tonband aufgezeichnet. Anschließend werden die Äußerungen der Angehörigen von einem speziell trainierten Experten nach drei Kriterien eingeschätzt: *Kritik, Feindseligkeit* und *emotionales Überengagement*. Wenn bei einem Familienmitglied mindestens 6 kritische Äußerungen und/oder mindestens 3 überengagierte Äußerungen und/oder mindestens eine feindselige Äußerung gezählt wird, gilt eine Familie als »hoch EE«, andernfalls als »niedrig EE« (HAHLWEG et al. 1995).

Zu 2.: Bis Anfang der 90er Jahre wurden weltweit mindestens 25 Studien durchgeführt, die den Zusammenhang zwischen EE und Rückfall für den Zeitraum 9 bis 12 Monate nach der Entlassung des Patienten aus stationärer Behandlung untersuchen und die den methodischen Mindestanforderungen genügen (BEBBINGTON & KUIPERS 1994). Dabei handelt es sich um veröffentlichte und bisher unveröffentlichte Daten aus 11 Ländern, die auf 1.346 Fällen beruhen. Diese Daten werden von BEBBINGTON & KUIPERS aggregiert und als *ein* Datensatz ausgewertet (im Unterschied zu sog. Meta-Analysen, in denen lediglich die *Ergebnisse* mehrerer Untersuchungen zusammengefaßt werden). Die wichtigsten Resultate dieser Auswertung in Stichworten:
- 52 % der Familien wurden als »hoch EE« eingestuft;
- 60 % der Erkrankten waren männlich, 66 % wurden als »compliant« eingestuft;
- die durchschnittliche Rückfallrate betrug bei Patienten aus »Hoch-EE-Familien« 50 %, bei Patienten aus »Niedrig-EE-Familien« 21 %;
- die relative Rückfallhäufigkeit ist unabhängig vom Geschlecht des Patienten;
- in »Hoch-EE-Familien« ist die Rückfallrate dann besonders hoch, wenn mehr als 35 Stunden wöchentlich direkter Kontakt zwischen Patienten und Angehörigen besteht;
- es besteht kein Zusammenhang zwischen EE-Status und Medikation, d.h. regelmäßige Medikation ist in »Niedrig-EE-Familien« nicht häufiger als in »Hoch-EE-Familien«.

In einer früheren Meta-Analyse von KAVANAGH (1992), die sich auf 24 ausschließlich veröffentlichten Studien bezieht, werden praktisch identische Resultate berichtet. Dieser Arbeit ist darüber hinaus zu entnehmen, daß die Häufigkeit von »Hoch-EE-Familien« interkulturell sehr unterschiedlich ist. Es finden sich Raten zwischen 23 % (Chandigarh, Indien) und 77 % (Salford, Großbritannien). Zum Vergleich: In einer deutschen Studie wurden 65 % der Familien als »hoch EE« eingestuft (WATZL et al. 1993).

Auf der Basis von 12 dieser Studien, die bis 1988 veröffentlicht wurden, berechneten PARKER & HADZI-PAVLOVIC (1990) das relative, gewichtete Rückfallrisiko. Demnach weisen schizophreniegefährdete Menschen, die in Hoch-EE-Familien leben, ein *3,7-fach erhöhtes* Risiko auf, innerhalb von 9 bis 12 Monaten erneut an einer schizophrenen Psychose zu erkranken. Über die Ergebnisse der 9-12 Monats-Studien hinausgehend konnte in mehreren Untersuchungen außerdem gezeigt werden, daß auf der Basis des EE-Status Aspekte des Krankheitsverlaufs über 2 Jahre bis hin zu 5 Jahren (MCCREADIE et al. 1993, HUGUELET et al. 1995) überzufällig gut prognostiziert werden konnten.

In seiner Meta-Analyse kommt KAVANAGH (1992) auf der Basis von 8 Studien zu 24-Monats-Rückfallraten von 29 % für »Niedrig-EE-« und 66 % für »Hoch-EE-Familien«.

Der Einfluß des Familienklimas auf die Rückfallhäufigkeit zeigt sich in ganz unterschiedlichen Kulturen (z.B.Australien, Deutschland, England, Indien, Italien, Polen, Schweiz, Spanien, USA). Für die negativen Resultate vereinzelter Untersuchungen gibt es zum Teil plausible Erklärungen (z.B. geringe Zahl der untersuchten Familien, Fehlklassifikationen als Niedrig-EE, wenn nur ein Elternteil interviewt wurde, fehlender Kontakt von Patienten zu Hoch-EE-Angehörigen).

Der Zusammenhang von EE-Niveau und akuten Psychosen ist darüber hinaus offenbar unabhängig von der Schwere der Symptomatik oder der Krankheitsvorgeschichte und findet sich sowohl bei neuroleptisch behandelten als auch unbehandelten Patienten (MIKLOWITZ 1994).

Da der EE-Status erfaßt wird durch eine Einschätzung des Verhaltens der Angehörigen in Abwesenheit des Patienten, blieb zunächst unklar, inwieweit sich Entsprechungen dazu auch auf der Ebene der tatsächlichen Interaktion zwischen Patienten und Angehörigen feststellen lassen. Insofern sind Untersuchungen von großer Bedeutung,

- die zeigten, daß Hoch-EE-Angehörige auch zu einem kritischeren, »aufdringlicheren« Verhalten gegenüber dem schizophreniegefährdeten Familienmitglied tendieren;
- die reziproke Effekte nachwiesen im Sinne von langen Ketten kritischer Äußerungen zwischen Patienten und Angehörigen; und
- die feststellten, daß Patienten während der Interaktion mit Hoch-EE-Angehörigen ein deutlich erhöhtes psychophysisches Erregungsniveau zeigen (KAVANAGH 1992, MIKLOWITZ 1994, HAHLWEG et al. 1995).

In der bisherigen EE-Forschung wurde die Betroffenen-Perspektive, d.h. deren Wahrnehmung der Einstellungen und Verhaltensweisen ihrer Angehörigen, weitgehend ausgeklammert. Einige aktuelle deutsche Studien tragen dieser Perspektive in ersten Ansätzen Rechnung:

- SCHERRMANN (1995) fand, daß Patienten mit kritischen Angehörigen im Sinne des EE-Konzeptes sich nach einer Klinikentlassung in verschiedenen Bereichen des täglichen Zusammenlebens deutlich stärker belastet fühlten als Patienten mit weniger kritischen Angehörigen.
- KRAEMER et al. (1996) erhoben Selbst- und Fremdeinschätzungen von Patienten und Angehörigen. Sie stellten fest, daß Hoch-EE Angehörige von ihren Kindern als deutlich kritischer, Niedrig-EE Angehörige als liebevoller, gutmütiger und klarer eingeschätzt wurden. Sich selbst schätzen die Kinder von Hoch-EE Angehörigen als ärgerlicher ein als die Kinder von Niedrig-EE Angehörigen, letztere sprachen sich demgegenüber eine Reihe von positiven Merkmalen signifikant stärker zu. Während also bei Kindern von Hoch-EE Angehörigen eine negative Einschätzung der Angehörigen mit einem negativ geprägten Selbstbild einhergeht, sind beide Merkmale bei den Kindern von Niedrig-EE Angehörigen positiv gefärbt. Genau umgekehrt verhält es sich interessanterweise mit der Selbstwahrnehmung der Angehörigen: diese ist bei Hoch-EE Angehörigen positiv geprägt, bei Niedrig-EE eher selbstkritisch.
- FELDMANN et al. (1995) schließlich untersuchten die prognostische Bedeu-

tung der Fremdeinschätzung der Angehörigen durch die Patienten für den Krankheitsverlauf. Sie konstruierten einen Einschätzungsbogen mit den Dimensionen »Kritik«, »Resignation« und »Überbehütung« und stellten fest, daß allein diese drei Merkmale zusammengenommen den Krankheitsverlauf bezüglich Symptomatik, Medikation und Rückfällen über 15 Monate verblüffend exakt vorhersagen konnten.

Die Ergebnisse dieser Untersuchungen zeigen, daß eine Hoch-EE Haltung auf seiten ihrer Angehörigen bei den Betroffenen auch entsprechend »ankommt«, ihre Einstellungen zu den Angehörigen und ihr Selbstbild sowie die im Zusammenleben erfahrenen Belastungen beeinflußt. Nach den Ergebnissen von FELDMANN et al. (1995) sollte außerdem in weiteren Untersuchungen geprüft werden, ob nicht die direkte Einschätzung der Betroffenen bezüglich der familiären Interaktion eine ebenso zuverlässige (und erheblich weniger aufwendige) Prognose des weiteren Verlaufs ermöglicht wie die EE-Experteneinschätzung.

Christine VAUGHN (1987), die zu den Pionieren der EE-Forschung gehört, beschreibt das Verhalten von Angehörigen in Abhängigkeit von ihrem EE-Status folgendermaßen:
- Angehörige mit einem *niedrigen* EE-Niveau gewähren dem schizophreniegefährdeten Familienmitglied zu Hause von diesem gewünschte Rückzugsmöglichkeiten; sind eher davon überzeugt, daß es wirklich krank ist; tolerieren Verhaltensauffälligkeiten und anhaltende Defizite; reden weniger in seiner Gegenwart, hören mehr zu.
- Angehörige mit *hohem* EE-Niveau gewähren ihrem schizophreniegefährdeten Familienmitglied dagegen weniger Autonomie bei seinen Entscheidungen und Handlungen; reagieren eher ängstlich, gereizt und hilflos auf schizophrene Dekompensationen; hegen häufiger Zweifel an der Echtheit der Erkrankung; üben weniger Nachsicht bei störenden Verhaltensweisen und Leistungsdefiziten und sind schlechter über die Erkrankung und deren Behandlung informiert.

Zu 3.: Kurzschlüssige Interpretationen der Forschungsergebnisse zum EE-Konzept in dem Sinne, daß hohes EE die »Ursache« der Schizophrenie ist, können den führenden Vertretern der EE-Forschung nicht angelastet werden. Diese haben meist unmißverständlich deutlich gemacht, daß es sich um ein *interaktives* Konzept handelt, das auf Wechselwirkungs- und Rückkoppelungs-Prozesse innerhalb von Familien und nicht auf lineare Kausalitäten abstellt. Dabei ist von Bedeutung, daß der EE-Status kein besonders stabiles Merkmal von Familien ist und bei vielen Angehörigen offenbar raschen Veränderungen unterliegt (bis zu 50 % innerhalb von 6 bis 12 Monaten; KAVANAGH 1992). Dies verweist darauf, daß EE zumindest zum Teil abhängig ist von der jeweiligen situativen Belastung der Familien, dem Befinden/Verhalten des erkrankten Familienmitgliedes, den familiären Bewältigungs-Ressourcen (Coping) sowie der Unterstützung, die die Familie bekommt (LEFLEY 1992). Das EE-Konzept stellt also nicht den Versuch dar, die »schizophrenogene

Familie« wiederzubeleben, sondern es geht darum, die Interaktion von Familien besser zu verstehen, die gut oder weniger gut damit zurecht kommen, mit einem schizophrenieerkrankten oder -gefährdeten Angehörigen zusammenzuleben. Die meisten Forscher stimmen darin überein,

> »... daß EE in Familien nicht den Rückfall verursacht, sondern ein Barometer für die Not von Familien im Umgang mit störenden Symptomen, Verhaltensweisen oder Lebensstilen ihres schizophrenen Angehörigen ist. Unter dieser Perspektive trägt jeder Behandlungsansatz, der Familien dabei hilft, besser mit belasteten Angehörigen zurecht zu kommen, dazu bei, das EE-Niveau zu senken« (Kanter et. al. 1987, Übers. G.W.).

Schließlich muß vor einer »Idealisierung« des Klimas in Niedrig-EE-Familien gewarnt werden. So identifizierte Vaughn (1987) in einer Gruppe von Niedrig-EE-Angehörigen solche, die weniger aufgrund von Gelassenheit und Toleranz als vielmehr aufgrund von Resignation und Teilnahmslosigkeit als solche eingestuft worden waren. Auch Stricker & Schulze-Mönking fanden unter ihren Niedrig-EE-Familien sieben, die eine eher resignativ-gleichgültige Haltung hatten. Alle Patienten, die in diesen Familien lebten, wurden im Katamnesezeitraum von 18 Monaten rückfällig!

Was nun die Hilfen für Familien mit schizophreniegefährdeten Angehörigen angeht, so sind ausgehend vom EE-Konzept tatsächlich außerordentlich effektive Verfahren entwickelt worden. Diese bewirken ein niedrigeres EE-Niveau in Hoch-EE-Familien, was mit entsprechend niedrigeren Rückfallraten einhergeht (siehe dazu Wienberg & Sibum, in diesem Band 5.5).

Schießlich darf der Hinweis nicht fehlen, daß das EE-Konzept auch auf psychiatrisch Tätige angewendet werden kann. Erste empirische Untersuchungen dazu liegen inzwischen vor. Eine Hoch-EE-Haltung scheint unter professionellen Helfern ähnlich weit verbreitet wie unter Familienangehörigen (33 % bis über 50 %; Bebbingten & Kuipers 1994, Siol & Stark 1994).

> Ball et al. (1992) fanden in zwei Kleinheimen für chronisch Psychosekranke in London, deren Mitarbeiterschaft in einem Fall ganz überwiegend als niedrig-EE und in einem anderen Fall als überwiegend hoch-EE eingestuft wurde (mittels CFI), Unterschiede im Krankheitsverlauf der Bewohner. Zwar unterschieden sich die Rückfallraten in den beiden Heimen nicht. In dem Heim mit Hoch-EE-Mitarbeiterschaft kam es jedoch zu erheblich mehr Entlassungen als in dem Heim mit Niedrig-EE-Mitarbeiterschaft (7 gegenüber 1). Im letzteren war die einzige Entlassung als positiver Rehabilitations-Schritt einzustufen, während die sieben Entlassungen in dem Heim mit der Hoch-EE-Mitarbeiterschaft entweder disziplinarisch (5) oder in ein Pflegeheim (2) erfolgten.

Shepard & Singh (1992) fordern deshalb zu Recht gezielte Fortbildungsmaßnahmen für Mitarbeiter, um das EE-Niveau zu senken und empfehlen, Niedrig-EE-Angehörige dabei als Modell einzubeziehen. Sie berichten außerdem, daß sie sich »informell« um Mitarbeiter bemühen, von denen sie glauben, daß diese gut spannungsarme Umgangsformen realisieren können. In diesem Sinne stellt Lefley (1992) die These auf, daß es erheblich wichtiger sein könnte, Mitarbeiter darin zu trainieren, spannungsreiche Interaktionen zu vermeiden, als Familien zu trainieren, ihr EE-Niveau zu senken.

d) Lebensphasisch bedingte Belastungen:
Auch im Hinblick auf längerfristig sich anbahnende und vollziehende Entwicklungen in der individuellen Lebensgeschichte ist anzunehmen, daß sie streßauslösend wirken und bei verletzlichen Menschen psychotische Krisen auslösen können. Insbesondere Perioden, die umfassende Neuorientierungen erfordern sowie Übergänge zwischen Entwicklungsphasen scheinen in diesem Zusammenhang von Bedeutung. Dabei mag die Unterscheidung zwischen Lebensereignissen und lebensphasisch bedingten Belastungen im einzelnen schwierig sein und künstlich erscheinen. Bei letzteren handelt es sich jedoch eher um Fluktuationen mit geringerer Frequenz bei ggf. ähnlicher Amplitude. Hierzu wären z.B. zu zählen die Pubertät, der Übergang vom Jugend- ins Erwachsenenalter, die Ablösung vom Elternhaus, Schwangerschaft und Geburt, aber auch die Ablösung der eigenen Kinder, Menopause etc.

CIOMPI (1984) nennt in diesem Zusammenhang außerdem makroskopische soziale Veränderungen:

> »Die wachsende Instabilität und Widersprüchlichkeit aller Verhaltenssysteme und Wertnormen in Zeiten des sozialen Umbruchs muß nicht nur vermehrt mit entsprechend instabilen, widersprüchlichen und damit verletzlichen, internalisierten Bezugs- und Verhaltenssystemen, sondern auch mit zusätzlichen Schwierigkeiten infolge gestörter sozialer Feedback-Mechanismen einhergehen« (S. 8).

Empirische Belege für die krisenhafte Wirkung solcher Phasen bzw. Phasenübergänge haben einstweilen eher punktuellen Charakter:

- Bei Frauen ist das Risiko, eine psychotische Episode während der ersten drei Monate nach einer Geburt zu entwickeln, ca. 15-fach erhöht im Vergleich zu Zeiträumen, die nicht im Zusammenhang mit einer Geburt stehen (KAPFHAMMER 1993). Dabei ergab sich in zwei deutschen Studien, daß es bei 1/3 bis 2/3 der im Wochenbett erstmals psychotisch erkrankten Frauen zu weiteren Episoden kommt und die Längsschnittdiagnose nach durchschnittlich mehr als 20 Jahren in 2/5 bis 3/4 dieser Fälle schizophrene oder schizoaffektive Psychose war (ROHDE & MARNEROS 1993, SCHÖPF & RUST 1994).
- GOTTESMAN (1993) berichtet über das Ergebnis einer Studie, die der Frage nachgeht, ob bei jungen Männern, die zum ersten Mal von ihren Familien getrennt werden, der Zwang zur Anpassung an die Bedingungen des Wehrdienstes Schizophrenie auslösen kann: Die Hospitalisierungsrate wegen Schizophrenie war im ersten Monat der Dienstpflicht 6 Mal höher als im zweiten Dienstjahr. Die Aufnahme des zivilen Ersatzdienst ist möglicherweise mit einem noch höheren Schizophrenie-Risiko verbunden als der Wehrdienst (DÖRNER 1994).

Dagegen führen schwerste Belastungen durch Krieg oder vergleichbare Katastrophen offenbar *nicht* zu vermehrtem Auftreten schizophrener Psychosen. GOTTESMAN (1993) referiert hierzu mehrere Studien und resümiert: »Es ist klar, daß katastrophaler, lebensbedrohlicher Streß, etwa bei kämpfenden Soldaten oder Zivilisten während Luftangriffen oder der Internierung in Konzentrationslagern, zu schweren psychiatrischen Problemen führen kann, die man heute als posttraumatische Belastungsstörungen bezeichnen würde, doch derartige Fälle werden offensichtlich nicht sehr häufig schizophren. Vielleicht sind die für Schizophrenie wirksamen Stressoren subtiler« (S. 174).

Auch BLEULER (1987) vertritt die Auffassung, daß »eindeutiges Leid« das Erkrankungsrisiko für Schizophrenie nicht generell erhöht.

- Nicht zuletzt theoretisch von großem Interesse sind die gut bestätigten Geschlechts-Differenzen bezüglich des Ersterkrankungsalters bei schizophrenen Psychosen. Erste Anzeichen einer psychischen Störung, erste psychotische Symptome, Beginn der ersten psychotischen Episode sowie Zeitpunkt der ersten stationären Aufnahme liegen bei Frauen durchschnittlich 3 bis 4 Jahre später als bei Männern (HÄFNER et al. 1991). Dieser Befund könnte damit erklärt werden, daß für Männer und Frauen verschiedene Lebensphasen unterschiedliche Belastungen mit sich bringen. So könnte für junge Männer die Ablösung vom Elternhaus nicht nur früher erfolgen, sondern auch belastender sein als bei jungen Frauen, weil von ihnen ein größeres Maß an beruflicher und sozialer Selbständigkeit verlangt wird. Für Frauen dagegen ist möglicherweise eher die Phase von Schwangerschaft und Geburt besonders streßbelastet. Schließlich ist bei Frauen ein zweiter Gipfel der Ersterkrankungshäufigkeit zwischen dem 45. und 50. Lebensjahr festzustellen, der bei Männern fehlt. Dies könnte damit zu tun haben, daß für Frauen die Ablösung der eigenen Kinder und die damit zusammenhängende Neuorientierung eine besonders krisenhafte Zeit darstellt.

  Gerade die Geschlechtsdifferenzen lassen jedoch auch eine biologische Erklärungshypothese plausibel erscheinen. Denn die hormonelle und kortikale Entwicklung des Menschen ist keineswegs mit der Pubertät abgeschlossen und dauert bis ins junge Erwachsenenalter an, bei der hormonellen Entwicklung sogar bis zur Menopause; sie verläuft außerdem bei Männern und Frauen nicht synchron (GALDOS et al. 1993, WADDINGTON 1993). Dies hat die bereits in der älteren psychiatrischen Literatur diskutierte Hypothese wieder aktualisiert, daß das Hormon Östrogen »antipsychotische« Wirkungen haben könnte (RIECHER-RÖSSLER et al. 1994, RIECHER-RÖSSLER 1995). Demnach bietet der – gegenüber dem Mann – bei Frauen von der Pubertät bis zur Menopause erhöhte Östrogen-Spiegel einen gewissen Schutz und setzt die Verletzlichkeitsschwelle herauf. Neue, aber vorläufige Belege für einen solchen Effekt wurden gefunden, dieser ist aber wahrscheinlich nicht schizophrenie-spezifisch (SALOKANGAS 1993).

- Wie eng psychosoziale und biologische Entwicklung beim Menschen zusammenhängen, läßt sich auch am Beispiel der Frage diskutieren, warum Psychosen aus dem schizophrenen Formenkreis frühestens im Jugendalter auftreten (typische Schizophrenien vor dem 10.-12. Lebensjahr gelten als äußerst selten). Eine Antwort darauf könnte lauten, daß gerade diese Entwicklungsphase, die ja zeitlich eng mit der Pubertät zusammenhängt, kritisch bezüglich der Identitätsentwicklung ist und deshalb mit besonderen psychischen und sozialen Belastungen einhergeht. Tatsächlich scheint die Pubertät besonders bei jungen Frauen im Zusammenhang mit dem Auftreten erster psychotischer Symptome zu stehen (GALDOS et al. 1993). Auf der anderen Seite spielen sich gerade in dieser

Phase wichtige körperliche Veränderungen und Reifungsprozesse ab. Diese betreffen nicht nur den Hormonhaushalt, sondern auch das Gehirn. BENES (1993) stellt einen Zusammenhang her zwischen neuronalen Reifungsprozessen und dem Auftretensalter schizophrener Psychosen. Sie stellt fest, daß die meisten Gehirnregionen, die bezüglich dieser Erkrankung eine wichtige Rolle spielen, nach der ersten Dekade keine wesentlichen Reifungsprozesse mehr durchmachen. Allerdings gilt für bestimmte Nervenbahnen, daß sie erst zwischen dem 11. und 17. Lebensjahr ausreifen: »Die Bahnen, die eine zunehmende Myelinisierung während der späten Adoleszenz durchmachen, sind die wichtigsten Verbindungen zwischen dem cerebralen Kortex und dem limbischen System« (BENES 1993, S. 546; Übers. G.W.). Möglicherweise ist der Mensch also erst »psychosefähig«, wenn limbo-kortikale Verknüpfungen sich voll entwickelt haben.

Manches deutet derzeit darauf hin, daß – ebenso wie bei der Entstehung der schizophrenen Verletzlichkeit – auch bei der Auslösung akuter Psychosen biologische und psychosoziale Bedingungen eng miteinander verwoben sind. Dies gilt für den möglichen Zusammenhang zwischen Hormonhaushalt und Verletzlichkeit ebenso wie für die Rolle bestimmter Drogen bei der Auslösung von Psychosen (Halluzinogene, Cannabis, Stimulantien, aber auch Alkohol). Auf der anderen Seite ist der Dopamin-Stoffwechsel streßempfindlich, d.h. zumindest zum Teil beeinflußt durch psychosoziale Bedingungen (CIOMPI 1989). Schließlich ist darauf zu verweisen, daß Streß unausweichlich immer auch eine biologische Seite hat, z.B. über die vermehrte Ausschüttung der Nebennierenrinden-Hormone Adrenalin und Noradrenalin sowie die Wirkung auf Puls, Blutdruck, Atmung, Muskeltonus etc. (CIOMPI 1989).

So scheint sich auch und gerade unter einer erweiterten Streßperspektive ein grundlegend *biopsychosoziales* Verständnis der psychotischen Verrückung abzuzeichnen. Ein Verständnis, in dem Körper, Psyche und Umwelt als zwar verschiedene und voneinander notwendigerweise zu unterscheidende Betrachtungs- und Analyse-Ebenen fungieren, die letztlich jedoch ein ineinander vielfach verwobenes Muster ergeben, dessen einzelne Facetten nur um den Preis isoliert und herausgehoben werden können, daß der Blick auf das Ganze leidet.

6. Die Langzeitentwicklung schizophren erkrankter Menschen – Phase III

6.1 Der langfristige Ausgang schizophrener Psychosen

Wie wir unter 3. gesehen hatten, beruht das traditionelle Krankheitskonzept der Schizophrenie auf der Verknüpfung von charakteristischer Symptomatik sowie regelhaft ungünstigem Verlauf und schlechtem Ausgang (»vorzeitige Verblödung«).

Es ist vor allem das Verdienst der drei »klassischen« europäischen Langzeit-Katamnesen von Manfred BLEULER (1972), CIOMPI & MÜLLER (1976) sowie HUBER und Mitarbeitern (1979), die Auffassung vom generell schlechten Verlauf und Ausgang schizophrener Psychosen eindeutig widerlegt zu haben. Diese Arbeiten schufen damit erst die Basis für ein Schizophrenie-Verständnis, wie es in diesem Beitrag mit dem Verletzlichkeits-Streß-Bewältigungs-Modell dargelegt wird.

Tabelle 3 a) faßt die wichtigsten Aspekte der drei klassischen Studien zusammen:
- Es handelt sich um Nachuntersuchungen von ehemaligen Patienten, die in einem bestimmten Zeitraum in einer der drei Kliniken stationär behandelt wurden.
- Die diagnostische Grundlage ist die gleiche:

    »In bezug auf die psychopathologischen Merkmale der Krankheit halten wir uns streng an die bekannten Kriterien von KRAEPELIN, Eugen BLEULER und Kurt SCHNEIDER. Hingegen diagnostizierten wir die Schizophrenien unabhängig von ihrem Verlauf. Verlaufsuntersuchungen wären ja völlig sinnlos, wenn man einen ungünstigen Ausgang als Kriterium für die Diagnose verwenden würde« (BLEULER et al. 1976, S. 478).

    Dabei sind auch solche Psychosen einbezogen, die nach heute üblichen Standards als *schizoaffektive Psychosen* bezeichnet würden.
- Die Katamnese-Dauer beträgt im Durchschnitt mehr als zwei, bei CIOMPI & MÜLLER (1976) sogar mehr als drei Jahrzehnte. Das bedeutet u.a., daß die meisten in die Untersuchung einbezogenen Patienten bereits lange vor der flächendeckenden Einführung der Neuroleptika Ende der 50er Jahre stationär behandelt wurden.
- Insgesamt konnten fast 1.000 Patienten nachuntersucht werden, davon mehr als 80 % in zum Teil mehrstündigen, persönlichen Gesprächen.
- Etwa 1/4 dieser Menschen wurden zum Katamnese-Zeitpunkt als *geheilt* eingestuft, und zwar sowohl im medizinischen wie auch im sozialen Sinn:

    »Für die Annahme einer *Heilung* war maßgebend, daß ein früherer Patient voll erwerbsfähig war und seinen früheren Platz in der Gesellschaft, besonders auch innerhalb der Familie als Familienvater oder als Hausfrau, innehalten konnte. Verlangt wurde weiter, daß er von seinen Angehörigen ›voll genommen‹, d.h. nicht mehr als geisteskrank qualifiziert wurde. Bei kurzen ärztlichen Untersuchungen durften keine psychotischen Symptome mehr feststellbar sein. Hingegen wurden auch solche früheren Kranken als ›geheilt‹ beurteilt, bei denen eine genaue Unter-

Tab. 3: Der langfristige Ausgang schizophrener Psychosen

Autoren/ Erscheinungsjahr	Ort / Institution	Zeitraum der Index-Episode	Anzahl der Nachuntersuchten	Ø Dauer seit Ersterkrankung	Diagnose-Kriterien	Ausgang / Endzustände[1]			
						Heilungen	milde	mittel	schwer
Tab. 3a: »Klassische Studien«									
M. BLEULER (1972)	Zürich, Uni-Klinik = Kantonsspital	1942-1943	208	23 Jahre	Kraepelin/ Bleuler, K. Schneider	20 %	33 %	24 %	24 %
CIOMPI & MÜLLER (1976)	Lausanne, Uni-Klinik = Kantonsspital	1900-1962	289	37 Jahre	Kraepelin/ Bleuler, K. Schneider	29 %	53 %[2] 24 %	26 %	47 % 20 %
HUBER u.a. (1979)	Bonn, Uni-Klinik = *Landesklinik*	1945-1959	502	22 Jahre	Kraepelin/ Bleuler, K. Schneider	26 %	53 % 31 %	29 %	43 % 14 %
Tab. 3b: Neuere Studien							57 %		43 %
MARNEROS u. a. *(1991)*	Köln, Uni-Klinik	1950-1979	249	25 Jahre	Kraepelin/ Bleuler, K. Schneider	25 %			
OGAWA u.a. (1987)	Maebashi, Uni-Klinik	1958-1962	98	24 Jahre	ICD 9	32 %			
HARDING u.a. (1987)	Vermont, *State Hospital*	1955-1966	82	32 Jahre	DSM-III	45 %			

1) mindestens seit 5 Jahren stabil
2) kursiv: Spaltensummen

suchung noch Wahnreste, mangelhafte Einsicht in die durchgemachte Psychose, Verschrobenheit oder Einengung der Interessen und der Aktivität ergab. ... Die Gründe, aus welchen mir allzu strenge Anforderungen an den Begriff der Heilung einer schizophrenen Psychose unberechtigt erscheinen, sind schon dargelegt worden: Es ist schwer zu sagen, welches die völlig gesunde Verarbeitung des unerhörten Erlebens einer schizophrenen Psychose ist. Mir will es oft scheinen, es sei krankhafter, wenn jemand ganz objektiv über die durchgemachte Psychose sprechen kann und dergleichen tut, als ob sie ihn nicht getroffen hätte, als wenn er die psychotische Welt als solche gelten läßt und an der Psychose gereift, verinnerlicht oder erbittert und vereinsamt wurde« (BLEULER 1972, S. 247).

Es wurden nur solche Probanden als geheilt eingestuft, bei denen dieser Zustand seit wenigstens 5 Jahren stabil war (»Endzustände«). »Zählen wir aber in einem bestimmten Zeitpunkt 5, 10 oder 20 Jahre nach der Erkrankung die in diesem Zeitpunkt Gesunden, so sind dies noch erheblich über 1/4 aller Kranken, denn bei denjenigen Kranken, deren Zustand dauernd schwankt, sind in jedem Zeitpunkt eine Anzahl ohne psychische Störungen« (BLEULER et al. 1976, S. 479).

- Nimmt man zu den Geheilten diejenigen mit »milden« Endzuständen hinzu, so ergibt sich in rund der Hälfte der Fälle ein *insgesamt günstiger Ausgang* (Zusammenfassung nach CIOMPI 1988 b).

Zusammenfassend kann deshalb festgestellt werden:

»Schizophrene Erkrankungen verlaufen nicht ›grundsätzlich‹ oder ›mehrheitlich‹ progressiv‹. Den Statistiken der genannten Autoren folgend kommen schizophrene Erkrankungen einige Jahre nach Krankheitsbeginn mindestens zu einem Stillstand, wobei Spätbesserungen noch häufig sind und selbst Spätheilungen noch vorkommen« (BLEULER et al. 1976, S. 480).

Diejenigen Ausgangsformen, die man vor dem Hintergrund des traditionellen Krankheitskonzeptes für vorherrschend halten müßte, kommen in 14 % bis 24 % der Fälle vor. Diese Gruppe von Schwerstkranken und Behinderten ist demnach auch quantitativ keineswegs zu vernachlässigen. Sie jedoch für das Ganze der Schizophrenie zu nehmen, führt zu einem extrem verzerrten Bild dieser Erkrankung – mit allen Folgen, die dies für die Betroffenen, ihre Angehörigen und die (fach-)öffentliche Meinung hat.

Ganz ähnlich, wie die Langzeit-Studien zur Schizophrenie das Bild dieser Erkrankungen nachhaltig verändert haben, gilt dies für entsprechende Untersuchungen bei affektiven Erkrankungen – allerdings mit umgekehrtem Vorzeichen. Insbesondere für endogene Depressionen erwies sich, daß deren langfristiger Verlauf und Ausgang keineswegs generell so günstig ist, wie es das traditionelle Dichotomie-Konzept der endogenen Psychosen erwarten liesse (vergl. ANGST 1993; PICCINELLI & WILKINSON 1994). Die Forschung der letzten Jahrzehnte hat damit das Dichotomie-Konzept faktisch widerlegt; nicht nur im Hinblick auf Verlauf und Ausgang der endogenen Psychosen, sondern auch bezüglich der Psychopathologie im Quer- und Längsschnitt, wo schizophrene und affektive Psychosen ein nicht geringes Maß an Überschneidungen aufweisen. Diese Erkenntnisse führten konsequenterweise zum Konzept der »Einheitspsychose« bzw. der Auffassung, daß es sich bei den endogenen Psychosen um ein Kontinuum oder ein Spektrum von klinischen Syndromen handelt, und nicht um eindeutig voneinander abgrenzbare Krankheitseinheiten (ANGST 1993).

Tabelle 3 b) (S. 95) gibt einen Überblick über drei weitere, neuere Langzeitstudien, die ebenfalls hohen methodischen Anforderungen genügen und Katamnese-Zeiträume von durchschnittlich mehr als 20 Jahren aufweisen:
- Die Untersuchung von MARNEROS et al. (1991) ist methodisch weitgehend vergleichbar mit ihren Vorgängern. Dementsprechend fällt die Heilungsrate aus. Dies gilt allerdings nur, wenn die diagnostische Einordnung bei der Index-Episode zugrunde gelegt wurde. Der Hauptaugenmerk der Untersuchung von MARNEROS et al. galt jedoch den *schizoaffektiven* Psychosen. Diese wurden *retrospektiv* diagnostiziert, wenn sich irgendwann im Gesamtverlauf – entweder im Querschnitt- oder im Längsschnitt-Befund – irgendeine affektiv geprägte oder rein affektive psychotische Episode fand. Auf diese Weise wurde die große Mehrzahl der ursprünglichen Schizophrenien in schizoaffektive Psychosen »umdefiniert«. Die verbliebenen »reinen« Schizophrenien weisen einen wesentlich schlechteren Ausgang auf als die »schizoaffektiven« Störungen. Bei diesem Vorgehen wird die endgültige Diagnose jedoch an den langfristigen Verlauf gebunden und kann streng genommen erst am Lebensende gestellt werden.
- Die japanische Studie von OGAWA et al. (1987) ist insofern interessant, als sie auf den gleichen diagnostischen Konventionen wie die klassischen Studien beruht und sich auch sonst methodisch an ihnen orientiert. Besonders ist, daß es sich um eine *prospektive* Untersuchung handelt, bei der die Patienten über den gesamten Untersuchungszeitraum hinweg kontinuierlich von derselben Institution neuroleptisch behandelt und psychosozial betreut wurden. Damit handelt es sich um die erste Langzeit-Katamnese, die praktisch nur Patienten untersuchte, die von vornherein nach einem vergleichsweise modernen Standard behandelt wurden. Möglicherweise hat dieser Umstand zu der leicht erhöhten Heilungsrate beigetragen.
- Schließlich die spektakulärste der neueren Untersuchungen von der Gruppe um HARDING et al (1987 a, b). Diese fällt aus mancherlei Gründen aus dem Rahmen. Da ist zunächst die außergewöhnlich hohe Heilungsrate von 45 %. Diese erscheint nahezu unglaublich, wenn man sich vor Augen führt, um welche Patienten es sich handelte. HARDING et al. (1987 a) beschreiben deren Situation zu Beginn der ebenfalls prospektiven Untersuchung folgendermaßen:

Schwerkranke *(»profoundly ill«)* und behinderte *(»severely disabled«)* Langzeitpatienten von den Chronikerstationen *(»back wards«)* eines Landeskrankenhauses in Vermont; sie waren durchschnittlich bereits seit 6 Jahren(!) hospitalisiert und wiesen keine nachhaltige Besserung unter neuroleptischer Behandlung auf. Diese Patienten wurden 1955 für 5 Jahre in ein »innovatives und pionierartiges« stationäres Rehabilitationsprogramm aufgenommen, dann aus dem Landeskrankenhaus entlassen und anschließend für weitere 5 Jahre bis 1965 von demselben Team ambulant nachbetreut.

»Diese Patienten wurden im Grunde genommen mit allem versorgt, was die Psychiatrie des zwanzigsten Jahrhunderts anzubieten hat... Darüber hinaus wurden diese Fortschritte in der richtigen Abfolge und mit beharrlicher Betreuungskontinuität bei einer Population eingeführt, die stabil und räumlich begrenzt blieb« (McGlashan 1988; Übers. G.W.).

Die Katamnese-Erhebung erfolgte rund zwei Jahrzehnte später. Die Studie genügt höchsten methodischen Anforderungen, insbesondere bezüglich der Befunderhebung und Diagnostik, die streng standardisiert erfolgten. In der nach DSM III als schizophren diagnostizierten Patientengruppe waren schizoaffektive Erkrankungen darüber hinaus *nicht* enthalten.

Wie ist die außergewöhnlich hohe Heilungsrate angesichts dieser Ausgangslage zu erklären? Natürlich liegt es nahe, sie in erster Linie auf das 10-Jahres-Rehabilitations- und Nachsorge-Programm zurückzuführen, wie es die Autoren auch mit Vorbehalt tun. Ein Aspekt der Studie ist jedoch zu beachten: Es wurden *nicht alle* Patienten der betreffenden Chronikerstationen in das Reha-Programm aufgenommen, sondern es erfolgte eine Auswahl, die von Harding et al. (1987 a, b) nicht näher beschrieben wird. Mc Glashan (1988) hat entsprechende Quellen ausgewertet und berichtet, daß viele Patienten nach dem Kriterium ausgewählt wurden, daß die Betreuer auf sie – als mithelfende, den Betrieb aufrecht erhaltende Patienten – am wenigsten verzichten konnten. Er zitiert ein Mitglied des Reha-Teams:

- »Die Patienten werden dem Rehabilitations-Team informell von irgendwem zugewiesen. Dies stellt gewöhnlich sicher, daß sie gesund genug sind, um das Interesse mindestens eines anderen Menschen zu wecken. ... Offensichtlich müssen die einen Patienten zuweisenden und die übernehmenden Mitarbeiter in bezug auf ihn einen gewissen Optimismus empfinden« (McGlashan 1988, S. 526, Übers. G.W.).

Mit dieser Einschränkung, die bereits auf die wichtige Rolle verweist, die Erwartungen und Einstellungen in der Rehabilitation spielen können, sind die Ergebnisse der Vermont-Gruppe außerordentlich bedeutsam. Sie belegen, daß auch schwerstkranke schizophrene Langzeit-Patienten eine Zukunftsperspektive haben, wenn man ihnen eine Chance gibt.

Diese Bewertung wird noch unterstrichen durch eine von der Arbeitsgruppe um Harding jüngst vorgelegte Vergleichsgruppenuntersuchung (DeSisto et al. 1995). Dabei wurden ehemalige Patienten eines Landeskrankenhauses in Maine, einem Nachbarstaat Vermonts, als Vergleichsgruppe herangezogen. Das psychiatrische Versorgungssystem in Maine weist erhebliche Rückstände gegenüber Vermont auf, insbesondere wurden die dort entlassenen chronisch kranken Patienten keinem speziellen Reha-Programm unterzogen wie in Vermont. Zu jedem Patienten der Vermont-Studie wurde ein Maine-Patient gesucht, der diesem im Hinblick auf bestimmte Kriterien (Alter, Geschlecht, Dauer der Hospitalisierung, Diagnose etc.) möglichst ähnlich war. Diese wurden durchschnittlich 30 Jahre später persönlich nachuntersucht und das Ergebnis wurde mit dem der noch lebenden Vermont-Patienten verglichen. Es zeigte sich, daß letztere signifikant weniger psychopathologische Symptome aufwiesen, daß sie häufiger beschäftigt und besser sozial integriert waren und ein höheres globales Funktionsniveau aufwiesen. Die Autoren interpretieren dieses Resultat so, daß das Vermonter Reha-Programm den Ausgang der Erkrankung langfristig eindeutig positiv beeinflußt hat. Diese Schlußfolgerung wird durch die Ergebnisse der Verlaufs-Analyse gestützt.

> Bei der Interpretation der Befunde aller bisher diskutierten Langzeitstudien ist zu berücksichtigen, daß es sich hierbei um gemischte Stichproben von Erst- und Mehrfachhospitalisierten handelt. Damit liegt jedoch eine Selektion zugunsten der chronischen Verläufe vor, da 10-40 % akut Psychosekranker nur einmal in ihrem Leben stationär behandelt werden. Von großem Interesse sind deshalb die Ergebnisse mehrerer derzeit laufender prospektiver Langzeitstudien, die ausschließlich Ersterkrankte einschließen (vergl. z.B. An Der Heiden et al. 1995, Mason et al. 1995, 1996). Die bisher vorliegenden Ergebnisse der 13 bzw. 14-Jahres-Katamnesen sind jedoch mit den Ergebnissen der klassischen Studien nicht zu vergleichen, da bisher lediglich Querschnittbefunde zum Zeitpunkt der Nachuntersuchung und keine »Endzustände« im Sinne Bleuler s mitgeteilt wurden.

Schließlich eine zusammenfassende Übersicht über einige ergänzende Befunde aus den bisher referierten sowie einigen weiteren Studien mit Katamnesedauern von mindestens 10 Jahren (vgl. auch Müller 1990):

- Zum Zeitpunkt der Nachuntersuchung lebten 35 % bis 50 % der Betroffenen in einer eigenen Wohnung oder in der Familie (viele andere in einem normalen Altersheim);
- 34 % bis 56 % waren erwerbstätig, je nach konjunktureller Lage;
- 20 % bis 45 % waren nur ein einziges Mal stationär behandelt worden (je jünger die Untersuchung, desto häufiger war stationäre Behandlung);
- 25 % bis 63 % nahmen zum Zeitpunkt der Nachuntersuchung regelmäßig neuroleptische Medikamente (je jünger die Untersuchung, desto häufiger wurden Medikamente eingenommen);
- 45 % bis 72 % waren ledig bzw. ohne Partner.

Auf den ersten Blick wird deutlich, daß spezifische Merkmale der Lebens- und Behandlungssituation mehr oder weniger stark variieren; und zwar stärker als die globale Einschätzung des langfristigen Ausgangs (s. Tab. 3a,b). Hinzu kommt, daß die Interkorrelationen zwischen unterschiedlichen Kriterienbereichen (z.B. Psychopathologie, soziale Beziehungen, Arbeitssituation) in der Regel gering bis allenfalls mittelhoch ausfallen. Strauss (1987) spricht deshalb bezüglich der verschiedenen Funktions- und Lebensbereiche auch von offenen, miteinander verbundenen Systemen (»open-linked systems«), die sich nicht aufeinander reduzieren lassen: Die Kenntnis des Ausgangs in einem Bereich erlaubt keine definitive Aussage über den Ausgang in einem anderen Bereich. Dies deutet bereits darauf hin, daß es weniger krankheitsbedingt ist als vielmehr abhängig von den sozialen Bedingungen und der persönlichen Art der Krankheitsbewältigung, in welcher Lebenssituation sich ein einmal oder mehrfach schizophren erkrankter Mensch nach Jahrzehnten befindet.

6.2 Verlauf und Prognose

a) Verlauf:

Ausgang meint die Lebenssituation zum Zeitpunkt der Nachuntersuchung, *Verlauf* bezieht sich auf die Dynamik des Krankheitsgeschehens über Jahrzehnte.

Die Autoren aller genannten Untersuchungen stimmen darin vollständig überein, daß es *den* Verlauf *der* Schizophrenie nicht gibt, sondern daß die Lebensgeschichten schizophren Erkrankter außerordentlich verschieden und hoch individuell sind. Alle Gruppen haben versucht, *typische Verlaufsformen* zu identifizieren und zu quantifizieren. So unterschieden HUBER et. al. (1979) in einem ersten Schritt mehr als 70 »typische« Verläufe, die sie dann weiter auf 15 Verlaufstypen verdichteten. BLEULER (1972) schlug 8 grundlegende Verlaufsformen vor, die auch CIOMPI & MÜLLER (1976) zugrunde legten, allerdings ergänzt um jeweils eine Variation, so daß 16 Typen resultieren (siehe Abb. 7, Seite 101). Alle Autoren weisen darauf hin, daß diese Typisierungen bereits eine erhebliche Reduktion der tatsächlichen Vielfalt an Verläufen darstellt.

HARDING (1988) vergleicht die Ergebnisse der eigenen, der Zürcher und der Lausanner Untersuchung auf der Basis der Typen von CIOMPI & MÜLLER (1976). Dabei ergibt sich auch *zwischen* diesen drei Untersuchungen eine große Variabilität in der jeweiligen Häufigkeit, was die Autorin als weiteren Beleg für die außerordentliche Heterogenität und Vielfalt der Verläufe nimmt. Feststellen läßt sich allerdings generell, daß sich etwa vom 5. Jahr nach der Ersterkrankung an über die folgenden Jahrzehnte das Befinden kaum mehr verschlechtert, sondern sich eher noch bessert. Bei etwa jedem dritten Betroffenen treten jedoch auch noch nach Jahrzehnten zum Teil dramatische Schwankungen auf:

> »Zu interessanten Ergebnissen führte die Verlaufsuntersuchung bei jenen Kranken, die bei Abschluß der Beobachtung weder geheilt sind noch ein akutes Krankheitsgeschehen zeigen. Es handelt sich um jene, die man bisher gern als ›Defekte‹ und ›Demente‹ betrachtete, deren Zustand sind nicht mehr verändern würde. Gegen den Schluß der Beobachtung (d.h. mehr als 23 Jahre, bei zwei Probanden mehr als 60 Jahre nach der Erkrankung) traten bei mindestens einem Drittel (in 55 von 145 Fällen) noch deutliche Veränderungen auf. Was aber noch erstaunlicher ist: Bei diesen Veränderungen handelt es sich viel häufiger um Besserungen als um Verschlimmerungen (47 Besserungen, 8 Verschlimmerungen). Wer in der Schizophrenie eine progressive Hirnkrankheit sieht, muß von diesem Befund überrascht sein (BLEULER 1972, S. 523).

Bei der Entwicklung schizophreniegefährdeter Menschen handelt es sich am Ende also um *Lebens*läufe und *nicht* um vorherbestimmte Krankheitsverläufe:

> »Sicher ist heute, daß der Krankheitsverlauf in keiner Weise einheitlich ist, daß er in keiner Weise dem entspricht, was die hypothetische Vorstellung von ›der‹ Schizophrenie als spezifische Krankheitseinheit erwarten läßt. Die suggestive Ausstrahlung der Idee, die Schizophrenie müsse, da sie eine Krankheitseinheit sei, gleichmäßig verlaufen und zwar immer ungünstig (weil ungünstige Ausgänge vorkommen), ist so stark, daß sie immer wieder dazu führt, Tatsachen zu leugnen...« (BLEULER 1987, S. 22).

Aktuelle Modellvorstellungen zur Schizophrenie

Abb. 7: Verlaufsformen schizophrener Psychosen (nach CIOMPI & MÜLLER 1976

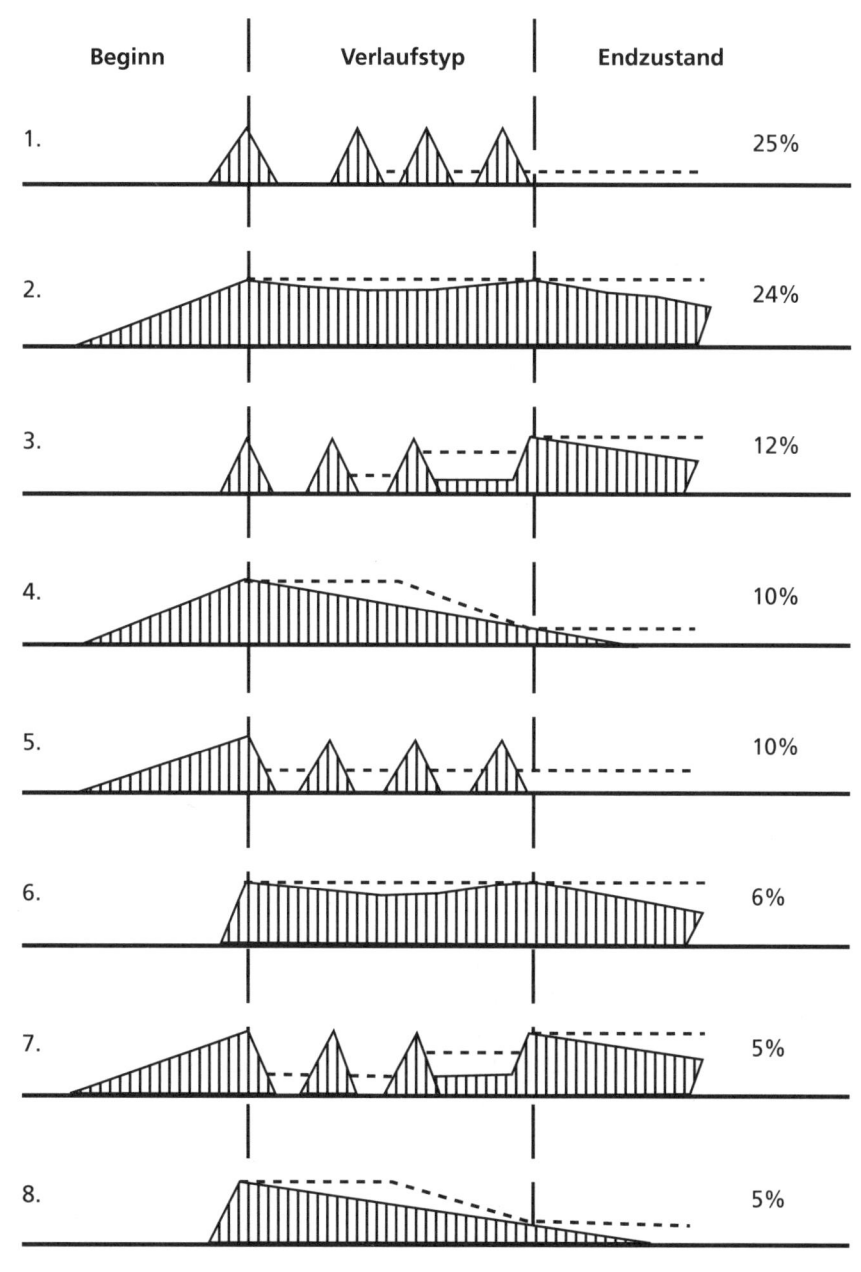

	Beginn	Verlaufstyp	Endzustand	
1.				25%
2.				24%
3.				12%
4.				10%
5.				10%
6.				6%
7.				5%
8.				5%

Punktierte Linie: Variationen desselben Verlaufstypus
(durchschnittliche Katamnesedauer 37 Jahre)

Und CIOMPI stellt fest:

> »Viel mehr als einem schicksalhaft vorgezeichneten, irreversiblen Krankheitsprozeß gleicht der Schizophrenieverlauf auf die Dauer deshalb einem offenen Lebensprozeß bei in besonderer Weise verletzlichen Menschen unter dem Einfluß einer Vielzahl von (in jedem Fall wieder anders kombinierten) biologischen und psychosozialen Faktoren« (CIOMPI 1988 b, S. 107 f.).

In neueren Forschungsansätzen steht deshalb nicht mehr die Identifizierung interindividuell generalisierbarer Verlaufstypen im Vordergrund, sondern die Rekonstruktion individueller Bewältigungsmuster und Biographien. STRAUSS ist wahrscheinlich derjenige Forscher, der sich am meisten um diesen Ansatz verdient gemacht hat. Seine Hypothesen beruhen auf einer großen Zahl von Interviews, die er mit Betroffenen zu unterschiedlichen Zeitpunkten ihrer Lebensgeschichte persönlich geführt hat.

Er kommt zu der Auffassung, daß es verschiedene Phasen und Phasenabfolgen (Muster) gibt, die sich immer wieder in den Biographien Betroffener finden lassen. Er nimmt an, daß die individuellen Konstellationen von Phasen und Mustern unter dem Einfluß von Kontroll- bzw. Regulationsmechanismen stehen, die für eine jeweils optimale Anpassung zwischen Umweltanforderungen und individuellen Möglichkeiten sorgen (STRAUSS 1987, 1989 b). Als universelles Merkmal von Verlaufsmustern identifiziert er ihren *diskontinuierlichen, nichtlinearen* Charakter.

b) Prognose:

Wenn sowohl Verlauf als auch Ausgang vielfältig und variabel sind, wie steht es dann mit der Möglichkeit der Prognose, also der *Vorhersage* des langfristigen Verlaufs und Ausgangs zu einem frühen Zeitpunkt nach der Ersterkrankung?

> Bei der Beantwortung dieser Frage ist die Zeitspanne, über die prognostiziert werden soll, von entscheidender Bedeutung. So können sich bei der Vorhersage des kurz- (Monate) oder des mittelfristigen (wenige Jahre) Verlaufs ganz andere Vorhersage-Merkmale (Prädiktoren) finden, als bei der Langzeit-Prognose (Jahrzehnte). Da die Langzeitstudien gezeigt haben, daß der kurz- bis mittelfristige Verlauf noch von häufigen und starken Schwankungen gekennzeichnet ist, berücksichtigen wir hier nur die Langzeitperspektive.

Nach CIOMPI (1988 a) sowie HUBSCHMID & CIOMPI (1990) haben sich folgende Merkmale in verschiedenen Langzeituntersuchungen als stabile Prädiktoren für einen *günstigen* Verlauf und Ausgang erwiesen:
- gute soziale Anpassung vor der Ersterkrankung (z.B. schulisch, beruflich);
- harmonische, kontaktfähige Persönlichkeit vor der Ersterkrankung (vor allem die Beziehungsfähigkeit zum anderen Geschlecht ist von Bedeutung);
- plötzlicher, akuter Beginn der Ersterkrankung;
- überwiegend Positiv-Symptomatik (verbunden mit gutem initialen Ansprechen auf die neuroleptische Behandlung).

Nach den Ergebnissen von MARNEROS et al. (1991) ist zu ergänzen:
- Vorkommen affektiver Symptomatik (im frühen Quer- oder Längsschnitt).

Keine eindeutige prognostische Bedeutung scheint dagegen Faktoren wie genetische Belastung, Ersterkrankungsalter, neuropathologischer Befund und Geschlecht zuzukommen.

Zum letztgenannten Punkt findet sich in der Literatur immer wieder die Feststellung, daß schizophrene Erkrankungen bei Frauen günstiger verlaufen als bei Männern (ANGERMEYER et al. 1990). Diese Auffassung beruht zumeist auf Ergebnissen von kurz- bis mittelfristig angelegten Katamnesen und scheint sich auf lange Sicht nicht bestätigen zu lassen. Offenbar gleicht sich der zunächst günstigere Verlauf bei Frauen später dem der Männer an. OPJORDSMOEN (1991) bringt dies in Zusammenhang mit der Menopause und dem nachfolgenden Wegfall der möglichen »antipsychotischen« Wirkung von Östrogen (vgl. 5.4).

> Da Verlaufsstudien in der Regel an (ehemaligen) Krankenhauspatienten durchgeführt werden, könnte auch das unterschiedliche Inanspruchnahmeverhalten von Männern und Frauen und damit ein Selektionseffekt die in einem Teil der entsprechenden Studien gefundenen Geschlechtsunterschiede erklären. So konnten KENDLER & WALSH (1995) in einer epidemiologisch angelegten Fallregister-Untersuchung keine Unterschiede im Verlauf und Ausgang über 15 Jahre bei Männern und Frauen feststellen. Das genaue Gegenteil zeigte sich jedoch bei der methodisch vergleichbaren 13-Jahres-Katamnese von HARRISON et al. (1996). Hier war weibliches Geschlecht der absolut beste Prädiktor für einen günstigen Verlauf.

Ebensowenig konnte bisher ein Zusammenhang zwischen Neuroleptikatherapie und *langfristigem* Ausgang eindeutig belegt werden (MÜLLER 1990). Jede der drei »klassischen« Studien ist dieser Frage nachgegangen. Dabei ist zu berücksichtigen, daß die meisten der in diese Studien eingebezogenen Patienten lange vor Beginn der Neuroleptika-Ära erstmals klinisch behandelt worden sind. Das heißt, daß allenfalls eine sehr kleine Anzahl nach dem heute üblichen Standard und über längere Zeit rezidivprophylaktisch behandelt wurde. Insofern stellen Befunde an diesen drei Stichproben keine strenge Prüfung des Einflusses der Neuroleptikatherapie auf die Langzeitentwicklung dar. Dennoch ist beachtenswert, daß keine der drei klassischen Studien Hinweise auf einen besseren Verlauf und Ausgang bei denjenigen Patienten findet, die in nennenswertem Umfang neuroleptisch behandelt wurden.

> So schreibt BLEULER über seine Patienten: »Kein einziger Patient, der geheilt oder gebessert während Jahren oder dauernd außerhalb der Klinik lebte, hat langfristig Medikamente eingenommen. Die Annahme, die Mehrzahl der gebesserten Schizophrenen bleibe nur unter neuroleptischen Mitteln auf lange Sicht gebessert, ist ein Irrtum. Vor allem ist es ein Irrtum anzunehmen, daß sich anzeigende akute Rückfälle nach Remissionen in den meisten Fällen durch neuroleptische Mittel verhindert werden könnten. Es gibt Dauerremissionen in großer Zahl ohne Neuroleptika und es gibt Rückfälle in großer Zahl unter Neuroleptika« (1972, S. 366).

Und HUBER et al. (1979) resümieren: »Ein günstiger Einfluß der Behandlung mit Psychopharmaka auf die psychopathologische und soziale Langzeitprognose ist ... nach wie vor nicht gesichert« (S. 310). Diese Autoren stellen allerdings einen »partiellen pharmakogenen Symptomwandel« fest: vom »typischen schizophrenen Defekt« zu eher leichteren, uncharakteristischen Endzuständen. Insbesondere die sog. »Katastrophenverläufe« scheinen seit Einführung der Neuroleptika seltener geworden zu sein.

Der bis heute nicht erbrachte Nachweis eines Zusammenhanges zwischen Neuroleptikabehandlung und *Langzeitverlauf* ist allerdings nicht als Beweis dafür zu werten, daß ein solcher Zusammenhang tatsächlich nicht existiert. Es fehlt vielmehr bisher an geeigneten Untersuchungen, die zwangsläufig sehr aufwendig wären. Andererseits ist der Zusammenhang zwischen Neuroleptikabehandlung und *kurzfristigem Verlauf* (Monate bis wenige Jahre) über jeden vernünftigen Zweifel hinaus empirisch belegt: Neuroleptika sind hochwirksame Mittel zur Behandlung der Akutsymptomatik sowie zur Rückfallprophylaxe (vgl. WIENBERG & SIBUM, in diesem Band 3.).

WYATT (1991) kommt in seiner Übersichtsarbeit zu Neuroleptika-Therapie und Verlauf zu dem Schluß, daß die *frühzeitige* neuroleptische Behandlung Ersterkrankter die Wahrscheinlichkeit für einen günstigen mittel- bis längerfristigen Verlauf erhöht. Inzwischen liegen außerdem mindestens zwei weitere Studien an Akut- und Ersterkrankten vor, die darauf hindeuten, daß die Remission der Akuterkrankung um so schlechter ist, je länger die Psychose unbehandelt andauerte (LOEBEL et al. 1992, SZYMANSKI et al. 1996). Selbst in einer 20-Jahre-Katamnese stellte HELGASON (1990) noch bessere Ausgänge bei denjenigen Patienten fest, die früher in Behandlung kamen.

HEGARTY et al. (1994) führten eine Meta-Analyse von 320 (!) Verlaufsstudien zur Schizophrenie mit einer durchschnittlichen Katamnesedauer von knapp 6 Jahren durch; es zeigte sich eine Verdoppelung des Anteils günstiger Ausgänge zwischen den 20er und 70er Jahren dieses Jahrhunderts von 24 % auf 50 %. Dies mag insgesamt das Ergebnis verbesserter Behandlungsmöglichkeiten sein, ist jedoch nicht zwingend auf die Einführung der Psychopharmakotherapie zurückzuführen. Insgesamt müssen die Resultate zum Zusammenhang zwischen Langzeitverlauf und neuroleptischer Behandlung einstweilen noch als vorläufig gelten. Eine strenge Prüfung dieses Zusammenhangs in einer prospektiven Verlaufsstudie mit einer unbehandelten Kontrollgruppe ist ethisch allerdings nicht zu rechtfertigen, da die kurz- und mittelfristige Wirksamkeit der Neuroleptika bei der Rezidiv-Prophylaxe erwiesen ist.

Auch bei gut bestätigten Zusammenhängen zwischen unterschiedlichen Prädiktoren und dem langfristigen Ausgang handelt es sich in aller Regel um eher *schwache, statistische Zusammenhänge*. Diese sind aus der Sicht zweier bedeutender Forschergruppen folgendermaßen zu bewerten:

»Die große Mehrzahl der Patienten weist ... sowohl prognostisch günstige wie ungünstige Einzelkriterien auf. Für den einzelnen Patienten besagt selbstredend auch die Kombination mehrerer, statistisch gesehen prognostisch günstiger oder prognostisch ungünstiger Faktoren und das mehr oder weniger weitgehende Fehlen von Faktoren mit jeweils konträrer prognostischer Relevanz nichts Zwingendes. Im Beginn der Erkrankung ist es demnach nicht möglich, sichere Angaben über den Verlauf oder wenigstens den langfristigen psychopathologischen oder sozialen Ausgang zu machen...

Nochmals möchten wir hervorheben ..., daß wir ebenso wie CIOMPI & MÜLLER und M. BLEULER anhand ihrer Ergebnisse und entgegen vielen Pionieren der Verlaufs- und Prognoseforschung aufgrund der Befunde der Bonn-Studie die Hypothese einer Unterscheidung von nosologisch selbständigen Psychoseformen im Sinne von echten und unechten, Kern- und Randschizophrenien nicht stützen können. ...

Eine derartige Differenzierung ist im Erkrankungsbeginn nicht durchführbar; die Differenzierung günstiger und ungünstiger Verläufe und Ausgänge steht und fällt, wie Ciompi & Müller bemerken, mit dem nachträglichen Verlauf. Sichere Kriterien im Erkrankungsbeginn, die die ›Richtungsprognose‹ und die langfristige psychopathologische und soziale Remission vorauszusagen erlauben, sind nicht nachweisbar« (Huber et al. 1979, S. 313).

»Wir glauben, daß der einzig mögliche und logische Schluß, der in dieser Frage gezogen werden kann, der ist, daß es nicht möglich ist, genauere Angaben über den wahrscheinlichen Verlauf einer schizophrenen Psychose zu machen, so lange es sich um ein jüngeres Individuum im Beginn der Erkrankung handelt, dessen lebensgeschichtlich bedingten Lösungsversuche nicht prophezeit werden können, so wenig dies für irgendeinen nicht schizophrenen Menschen möglich ist. Eine sichere Prognostik für die Schizophrenie gibt es nicht und wird es wohl auch nie geben. Dies ist indessen keineswegs ein Grund zu pessimistischem Nihilismus, ganz im Gegenteil. Als Therapeuten können wir nur glücklich über diese negative Feststellung sein. Sie erlaubt uns ja anzunehmen, daß eben in jedem Lebensabschnitt und ungeachtet der Dauer einer schizophrenen Psychose Beeinflussungsmöglichkeiten vorhanden sind. Allerdings werden wir die Akzente etwas anders setzen müssen. Wir werden weniger radikale Modifikationen durch einmalige pharmako-therapeutische Kuren und Schockbehandlungen erhoffen, welcher Art sie auch seien. Wir werden das Heil nicht von während einigen Monaten durchgeführter Psychotherapie, nicht von dramatischen Eingriffen in das Familiengefüge erwarten. Vielmehr werden wir mit Geduld und über sehr lange Zeitstrecken den Schizophrenen in seiner gesamten Notsituation verstehen, begleiten und schützen müssen« (Ciompi & Müller 1976, S. 223).

6.3 Die »Illusion des Klinikers«

Kommen wir noch einmal auf das traditionelle Krankheitskonzept der Schizophrenie zurück. Wie konnte die Auffassung überhaupt entstehen und sich bis zu den klassischen Langzeit-Studien – und vielerorts bis heute – halten, schizophrene Psychosen verliefen ungünstig und nähmen grundsätzlich einen schlechten Ausgang?

Als gegeben können wir dabei wohl voraussetzen, daß sowohl Emil Kraepelin als auch Eugen Bleuler gute klinische Beobachter und integre Wissenschaftler waren, sie also weder als unfähig noch als böswillig gelten können. Wie konnten sie trotzdem zu ihrer prognostischen Sicht gelangen, und wie war es möglich, daß Generationen von Klinikern ihnen weitgehend widerspruchslos folgten?

Zur Antwort gehören mindestens zwei Aspekte:
- Sowohl Kraepelin als auch Bleuler waren in erster Linie Kliniker, d.h. Krankenhaus-Psychiater, und beide sahen deshalb nur bestimmte schizophren Erkrankte, nämlich solche, für die eine stationäre Behandlungsbedürftigkeit bestand. Wir wissen inzwischen, daß ein nicht geringer Anteil akut Psychosekranker über längere Zeitstrecken überhaupt nicht in stationäre psychiatrische Behandlung kommt. So wurde in zwei Fallregister-Studien festgestellt, daß knapp 7 % bzw. 9 % aller als schizophren erkrankt Identifizierten über jeweils bis zu 13 Jahren hinweg nicht ein einziges Mal stationär behandelt wurden (Geddes & Kendell 1995, Mason et al.

1996). In Island fand HELGASON (1990) sogar bei 20 % aller Personen, die einmal im außerstationären Kontext die Diagnose »Schizophrenie« erhalten hatten, keinen psychiatrischen Krankenhausaufenthalt über einen Zeitraum von 20 Jahren. Es ist zu vermuten, daß es sich dabei eher um leichter Erkrankte mit besserer Prognose handelt. Stationär behandelte schizophren Erkrankte stellen also wahrscheinlich keine repräsentative Auswahl der Gesamtpopulation dar.

- Aber auch innerhalb der Gruppe der krankenhausbehandelten schizophrenen Patienten kommt es zu einem Selektionsprozeß in Richtung auf eine stärkere Gewichtung schwerer und chronischer Verläufe.

Dieses ist sowohl bezüglich KRAEPELIN als auch E. BLEULER belegt:
BERRIOS & HAUSER (1988) berichten, daß KRAEPELIN 1891 in der Heidelberger Universitätsklinik mit einem systematischen, katamnestisch ausgerichteten »Forschungsprogramm« begann: »KRAEPELIN hatte mit der Tatsache zu kämpfen, daß in Heidelberg die Patientenstichproben in Richtung auf schwere Fälle verschoben waren. Dafür gab es drei Gründe: In Baden konnten Patienten nur mit gerichtlichem Beschluß aufgenommen werden; die Klinik konnte keine Aufnahmen ablehnen; und bestimmte Patienten sammelten sich tendentiell an, weil die Langzeitkrankenhäuser Pforzheim und Emmendingen (in die Patienten theoretisch hätten verlegt werden können) immer belegt waren. Um dieses Problem zu lösen, schlug KRAEPELIN drei Änderungen vor: Die Errichtung eines weiteren Langzeitkrankenhauses, das Recht für die Klinik, Patienten auszuwählen sowie die Akzeptierung freiwilliger Aufnahmen. ... KRAEPELINs Antrag hatte keinen Erfolg und das Ergebnis war, daß chronische Patienten weiterhin seine Betten blockierten« (BERRIOS & HAUSER 1988, S. 817, Übers. G.W.).

Eugen BLEULER unterlag offenbar einem andersartigen, in der Wirkung jedoch ähnlichen Selektionseffekt, den man mit »aus den Augen, aus dem Sinn« bezeichnen könnte. Sein Sohn Manfred berichtet: »E. BLEULER widmete sich von 1886 bis 1898 als Direktor der damals völlig ländlichen und abgelegenen psychiatrischen Klinik in Rheinau ganz der Gemeinschaft mit Schizophrenen. Zwei Jahrzehnte später, während und nach dem ersten Weltkrieg, machte er einmal im Jahr, an schönen Sommertagen, wieder Visite in Rheinau. Seine früheren Schizophrenen grüßten ihn immer noch mit großer Herzlichkeit. So sehr ihn diese Begrüßungen rührten, so schmerzlich pflegte er festzustellen: ›Den meisten geht es halt doch wieder schlechter‹. Und er fragte bedrückt: ›Gibt es wirklich nichts, was die Krankheit aufhält?‹ Wenn er sein ganzes Leben mit der Frage rang, ob der Schizophrenie ›ein organischer Grundprozeß‹ zugrunde liege, dann hauptsächlich aus diesen Erfahrungen heraus. E. BLEULER wußte aber nicht, wieviele gebesserte Kranke sich während seiner Visiten auf Sonntagsausgang befanden und schon gar nicht, wieviele entlassen worden waren und geheilt zu Hause lebten. Hätte er es gewußt, und wäre er nicht immer nur den Schwerstkranken unter seinen alten Sorgenkindern wieder begegnet, wären seine Anschauungen über die Schizophrenien stark beeinflußt worden. Wie ihm ging es mehreren Generationen von klinischen Psychiatern« (BLEULER 1972, S. 520 f).

HARDING et al. (1992) weisen außerdem darauf hin, daß sowohl KRAEPELIN als auch BLEULER mit hoher Wahrscheinlichkeit Patienten als schizophren diagnostizierten, die erst später sicher als chronische organische Psychosen erkannt werden konnten. Schließlich dürfte auch damals schon der Hospitalismus-Effekt eine Rolle gespielt haben (s.u. 6.4).

COHEN & COHEN (1984) sprechen von der »*Illusion des Klinikers*« und zeigen, daß dieser Effekt zwangsläufig in allen Kontexten auftritt, in denen man es mit Krankheiten zu tun hat, deren Dauer eine hohe Variabilität aufweist. Denn dann steigt die Wahrscheinlichkeit dafür, daß ein Erkrankter Teil der beobachteten Stichprobe wird, proportional mit der Krankheitsdauer an, und die Wahrnehmung *der* Schizophrenie wird einseitig von derjenigen Untergruppe von Betroffenen bestimmt, die häufig wiederkommen oder lange bleiben.

Ein simples Zahlenbeispiel mag dies verdeutlichen:

Aufnahmehäufigkeit je Zeiteinheit:	1x	2x	3x	4x	5x
Patienten:	50	20	15	10	5 = 100
Anzahl Behandlungsepisoden:	50	40	45	40	25 = 200
% der Episoden:	25		ø 33		

Die 50 % der Patienten, die nur einmal in dem Zeitraum aufgenommen worden sind, machen bezüglich der Behandlungsepisoden nur noch 25 % aus. Auf die 15 % der Patienten mit 4 oder mehr Aufnahmen entfallen dagegen bereits 1/3 aller Episoden! Das Bild kippt also sehr schnell: In den Vordergrund der Wahrnehmung treten diejenigen, die häufig wiederkommen, die anderen geraten schnell »aus den Augen, aus dem Sinn«.

Der Selektionseffekt beeinflußt die Wahrnehmung jedoch keinesfalls nur im klinischen Kontext. Vielmehr sind die allermeisten psychiatrisch Tätigen davon betroffen und zwar um so eher und gründlicher, wie Kliniken und komplementäre Einrichtungen infolge veränderter Versorgungsstrukturen immer mehr ein Ort für schwerer und chronisch Kranke werden. Die viel zitierte »Drehtür« der Psychiatrie bringen gerade diejenigen zum Drehen, die häufiger und schwerer erkranken, und komplementäre Einrichtungen werden vorrangig von solchen Betroffenen in Anspruch genommen, für die vorübergehende, ambulante Hilfen nicht (mehr) tragfähig sind. Alle, die primär mit diesen Gruppen von schizophren erkrankten Menschen zu tun haben, unterliegen fast zwangsläufig der »Illusion des Klinikers«.

Auf der Basis verzerrter, selektiver Wahrnehmungen entwickeln sich allzuleicht resignative Einstellungen und Haltungen, die Gefahr laufen, auf dem Weg der *sich selbst erfüllenden Prophezeiung* herbeizuführen, was sie bereits für gegeben halten.

6.4 Verlaufsbeeinflussende Bedingungsfaktoren

Schaut man sich die Übersichtsarbeiten zur Frage an, welche Einflußbedingungen für den längerfristigen Krankheitsverlauf bzw. den Lebenslauf schizophreniegefährdeter Menschen von Bedeutung sind, so fällt zunächst – auch im Vergleich zu manch anderen in den vorangegangenen Abschnitten erörterten Themen – die eigentümliche Unbestimmtheit und mangelnde Konkretheit der Aussagen ins Auge. Präzise Hypothesen und handfeste Ergebnisse sucht man weithin vergebens.

Dies gilt mit Einschränkungen auch für das Drei-Phasen-Modell. Zwar bezieht CIOMPI schon früh und recht eindeutig dahingehend Position, daß die Langzeitentwicklung wahrscheinlich primär von *psychosozialen* Bedingungsfaktoren abhängig ist (CIOMPI 1980), aber sowohl in der »Affektlogik« als auch in nachfolgenden Arbeiten wird der dritten Phase scheinbar die geringste Aufmerksamkeit gewidmet. Andererseits ist es wichtig zu realisieren, daß sehr vieles, was zu den Phasen 1 und 2 entwickelt und ausgeführt wird, für die gesamte Lebensspanne von Bedeutung ist. Dies gilt z.B. für das Ausmaß der individuellen Verletzlichkeit, für die Stabilität/Instabilität der affektlogischen Bezugssysteme, die in ihrer Gesamtheit die Persönlichkeit bzw. die Identität ausmachen. Es gilt generell für die Wirkungen von Streß und die Bedeutung von Selbsthilfe- und Bewältigungsversuchen. Vielleicht ist auch deswegen so wenig Genaues und Spezifisches über die Bedingungsfaktoren des Langzeitverlaufs zu sagen, weil es sich eben nicht um etwas Spezifisches – den Krankheitsverlauf *der* Schizophrenie – handelt, sondern um weitgehend offene Lebensprozesse von verletzlichen Menschen, die wohl in hohem Maße von allgemein menschlichen Umständen, Einflüssen und Dynamiken bedingt und geprägt werden. So wenig sich konkret und präzise angeben läßt, wovon die Entwicklung von *Menschen* abhängig ist, so wenig ist dies offenbar für schizophreniegefährdete Menschen möglich. Das heißt, daß alle Faktoren, die man im Hinblick auf die Langzeitentwicklung von Menschen mit schizophrenen Psychosen diskutiert, in noch höherem Maße als *unspezifisch* zu gelten haben, als dies bezüglich der Phasen 1 und 2 der Fall ist.

Tabelle 4 (S. 110/111) gibt eine Übersicht über diejenigen Faktoren, die in der aktuellen Literatur angeführt werden sowie einige ergänzende Gesichtspunkte. Dabei beziehen wir uns insbesondere auf WING (1986, 1987), HARDING et al. (1992), ANGERMEYER (1995) sowie die Arbeiten von CIOMPI.

> Die Untergliederung der Bedingungsfaktoren in 5 Gruppen bedeutet selbstverständlich nicht, daß es sich dabei um klar voneinander abgrenzbare und unabhängig voneinander wirksame Faktoren handelt; sie soll lediglich den Überblick erleichtern. Die Aufstellung ist außerdem exemplarisch zu verstehen und beansprucht keinesfalls Vollständigkeit.

Die Gewichtung der genannten Faktoren dürfte im Einzelfall sehr unterschiedlich sein, über Art und Dynamik ihrer längerfristigen Wirkungen existieren zumeist nicht mehr als Hypothesen. Sie stehen in komplexen, allenfalls partiell überschaubaren Wechselwirkungen untereinander. Diese werden – wenn überhaupt – nur im Rahmen chaostheoretischer Modellierungen nachvollzogen werden können. Ein erster Ansatz dazu findet sich bei SCHIEPEK & SCHOPPEK (1991).

Im folgenden wird auf jeweils eine relativ gut untersuchte Bedingung aus jedem der fünf Bereiche exemplarisch eingegangen.

6.4.1 Bedeutung von Zukunftserwartungen

»Zu den wichtigsten verlaufsbestimmenden Faktoren gehören nach eigenen Ergebnissen, wohl im Sinn von sich selbst erfüllenden Prophezeiungen, die Zukunftserwartungen der Familie, der Betreuer und der Patienten selbst« (CIOMPI 1989, S. 29).

Bereits in den 70er Jahren hatte CIOMPI mit seiner Lausanner Arbeitsgruppe den Einfluß von Zukunftserwartungen auf die soziale und berufliche Wiedereingliederungs-Prognose von Langzeitpatienten untersucht und belegen können, daß die Rehabilitationserwartungen von Patienten, Betreuern und Angehörigen in einer engeren Beziehung zum Rehabilitationserfolg standen als z.B. krankheitsbezogene Merkmale (CIOMPI et al.1979). In einer ähnlich angelegten Untersuchung überprüfte man dieses Ergebnis einige Jahre später in Bern (DAUWALDER et al. 1984).

In einer prospektiv angelegten Verlaufsstudie wurde der Rehabilitationsverlauf über ein Jahr von 30 schizophrenen Langzeitpatienten untersucht, die seit durchschnittlich 10 Jahren hospitalisiert waren. Vor Beginn der einjährigen Rehabilitationsphase wurden für jeden Patienten 30 demographische, soziale und krankheitsbezogene Merkmale erhoben, die als *Prädiktoren* zur Vorhersage des Rehabilitations-Erfolges nach einem Jahr dienen sollten. Darunter waren auch die Zukunftserwartungen der Patienten selbst, ihrer Betreuer und ihrer Angehörigen. Diese wurden erhoben, indem abgefragt wurde, wo auf der jeweils 6-stufigen Wohn- und Arbeitsachse der Patient sich nach der einjährigen Rehabilitationsphase befinden würde (zum Zeitpunkt der ersten Erhebung befanden sich die meisten Patienten auf den Stufen 1 und 2). Nach einem Jahr wurde der tatsächliche Rehabilitationserfolg auf der Wohn- und Arbeitsachse erhoben und ermittelt, welche der 30 Prädiktoren aus der Ersterhebung diesen am besten prognostizierten.

Das Ergebnis war überraschend eindeutig: Jeweils 7 der 8 besten Prädiktoren des Reha-Erfolges auf der Arbeits- und Wohnachse waren *Erwartungsvariablen*: Wenn positive Erwartungshaltungen bei Patienten, Angehörigen und Betreuern vorlagen, wenn Betreuer konkrete Rehabilitationspläne hatten, und wenn die Patientenerwartungen realistisch waren, dann zeigten sich mit hoher Wahrscheinlichkeit auch tatsächlich Rehabilitationserfolge nach einem Jahr. Sämtliche anderen Prädikatoren-Bereiche vermochten entweder gar nicht oder nur unbedeutend zur Vorhersage des Rehabilitationserfolges beizutragen; dies galt insbesondere auch für sämtliche krankheitsbezogenen Merkmale (Dauer, Symptomatik, Alter bei Ersterkrankung, Anzahl und Dauer von Hospitalisierungen etc.). Die Schwere der Erkrankung stand also weder in Beziehung zum Reha-Erfolg noch zu den Erwartungshaltungen der Beteiligten!

Bei einem Teil der Patienten wurde außerdem untersucht, wie weit die Zukunftserwartungen gezielt in positive Richtung verändert werden könnten. Dies erwies sich nur als begrenzt möglich. Zugleich fand sich jedoch ein hohes Maß an Übereinstimmung zwischen Patienten- und Umgebungserwartungen. Die Autoren ziehen den Schluß:

»Die gefundenen engen Wechselwirkungen zwischen Patienten-, Angehörigen- und

Tab. 4: Verlaufsbeeinflussende Bedingungsfaktoren (Beispiele)

1. Einstellungen und Erwartungshaltungen	
• *Selbstbild:*	Ist es (noch) positiv und entwicklungsfähig, oder ist es negativ und starr (»schizophren«, »behindert«)?
• *Fremdbild:*	Erfolgt eine Festlegung auf die Kranken-/Behindertenrolle durch das soziale Nahfeld?
• *Zukunftserwartungen bei Betroffenen, Angehörigen und Betreuern:*	Sind die Zukunftserwartungen der Beteiligten positiv-realistisch oder negativ? (s. 6.4.1)
• *sekundäre psychische Beeinträchtigungen:*	Kommt es als Reaktion auf die Psychose und ihre Folgen zu psychischen Störungen wie Depression, Hoffnungslosigkeit, Suizidalität etc.?

2. Therapeutische und rehabilitative Einflüsse	
• *Behandlungspartnerschaft:*	Wird Betroffenen als mitverantwortlichen Subjekten oder als passiven Objekten der Behandlung begegnet?
• *erwünschte Neuroleptika-Wirkungen:*	Kann Symptomfreiheit erreicht werden; ist die Rezidivprophylaxe optimal?
• *unerwünschte Neuroleptika-Wirkungen:*	Gibt es ausgeprägte, das Erleben und Verhalten stark beeinträchtigende Nebenwirkungen? (»pharmakogene Behinderung«, »soziale Toxizität«)
• *Behandlung in der akuten Phase:*	Behandlungsmilieu: Bietet es Reizschutz, Rückzugsmöglichkeiten, Geborgenheit und Kontinuität, oder trägt es zur weiteren Desorganisation und Überforderung bei?
• *psychotherapeutische Hilfen:*	Können Betroffene auf Unterstützung bei der subjektiven Verarbeitung des Psychoseerlebens zurückgreifen, oder bleiben sie damit auf sich gestellt?
• *rehabilitative Hilfen:*	Gibt es differenzierte Reha-Angebote, sind die Anforderungen individuell optimiert, oder kommt es zu Über-/Unterforderung? (s. 6.4.2)

3. Selbsthilfe- und Bewältigungsfähigkeiten

• *Informiertheit:*	Sind Betroffene über die Erkrankung/Verletzlichkeit, die Behandlung und damit zusammenhängende Fragen angemessen informiert?
• *Bewältigungsverhalten:*	Werden geeignete Selbsthilfeversuche gezielt eingesetzt? Werden ungeeignete, eher schädliche Selbsthilfeversuche vermieden (z.B. völliger sozialer Rückzug; Alkohol- oder Drogenmißbrauch)? (s. 6.4.3)
• *Medikamentenmitbestimmung:*	Wird Mitverantwortung für die medikamentöse Behandlung übernommen?

4. Soziale und gesellschaftliche Einflüsse

• *emotionales Klima im sozialen Nahraum:*	Wirkt der soziale Kontakt im Lebensumfeld (z.B. Familie, Wohneinrichtung) stabilisierend oder streßauslösend (z.B. durch zuviel Nähe, Kritik etc.)?
• *soziale Unterstützung:*	Existiert ein stabiles, kompetent unterstützendes soziales Netzwerk, oder ist der Betroffene isoliert, ausgegrenzt?
• *sozio-materielle Situation:*	Ist der Betroffene sozial integriert und abgesichert (Lebensunterhalt, Wohnung, Arbeit, Beschäftigung), oder droht Armut und Desintegration?
• *sozialer Status:*	Kann ein Statusverlust, verursacht durch Stigmatisierungsprozesse, verhindert werden?
• *kulturelle Bedingungen:*	Wirken gesamtgesellschaftliche Einflüsse eher stabilisierend oder eher destabilisierend? (s. 6.4.4)

5. Biologische Einflüsse

• *Residualzustände der Erkrankung:*	Wie gut ist die Remission der akuten Psychose; gibt es therapieresistente positive/negative Symptome?
• *körperliche Gesundheit:*	Gibt es körperliche Folge- und Begleiterkrankungen, z.B. infolge schlechter Ernährung, mangelnder Hygiene, Risikoverhalten?
• *neuronale Bahnung/Prägung:*	Das Durchleben jeder akuten Psychose erhöht die Wahrscheinlichkeit, erneut zu erkranken! (s. 6.4.5)

insbesondere Betreuer-Erwartungen weisen ... darauf hin, daß gerade bei langjährigen Klinikinsassen der wirksamste Hebel zur Beeinflussung von Zukunftserwartungen weniger bei den Patienten selber als bei ihren wichtigsten Bezugspersonen liegen dürfte« (DAUWALDER et al. 1984, S. 263).

Was langfristig aus schizophren erkrankten Menschen wird, hängt demnach nicht zuletzt davon ab, was andere Menschen von ihnen erwarten und ihnen zutrauen. Dies kann allenfalls auf den ersten Blick überraschen. Denn es entspricht der allgemeinen Lebenserfahrung, daß Menschen, die – zum Beispiel in Elternhaus und Schule oder in ihrem Berufsleben – entmutigt werden, denen man nichts zutraut und in die man keine Hoffnungen investiert, weit unter ihren Möglichkeiten bleiben.

6.4.2 Bedeutung optimaler Reha-Anforderungen

Die Rolle von *Überstimulation* bei der Auslösung von Streß und psychotischen Episoden sollte vor dem Hintergrund des oben unter 4. und 5. Ausgeführten keiner weiteren Diskussion bedürfen. Ergänzend sei lediglich erwähnt, daß John WING und Mitarbeiter bereits Anfang der 60er Jahre nachweisen konnten, daß auch Überstimulation im Sinne plötzlicher, neuer Anforderungen (»Reha-Druck«) zum Wiederauftreten akuter psychotischer Symptome führen kann (WING 1986, 1987).

Bahnbrechend waren die Untersuchungen von WING & BROWN zu den schädlichen Wirkungen von *Unterstimulation*. WING & BROWN (1970) wählten drei psychiatrische Versorgungskrankenhäuser aus, die sich bezüglich ihrer Patienten weitgehend glichen (keine Patienten-Selektion), die sich jedoch bezüglich ihres Milieus und der Art, wie sie geleitet wurden, erheblich voneinander unterschieden. Sie fanden einen engen Zusammenhang zwischen mangelnder Anregung durch das Milieu/Unterforderung der Patienten sowie einem klinischen Syndrom, das geprägt war durch Symptome wie Passivität, Gleichgültigkeit, affektiver Rückzug, negatives Selbstbild, Plan- und Hoffnungslosigkeit, Einengung des Verhaltens, Stereotypien etc. Sie stellten außerdem in einer Nachuntersuchung vier Jahre später fest, daß eine Verbesserung der Lebens- und Betreuungsbedingungen in allen drei Krankenhäusern mit einer Verminderung dieser unproduktiven Symptome einherging. Das heißt, je ärmlicher das Milieu und je niedriger die Anforderungen, desto ausgeprägter ist die Negativ-Symptomatik – und umgekehrt. Dieses Syndrom wurde deshalb *Hospitalismus*- oder auch *Institutionalismus*-Syndrom genannt, weil es auch in anderen Institutionen mit entsprechendem Milieu anzutreffen ist (Gefängnisse, Heime etc.). Entgegen der Auffassung einiger ihrer Rezipienten haben WING & BROWN selbst allerdings nicht behauptet, daß chronisch-unproduktive Syndrome *ausschließlich* auf Umgebungsbedingungen zurückzuführen sind; sie stellten in ihrer Nachuntersuchung fest, daß es auch in optimal stimulierenden Milieus Patienten gab, die offenbar nicht zu kompensierende Beeinträchtigungen im Sinne eines Negativ-Syndroms aufwiesen (WING 1986). In einer aktuellen Replikationsstudie zeigten sich außerdem deutlich schwächere Zusammenhänge zwischen Milieu-Faktoren und klinischem Befund (CURSON et al. 1992).

Dennoch liefern die Ergebnisse von WING & BROWN einen starken Beleg dafür, daß die Langzeitentwicklung von Menschen mit schizophrenen Psychosen erheblich von ihren Lebens- und Betreuungsbedingungen beeinflußt werden kann. Demnach würden sowohl Über- als auch Unterstimulation einen ungünstigen Einfluß auf den Lebenslauf schizophren verletzlicher Menschen ausüben. Das optimale Anforderungsniveau, das Über- und Unterforderung gleichermaßen vermeidet, ist dabei in jedem Einzelfall neu zu bestimmen.

> CIOMPI betont bereits 1980 ergänzend, »daß das ... Hospitalismus-Syndrom, wie moderne sozialpsychiatrische Erfahrungen in Alternativ- und Übergangsinstitutionen aller Art lehren, keineswegs nur in Spitälern, sondern auch in personell unterdotierten Chronikerheimen, Tageszentren, beschützenden Werkstätten und nicht zuletzt in Familienpflegeplätzen vorkommt, die sich durch besondere Eintönigkeit und Stimulationsarmut auszeichnen« (CIOMPI 1980, S. 239).

6.4.3 Chronisch-unproduktive Syndrome als Selbsthilfe- und Bewältigungs-Versuche

Vor allem CIOMPI und John STRAUSS weisen immer wieder darauf hin, daß die durch Negativ-Syndrome gekennzeichneten Bilder, die manche Langzeitkranken dem oberflächlichen Beobachter bieten, weder als Ausdruck des »schizophrenen Defekts« der klassischen Krankheitslehre aufzufassen sind, noch vollständig auf den Institutionalismus-Effekt reduziert werden können. Vielmehr handele es sich dabei mindestens zum Teil um überschießende und schließlich zu Dauerhaltungen fixierte *Gegenregulationen*. An die Stelle der ursprünglichen Aufregung, emotionalen Überempfindlichkeit und übermäßigen Aktiviertheit treten im Laufe der Zeit Gleichgültigkeit, Gefühlsverflachung und Rückzug, die als Schutz vor erneuter Überforderung verstanden werden können. So werden chronisch-unproduktive Zustände verständlich als *sekundäre* Negativsymptome (vgl. 2.2) und damit als eine bestimmte Art von Selbsthilfe- und Bewältigungsversuchen. STRAUSS deutet Negativ-Symptome im Rahmen solcher Regulationsmechanismen:

> Sie können einen »Selbstschutz-Mechanismus darstellen, den ein Mensch mit einer schweren psychischen Erkrankung nutzt, um die zahllosen Entmutigungen und psychischen Schläge zu vermeiden, die von der Erkrankung, der Gesellschaft und selbst von der eigenen Person ausgehen. Rückzug, Apathie und auch Verstummen erscheinen als keine unvernünftigen Mittel, um sich vor miteinander verbundenen Problemen zu schützen wie: Stigma; Verlust sozialer Sicherheit bei Gesundung; die Erkenntnis, was die Erkrankung der Familie zufügt; die Erfahrung, wiederholt Fortschritte zu machen, die erneut von einer Psychose untergraben werden, und viele andere Erfahrungen dieser Art, die Patienten beschreiben«(STRAUSS 1989 a, S. 184, Übers. G.W.).

Auch CIOMPI zufolge scheinen »Gegenregulationen und Abwehrmechanismen dafür verantwortlich zu sein, daß die ursprüngliche Überempfindlichkeit und übergroße Offenheit für Außenreize aller Art, durch welche sich schizophreniegefährdete Menschen auszeichnen, bei Chronischkranken zunehmend dem Gegenteil, nämlich einer – zumindest anscheinenden – Unterempfindlichkeit, Abstumpfung und Unansprechbarkeit Platz macht. Diese kann als dicker Schutzpanzer eines im Grunde nach wie vor sehr verletzlichen Menschen gegen die Gefahr von neuen Traumatisierungen verstanden werden. Am schmerzhaftesten scheinen dabei die – meist mit viel Angst und Aufregung, unangenehmen Maßnahmen wie Zwangshospitalisationen, eingreifenden Therapien usw. verbundenen – akuten psychotischen Episoden selber zu sein. Jedenfalls verstärken sich die besagten Abwehrtendenzen nach solchen Episoden häufig schubweise. ›Erfahrene‹ Kranke versuchen sich vor ihnen denn auch durch verstärkten sozialen Rückzug und ängstliche Vermeidung jeder Art von Wechsel und Aufregung zu schützen. Manchmal finden sie auf diese Weise schließlich in einer geschützten ›sozialen Nische‹ in oder außerhalb von psychiatrischen Institutionen in ein einigermaßen gangbares, neues Gleichgewicht hinein; unter günstigen Bedingungen vermögen sie sich dann auch wieder vermehrt zu öffnen. In diesem Fall ist es sicher berechtigt, von eigentlichen Selbstheilungsmechanismen zu reden. Unter ungünstigen Umständen dagegen drohen sie einer extremen Einengung, Ritualisierung und Stereotypisierung ihrer gesamten Lebensweise zu verfallen« (CIOMPI 1988 a, S. 337).

Im letzten Fall kann sicher von ungünstigem Bewältigungsverhalten gesprochen werden, das sich im Wechselspiel mit bestimmten Umgebungen (z.B. anregungsarmen Milieus) nicht selten in verhängnisvolle Gleichgewichtszustände hinein entwickelt, an denen jegliche Therapie- und Rehabilitationsbemühungen zu scheitern drohen.

Daß es im Einzelfall durchaus schwierig sein kann, zwischen unterforderndem und damit ungünstigem Rückzug sowie »positivem« Rückzug zu unterscheiden, zeigen die Ergebnisse der Analyse von Selbstschilderungen Betroffener, über die CORIN & LAUZON (1992, 1994) berichten. Demnach könnte es sein, daß gerade solche Betroffene, die sich den üblichen sozialen und gesellschaftlichen Anforderungen weitgehend entziehen und sich in eine persönliche Nische zurückziehen, am wenigsten Gefahr laufen, rehospitalisiert zu werden. In ihrem deshalb als positiv bezeichneten Rückzug leben diese Menschen zwar in Distanz zur sozialen Umgebung, ohne jedoch ihre Bezüge völlig aufzugeben; sie seien zugleich »drinnen« und »draußen«. STRAUSS (1989 b) hat aufgrund seiner intensiven Patientenbefragungen ein ganz ähnliches Phänomen beschrieben, das er für ein – allerdings vorübergehendes – konstruktives Bewältigungsmuster hält. Er nennt es »Schneckenhaus« und weist darauf hin, daß es leicht mit der Negativ-Symptomatik verwechselt werde. In vielen Fällen handele es sich jedoch um eine notwendige Selbstschutz-Phase, bevor neue Aktivitäten in Angriff genommen werden können.

Auch bei langjährig Schwerstkranken mit ausgeprägter Negativ-Symptomatik besteht hinter dem Abwehrpanzer die alte Sensibilität oder Überempfindlichkeit oft weiter, hinter dem scheinbaren »Defektzustand« steckt Leben. Systematische Untersuchungen gibt es darüber bisher offenbar nicht. Jeder, der chronisch Kranke in für sie neuen, herausfordernden Situationen erlebt hat (z.B. eine Auslandsreise, ein Umzug), weiß jedoch, daß manche plötzlich wie verwandelt wirken und erstaunlich gesunde Anteile mobilisieren können. Auch BLEULER lenkt unsere Aufmerksamkeit auf die lebendigen, gesunden Anteile im vermeintlichen Defekt:

> »Einzelne Begegnungen mit dem Gesunden im Kranken beeindrucken einen lebenslänglich: Wohl die schizophren Schwerstkranke unserer Klinik hat Jahrzehnte lang eine völlig abwehrende, starre Haltung gezeigt, hatte mit niemandem verständliche Sätze gesprochen. Eines Morgens aber kommt sie mir freundlich strahlend

entgegen und gratuliert mir mit größter Herzlichkeit, weil sie zufällig erfahren hatte, daß meiner Frau und mir am vorherigen Tag ein Kind geschenkt worden war« (BLEULER 1987, S. 21).

6.4.4 Soziokulturelle Einflüsse auf Verlauf und Ausgang

Ende der 60er Jahre hat die WHO ein bemerkenswertes Projekt gestartet: Eine internationale, prospektive Verlaufsstudie der Schizophrenie, an der ursprünglich 9 Forschungszentren beteiligt waren (in Dänemark, England, Indien, Kolumbien, Nigeria, Rußland, Taiwan, der Tschechoslowakei und den USA). Nach einer umfassenden und über alle Zentren standardisierten Eingangserhebung mit rund 1.200 schizophren Erkrankten erfolgten mehrere Nachuntersuchungen. Umfassende Ergebnisse der 5-Jahres-Katamnese, in die 76 % der Ausgangsstichproben einbezogen werden konnten (ohne Taiwan), wurden 1992 veröffentlicht (LEFF et al. 1992). Sie bestätigen und verstärken die generelle Aussage, die sich bereits nach zwei Jahren ergeben hatte: Der Verlauf und Ausgang schizophrener Erkrankungen ist mittelfristig in den Entwicklungsländern offenbar erheblich günstiger als in den Industrieländern.

Dies gilt für unterschiedliche Kriterienbereiche: Den psychopathologischen Befund zum Zeitpunkt der Nachuntersuchung, die globale soziale Situation der Betroffenen, die kumulierte Dauer von Krankenhausaufenthalten sowie die globale Einstufung des Verlaufs. Der beste Prädiktor für die Prognose des 5-Jahres-Verlaufs war die kulturelle Zugehörigkeit (Entwicklungsland vs. Industrieland).

> Am günstigsten waren Ausgang und Verlauf in Agra (Nigeria) und Ibadan (Indien), während in Cali (Kolumbien) nur der soziale Ausgang besser war als in den Industrieländern: »Dies kann mit dem Charakter der Stadt Cali zusammenhängen, die in Richtung Urbanisierung und Industrialisierung weiter vorangeschritten ist als Agra und Ibadan« (LEFF et al. 1992, S. 145, Übers. G. W.).

Da Patientenauswahl, Erhebungsverfahren und Diagnosekriterien in allen beteiligten Zentren gleich waren, ist sehr wahrscheinlich, daß die Unterschiede im Verlauf und Ausgang auf soziokulturelle Einflüsse wie etwa geringeres Ausmaß an Überstimulation, mehr soziale Unterstützung, niedrigeren Anpassungs- und Leistungsdruck etc. zurückgeführt werden können.

Die Ergebnisse der Ausgangs-Studie, die sich ausschließlich auf Krankenhauspatienten bezog, wurden untermauert durch eine Nachfolgeuntersuchung, in der versucht wurde, alle Betroffenen einzubeziehen, die das erste Mal wegen einer schizophrenen Psychose zu irgendeiner Hilfseinrichtung Kontakt bekommen hatten (einschließlich Polizei, religiöse und traditionelle »Heiler«; JABLENSKY et al. 1992).

> KULHARA (1994) gibt eine Übersicht über 10 weitere Vergleichsstudien zum Verlauf von schizophrenen Psychosen in Industrie- und Entwicklungsländern, die die Resultate der WHO-Studie durchweg stützen. Insgesamt werfen die interkulturellen Vergleichsstudien jedoch mehr Fragen auf, als sie beantworten. Insbesondere ist bisher unklar, auf welche kulturellen – vielleicht aber auch nicht-kulturellen – Bedingungsfaktoren die unterschiedlichen Verläufe zurückzuführen sind.

6.4.5 Neuronale Plastizität

Neuronale Plastizität ist die Fähigkeit des Zentralen Nervensystems, sich unter der Einwirkung von externen Einflüssen strukturell und funktional anzupassen. Nach der Geburt können sich die angeborenen Fähigkeiten nur in einer günstigen externen Umgebung optimal entwickeln. Dabei sind ein angemessenes Niveau sensorischer Stimulation sowie ein gewisses Maß an teilnehmender Aktivität notwendige Bedingungen für eine gute Entwicklung (HARACZ 1985, vgl. 4.3).

Das menschliche Gehirn befindet sich in einem fortlaufenden Anpassungs- und Entwicklungsprozess. So ist z.B. nachgewiesen, daß die postnatale Entwicklung des Hippocampus von Umgebungserfahrungen beeinflußt wird. Das zentrale Nervensystem besitzt offenbar die Fähigkeit zur lebenslangen Anpassung an sich verändernde Umweltbedingungen. Dies geschieht, indem kortikale »Karten« (Schemata, Bezugssysteme) sich fortlaufend nach Häufigkeit und Bedeutung des Informations-Input auf dem Wege der Selbstorganisation anpassen und optimieren (vergl. SPITZER 1995 b, s. auch 4.3). So können z.B. im Sprachzentrum von Menschen mit ausgeprägt intellektuellem Lebenslauf stärker entwickelte dendritische Verzweigungen festgestellt werden als bei Menschen, die nach der Ausbildung ihr Sprachzentrum nicht so sehr fördern. Tierexperimente belegen, daß Tiere mit dem »interessanteren«, anregungsreicheren Leben komplexer strukturierte Großhirne entwickeln.

Das Phänomen der neuronalen Plastizität kann man mit CIOMPI (1989) durchaus als eine »schöne Brücke« zwischen biologischer und psychosozialer Forschung bezeichnen. Für die Entwicklung schizophren verletzlicher Menschen bedeutet es grundsätzlich folgendes:

> »Je länger sowohl produktive wie unproduktive Zustände andauern, desto mehr werden sie befestigt« (CIOMPI 1986 a, S. 53).

Stark schizophreniegefährdete Menschen, die längerfristig unter sehr reiz- und anforderungsarmen Bedingungen leben – ob innerhalb oder außerhalb psychiatrischer Einrichtungen – können so auf Dauer anatomisch sowie funktional weniger differenzierte und effiziente Hirnstrukturen entwickeln. Umgekehrt gilt, daß das Durchleben jeder akuten schizophrenen Psychose die Wahrscheinlichkeit dafür erhöht, daß die Psyche angesichts neuer, nicht mehr zu bewältigender Herausforderung erneut mit einer psychotischen Verrückung reagiert. Aus dieser Erkenntnis heraus werden in letzter Zeit verstärkt Ansätze zur Früherkennung und Frühbehandlung von schizophren Erkrankten entwickelt (z.B. McGORRY et al. 1996).

Das Phänomen der neuronalen Plastizität unterstreicht damit aufs Neue die Tatsache, daß jedes Verhalten und Erleben eine biologische Seite hat und beide Aspekte in einer unauflöslichen Dynamik miteinander verschränkt sind.

7. Zusammenfassung und therapeutische Konsequenzen

7.1 Das Schizophrenie-Verständnis des Drei-Phasen-Modells

Nach unserem heutigen Wissensstand – oder auf dem heutigen Stand unseres Irrtums – handelt es sich bei den Schizophrenien *nicht* um eine eindeutig abgrenzbare Krankheitseinheit mit spezifischer(n) Ursache(n), eigengesetzlichem Verlauf und vorhersehbarem Ausgang. Schizophrene Erkrankungen haben überwiegend episodischen Charakter, d.h. auf Phasen der akuten Psychose, in denen die Positiv-Symptomatik im Vordergrund steht, folgen Phasen, in denen positive Symptome meist fehlen und das prämorbide Funktionsniveau entweder wieder erreicht wird oder in denen gewisse, überwiegend unproduktive Beeinträchtigungen (Negativ-Symptome) unterschiedlicher Ausprägung bestehen bleiben.

Durchgängig im Erleben und Verhalten ist demnach nicht die Schizophrenie, sondern eine Neigung oder Disposition dafür, schizophren psychotisch zu erkranken. Diese wird als spezifische Vulnerabilität oder Verletzlichkeit für Schizophrenie bezeichnet.

Die Verletzlichkeit drückt sich in erster Linie aus in Störungen der Informationsverarbeitung, die objektiv in Leistungsexperimenten festgestellt werden können. Der gemeinsame Nenner dieser Störungen scheint in einer funktionalen Instabilität der *selektiven, kategorial auswählenden Aufmerksamkeit* zu bestehen. Das bedeutet, daß die Zuordnung aktueller Wahrnehmungen zu gespeicherten Erfahrungen und Konzepten zeitweise beeinträchtigt ist. Dadurch fällt es verletzlichen Menschen besonders in sozialen Situationen schwer, sich rasch und sicher zu orientieren und entsprechend zu verhalten. Dies gilt v.a. in ungewohnten oder neuen Kontexten und wenn intensive Gefühle eine Rolle spielen. Diese Störungen der Informationsverarbeitung sind relativ hochspezifisch für schizophreniegefährdete Menschen, d.h. sie finden sich in dieser Art und Ausprägung kaum bei anderen psychisch Kranken oder Gesunden.

Die subjektive Seite der schizophrenen Verletzlichkeit ist in sog. *Basisstörungen* zu sehen. Dabei handelt es sich um vom Betroffenen erlebte Beeinträchtigungen, die alle psychischen Funktionen betreffen können, wie Denken, Sprechen, Wahrnehmen (optisch, akustisch, leiblich), Fühlen und motorische Abläufe. Das Erleben ist quantitativ und qualitativ verändert und geht häufig mit dem Gefühl einher, die Kontrolle über die eigenen psychischen Funktionen zu verlieren. Die Betroffenen empfinden innere Irritation und Desorganisation und versuchen durch bewußte Anstrengung, die Störungen zu kompensieren. Bei ausgeprägten Basisstörungen kann die Belastbarkeit auch für alltägliche Anforderungen erheblich herabgesetzt sein. Sowohl überhöhte Anspannung bei dem Versuch, sie zu kompensieren, als auch mangelndes Verständnis der Umwelt können die Störungen auf dem Wege teufelskreisartiger Rückkoppelungsschleifen verstärken. Sowohl Störungen der Informationsverarbeitung als auch Basisstörungen variieren in ihrer Art und Intensität in Abhängigkeit von inneren und äußeren Einflüssen.

Die menschliche Psyche insgesamt kann aufgefaßt werden als informationsverarbeitendes System im weitesten Sinne, das sich in ständiger Rückkoppelung mit seiner Umgebung von frühester Kindheit an entwickelt. Von diesem System kann angenommen werden, daß es aus hierarchisierten und komplex verwobenen Denk-, Fühl- und Verhaltensprogrammen besteht, die den Niederschlag der individuellen Lerngeschichte darstellen. Sie werden von CIOMPI als *affekt-logische Bezugssysteme* bezeichnet. Damit wird ausgedrückt, daß affektive und kognitive Anteile psychischer Funktionen untrennbar miteinander verwoben sind. Das neuronale Substrat des informationsverarbeitenden Systems ist in erster Linie das Großhirn (Cerebrum), das ebenfalls als komplex hierarchisiertes und funktional integriertes System von Nervenzellen und Verbindungen zwischen ihnen (Axone, Dendriten, Synapsen) aufzufassen ist. Dieses System entwickelt sich durch Gebrauch und ist bis ins hohe Alter hinein in steter Entwicklung begriffen (*neuronale Plastizität*). Verletzlichkeit kann unter dieser Perspektive verstanden werden als Instabilität und erhöhte Störbarkeit affektlogischer Bezugssysteme. Das Ausmaß dieser Verletzlichkeit ist von Mensch zu Mensch verschieden und variiert auf einem Kontinuum zwischen »hoch sensibel, extrem dünnhäutig« bis »unempfindlich, stumpf«.

Bei der Entwicklung der individuellen Verletzlichkeit wirken biologische und psychosoziale Einflüsse zusammen, wobei ihre jeweilige Gewichtung im Einzelfall unterschiedlich ist. Auf der *biologischen* Seite ist erwiesen, daß genetische Einflüsse eine Rolle spielen, unbekannt ist jedoch nach wie vor, was genau auf welchem Wege vererbt wird. Als erworbene biologische Bedingungen kommen Schwangerschafts- und Geburtskomplikationen in Betracht, wobei wahrscheinlich das zweite Trimester der Schwangerschaft ein gewisses Verletzlichkeitsfenster darstellt.

Erworbene und vererbte biologische Bedingungen können additiv/kumulativ oder komplementär wirksam werden und stellen die Grundlage dar sowohl für morphologische Abweichungen als auch für funktionelle Störungen im Gehirn. Diese sind weder spezifisch noch obligatorisch für Schizophrenie, d.h. bis heute ist keine Auffälligkeit in Gehirnaufbau oder -funktion identifiziert worden, die ausschließlich bei schizophreniegefährdeten Menschen und bei allen von ihnen festzustellen wäre. Relativ hoch spezifisch scheinen jedoch früh erworbene und zeitlich stabile mikroskopische Abweichungen im limbischen System zu sein, das seine entscheidende Entwicklungsphase bis etwa zum 7. Schwangerschaftsmonat durchmacht. Das limbische System spielt eine wichtige Rolle bei der Informationsverarbeitung, insbesondere bei der Integration von Fühlen und Denken, und es gilt als wichtige Umschaltstelle für den Transmitterstoffwechsel im Gehirn. Diffuse und makroskopische Substanzminderungen des Gehirns, die sich in einer Erweiterung der Hirnzwischenräume (Ventrikel) niederschlagen, sind in ihrer pathogenetischen Bedeutung nach wie vor umstritten. Sie erscheinen vor dem Hintergrund der aktuellen Befundlage eher weniger häufig und spezifisch als die Abweichungen im limbischen System.

Strukturelle und vor allem funktionelle Störungen im präfrontalen Kortex spielen bei nicht wenigen schizophren Erkrankten offenbar ebenfalls eine Rolle. Nach wie vor weitgehend ungeklärt ist die Rolle des Transmitterstoffwechsels in der Entwicklungsdynamik schizophrener Psychosen. Ihm kommt wahrscheinlich eher eine vermittelnde als eine ursächliche Funktion zu. Soweit sie sich auf die Botenstoffe vom Dopamin-Typ beziehen, sind Abweichungen weder spezifisch noch obligatorisch. Über die Rolle anderer Transmittersysteme im Zusammenhang mit schizophrenen Störungen ist kaum Verläßliches bekannt.

Biologische Bedingungen sind in enger Beziehung zu sehen zu psychosozialen Einflüssen, da Lernen und neuronale Entwicklung – zumal in der frühen Kindheit – auf das Engste miteinander verwoben sind. Vor dem Hintergrund dessen, daß die Psyche als System affekt-logischer Programme aufgefaßt werden kann, kommen als Bedingungsfaktoren der schizophrenen Verletzlichkeit alle Einflüsse und Erfahrungen in Betracht, die zu instabilen Bezugssystemen beitragen.

Dabei könnte es sich z.B. um Defizite der frühkindlichen Interaktion mit primären Bezugspersonen handeln, z.B. infolge eingeschränkter/fehlender Zuwendung oder infolge eigener symbiotischer Bedürfnisse der primären Bezugsperson (unklar abgegrenzte Subjekt-Objekt-Repräsentanzen). Besonderheiten der familiären Kommunikation und des Entwicklungsmilieus in der Familie könnten ebenfalls von Bedeutung sein. Die Wirksamkeit solcher Einflüsse ist allerdings bisher nur unzureichend belegt. Als ihr gemeinsamer Nenner kann eine Beeinträchtigung der Identitätsentwicklung gelten.

Soweit sie überhaupt bekannt sind, müssen die biologischen und psychosozialen Bedingungsfaktoren der schizophrenen Verletzlichkeit als mehr oder weniger unspezifisch aufgefaßt werden. Sie sind *nicht* als Ursachen der Verletzlichkeit zu verstehen, sondern stellen potentiell unendlich verschiedene Anfangszustände dar, die eine gemeinsame Endstrecke in der Verletzlichkeit für Schizophrenie haben. Insofern können sie auch als *Risikofaktoren* aufgefaßt werden, die das relative Ausmaß der Verletzlichkeit beeinflussen und damit die Wahrscheinlichkeit, irgendwann einmal psychotisch zu dekompensieren.

Auf der Basis eines solchermaßen vulnerablen Terrains kann, muß es aber nicht zur Entstehung akuter Psychosen kommen. Ob irgendwann in der weiteren Entwicklung eine akute psychotische Dekompensation auftritt, ist vor allem abhängig davon, mit welchen Belastungen bzw. Stressoren das Individuum konfrontiert ist und wie es diese bewältigt (*Coping*).

Wahrscheinlich ist, daß unterschiedliche Arten von Belastungen *Streß* auslösen können: Eine Aneinanderreihung für sich genommen geringfügiger, alltäglicher Belastungen ebenso wie plötzliche, akute Belastungen (Lebensereignisse) oder längerfristig einwirkende (z.B. *Expressed Emotion*) sowie lebensphasisch bedingte Belastungen (Übergangs- und Reifungskrisen). Auch bei der Wirkung von Streß im Zusammenhang mit der Auslösung akuter Psychosen ist grundsätzlich von einem komplexen biopsychosozialen Wirkgefüge auszugehen. Vielfältige *Selbsthilfe- und Bewältigungsversuche* schizophren verletzlicher Menschen sind inzwischen gut belegt, diese richten sich sowohl auf Störungen der Informationsverarbeitung bzw. auf Basisstörungen im Vorfeld akuter Psychosen als auch auf psychotische Symptome selbst. Über ihre Wirkungen ist bisher wenig Genaues bekannt, sinnvoll erscheint es jedoch, zwischen (potentiell) günstigen und ungünstigen Bewältigungsmaßnahmen zu unterscheiden. Letztere wären z.B. im Falle von »Selbstmedikation« mit Drogen oder Alkohol gegeben.

Die akute psychotische Dekompensation ist am besten zu verstehen als ein zeitlich mehr oder weniger ausgedehnter, *phasenhafter Prozeß*, bei dem es schließlich in der Folge von zirkulären Feedback-Prozessen zu einer nichtlinearen Verrückung der Psyche in einen qualitativ neuen Funktionszustand kommt. Dieser kann unter dem Gesichtspunkt als Selbstheilungsversuch der Psyche aufgefaßt werden, als er zur Reorganisation und -stabilisierung eines völlig überforderten, desorganisierten informationsverarbeitenden Systems beiträgt. Die psychotische Dekompensation ist nicht als Alles-oder-Nichts-Phänomen zu verstehen, sondern als mehr oder weniger plötzlicher Endpunkt einer Entwicklung, die vom Betroffenen selbst sowie seiner Umgebung wahrgenommen und damit potentiell beeinflußt werden kann. Signalfunktion haben in diesem Zusammenhang die sogenannten *Frühwarnzeichen*. Dabei handelt es sich um weitgehend unspezifische Reaktionen auf Streß und Überforderung, die in den meisten Fällen der akuten Psychose über Tage oder auch Wochen vorausgehen. Neben allgemeinen und weit verbreiteten Frühwarnzeichen gibt es höchst individuelle, nicht generalisierbare Gefahrensignale. Wird ihre Signalfunktion erkannt, können entsprechende Coping-Maßnahmen des einzelnen oder Unterstützungsmaßnahmen seines sozialen Umfeldes dazu beitragen, die psychotische Dekompensation zu vermeiden. Bei einer eher kleinen Gruppe von Betroffenen sind Frühwarnzeichen jedoch nicht festzustellen oder es bleibt kein zeitlicher Spielraum, um wirksame Gegenmaßnahmen zu ergreifen.

Bei einer nicht zu vernachlässigenden Zahl von akut Erkrankten (wahrscheinlich zwischen 10 % und 20 %) bleibt es bei einer einmaligen Psychose, die mehr oder weniger folgenlos ausheilt. Die Mehrzahl der Betroffenen erkrankt jedoch mehrfach und über Jahre hinweg immer wieder. Der langfristige Ausgang schizophrener Psychosen nach Jahrzehnten ist jedoch überwiegend günstig: Es ist etwa mit einem Viertel Heilungen, ca. 50 Prozent leichten bis mittelschweren und ca. einem Viertel schweren Endzuständen zu rechnen. Dabei entspricht der Verlauf einem weitgehend offenen Lebensprozess viel eher, als einem eigengesetzlichen Krankheitsprozess. Zwar kann man die Vielfalt der tatsächlichen Verläufe durch grobe Vereinfachung auf relativ häufige Verlaufsformen reduzieren, *den* typischen Verlauf der Schizophrenie gibt es jedoch nicht.

Was die Möglichkeiten der längerfristigen Prognose angeht, so haben sich eine Reihe von Faktoren als recht stabil erwiesen. Von Bedeutung ist demnach insbesondere der psychosoziale Entwicklungsstand bis zur Ersterkrankung: Je gesünder und gefestigter die Persönlichkeit und ihre soziale Situation zu Erkrankungsbeginn, desto besser die Prognose. Die prognostische Bedeutung einzelner Merkmale ist jedoch lediglich statistisch belegt; eine verläßliche Langzeitprognose von Verlauf und Ausgang ist im Einzelfall damit selbst beim Vorliegen mehrerer günstiger oder ungünstiger Einflüsse unmöglich.

Die langfristige Entwicklung von Menschen, die einmal oder mehrfach schizophren erkrankt sind, wird wahrscheinlich von einer Vielzahl möglicher Bedingungsfaktoren beeinflußt, die nicht grundsätzlich von denen verschieden sind, die auch die Lebensläufe psychisch Gesunder beeinflussen. Bezogen auf die Lebensläufe schizophren verletzlicher Menschen scheinen vor allem fünf Gruppen von Einflußbedingungen von Bedeutung: Einstellungen und Erwartungshaltungen der Betroffenen selbst sowie ihres sozialen Umfeldes; Behandlungs-, Betreuungs- und Rehabilitationseinflüsse; Selbsthilfe- und Bewältigungsfähigkeiten; soziale und gesellschaftliche sowie biologische Einflüsse (insbesondere neuronale Bahnung und Prägung).

7.2 Verletzlichkeits-Streß-Bewältigungs-Modell und klassisches Krankheitskonzept

Ist die – bis in die biologisch orientierte Psychiatrie hinein – wachsende Zustimmung zu einem Schizophrenieverständnis im Sinne des Verletzlichkeits-Streß-Bewältigungs-Modells tatsächlich als tiefgreifender Paradigma-Wechsel zu verstehen oder handelt es sich um »alten Wein in neuen Schläuchen«? Ist das traditionelle Krankheitskonzept auf seinen Platz in der Psychiatrie-Geschichte verwiesen oder kommt es durch die Hintertür, modisch gewandet, wieder herein?

Fragen wie diese haben sowohl einen eher theoretischen als auch einen pragmatischen Aspekt. Aus theoretischer Perspektive ist es sicher eine intensive Diskussion wert, ob durch die Verletzlichkeitshypothese nicht erneut und unter der Hand eine Festlegung, nämlich die Zuschreibung einer Behinderung, erfolgt. So argumentieren Vertreter der systemischen Familientherapie: Betroffene würden im Rahmen dieses Modells wiederum nicht für voll und als gleichberechtigte Akteure genommen, sondern als dauerhaft vermindert belastbar und schutzbedürftig betrachtet. Dies führe zu einer Verfestigung der passiven Patientenrolle (vgl. z.B. SIMON & WEBER 1987). Einwände wie diese – wenn auch z.T. provokant vorgetragen – sind durchaus ernst zu nehmen angesichts der Macht von Zuschreibungen und sich selbst erfüllenden Prophezeiungen.

Auf der anderen Seite scheint das Verletzlichkeits-Streß-Bewältigungs-Modell derzeit diejenige theoretische Konzeption zu sein, die am ehesten geeignet ist, die heute als einigermaßen gesichert geltenden Forschungsergebnisse in ein konsistentes Bild zu integrieren. Dabei ist jedoch immer das Bewußtsein dafür wach zu halten, daß unsere Modelle zwar unsere Sicht der Wirklichkeit prägen – durchaus im Sinne affekt-logischer Programme –, daß sie aber die Wirklichkeit weder abbilden noch sind. Am besten betrachten wir auch das Verletzlichkeits-Streß-Bewältigungs-Modell der Schizophrenie als eine relativ grobe Landkarte, die uns dabei helfen kann, den Weg durch das unübersichtliche Gelände der schizophrenen Psychosen zu finden. Es ist wahrscheinlich, daß wir eines Tages neue, bessere Karten haben werden, die uns ein neues Bild der Schizophrenie vermitteln. Das Bild ist aber niemals die Wirklichkeit, allenfalls besteht die Möglichkeit, daß es mit ihr zusammenstößt, weil es nicht »paßt«. Solche Kollisionen sind Lernchancen und sollten entsprechend genutzt werden. Die Wissenschaftsgeschichte zeigt jedoch, daß *nach* einem Paradigmawechsel zunächst einmal wieder Alltag und Routine eintreten und das neue Paradigma ausgefeilt und gegen Kollisionen immunisiert wird – ein Beispiel für die Trägheit und Schwerkraft affekt-logischer Bezugssysteme. Insofern wird die Psychiatrie wohl bis auf weiteres mit dem Verletzlichkeits-Streß-Bewältigungs-Modell leben und arbeiten.

Unter pragmatischen Gesichtspunkten ist vor allem die Frage entscheidend, welche praktischen Folgerungen sich aus diesem Modell ableiten lassen und wie diese zu bewerten sind. Bezüglich des Drei-Phasen-Modells bestätigt sich nun nach unserer Auffassung nachdrücklich die Überlieferung, daß es nichts Praktischeres gibt, als eine gute Theorie. Im einzelnen wird es darum weiter unten gehen (vgl. 7.3 und 7.4). Hier soll zunächst lediglich noch einmal eine globale Gegenüberstellung von traditionellem Krankheitskonzept und Verletzlichkeitskeits- Streß-Bewältigungs-Modell erfolgen (s. Tab. 5, S. 123).

In diesem Vergleich wird das traditionelle Krankheitskonzept der Schizophrenie unschwer erkennbar als Abkömmling des klassischen medizinischen Krankheitsbegriffs.

> Demnach haben Krankheitseinheiten ein eindeutig abgrenzbares Erscheinungsbild (Symptomatik), das auf eine begrenzte Zahl von Ursachen zurückgeführt werden kann. Die Ursachen determinieren den (natürlichen) Verlauf und die Prognose, im günstigen Fall modifiziert durch die Wirkungen von Behandlungsmaßnahmen.

Bezüglich komplex-bedingter, dynamischer biopsychosozialer Phänomene wie psychotischen Erkrankungen ist es überfällig, die Basis dieses Denkmodells zu verlassen. Weniger, weil es »falsch« ist, sondern weil es reduktionistisch, also unzulässig vereinfachend ist, und weil es damit zu praktisch fragwürdigen Konsequenzen führt (z.B. die Behandlung von Betroffenen als Objekte etc.). Angetreten zur Überwindung des traditionellen medizinischen Krankheitsmodells ist u.a. die Allgemeine Systemtheorie, die sich vor allem aus der Biologie heraus entwickelt hat. Sie betrachtet lebende oder auch soziale Organismen als offene, autonome und dynamische Systeme, die sich in ständiger Rückkoppelung mit anderen Systemen entwickeln und stabile Funktionszustände aufrechterhalten, die aber auch in Abhängigkeit von internen und externen Einflüssen zu fluktuierenden Zuständen und nicht-linearen Entwicklungssprüngen fähig sind, die sich im Rahmen linear-kausaler Modelle weder erklären noch vorhersagen lassen. Dabei können unterschiedlichste Ausgangszustände die gleichen Endzustände hervorrufen (*Äquifinalität*), gleiche Ausgangszustände können jedoch auch zu ganz unterschiedlichen Endzuständen führen.

Diese Art von Erkenntnismodell scheint nun sehr viel besser als das traditionelle Krankheitskonzept geeignet, um Phänomene, die uns im Zusammenhang mit schizophrenen Erkrankungen begegnen, zu beschreiben und zu erklären. Dabei sollte allerdings klar sein, daß es von der eher analogisierenden Beschreibung bis hin zur Identifikation der relevanten Einflußbedingungen und der – letztlich nur auf mathematischem Wege möglichen – Modellierung ihres Zusammenwirkens ein weiter Weg sein wird, der im Bereich der Schizophrenieforschung erst ein kurzes Stück weit begangen ist.

Ciompi hat in verschiedenen Arbeiten versucht, von der Komplexität und Dynamik des schizophrenen Bedingungsgefüges zumindest eine Ahnung zu vermitteln, indem er eine Veranschaulichung wie in Abbildung 8, S. 124 verwendet.

> Die Abbildung wurde vom Autor, G.W., im Interesse besserer Verständlichkeit geringfügig modifiziert (vgl. Ciompi 1988 b, 1989, 1992).

Tab. 5: Traditionelles Krankheitskonzept
und Verletzlichkeits-Streß-Bewältigungs-Modell
schizophrener Psychosen

Modell	**Traditionelles Krankheitskonzept**	**Verletzlichkeits-Streß-Bewältigungs-Modell**
Bedingungsfaktoren	rein biologisch, vererbt	biologisch (vererbt und erworben), psychosozial
Art der Störung	hirnorganischer Defekt	komplex bedingte Entwicklungsstörung
Auftreten akuter Episoden	eigengesetzlich (»endogen«)	im Zusammenhang mit Streß
potentiell Betroffene	nur genetisch Belastete	u.U. jedermann
Psychoseerleben	unverstehbar, sinnlos	biographisch verstehbar, potentiell sinnvoll
Verlauf	typisch, chronisch-rezidivierend	offen, vielfältig und individuell
Ausgang	regelhaft schlecht	überwiegend günstig
Einzelfallprognose	möglich (mit Diagnose feststehend)	nicht möglich
Selbsthilfe und aktives Coping	unwahrscheinlich, unwirksam	sehr häufig, potentiell wirksam
Rückfallprophylaxe	nur kurzfristig möglich, ohne Einfluß auf längerfristigen Verlauf	grundsätzlich möglich, potentiell günstig für längerfristigen Verlauf
Behandlungsansatz	primär biologisch	biologisch, sozio- und psychotherapeutisch
Rolle der Betroffenen in Therapie und Rehabilitation	passiv, Behandlungsobjekt	aktiv, mitverantwortliches Subjekt
Analogie	Alzheimersche Krankheit	Diabetes mellitus

Dabei stellen die durchlaufenden dicken Pfeile die klassische Denkrichtung der linearen Kausalität dar, die auf diese einwirkenden dicken Pfeile sind zu verstehen als *Moderatorvariablen* wie z.B. Streß und Bewältigungsressourcen. Schließlich sind von Bedeutung die dünnen, zurückwirkenden Pfeile, die Feedbackprozesse symbolisieren sollen. So wirkt z.B. das Durchleben einer akuten Psychose sowohl zurück auf die soziale und familiäre Situation als auch

Abb. 8: Drei-Phasen-Modell zum Langzeitverlauf der Schizophrenie mit Feedback-Schlaufen (nach CIOMPI 1988 b)

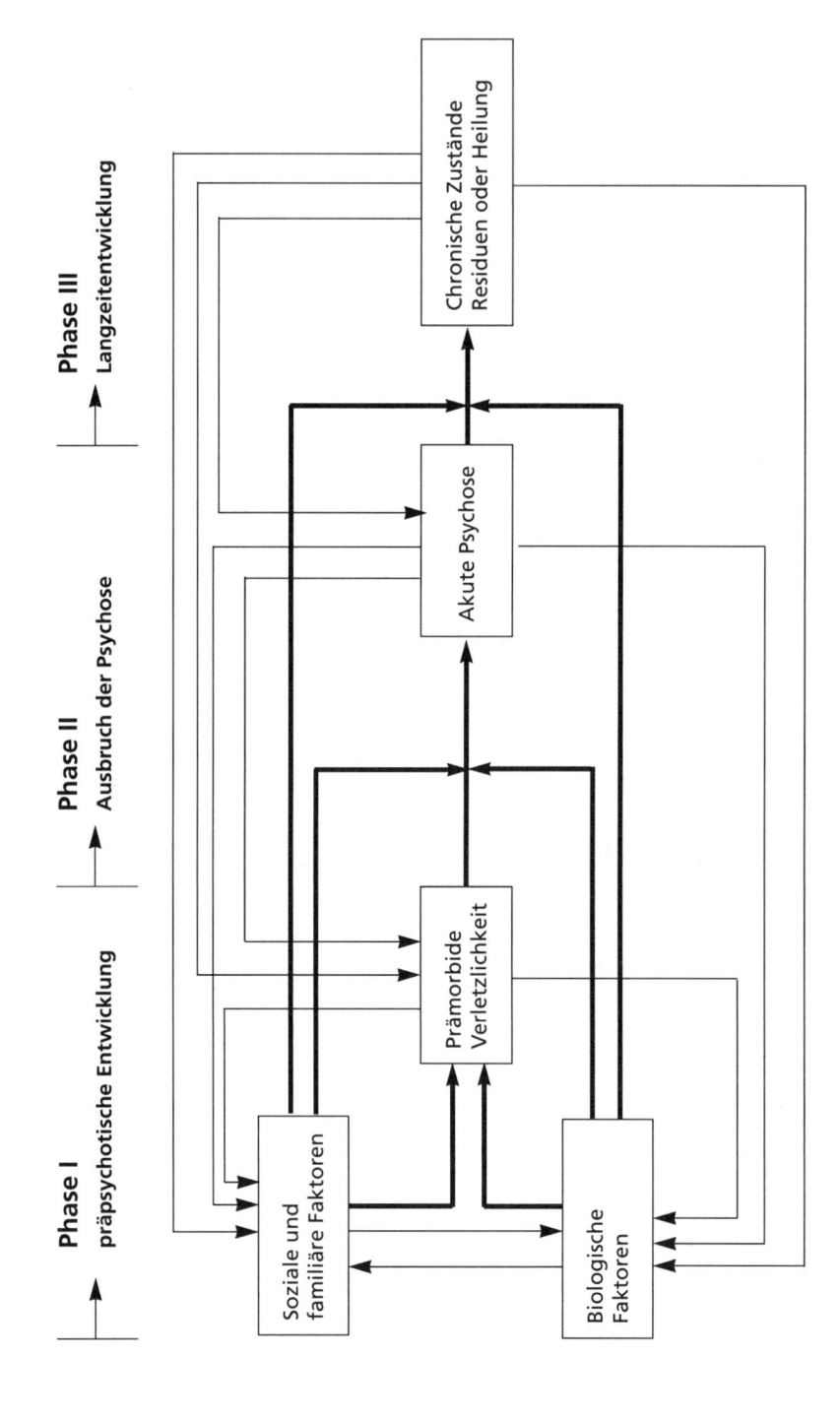

Phase I
präpsychotische Entwicklung

Phase II
Ausbruch der Psychose

Phase III
Langzeitentwicklung

auf das biologische Substrat (neuronale Plastizität etc.). In dieser Veranschaulichung wird dann auch die Verletzlichkeit, die in den frühen Formulierungen der Vulnerabilitätshypothese noch als konstant gesetzt wurde, konsequenterweise als dynamisch und damit veränderbar aufgefaßt (z.B. durch lebensphasische Veränderungen im Hormonhaushalt etc.).

Solche Veranschaulichungen haben sicherlich begrenzten Wert, aber sie können vielleicht dabei helfen, zumindest eine vage Vorstellung zu vermitteln von der Komplexität und Dynamik, mit der wir es zu tun haben; und sie können nützlich sein zur Einordnung von einzelnen Forschungsergebnissen.

Angesichts dieses Zugangs dürfte auch deutlich werden, daß sich die Frage »Was ist Schizophrenie?« schwerlich wird in einem Satz beantworten lassen. Wenn wir einer angemessenen Antwort auch nur näher kommen wollen, müssen wir ganz unterschiedliche Betrachtungsebenen auseinanderhalten und zusammendenken. Dazu gehören:
- die Struktur und Dynamik des Gehirns;
- Biochemie und Physiologie des Zentralen Nervensystems;
- die Psychologie der Informationsverarbeitung;
- Struktur und Dynamik affektiv-kognitiver Bezugssysteme;
- das subjektive Erleben und die Reaktion auf die Verletzlichkeit;
- individuelle Selbsthilfe und Bewältigungsversuche;
- psychosoziale Stressoren aller Art sowie die Ressourcen im sozialen Nahfeld;
- biologische Stressoren;
- das Erleben und die Verarbeitung der akuten Psychose;
- Wirkungen/Nebenwirkungen von Behandlungs- und Rehabilitationsmaßnahmen;
- makrosoziale und kulturelle Einflüsse etc.

Einen Schritt zurück hinter diese Komplexität hin zu einfachen Antworten wird es wahrscheinlich auch im Falle der Schizophrenie nicht geben. In manchen Bereichen haben wir vielleicht noch nicht einmal angefangen, die richtigen Fragen zu stellen. John STRAUSS, einer der wenigen Psychiater, der die subjektive Seite der Schizophrenie mehr und mehr zum Hauptgegenstand seiner Forschungsarbeit gemacht hat, stellt fest:

> »Ich habe lange Zeit und die Hilfe vieler Menschen mit schweren geistigen Erkrankungen ebenso wie einiger professioneller Vertreter unseres Faches gebraucht, bis ich lernte, den Patienten Fragen zu stellen, die es diesen ermöglichte, über solche Dinge zu sprechen – einfache, klare Fragen wie: Was macht Ihnen in Ihrem Leben Freude? Gibt es etwas, was Sie an sich besonders mögen? Wie hat Ihre Krankheit Ihr Leben beeinflußt? Nun, da ich begonnen habe, diese Fragen zu stellen, gerate ich in immer größere Verwirrung darüber, was es heißt, ein Mensch zu sein, und was eine schwere Geisteskrankheit wirklich ausmacht. Aber ich glaube auch, daß ich langsam andeutungsweise erfasse, wie die Antwort lauten könnte« (STRAUSS 1992, S. 15).

7.3 Therapeutische Konsequenzen

»Eine grundsätzliche Erfahrung liegt in der Erkenntnis, daß es die wesensgleichen Einflüsse sind, die dem Schizophrenen oft hilfreich sind, wie die Einflüsse, die die Entwicklung der Persönlichkeit eines jeden formen, und die die Persönlichkeit, das Gefühl eines Ichs, durch das Leben erhalten« (BLEULER 1987, S. 24).

»Was dem verletzlichen Schizophrenen (oder dem Schizophreniegefährdeten) ›gut tut‹ oder ›nicht gut tut‹, ist über weite Strecken identisch mit Einflüssen, die auf *jeden Menschen* günstig oder ungünstig einwirken. Schizophrene unterscheiden sich von diesen in erster Linie im Grad ihrer Sensibilität; sie können also gewissermaßen als hochempfindliche ›Sensoren‹ für allgemeinmenschliche Grundbedürfnisse – z.B. nach Kontinuität, Geborgenheit und Wärme, nach Klarheit und Transparenz in allen Dingen, nach menschengemäßen Rhythmen, Tempi und Räumen etc. – angesehen werden. Vielleicht liegt übrigens gerade darin ein Teil ihrer versteckten sozialen Funktion und Aufgabe, welche sie, wie alle anderen Randgruppen, innerhalb des Ganzen eines sozialen Organismus zweifellos innehaben« (CIOMPI 1988 a, S. 340).

CIOMPI selbst hat immer wieder die große praktische Relevanz des Drei-Phasen-Modells der Schizophrenie und dessen Implikationen für die Therapie hervorgehoben. In verschiedenen Arbeiten hat er diejenigen Prinzipien herausgearbeitet, die er selbst als zentral für die therapeutische Praxis im weitesten Sinne betrachtet.

Dabei geht er von folgendem Grundsatz aus: Wenn der Kern der schizophrenen Verletzlichkeit in einer Störung der Informationsverarbeitung im weiteren Sinne bzw. in störanfälligen, instabilen affekt-logischen Bezugssystemen zu sehen ist, dann muß jegliche Therapie generell auf die Stützung dieser Systeme und auf eine *Verbesserung der Informationsverarbeitung* ausgerichtet sein. Diese kann im Prinzip auf zwei verschiedenen Wegen erreicht werden:

- durch Klärung und Vereinfachung der zu verarbeitenden Information;
- durch Stärkung des informationsverarbeitenden Systems (CIOMPI 1986 a, 1986 b).

Da die innerpsychischen Verarbeitungssysteme eng gekoppelt sind sowohl an ihr neuronales Substrat als auch – durch fortlaufende Feedbackschleifen – mit der Umwelt, ist auch unter therapeutischen Gesichtspunkten mit vielfältigen Wechselwirkungen zu rechnen. So wird eine emotionale und kognitive Klärung und Vereinfachung der Umweltsituation ebenso stabilisierend auf die internalisierten Bezugssysteme wirken, wie etwa deren direkte, psychotherapeutische Bearbeitung; oder auch eine vorübergehende künstliche »dicke Haut« durch Neuroleptika-Einnahme.

Vor diesem Hintergrund ist die Zusammenstellung der zehn grundlegenden therapeutischen Prinzipien in Tabelle 6 (S. 128) zu verstehen. Sie beruht auf den Arbeiten von CIOMPI (1986 a, 1986 b, 1988 a). Diese Prinzipien sind auch insofern grundlegend, als sie quasi einen übergreifenden Maßstab abgeben zur Einordnung und Beurteilung der verschiedenen therapeutischen Aktivitäten im Hinblick auf ihre Bedeutung und ihre Wirkung in der Behandlung schizophren Erkrankter oder schizophreniegefährdeter Menschen. Die Prinzipien 1 bis 6 kann man nach CIOMPI (1986 a) auch unter dem Gesichtspunkt der *Polarisierung* des gesamten therapeutischen Feldes zusammenfassen, den er mit Hilfe der Abbildung 9 auf S. 127 veranschaulicht:

Abb. 9: Schematische Darstellung der »Polarisierung des therapeutischen Innen und Außenfeldes (nach CIOMPI 1986a)

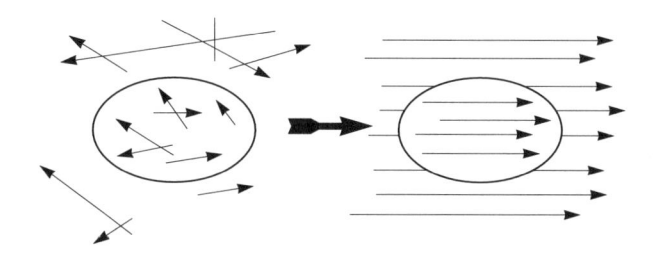

Das 10. Prinzip – Berücksichtigung von Zeitfaktoren – hat CIOMPI 1988 hinzugefügt, nachdem er sich intensiv mit der Entstehung von Zeit, Raum und psychischen Strukturen auseinandergesetzt hat (vgl. CIOMPI 1988 a). Beachtenswert sind in diesem Zusammenhang auch seine Thesen über die Bedeutung der Zeit in der Psychiatrie (CIOMPI 1990 b).

Schließlich kann das von CIOMPI und seinen Mitarbeitern in Bern realisierte Soteria-Projekt (AEBI et al. 1993) als ein Versuch aufgefaßt werden, die wesentlichen therapeutischen Konsequenzen des Drei-Phasen-Modells in ein Praxiskonzept für die Behandlung und Rehabilitation schizophren erkrankter Menschen umzusetzen.

7.4 Die Rolle der Betroffenen im Umgang mit der Verletzlichkeit/Psychose

»Unter der Dominanz des KRAEPELIN'schen *Dementia praecox-Konzeptes* wurde die Schizophrenie als fortschreitender Krankheitsprozeß aufgefaßt, dem der Erkrankte letztlich ohnmächtig ausgeliefert sein sollte. Den Ausprägungsgrad und den Verlauf der Psychose sah man in erster Linie durch einen noch unaufgeklärten hirnpathologischen (endogenen) Morbus bestimmt. Demzufolge schien der Kranke einer mehr oder minder schicksalhaften, heteronom determinierten biologischen Kausalität zu unterliegen. Autonomiezuschreibungen fehlten weitgehend oder bezogen sich allenfalls auf bestimmte Ausfaltungen der Symptomatik ...« (BÖKER 1991, S. 190).

Während Akutkranke mit günstig verlaufenden Erkrankungen allzuleicht aus den Augen, aus dem Sinn geraten, fanden sich die »Langzeitpatienten ..., ungeachtet mannigfaltiger humaner Zuwendungen, in erster Linie als Objekt psychiatrischer Experten bzw. der administrativen Verfügungsgewalt totaler Institutionen. In manchen Arztberichten früherer Jahrzehnte als ›chronisches Material‹ bezeichnet, fielen während der NS-Zeit Tausende von ihnen dem tödlichen Vorurteil, es handele sich um unheilbare ›Menschenhülsen‹, zum Opfer« (ebd.).

BÖKER verweist damit auf den engen Zusammenhang, der zwischen Krankheitskonzept und Menschenbild besteht. KRAEPELINS Verständnis der Schizophrenie ist nur zu verstehen vor dem Hintergrund einer Medizin (und Gesellschaft), die geprägt war von der Degenerationslehre und dem damit korrespondierenden Sozialdarwinismus, in der autoritäre Strukturen vorherrschten und die Rechtsstellung des einzelnen schwach war.

Tab. 6: Prinzipien des therapeutischen Umgangs mit schizophren erkrankten Menschen

1. **Systematische Einbeziehung des relevanten sozialen Umfeldes:**
   Dies betrifft sowohl Angehörige als auch andere wichtige Bezugspersonen wie Betreuer etc.
2. **Vereinheitlichung der verfügbaren Informationen:**
   Betroffene, Angehörige und professionelle Helfer sollten über klare und einheitliche Informationen über die Art der Erkrankung, Verlauf, Ausgang und Prognose, Risikofaktoren sowie Behandlung und Prophylaxe verfügen.
3. **Weckung gemeinsamer, positiv-realistischer Zukunftserwartungen:**
   Auf seiten von Betroffenen, Angehörigen und professionellen Helfern.
4. **Stufenweises Erarbeiten konkreter, gemeinsamer Behandlungsziele:**
   Zwischen allen Beteiligten sollen konkrete Nah- und Fernziele vereinbart werden, auf die gemeinsam hingearbeitet wird.
5. **Koordination und Kontinuität:**
   Anzustreben ist die fortlaufende Abstimmung aller Behandlungs- und Betreuungsmaßnahmen sowie die Realisierung eines Höchstmaßes an konzeptioneller und personeller Kontinuität; ein professioneller Betreuer sollte für die gesamte Dauer der Behandlung, also u.U. über Jahre, als zentrale Bezugsperson fungieren und für den »roten Faden« sorgen.
6. **Vereinfachung des therapeutischen Feldes:**
   Dies gilt sowohl für die Schaffung übersichtlicher und spannungsarmer stationärer Milieus als auch für übersichtliche und bezüglich Aufgaben und Verantwortlichkeiten klar strukturierte ambulant-komplementäre Kontexte.
7. **Einfachheit und Klarheit im Umgang:**
   Insbesondere affektiv-kognitiv übereinstimmende Kommunikation.
   »Eure Rede sei: ja, ja, nein, nein!«
8. **Fortlaufende Optimierung von Anforderungen:**
   Über- und Unterforderung sind gleichermaßen zu vermeiden. Immer nur ein wichtiger Wechsel auf einmal (z.B. in der Wohn-, Arbeits- oder Beziehungssituation)!
9. **Flexible Kombination von unterschiedlichen Therapieansätzen:**
   Erst die Kombination von pharmako-, psycho- und soziotherapeutischen Verfahren je nach individuellem Bedarf und Bedürfnis verspricht optimale, »synergistische« Wirkungen.
10. **Beachtung spezifischer Zeitfaktoren:**
    Zum Beispiel Zeiten für Veränderungen und Zeiten für Stabilität, »Eigenzeiten« und persönliche Tempi von Betroffenen, zeitliche Dynamiken von Dekompensation und Remission etc.

Ebensowenig kann das Verletzlichkeits-Streß-Bewältigungs-Modell ohne seinen historischen Kontext verstanden und bewertet werden. Auch die Entwicklung dieses Paradigmas hat zweifellos zeitgeschichtliche und gesellschaftspolitische Wurzeln. Dazu gehört die rein soziologische Interpretation psychotischer Störungen (»Mythos Geisteskrankheit«) durch amerikanische Psychiatrie-Kritiker (SZASZ, SCHEFF), die englische Anti-Psychiatrie (LAING, COOPER) sowie die antiinstitutionelle »Demokratische Psychiatrie« Italiens (BASAGLIA, PIRELLA) ebenso, wie die sich ab Anfang der siebziger Jahre auch in Deutschland etablierende Sozial-, Gemeinde- oder kommunale Psychiatrie (vgl. DÖRNER & PLOG 1972, v. CRANACH & FINZEN 1972, PÖRKSEN 1974).

> Die frühen Protagonisten der Gemeindepsychiatrie waren einerseits beeinflußt von anglo-amerikanischen Vorläufern, vor allem waren sie jedoch Kinder ihrer Zeit, nämlich der antiautoritären Bewegung der späten sechziger und der gesellschaftlichen Reformbewegung der siebziger Jahre. Dabei war der Kampf gegen die »alte«, die Anstaltspsychiatrie in erster Linie gesellschaftspolitisch motiviert und inspiriert: Es ging um die Menschen- und Bürgerrechte der Betroffenen, die Überwindung ihrer Entwertung und Entmündigung. Nicht zufällig bezog die Gemeindepsychiatrie Antrieb und Orientierung aus der Auseinandersetzung mit der Psychiatrie im Nationalsozialismus. Die politisch-humanistische Infragestellung der herrschenden Psychiatrie ging einher mit einer geistigen Öffnung und der Suche nach neuen theoretischen Fundamenten. Zunächst sozialwissenschaftliche, später systemisch-ökologische Ansätze wurden aufgegriffen und auch von daher führt ein direkter Weg zur Ablösung des alten Schizophrenie-Paradigmas durch das Verletzlichkeits-Streß-Bewältigungs-Modell.

Das Verletzlichkeits-Streß-Bewältigungs-Modell ergänzt die gesellschaftspolitisch zu verwirklichende Wiedereinsetzung des psychisch Kranken in seine Rechte als Bürger und Mitmensch um ein psychiatrisch-theoretisches Konzept, das die Betroffenen wieder als Subjekte wahrnimmt und zur Geltung kommen läßt. Schizophreniegefährdete Menschen als gleichberechtigte Bürger und als mitverantwortliche Subjekte im Umgang mit ihrer Verletzlichkeit und Erkrankung – dabei handelt es sich letztlich um zwei Seiten derselben Medaille. Zum Schluß sollen deren psychiatrische Implikationen vor dem Hintergrund des in den vorangegangenen Abschnitten Ausgeführten kurz rekapituliert werden:
1. Betroffene sollten um ihre besondere Verletzlichkeit wissen und diese in ein Konzept der Erkrankung einordnen können, das mit ihrem Selbstkonzept und subjektiven Erleben soweit wie möglich vereinbar ist. Dies kann die Akzeptanz der Störung erleichtern und zum Abbau von Hilflosigkeit und Gefühlen des Ausgeliefertseins an unerklärliche Vorgänge beitragen. So kann das Bewußtsein dafür gestärkt werden, daß ein konstruktiver Umgang mit der eigenen Verletzlichkeit möglich und hilfreich ist. Im günstigen Fall wird die Integration der Störung in das Selbstbild und eine Stärkung der Identität resultieren. Dies schließt ein den offenen Gebrauch des Begriffs »Schizophrenie«. So lange wir keinen besseren Begriff haben, ist es unmöglich, Betroffene vor seinen Wirkungen zu schützen. Die einzige Chance besteht darin, ihn durch Aufklärung und Offenheit, die die Betroffenen selbst nicht ausnehmen, zu entmythologisieren.

2. Betroffene haben ein Anrecht auf klare, eindeutige und verständliche Informationen darüber, von welchen Vorstellungen und Konzepten über Schizophrenie sich psychiatrisch Tätige bei ihrer Arbeit leiten lassen. Sie werden nur dann als Subjekte ernstgenommen, wenn auch ihre Kenntnisse und Erfahrungen bei dem Versuch zur Geltung kommen, ein gemeinsames Verständnis der Störung zu entwickeln.
3. Betroffene sollten Bescheid wissen über den möglichen Zusammenhang zwischen Belastungen jedweder Art und der Auslösung akuter Psychosen. Sie sollten außerdem ein Gespür dafür haben, welche Arten von Belastungen bei ihnen selbst Streß auslösen und zu einer Krise führen können.
4. Betroffene sollten die generelle Bedeutung von Frühwarnzeichen kennen. Sie sollten sich über ihre ganz persönlichen Frühwarnzeichen im klaren und für ihre Wahrnehmung sensibilisiert sein.
5. Betroffene sollten sich ihrer spontanen Selbsthilfe- und Bewältigungsstrategien im Umgang mit der Verletzlichkeit und mit Symptomen bewußt sein. Sie sollten für sich persönlich günstige bzw. ungünstige Bewältigungsversuche kennen und günstige Maßnahmen gezielt einsetzen können.
6. Betroffene müssen die Möglichkeit haben, über ihr Erleben, insbesondere auch der akuten Psychose, unter Mitbetroffenen zu sprechen. Sie können auf diese Weise lernen, daß sie mit der unerhörten persönlichen Erfahrung einer Psychose nicht allein stehen. Dies kann den Einzelnen dazu ermutigen, dem subjektiven Sinn der Psychose nachzugehen und sie in seine Lebensgeschichte zu integrieren.
7. Betroffene sollten die Chance haben, realistische und positive Zukunftserwartungen für sich zu entwickeln, und sie sollten erfahren, daß es bei deren Verwirklichung nicht zuletzt auf sie selbst ankommt. Dies setzt nicht nur voraus die Informiertheit über den möglichen Ausgang, Verlauf und die Prognose schizophrener Erkrankungen, sondern auch eine entsprechende Grundhaltung auf Seiten der Helfer und die immer wieder neue Vereinbarung und Überprüfung von konkreten Zielen in der Zusammenarbeit.
8. Betroffene haben ein Recht auf Aufklärung und Mitentscheidung in allen Fragen, die ihre Behandlung und Betreuung angehen.

Psychoedukative Therapie schizophren Erkrankter – Einordnung und Überblick

Günther Wienberg und Bernhard Sibum

1. Kenntnisse und Einstellungen von Betroffenen über die Erkrankung und ihre Behandlung

Psychoedukative Therapie macht die schizophrene Erkrankung selbst und damit zusammenhängende Fragen und Probleme unmittelbar zum Thema. Unter dieser Perspektive und insbesondere vor dem Hintergrund des Verletzlichkeits-Streß-Bewältigungs-Modells der Schizophrenie ist es von großem Interesse, über welche Kenntnisse Betroffene bezüglich der schizophrenen Erkrankung bereits verfügen, welche Hypothesen sie zu ursächlichen bzw. auslösenden Bedingungen haben, was sie über Verlauf, Ausgang und Prognose denken etc. Von Bedeutung ist ferner, was sie über die verschiedenen Behandlungsansätze wissen und welche Erwartungen sie gegenüber Behandlern haben. Die Forschung zu diesen unterschiedlichen Aspekten ist bisher bestenfalls unsystematisch, aber es liegen durchaus einige recht gut bestätigte Resultate vor. Ziel dieses Abschnittes ist, einen Überblick über die wichtigsten Ergebnisse zu geben.

1.1 Zum Problem der »Krankheitseinsicht«

Das Konstrukt der »Krankheitseinsicht« (verwandte Begriffe: Krankheitsgefühl, Krankheitsbewußtsein) ist vermutlich so alt wie die psychiatrische Krankheitslehre. Umso erstaunlicher ist, daß sich Versuche, dieses Konstrukt eindeutig und damit operational zu definieren und empirisch zu untersuchen, in der Schizophrenieforschung erst seit wenigen Jahren finden.

Inzwischen besteht in der spärlichen Literatur jedoch weitgehend Einigkeit in zwei Punkten: Erstens handelt es sich bei »Einsicht in die schizophrene Erkrankung« nicht um ein kategoriales (vorhanden/nicht vorhanden), sondern um ein dimensionales Phänomen, d.h. der Grad der »Einsicht« kann graduell variieren. Zweitens handelt es sich um ein mehrdimensionales Konstrukt; d.h., es sind mehrere, wahrscheinlich weitgehend voneinander unabhängige Dimensionen von »Einsicht« zu unterscheiden. So differenzieren GREENFELD et al. (1989) zum Beispiel zwischen fünf Aspekten von »Einsicht«: Symptomatologie, Vorliegen einer Krankheit, Ätiologie, Möglichkeit des Wiederauftretens, Bedeutung der Behandlung. DAVID (1990) unterscheidet zwischen Fähigkeit zur Distanzierung von der psychotischen Symptomatik, Krankheitsbewußtsein und Behandlungs-Compliance. Von vollständiger Einsicht könne erst gesprochen werden, wenn alle drei Merkmale gegeben seien. AMADOR et al. (1991) differenzieren aufgrund theoretischer Überlegungen vier Bedeutungsaspekte von »Einsicht«: Bewußtsein bezüglich der Anzeichen, Symptome und Konsequenzen; allgemeine und spezielle Attributionen bezüglich der Ursachen; Selbst-Konzept; psychologische Abwehr.

Wie das Konstrukt »Einsicht« jeweils begrifflich bestimmt und empirisch erfaßt wird, kann uns in diesem Zusammenhang nicht im einzelnen beschäftigen. Es geht lediglich darum, ob und in welchem Maße schizophren erkrankte Menschen generell über die Fähigkeit verfügen, sich zumindest zeitweise vom psychotischen Erleben zu distanzieren sowie zu akzeptieren, daß dieses Erleben in irgendeiner Weise vom gesunden psychischen Erleben abweicht und so im weitesten Sinne als Anzeichen für eine (psychische) Erkrankung aufgefaßt werden kann. Dort, wo die Fähigkeit bzw. Bereitschaft zur distanzierenden Einordnung der Psychose völlig fehlt, fehlt auch die Grundlage für eine psychoedukative Therapie. Anders herum: Ein Mindestmaß an Problembewußtsein in dem Sinne, daß »etwas mit einem nicht stimmt« bzw. nicht gestimmt hat, ist eine notwendige Voraussetzung dafür, daß psychoedukative Therapie einen Anknüpfungspunkt findet. Das heißt allerdings keineswegs, daß sich Betroffene selbst als »psychisch krank« oder gar »schizophren« definieren müssen, um von dieser Therapie profitieren zu können.

Was nun die Häufigkeit dieses Problem- bzw. Krankheitsbewußtseins angeht, so scheint es in der akuten Phase – also bei florider psychotischer Symptomatik – zumeist nur sehr eingeschränkt vorhanden zu sein. So wurde im Rahmen der *International Pilot Study of Schizophrenia* bei 811 Patienten aus weltweit 9 Ländern festgestellt, daß das bei weitem häufigste Symptom der akuten schizophrenen Psychose die »mangelnde Krankheitseinsicht« (*lack of insight*) war.

> Bei 97 % der Patienten wurde fehlende Krankheitseinsicht fesgestellt. Die nächsthäufigsten Symptome waren akustische Halluzinationen (74 %), Stimmenhören (70 %) und Beziehungsvorstellungen bzw. -wahn (70 %); (vgl. SCHIED 1990).

Auch in einer großen Stichprobe von chronisch kranken, langfristig hospitalisierten Patienten wurde in 89 % der Fälle mangelnde Krankheitseinsicht festgestellt (*poor insight*, WILSON et al. 1986, nach AMADOR et al. 1991). Demnach gilt sowohl für akut kranke als auch für chronisch kranke, hospitalisierte Patienten, daß mit nennenswerter Krankheitseinsicht nur in einer kleinen Untergruppe gerechnet werden kann.

Beide Gruppen sind jedoch keineswegs repräsentativ für Menschen mit schizophrenen Erkrankungen. Denn zu jedem Zeitpunkt ist jeweils nur eine Teilgruppe aller jemals Erkrankten akut krank oder chronisch krank und hospitalisiert. Die große Mehrheit dagegen ist vollständig remittiert (symptomfrei) oder zumindest teilweise remittiert und lebt außerhalb stationärer Einrichtungen. Betrachtet man Untergruppen aus dieser Mehrheit anstatt die genannten Extremgruppen, so findet man ganz andere Angaben bezüglich der Häufigkeit von »Einsicht«:

- DAVID (1990) referiert die Ergebnisse von drei Studien aus dem angloamerikanischen Raum mit remittierten Patienten: zwischen 68 % und 84 % zeigten zumindest teilweise »Einsicht«.
- GREENFELD et al. (1989) fanden bei remittierten Patienten in 76 % der Fälle eine mehr oder weniger ausgeprägte »Einsicht« bezüglich der psychotischen Symptome, wobei im übrigen alle Befragten einen Rückfall fürchteten.
- In der Therapie-Studie von ASCHER-SVANUM (1989) erwiesen sich in einer

Gruppe von remittierten Krankenhauspatienten 73 % bereits vor Beginn der psychoedukativen Therapie als krankheitseinsichtig.
- BIRCHWOOD et al. (1994) untersuchten Patienten bei Entlassung aus stationärer Behandlung; 81 % zeigten »vollständige Einsicht« im Sinne von DAVID (1990). Dabei nahm die »Einsicht« im Verlauf der Erkrankung nur bei denjenigen Patienten zu, deren klinischer Befund sich gebessert hatte.
- In der Studie von LARSEN &GERLACH (1996) bezeichneten sich 79 % der chronisch schizophrenen Patienten einer Ambulanz als »psychisch krank«.
- Selbst bei Patienten, die noch während der Akutbehandlung im Krankenhaus befragt werden, findet sich »Einsicht« zumindest in Ansätzen. In der Studie von DAVIDHIZAR (1987) waren lediglich 20 % der Patienten durch vollständig fehlende »Einsicht« charakterisiert, bei AMADOR et al. (1994) waren es 33 %, bei JØRGENSEN (1995) 36 %. Die übrigen Patienen zeigten zumindest Ansätze eines Krankheitsbewußtseins.

Die Größenordnung dieser Resultate findet sich bestätigt durch Zahlenangaben aus vier deutschen Studien: hier variiert der Anteil der einsichtigen Patienten zwischen 71 % und 100 % (LINDEN 1985, ANGERMEYER & KLUSMANN 1988, DITTMANN & SCHÜTTLER 1990 b, STARK & STOLLE 1994).

Verschiedene Autoren weisen darauf hin, daß insbesondere in der (sub-)akuten Phase die Stellungnahme Betroffener zu ihrer Erkrankung inkonsistent sein kann. So z.B. WINDGASSEN (1989):

»Begriffe wie Krankheitseinsicht und Krankheitsgefühl erfassen das Erleben des akut Schizophrenen ... nur unzureichend, weil sie eine Kohärenz und Einheitlichkeit des Erlebens zugrunde legen, die den Patienten gerade häufig fehlt. So konnten zahlreiche Untersuchte Veränderungen beschreiben, die sie selbst als krankhaft bezeichneten, und doch bestritten sie, krank zu sein. Zur Charakterisierung wurden oft Formulierungen und Bezeichnungen benutzt, die eine Distanzierung von dem psychotischen Geschehen nahelegten, in das der Kranke wenige Sätze später wieder hoffnungslos verstrickt war« (S. 116).

Nach den heute vorliegenden Ergebnissen kann man davon ausgehen, daß mindestens zwei von drei, eher drei von vier (teil-)remittierten, nicht dauerhospitalisierten schizophren Erkrankten sich zumindest zeit- und teilweise vom psychotischen Geschehen distanzieren können und somit über ein Krankheitsbewußtsein verfügen. »Fehlende Krankheitseinsicht« ist also eher die Ausnahme als die Regel, auch bei Menschen, die einmal oder mehrfach an einer schizophrenen Psychose erkrankt sind.

Die Skepsis der klassischen psychiatrischen Krankheitslehre gegenüber der »Einsichtsfähigkeit« von Betroffenen auch nach Abklingen einer akuten Psychose (vgl. DAVID 1990) ist demnach wohl am besten im Kontext des traditionellen Krankheitskonzeptes der Schizophrenie zu verstehen, nach dem Betroffene ja als weitgehend hilflose Opfer eines fortschreitenden, wahrscheinlich hirnorganischen Prozesses erscheinen.

Damit ist allerdings noch keine Aussage getroffen, *welcher Art* die Konzepte und Erklärungsmodelle von Betroffenen sind und *wie* sie die Tatsache verarbeiten, daß sie an einer psychischen Störung leiden.

Was letzteren Aspekt angeht, so hat bereits MAYER-GROSS (1920) auf die Rolle von unterschiedlichen psychischen Abwehrmechanismen bei der Verarbeitung der Psychoseerfahrung hingewiesen, die nach seiner Auffassung ein Kontinuum bilden. Neuere Arbeiten (z.B. SOSKIS & BOWERS 1969, MCGLASHAN et al. 1975) basieren auf ähnlichen psychologischen Konzepten. So postulieren letztere ein Kontinuum von Verarbeitungsstilen zwischen den Polen »Integration« und »Isolierung«(*sealing over*). Der integrative Stil ist gekennzeichnet durch aktives Interesse an der psychotischen Erfahrung sowie das Bedürfnis, darüber zu sprechen und mehr über sich zu erfahren. Die isolierende Haltung wird charakterisiert mit »je weniger daran gerührt wird, desto besser«. Eine Kontinuität zwischen psychotischer Vergangenheit und Gegenwart wird im Gegensatz zum ersten Stil nicht angestrebt.

Darüber hinaus zeigte sich, daß die kurz- bis mittelfristige Prognose der Erkrankung um so besser war, je eher der Verarbeitungsstil integrativ war und je weniger negativ die Patienten ihre Erkrankung und die eigene Zukunft beurteilten.

Im Hinblick auf die Beziehung von »Einsicht« zu anderen Aspekten des Krankheitsgeschehens wird die Befundlage in den letzten Jahren dichter, ist aber inkonsistent:

- *Symptomatik:* In der Mehrzahl der Studien findet sich keine oder lediglich eine schwache Beziehung zwischen dem Ausmaß der Positiv-Symptomatik und »Einsicht« (MCEVOY et al. 1989 a, MICHALAKEAS et al. 1994, DAVID et al. 1995; JØRGENSEN et al. 1995, LARSEN & GERLACH 1996); allerdings stellten BIRCHWOOD et al. (1994) mehr positive und AMADOR et al. (1994) mehr Negativ-Symptome bei Patienten mit gering ausgeprägter »Einsicht« fest; letztere scheinen auch psychosozial weniger gut integriert (AMADOR et al. 1994).
- *Diagnose:* MICHALAKEAS et al. (1994) fanden depressive Patienten, nicht jedoch manische »einsichtiger« als schizophrene und AMADOR et al. (1994) stellten fest, daß schizophren Erkrankte im Durchschnitt weniger »einsichtig« waren als schizoaffektiv und affektiv Erkrankte. Zwei weitere Studien dagegen finden keine Unterschiede zwischen schizophren und anderen psychotisch Erkrankten bezüglich ihrer Krankheitseinsicht (CUESTA et al. 1995, DAVID et al. 1995).
- *IQ/Kognition:* Umstritten ist auch die Beziehung zwischen »Einsicht« und allgemeiner intellektueller Leistungsfähigkeit, auch wenn 4 von 8 Studien eine positive Beziehung feststellten (Überblick bei KEMP & DAVID 1996). MACPHERSON et al. (1996 a) fanden außerdem eine deutlich positive Beziehung zwischen Dauer der Schulbildung und »Einsicht«. Zwischen spezifischeren kognitiven Funktionen und »Einsicht« werden überwiegend keine Zusammenhänge gefunden (MCEVOY et al. 1996).
- *Behandlungseinfluß:* Im Verlauf der stationären Behandlung verbessert sich die Krankheitseinsicht im Durchschnitt signifikant (MCEVOY et al. 1989 a, JØRGENSEN 1995, MICHALAKEAS et al. 1994); und Patienten mit größerer »Einsicht« bei Entlassung werden über einen Zeitraum von 2,5 bis 3,5 Jahren seltener wieder aufgenommen (MCEVOY 1989 b).
- *Suizidalität:* AMADOR et al. (1996) untersuchten den Zusammenhang von »Einsicht« und Suizidalität und stellten fest, daß suizidale Gedanken und Verhaltensweisen stärker ausgeprägt sind, wenn die Betroffenen sich ihrer

Symptome bewußt sind. Dies gilt insbesondere bezüglich der Negativ-Symptomatik.
- *»Compliance«:* Patienten mit stärker ausgeprägter »Einsicht« bewerten die Behandlung als hilfreicher (DAVID et al. 1995) und zeigen im Schnitt eine höhere Medikamenten-»Compliance«; es gibt jedoch Patienten, die trotz »Einsicht« keine Medikamente einnehmen, sowie Patienten, die »uneinsichtig« und zugleich compliant sind (»doppelte Buchführung«; AMADOR et al. 1991, DAVID 1990):

> »Wir waren beeindruckt von den vielen interviewten Patienten, die konstant ›nein‹ antworteten, wenn sie gefragt wurden, ob sie krank seien oder Behandlung bräuchten, die aber klar ihren Willen zum Ausdruck brachten, im Krankenhaus Medikamente einzunehmen« (MCEVOY et al. 1989 a, Seite 46, Übers. G.W.). Auch LARSEN & GERLACH (1996) berichten von 5 Patienten, die sich nicht für psychisch krank hielten, aber gleichwohl Medikamente einnahmen, um nicht psychotisch zu werden.

Im Hinblick auf die Therapie ist die Feststellung von großer Bedeutung, daß die allermeisten Betroffenen über lange Zeitstrecken durchaus in der Lage sind, sich von ihrem psychotischen Erleben zu distanzieren und sich bewußt sind, an irgendeiner Art psychischer Störung zu leiden. Damit ist eine entscheidende Voraussetzung für psychoedukative Therapieansätze gegeben, die an den vorhandenen, wie auch immer gearteten Konzepten ansetzen und versuchen, die bewußte Verarbeitung der Erkrankung und ihre konstruktive Bewältigung zu unterstützen. Sofern dies gelingt, kann eine positive Wirkung auf den Krankheitsverlauf erwartet werden.

JOHNSON & ORRELL (1995) unterstreichen zu Recht, daß die Frage danach, ob ein psychosekranker Mensch krankheitseinsichtig sei, üblicherweise auf die Frage hinausläuft, ob er mit dem Krankheitskonzept des Behandlers übereinstimmt. Betroffene sind aber möglicherweise nicht deshalb »uneinsichtig«, weil sie krank sind, sondern weil sie über ein anderes Krankheitskonzept verfügen, als psychiatrisch Tätige und andere Vorstellungen bezüglich der Behandlung haben als diese. Dabei spielen kulturelle und subkulturelle Einflüsse wahrscheinlich eine wichtige Rolle. So muß nicht von vornherein ausgemacht sein, daß Professionelle das »angemessenere« Konzept haben, wie das Scheitern des traditionellen Krankheitskonzeptes der Schizophrenie eindrucksvoll belegt.

Ob und in welchem Ausmaß es möglich ist, Krankheitseinsicht und konstruktive Krankheitsbewältigung zu fördern, wird also entscheidend von der Angemessenheit und »Verträglichkeit« des Krankheitskonzeptes abhängen, das professionelle Therapeuten vertreten. Nur ein Schizophrenie-Verständnis, das im wesentlichen vereinbar ist mit dem subjektiven Erleben und dem Selbstkonzept der Betroffenen, wird eine tragfähige Basis für die (psychoedukative) Zusammenarbeit zwischen schizophren Erkrankten und Professionellen darstellen können.

1.2 Informiertheit von Betroffenen über unterschiedliche Aspekte der Erkrankung und ihre Behandlung

Welche Kenntnisse haben Betroffene vor und unabhängig von speziellen psychoedukativen Therapieangeboten über die Erkrankung und ihre Behandlung? Woher haben sie ihre Informationen und wie ist ihre Reaktion darauf? Die Beantwortung solcher Fragen kann wichtige Aufschlüsse geben über die Gestaltung psychoedukativer Behandlungskonzepte. Dabei sind verschiedene Aspekte zu unterscheiden: Informiertheit über die Diagnose, Erklärungsmodelle zur Entstehung der Erkrankung und Informiertheit über die unterschiedlichen Aspekte der Pharmakotherapie.

a) Die Diagnose »Schizophrenie«:

Im Durchschnitt scheint nur gut jeder zweite Betroffene die korrekte Diagnose oder eine zutreffende Ersatzbezeichnung zu kennen: In sechs deutschen Studien variiert der Anteil von Patienten mit Diagnosekenntnis zwischen 31 % und 62 %, Median 52 % (HUBER et al. 1979, ZÖLLNER & DÖPP 1979, LINDEN & CHASKEL 1981, LUDERER 1989 a, LUDERER & BÖCKER 1993, LUDERER 1994 a). Dabei möchte offenbar die Mehrheit derjenigen, die keine zutreffende Bezeichnung für ihre Erkrankung kennt, die Diagnose erfahren: ZÖLLNER & DÖPP (1979) 60 %; LUDERER (1989 a) 56 %.

Wie reagieren Betroffene auf die Kenntnis der zutreffenden Krankheitsbezeichnung? Die Akzeptanz der Diagnose ist offenbar relativ ausgeprägt: 44 % bei HUBER et al. (1979); 65 % bei ZÖLLNER & DÖPP (1979) und 94 % bei LUDERER (1989 a) zeigten mindestens teilweise Akzeptanz, 64 % bei LUDERER (1994 a) vollständige Akzeptanz.

> In diesem Zusammenhang ist das Ergebnis einer Studie von WARNER et al. (1989) interessant: Die Akzeptanz des »Etiketts« psychisch krank zu sein, ging *nicht* einher mit einem ungünstigeren psychosozialen Funktionsniveau. Die Autoren ziehen den Schluß, daß Akzeptanz der Erkrankung eine *notwendige Bedingung* für gute psychosoziale Anpassung bei Psychosekranken ist. (Dies gilt allerdings nur dann, wenn zugleich eine internale Kontrollüberzeugung besteht, d.h. wenn die Betroffenen das, was ihnen geschieht, als abhängig von ihrem persönlichen Einfluß wahrnehmen). Dieser Befund ist angesichts soziologischer Hypothesen zur Wirkung von Krankheits-Etiketten bei Stigmatisierungsprozessen sowie der Annahme von systemisch orientierten Therapeuten über die Festschreibung der Patientenrolle durch Diagnosen keineswegs selbstverständlich.

Was die Herkunft der Information über die psychiatrische Diagnose angeht, so sind Ärzte nach Angaben der Betroffenen zwar die häufigste, keinesfalls jedoch die einzige Informationsquelle. In der Studie von ZÖLLNER & DÖPP (1979) gaben 57 % der Befragten an, die Diagnose von einem Arzt erfahren zu haben, bei LINDEN & CHASKEL (1981) 51 %. DITTMANN & SCHÜTTLER (1990 a) berichten, daß eine »erhebliche Anzahl« der Patienten »spontan« den Terminus Schizophrenie gebrauchen, »wobei auf Nachfrage überwiegend angegeben wurde, noch nie mit einem Arzt darüber gesprochen zu haben. Die Information und diagnostische Zuordnung wurde überwiegend mittels anderer Patienten oder medizinischer Nachschlagewerke für Laien vollzogen«

(S. 481). LINDEN & CHASKEL (1981) stellten fest, daß die Informationen in etwa 30 % über administrative Wege sowie in 20 % über Freunde, Bücher und Krankenpflegepersonal erfolgte. Bei ZÖLLNER & DÖPP (1979) haben 31 % die Diagnose aus dem Arztbericht oder »selbst entdeckt«.

Der Umstand, daß nur gut die Hälfte der Betroffenen hinreichend über die Diagnose informiert ist und davon nach eigenen Angaben offenbar wiederum nur etwa die Hälfte von einem Arzt aufgeklärt wurde, deutet darauf hin, daß die Offenheit des Arzt-Patient-Gespräches in diesem Punkt sehr begrenzt ist. Tatsächlich fand LUDERER (1994 a) in zwei Studien, daß Ärzte bei schizophrenen Patienten eine »umfassende Aufklärung« weitaus seltener als bei affektiven oder Suchterkrankungen befürworten (68 % gegenüber 95 % bis 100 %). Noch ausgeprägter war die Zurückhaltung bezüglich der Nennung der exakten Diagnose (21 % gegenüber 78 % bis 97 %).

In einer binationalen Untersuchung zeigte sich, daß nur etwa die Hälfte der befragten nordamerikanischen Ärzte ihre Patienten aktiv, also von sich aus über die Diagnosen Schizophrenie oder schizophrenieforme Psychose aufklären, jeweils mehr als 80 % dies jedoch bei bipolar-affektiven, depressiven oder Angst-Erkrankungen befürworten. In einer Vergleichsgruppe japanischer Ärzte informierten nur knapp 7 % aktiv über die Diagnose Schizophrenie. Gar nicht, also weder aktiv noch auf Nachfrage, würden 18 % der amerikanischen und 70 % der japanischen Ärzte informieren. Als Gründe für den zurückhaltenden Umgang mit der Diagnose wurden am häufigsten genannt: »schadet dem Patienten« (26 % bzw. 40 %), »ist bedeutungslos für die Therapie« (32 % bzw. 4 %) und »führt zu Mißverständnissen« (48 % bzw. 25 %) (MCDONALD-SCOTT et al. 1992). Das Ausmaß der Offenheit ist also u.a. erheblich von der Diagnose des Patienten abhängig und Ärzte neigen dazu, die Aufklärung von schizophren Erkrankten für problematisch zu halten.

Für negative Wirkungen der Diagnosemitteilung gibt es jedoch keine eindeutigen Belege. Zwar reagieren sicherlich einzelne Betroffene strikt ablehnend auf die Diagnose Schizophrenie (STARK & STOLLE 1994) oder mit vorurteilsbesetzten Ängsten (BECHTER 1993). Dies gilt offenbar jedoch keineswegs für alle Erkrankten, was die oben referierten Befunde zur Akzeptanz belegen.

Ein wichtiges Argument für den offenen Umgang auch mit dem Terminus Schizophrenie ist darüber hinaus, daß viele Betroffene ihn ohnehin aus anderen Quellen erfahren, ohne daß dann die Möglichkeit gegeben ist, die Diagnose in einem informierenden Gespräch angemessen einzuordnen. So konnten TELGER et al. (1984) zeigen, daß viele psychisch Kranke sich durch eine breite Palette von – zum Teil dubiosen – Quellen informieren. Im Gegensatz zu anderen Diagnosegruppen reagierten schizophrene Patienten doppelt so häufig ängstlich:

> »In der Gruppe der jungen schizophrenen Patienten überwiegen die nachteiligen Folgen deutlich die günstigen Wirkungen, vor allem reagieren diese Patienten mit Angst« (TELGER et al. 1984, S. 59).

Wenn Betroffene bei ihrer Beschäftigung mit der Erkrankung auf sich selbst gestellt bleiben, kann dies also sehr wohl problematische Wirkungen haben.

Dieser Umstand spricht ebenfalls eher *für* das möglichst offene Gespräch. LUDERER (1994 a) weist darauf hin, daß sich die Befürchtung, die genaue Diagnose »Schizophrenie« würde seltener akzeptiert als eine irgendwie geartete Beschreibung, nicht empirisch stützen läßt. Er stellt fest:

>»Die Sonderstellung, die Patienten mit Schizophrenien im Bewußtsein vieler Ärzte einnehmen, läßt sich insofern wohl nicht ausschließlich auf die Sorge um die Folgen eines offenen Gesprächs zurückführen. Ein wesentliches Motiv mag die generelle Scheu vor unangenehmen Mitteilungen sein: Die meisten Menschen überbringen schlechte Nachrichten weniger gern als gute« (LUDERER 1994 a, S. 126).

Demnach wäre es eher ein problematisches, vorurteilsbehaftetes Krankheitskonzept auf Seiten der Ärzte, das einem offenen Informationsverhalten entgegensteht.

>»Überhaupt nehmen die Patienten mit Schizophrenien eine Sonderstellung ein: Die Aufklärung wird bei dieser Patientengruppe als weniger wichtig erachtet als bei Patienten mit anderen Diagnosen, die wissenschaftliche Krankheitsbezeichnung wird häufig nicht genannt, das Gespräch über längerfristige Behinderungen im Sinne von Residualsyndromen wird vermieden. Es ist fraglich, ob diese Zurückhaltung dem Patienten in jedem Fall gerecht wird, oder ein grundsätzliches Vermeiden der Krankheitsbezeichnung ›Schizophrenie‹ nicht den negativen Wertakzent dieses Wortes weiter verfestigt. Es ist auch schwer nachzuvollziehen, wie sich ein in der Psychiatrie tätiger Arzt mit dem Patienten beispielsweise über die Notwendigkeit von Rehabilitationsmaßnahmen verständigen kann, wenn er nicht die krankheitsbedingten Behinderungen des Patienten zum Gesprächsthema macht« (LUDERER & LOSKARN 1988, S. 484).

Dabei dürfte sich allerdings von selbst verstehen, daß mit dem zweifellos belasteten Schizophrenie-Begriff im Gespräch mit Betroffenen sorgsam umzugehen ist und daß viele von ihnen Unterstützung dabei benötigen, diesen Begriff angemessen einzuordnen und ihn von den gröbsten Vorurteilen zu befreien. Gelingt dies, so kann dadurch eine konstruktive Krankheitsverarbeitung gefördert werden (BECHTER 1993).

b) Erklärungsmodelle von Betroffenen:

Wie erklären sich Betroffene die Entstehung ihrer psychotischen Störung? Die zu dieser Frage vorliegenden Ergebnisse sind nicht ganz leicht zu interpretieren, weil sie auf unterschiedlichen Erhebungsverfahren beruhen und sehr unterschiedliche Kategorien verwenden. In der generellen Tendenz ist die Befundlage jedoch recht eindeutig:

- Fast alle Studien, die auf offenen oder halboffenen Befragungen beruhen, finden als häufigstes Erklärungsmuster eine *multifaktorielle* Genese (ANGERMEYER & KLUSMANN 1988, GREENFELD et al. 1989, DITTMANN & SCHÜTTLER 1990 b, BOCK & JUNCK 1991; Ausnahme: WINDGASSEN 1989). Dies gilt auch für die Studie von STARK & STOLLE (1994), bei der alle Befragten eine »psychische« Ursache vermuten, die meistens jedoch kombiniert war mit »konstitutioneller Labilität«.
- An zweiter Stelle rangieren ätiologische Vorstellungen, die die Erkrankung »persönlich« bzw. rein intrapsychisch erklären (ANGERMEYER & KLUSMANN 1988, DITTMANN & SCHÜTTLER 1990 b, LUDERER & BÖCKER 1993). Dies

gilt mit Ausnahme der Studie von WINDGASSEN (1989), in der die Hälfte der Befragten eine primär psychoreaktive Genese vermuteten.
- Rein biologische Erklärungsmodelle sind dagegen eher selten: ANGERMEYER & KLUSMANN (1988) 16 %; WINDGASSEN (1989) 10 %, LUDERER & BÖCKER (1993) 24 %.
- Mit 16 % bis 26 % in der gleichen Größenordnung liegt der Anteil derjenigen Befragten, die keine Erklärungshypothesen äußern (ANGERMEYER & KLUSMANN 1988, WINDGASSEN 1989, DITTMANN & SCHÜTTLER 1990 b). GREENFELD et al. (1989) stellen ergänzend fest, daß alle Befragten, die psychotische Symptome anerkennen, auch Hypothesen zu deren Entstehung haben.
- Abseitige, esoterische oder auch wahnhafte Erklärungen scheinen insgesamt eine unbedeutende Rolle zu spielen.

Methodisch ist bei allen Studien problematisch, daß sie nicht klar differenzieren zwischen *ursächlichen* und *auslösenden* Bedingungsfaktoren.

Demnach ist festzustellen, daß viele Betroffene bereits von sich aus und ohne von Professionellen informiert zu werden, von ätiologischen Vorstellungen ausgehen, die zumindest kompatibel sind mit dem Verletzlichkeits-Streß-Bewältigungs-Modell. DITTMANN & SCHÜTTLER (1990 b, S. 320) bezeichnen diese Übereinstimmung als »erstaunlich«. Ähnlich BOCK & JUNCK (1991):

> »Die überwiegende Mehrheit der befragten Personen hat sich nicht mit psychiatrischer Fachliteratur beschäftigt. Umso erstaunlicher ist die weitgehende Übereinstimmung etwa mit der Vulnerabilitätshypothese CIOMPI s« (S. 61).

Bemerkenswert erscheint ferner, daß beide Studien, die Vergleiche zwischen den ätiologischen Hypothesen von Betroffenen und Professionellen angestellt haben, erhebliche Diskrepanzen feststellten:
- LUDERER & BÖCKER (1993) fanden, daß die behandelnden Ärzte der von ihnen befragten schizophrenen Patienten die Erkrankung in 94 % der Fälle auf rein biologische Bedingungen zurückführten (Patienten: 24 %). Die Position der Ärzte ist demnach homogener, kann aber vor dem Hintergrund aktueller Modellvorstellungen zur Schizophrenie keineswegs a priori höhere Gültigkeit beanspruchen.
- BOCK & JUNCK (1991) berichten, daß bei den befragten Mitarbeitern einer Tagesklinik die eindeutige Tendenz bestand, die Entstehung der Psychose auf den Familienhintergrund zurückzuführen, während die Patienten überwiegend multifaktorielle Erklärungshypothesen hatten. Nur einer von 6 Patienten zeigte sich informiert darüber, welche Ursachen sein Therapeut für die Entstehung der Psychose verantwortlich macht.

Auffällig ist, daß uns nur eine einzige Studie bekannt geworden ist, in der Betroffene nach ihrer Auffassung über die *Prognose* der Erkrankung gefragt wurden:

> »Eine eindeutige Einschätzung war bei keinem von ihnen vorhanden. Positive und negative Einschätzungen konnten gleichzeitig auftreten oder mehr oder weniger stark in eine Richtung tendieren« (STARK & STOLLE 1994, S. 76).

c) Die medikamentöse Behandlung:

Praktisch alle schizophren Erkrankten werden – sofern sie überhaupt mit psychiatrischen Institutionen in Kontakt kommen – irgendwann und zumeist über längere Zeit mit Neuroleptika behandelt. Eine Aufklärung des Patienten über diese Behandlung einschließlich ihrer Nebenwirkungen und Risiken ist nicht nur ethisch sondern auch rechtlich geboten (s. unten 1.4).

Den wenigen Untersuchungen zufolge, die hierzu vorliegen, ist das Wissen der Betroffenen über die medikamentöse Behandlung jedoch mehr oder weniger lückenhaft:

- Soskis (1978) fand, daß lediglich 68 % in einer Gruppe von männlichen schizophrenen Krankenhauspatienten den Namen und 36 % die Dosis der von ihnen einzunehmenden Medikamente wußten. Sie verfügten außerdem über signifikant *geringere* Informationen über die erwünschten und *mehr* Informationen über die unerwünschten Wirkungen sowie die Risiken der Medikamente als eine Vergleichsgruppe internistischer Patienten. Dabei nahm die Bereitschaft zur Einnahme der Medikamente mit dem Wissen über negative Wirkungen tendenziell ab.
- Linden & Chaskel (1981) berichten günstigere Befunde: 93 % ihrer ambulanten Patienten konnten alle eingenommenen Medikamente korrekt benennen; 85 % nannten spontan mindestens einen therapeutischen Effekt, 60 % mindestens eine Nebenwirkung. Die Funktion der Neuroleptikabehandlung konnten allerdings lediglich 39 % korrekt benennen. Hierbei handelt es sich um eine Stichprobe von langfristig an einer Universitäts-Poliklinik ambulant behandelten Patienten, die von den Autoren als »hochcompliant« eingestuft werden.
- Auch Brown et al. (1987) fanden einen hohen Informationsstand bezüglich Name und Zweck der Medikamente (> 90 %); nur 17 % der Befragten hatten jedoch Kenntnisse über mögliche Nebenwirkungen.
- Luderer (1989 a) untersuchte stationäre Patienten einer Universitätsklinik: 49 % konnten die eingenommenen Medikamente korrekt benennen, 46 % kannten mindestens eine Nebenwirkung aus Erfahrung oder vom Hörensagen, aber nur 32 % verfügten über genaue oder überwiegend zutreffende Kenntnisse zu den erwünschten Wirkungen.

Insgesamt zeigen die vorliegenden Ergebnisse also eine recht große Streuung, was nicht zuletzt durch die Unterschiedlichkeit der untersuchten Patientengruppen bedingt sein dürfte. Der Informationsstand schizophrener Patienten über die medikamentöse Therapie weist demnach mehr oder weniger große Lücken auf, wobei besonders ins Auge fällt, daß das Wissen um die erwünschten therapeutischen und rückfallprophylaktischen Wirkungen der Neuroleptika bei den meisten Betroffenen sehr begrenzt ist und offenbar noch geringer ausgeprägt als das Wissen über die unerwünschten Wirkungen.

1.3 Bewertungen/Erwartungen bezüglich psychiatrischer Behandlungsangebote

Werden schizophren verletzliche Menschen nicht mehr als passive Objekte professioneller Behandlungsbemühungen, sondern als aktive, einsichts-, selbsthilfe- und mitverantwortungsfähige Subjekte gesehen, bekommen ihre Bewertungen und Erwartungen bezüglich psychiatrischer Hilfeangebote einen hohen Stellenwert. Denn diese entscheiden letztlich über die Akzeptanz und damit auch über die Wirksamkeit der Hilfen. Unter dieser Perspektive erscheinen »Patienten« oder »Betreute« als potentiell kritische und autonome *Nutzer*.

Untersuchungen über die generelle Zufriedenheit psychiatrischer Patienten mit ihrer Behandlung sind relativ zahlreich; sie stammen allerdings ganz überwiegend aus dem stationären Kontext. Einen aktuellen Überblick über die Ergebnislage geben GRUYTERS & PRIEBE (1994). Sie berichten u.a., daß die allgemeine Zufriedenheit mit psychiatrischer Behandlung im Schnitt hoch ist (zwischen 56 % und 100 %) und häufig höher als die Behandler vermuten. Sehr viel weniger ist allerdings bekannt über die Bewertungen *einzelner* Behandlungsangebote durch *spezielle* Patienten- bzw. Nutzergruppen. Dies gilt in besonderer Weise für schizophren Erkrankte.

Aussagekräftig und relativ eindeutig scheint die Befundlage lediglich bezüglich der Bewertung der medikamentösen Therapie. Stationäre Patienten beurteilten sie zu 57 % bzw. 60 % als »hilfreich« (SOSKIS 1978, Rogers et al. 1993) und ebenfalls zu 60 % als überwiegend oder eindeutig positiv (WINDGASSEN 1989). In der Studie von GREENFELD et al. (1989) sind 76 % der Auffassung, daß Medikamente *und* Psychotherapie eine wichtige Rolle bei der Reduktion ihrer Symptome gespielt hätten. Bei LUDERER & BÖCKER (1993) erwarten 69 % Hilfe von Medikamenten. Aber ähnlich viele erwarten Hilfe von verschiedenen Formen des Dialogs. In einer langfristig ambulant behandelten und als »hochcompliant« eingestuften Stichprobe beurteilen 87 % der Befragten Medikamente als hilfreich (LINDEN & CHASKEL 1981), in einer anderen Gruppe ambulanter Patienten hatten 60 % eine positive Einstellung zur Depot-Medikation und 68 % gaben an, daß diese ihren psychischen Zustand verbessere (LARSEN & GERLACH 1996). Auch in einer Befragung von TRENCKMANN (1990) äußerten 63 % der Befragten, ihre Depot-Medikation habe mehr Vor- als Nachteile.

ANGERMEYER et al. (1993) verglichen die Reaktion von 74 schizophrenen Patienten und mehr als 3.000 Personen aus der Allgemeinbevölkerung auf folgende Feststellung: »Psychopharmaka sind das zuverlässigste Mittel, um bei einer psychischen Erkrankung einen Rückfall zu verhindern.« Von den schizophrenen Patienten stimmten 43 % dieser Feststellung zu (28 % antworteten »weiß nicht«), in der Allgemeinbevölkerung 18 % (31 % »weiß nicht«). Dagegen fand DAVIDHIZAR (1987) ein Überwiegen eher negativer Bewertungen der Neuroleptika (55 % gegenüber 41 %). Die Autorin stellt ergänzend fest:

> »Die interviewten Personen schienen sich nicht nur mit gegenwärtig erlebten, sondern auch mit Nebenwirkungen zu beschäftigen, die andere Patienten, mit

denen sie gesprochen hatten, erleben, die sie selbst Jahre zuvor erlebt hatten oder über die sie gelesen oder gehört hatten« (S. 181). Und weiter: »Während des Interviews gaben einige Patienten zu, daß ihre Einstellung zur Medikamenteneinnahme im Krankenhaus eine andere sei als nach dem Krankenhausaufenthalt, weil dann seien sie ›gesund‹ und würden keine Medikamente mehr benötigen« (S. 182, Übers. G.W.).

Berücksichtigt man eine Rate von 10 % bis 20 % Patienten, bei denen Neuroleptika keine erwünschten Wirkungen haben (sog. Non-Responder), beeindrukken die Bewertungen als äußerst positiv. Bemängelt wird allerdings von vielen Patienten die unzureichende Information über die Nebenwirkungen : 40 % (LINDEN & CHASKEL 1981), 52 % (HANSSON 1989) bzw. 73 % (LaROCHE & ERNST 1975) sind mit diesem Aspekt unzufrieden (die beiden zuletzt genannten Ergebnisse wurden in unausgelesenen Krankenhauspopulationen gefunden, in denen schizophrene Patienten nur eine Untergruppe darstellten).

Sehr viel dürftiger noch ist der Informationsstand bezüglich der Bewertung anderer Aspekte psychiatrischer Behandlung durch schizophrene Patienten. Was die in diesem Zusammenhang besonders interessante Frage angeht, wie gut sich Betroffene über ihre Erkrankung und die Behandlungsmöglichkeiten informiert fühlen, ist uns keine Untersuchung bekannt geworden, die sich ausschließlich auf schizophren Erkrankte bezieht.

Deshalb hierzu einige Resultate aus der Befragung unausgelesener Krankenhausstichproben: LUDERER (1989 a) fand, daß nur 40 % überwiegend zufrieden waren mit der Information über die Erkrankung (46 % waren unzufrieden oder ambivalent, die übrigen machten hierzu keine Angabe). In der umfassenden Untersuchung von HANSSON (1989), in der 44 unterschiedliche Kriterien der Behandlung beurteilt wurden, war die Unzufriedenheit am zweitgrößten mit verschiedenen Aspekten der Information sowie mit den Möglichkeiten, auf die Behandlung Einfluß nehmen zu können (am negativsten wurden die unterschiedlichen Formen von Zwang beurteilt). Ähnliche Resultate berichten RITTMANNSBERGER et al. (1991): Zwar waren 51 % der Befragten mit der Information sehr zufrieden, aber auch hier wurden bezüglich der Fragen »Wie gut wurden Sie informiert?« und »Wie gut fühlen Sie sich informiert?« die negativsten Bewertungen unter insgesamt 12 Kriterien abgegeben. Auch SPIESSL & KLEIN (1995) fanden, daß gut die Hälfte der Befragten sich gut bis sehr gut über die Krankheit und Behandlungsmaßnahmen informiert fühlten, zugleich lag dieses Kriterium in der Reihenfolge der Zufriedenheit an 12. Stelle (von 14); nur die Stationsräumlichkeiten und die Ausstattung der Patientenzimmer wurden noch kritischer beurteilt.

SVENSSON & HANSSON (1994) konnten die Ergebnisse von HANSSON (1989) bezüglich der ausgeprägten Unzufriedenheit mit Information und Einflußnahme auf die Behandlung in einer anderen Stichprobe bestätigen; sie fanden außerdem beim Vergleich verschiedener diagnostischer Untergruppen, daß die Unzufriedenheit am größten war bei schizophrenen Patienten. Schließlich faßt LORENZEN (1989) die Ergebnisse seiner Befragung von fast 400 Krankenhauspatienten, davon 41 % mit schizophrenen Psychosen, folgendermaßen zusammen:

»Überhaupt wird beklagt, daß man zuwenig über seine Erkrankung informiert sei und daß man nur selten über bestimmte Therapiemaßnahmen aufgeklärt werde. Dieses Informationsdefizit dürfte bei den Patienten eine Reihe negativ zu beurteilender Folgen bewirken: Fehldeutungen adäquater therapeutischer Maßnahmen

als Strafen; Mißverständnisse des nonverbalen Interaktionsverhaltens des Personals; Phantasien und Befürchtungen über die Handlungen und Absichten der Therapeuten; Angst und Unruhe auf der Station.
Die Verweigerung von Information wird vom Patienten zwangsläufig als Verheimlichen interpretiert, sei es, um ihn wegen seines schlechten Gesundheitszustandes nicht zu beunruhigen oder sei es, um evtl. kritischen Bedenken oder Widerständen vorzubeugen« (S. 130).

Diese generelle Problemanzeige wird gestützt durch vereinzelte Hinweise aus Befragungen schizophren Erkrankter. In der Studie von WINDGASSEN (1989) wünschten knapp ein Drittel derjenigen Patienten, die etwas an der stationären Behandlung »vermißt« hatten, mehr Information über die Erkrankung und Behandlung. Auch BOCK & JUNCK (1991) berichten, daß die von ihnen befragten Patienten mehr Informationen über die Erklärungsmodelle der Behandler wünschten. LUDERER (1990) ließ schizophrene Patienten Informationsbroschüren über schizophrene Psychosen und ihre Behandlung bewerten. Grundsätzlich positiv über diese Art von Information äußerten sich 58 % der Betroffenen. Zwei konkrete Broschüren wurden überwiegend als hilfreich (62 % bzw. 71 %) bewertet; die darin enthaltene Information reichte jedoch vielen Betroffenen nicht aus (jeweils 46 %). Die überwiegende Mehrheit beurteilte beide Broschüren außerdem als »wenig einfühlsam« (71 % bzw. 75 %):

»So erklärten uns viele Patienten mit schizophrenen Psychosen, sie erkennen sich zwar teilweise wieder, es seien jedoch in den Broschüren im großen und ganzen Symptome aufgeführt, die bei ihnen nur relativ kurze Zeit bestanden haben. Die Krankheitserscheinungen, die sich im Anschluß an die akuten Symptome entwickelt haben, seien nur kurz beschrieben, so als sei dies gar nicht so wichtig. Andere Fragen seien völlig ausgeklammert, Fragen wie: Wie lange muß ich die Medikamente nehmen? Können die Medikamente Schaden anrichten? Wie wird sich die Krankheit weiter entwickeln?« (LUDERER 1990, S. 20).

Die Inhalte der Broschüren gingen also zumindest teilweise an den Erfahrungen und Bedürfnissen der Betroffenen vorbei. Dabei handelt es sich um die Broschüren von CROME und TÖLLE sowie von HAASE, die Anfang der 80er Jahre erschienen sind und aus heutiger Sicht in verschiedener Hinsicht als überholt erscheinen. Geeigneter sind die Ratgeber von LUDERER (1989 c), HELL & FISCHER-GESTEFELD (1993) sowie Finzen (1993 a). Besonders zu empfehlen ist das Buch von BÄUML (1994), das kaum eine Frage von Betroffenen und Angehörigen offen lassen dürfte.

MUESER et al. (1992 b) haben 46 schizophrene und schizoaffektive Patienten – sowie ihre Angehörigen – direkt bezüglich ihrer Bedürfnisse nach Information befragt (*educational needs*). Die am häufigsten genannten Themen von insgesamt 54 waren: 1. Das vom psychiatrischen Hilfesystem zu bekommen, was du brauchst; 2. Frühwarnzeichen; 3. Psychopharmaka; 4. Was passiert, wenn die Eltern sterben?; 5. Problemlösestrategien; 6. Genetik und Vulnerabilität; 7. Symptome; 8. Nebenwirkungen der Medikamente; 9. Streß und die Erkrankung; 10. Aktuelle Forschungsergebnisse über die psychische Erkrankung (die durchschnittliche Gewichtung dieser Themen lag zwischen 3,8 und 4,2 auf einer Fünf-Punkte-Skala). Das Informationsbedürfnis der Angehörigen war inhaltlich sehr ähnlich.

1.4 Zusammenfassung: Krankheitskonzepte der Betroffenen

Fassen wir die bisher referierten Ergebnisse zusammen, so läßt sich vorläufig festhalten:
- Die meisten schizophren Erkrankten sind außerhalb der akuten Phase sehr wohl in der Lage, ihre psychotischen Symptome als Anzeichen für eine Erkrankung bzw. psychischen Störung wahrzunehmen und sich von dieser über längere Zeiträume hinweg zu distanzieren.
- Nur etwa jeder zweite Betroffene kennt eine zutreffende diagnostische Bezeichnung für seine Erkrankung.
- Wenn die Diagnose bekannt ist, so ist ihre Akzeptanz durchaus hoch. Die verbreitete Zurückhaltung auf Seiten professioneller Helfer bezüglich der offenen Nennung der Diagnose läßt sich also kaum mit einer grundsätzlich ablehnenden Reaktion auf Seiten der Erkrankten begründen.
- Betroffene verfügen darüber hinaus in der Regel über differenzierte, multifaktoriell ausgerichtete Vorstellungen zur Entstehung der Erkrankung, die zu großen Teilen durchaus kompatibel erscheinen mit dem Verletzlichkeits-Streß-Bewältigungs-Modell der Schizophrenie. Demgegenüber sind die Ätiologie-Modelle von Professionellen zum Teil durch größere Einseitigkeit gekennzeichnet (»Biologie«, »Familie«).
- Die Kenntnisse über Art und Wirkung der eingenommen Medikamente sind mangelhaft. Bemerkenswert ist insbesondere, daß die Informiertheit über die unerwünschten Wirkungen besser zu sein scheint als bezüglich der erwünschten.
- Die medikamentöse Therapie wird generell überwiegend positiv bewertet; bemängelt wird jedoch die unzureichende Information, insbesondere über die Nebenwirkungen.
- Die Information über die Erkrankung und die Behandlung ist aus Sicht vieler Patienten nicht ausreichend, es besteht der Wunsch nach mehr und anderer Information.
- Insgesamt ist der Forschungsstand allerdings unbefriedigend; die meisten Resultate beschränken sich auf die Informiertheit der Betroffenen sowie ihre Stellungnahme zur medikamentösen Behandlung.

Es wird unschwer deutlich, daß eine Mehrzahl der Betroffenen sich mehr oder weniger intensiv mit der schizophrenen Erkrankung auseinandersetzt, sich darum bemüht, das Krankheitsgeschehen zu verstehen und zu erklären, die Behandlungsangebote kritisch bewertet und in der Lage ist, diesbezügliche Erwartungen zu formulieren. Schizophren verletzliche Menschen verfügen also – wie andere Gruppen von Menschen mit rezidivierenden bzw. chronischen Erkrankungen auch – über mehr oder weniger differenzierte *Krankheitskonzepte*.

> »Unter Krankheitskonzept kann man die Summe aller Meinungen, Deutungen, Erklärungen und Vorhersagen eines Menschen hinsichtlich Störungen seines Gesundheitszustandes verstehen« (LINDEN et al. 1988, S. 35).

Krankheitskonzepte sind subjektive Krankheitstheorien, die nicht nur zur Erklärung und Einordnung verschiedener Aspekte des Krankheitsgeschehens dienen, sondern die – durchaus im Sinne affekt-logischer Bezugssysteme – immer auch eine affektive Komponente sowie handlungsleitende Funktion haben. Sie sind in ihrer Komplexität und Vielfalt der Forschung sowie psychiatrischen Professionellen bisher sicherlich erst ansatzweise zugänglich.

> »Krankheitskonzepte spielen somit ausgesprochen oder unausgesprochen eine wichtige Rolle in der Therapieplanung, -durchführung, -inanspruchnahme und -wirksamkeit. Sie zur Kenntnis zu nehmen und zu beschreiben und ggf. auch Versuche zur Veränderung zu unternehmen, sind wichtige therapeutische Aufgaben« (LINDEN et al. 1988, S. 36).

Dieselben Autoren zeigen, daß die Krankheitskonzepte schizophren Erkrankter ein hohes Maß an Differenzierung aufweisen. Faktorenanalytisch können sie sieben Dimensionen unterscheiden, die relativ unabhängig voneinander variieren: Medikamentenvertrauen, Arztvertrauen, Negativerwartungen, Schuld, Zufallskontrolle, Krankheitsanfälligkeit, idiosynkratrische Annahmen. Auf dieser Basis haben sie eine »Krankheitskonzept-Skala« für schizophren Erkrankte entwickelt.

DITTMANN & SCHÜTTLER (1990 a) fanden, daß sich 76 % der von ihnen interviewten Betroffenen intensiv mit ihrer Erkrankung auseinandersetzten und daß diese doppelt so häufig aktiv Bewältigungsstrategien einsetzten als diejenigen, die sich weniger mit der Erkrankung beschäftigten. DERISSEN (1989) stellt allerdings einschränkend fest, daß eine der Realität nicht angepaßte, »überaktive« Krankheitsverarbeitung eher in Zusammenhang steht mit ungünstigen Verläufen; in diesen Fällen wird die Auseinandersetzung mit der Krankheit offenbar selbst zum Stressor.

Auf die handlungsleitende Funktion von Krankheitskonzepten hebt HELMCHEN (1990) ab, wenn er feststellt:

> »Die ... erforderliche, meist ambulante Langzeitbehandlung wird jedoch ihr Ziel kaum erreichen, wenn der Patient nicht Verantwortung für sich übernimmt und sich aktiv beteiligt. Das kann er aber nur, wenn er über seine Krankheit und ihre Prognose aufgeklärt, über die Ziele und die Durchführung der Behandlung informiert und durch Vertrauen motiviert ist. Je länger eine Krankheit dauert, um so eingehender beschäftigt sich der Kranke mit ihr und ihren Folgen, sucht sie sich zu erklären und lernt, mit ihr in bestimmter Weise umzugehen. Je weniger der Arzt diesen Prozeß durch Aufklärung beeinflußt, um so eher wird sich der Kranke seine Informationen aus anderen Quellen, von wohlmeinenden Verwandten, aus Lexika oder aus den Medien holen; hier ist die Gefahr der Vereinfachung oder Einseitigkeit groß. Damit wächst die Wahrscheinlichkeit, daß der Patient ein Krankheitskonzept entwickelt, das sich von demjenigen des Arztes erheblich unterscheidet« (S. 491).

Auch LINDEN (1985) stellt fest, daß Krankheitskonzepte von Arzt und Patient in der Regel nicht übereinstimmen und daß sie

> »... nicht deckungsgleich sein können. Alleine schon die Unterschiede in der Perspektive, die sich daraus ergeben, daß Arzt und Patient in unterschiedlichem Maße durch eine Erkrankung persönlich betroffen sind, führen zu einer unterschiedlichen Wertung von Krankheitszeichen und damit zu unterschiedlichen Krankheitskonzepten« (S. 8).

Eine Übereinstimmung der Krankheitskonzepte von Betroffenen und Professionellen ist also weder ein sinnvolles noch ein mögliches Ziel. Dies bedeutet jedoch nicht, daß *Widersprüche* und *Unvereinbarkeiten* zwischen den Konzepten der Beteiligten eine akzeptable und hinreichende Basis für die therapeutische Zusammenarbeit darstellen. Insbesondere CIOMPI hat immer wieder darauf hingewiesen, daß ein *gemeinsames Grundverständnis* der Erkrankung und Behandlung, das sich an aktuellen Modellvorstellungen zur Schizophrenie orientiert, an sich bereits ein wichtiges therapeutisches Agens ist. Es schafft Eindeutigkeit, vermittelt Orientierung und fördert positiv-realistische Zukunftserwartungen.

Im übrigen gilt – in Anlehnung an das Axiom »man kann nicht nicht kommunizieren« –, daß es in der Kommunikation zwischen Betroffenen und Professionellen unmöglich ist, nicht zu informieren. Auch Schweigen oder ausweichende Stellungnahmen sind Information, auf die Betroffene sich ihren Reim machen und die ihre Krankheitskonzepte beeinflussen (zum Beispiel: »Meine Krankheit ist so schlimm, daß mein Arzt mir nicht einmal die Diagnose nennen mag«). Deshalb ist der Hinweis von MCGORRY et al. (1990) auf die möglichen Folgen von problematischen, überholten Krankheitskonzepten durchaus ernst zu nehmen:

> »Die Patienten haben ... zusätzlich zu ihrer unmittelbaren Erfahrung der Erkrankung, ihr persönliches Krankheitskonzept, das geformt wird durch formelle und informelle, subtile ›Psychoedukation‹, die auf fehlerhaften Kenntnissen und Annahmen beruht sowie auf denselben Verzerrungen, die zur Entstehung der ›Illusion des Klinikers‹ führen. Es ist wahrscheinlich, daß dies gerade im Fall der Schizophrenie eine Reihe von sekundären und protektiven kognitiven Reaktionen hervorruft wie zum Beispiel Verleugnung; und wenn diese sich als inadäquat erweisen, Hilflosigkeit, Hoffnungslosigkeit, Depression und Suizid das Ergebnis sind« (S. 230, Übers. G.W.; zur »Illusion des Klinikers« vgl. WIENBERG, in diesem Band 6.3).

Es ist fachlich und menschlich geboten, Schizophrenie explizit und in qualifizierter Weise zum Thema zu machen, um eine tragfähige Basis für eine partnerschaftliche Zusammenarbeit zwischen Betroffenen und Professionellen zu schaffen. Das Verletzlichkeits-Streß-Bewältigungs-Modell bietet hierfür den geeigneten Rahmen.

1.5 Juristische und ethische Aspekte

Sowohl unter ethischer als auch unter juristischer Perspektive steht das *Selbstbestimmungsrecht* des Patienten an oberster Stelle (Artikel 2, Abs. 2 Grundgesetz). Die Entscheidungsfreiheit des einzelnen schließt grundsätzlich alle medizinischen Maßnahmen ein und ist nach gegenwärtiger Rechtsauffassung im Konfliktfall höher zu bewerten als die ärztliche Sorge um das Wohlergehen des Patienten.

> »Der Respekt vor der Autonomie des Patienten erfordert, ihn nicht nur über Diagnose und Prognose seiner Gesundheitsstörung, sondern auch über Ziele sowie Vor- und Nachteile möglicher Therapieverfahren zu informieren. Erst nach einer solchen Aufklärung kann der Patient seine Einwilligung zur Behandlung geben« (HALTENHOF & BÜHLER 1992, S. 174).

Ein Arzt darf einen Patienten in aller Regel nur dann behandeln, wenn dieser mit der Behandlung einverstanden ist. Ein ärztlicher Eingriff ohne Einwilligung erfüllt – von Ausnahmen wie »Gefahr im Verzuge« oder fehlender Einwilligungsfähigkeit abgesehen – den Tatbestand der Körperverletzung. Ein Patient kann aber nur dann sinnvoll sein Einverständnis geben, wenn er vorher ausreichend informiert wurde und somit weiß, worauf er sich einläßt (LUDERER 1994 a). Einverständnis setzt Informiertheit also notwendig voraus, was in der englischsprachigen Formulierung »*informed consent*« gut zum Ausdruck kommt. Grundsätzlich bedarf jede diagnostische oder therapeutische Maßnahme einer angemessenen Aufklärung, weil ohne ausreichende Einsicht des Patienten in die Art und Tragweite der Maßnahme seine Einwilligung als nicht rechtswirksam anzusehen ist (KERNBICHLER 1992).

Ethisch und juristisch unverzichtbar ist die *Risikoaufklärung*. Der Patient muß über Gefahren und Risiken der ärztlichen Maßnahmen aufgeklärt werden, welcher Art diese auch sind. Dies gilt insbesondere auch für die Aufklärung über mögliche Spätschäden der Neuroleptika (Späthyperkinesen bzw. Spätdyskinesien). Sie ist zwingend, wenn eine neuroleptische Langzeitbehandlung erfolgen soll (HELMCHEN 1991):

> »Dies muß ... spätestens bei Übergang in eine indizierte Langzeitmedikation geschehen. Wenn man sich klarmacht, daß die Langzeitmedikation im Vergleich zur Akutmedikation eine neue Behandlung mit anderer Indikation, anderen Voraussetzungen und Modi der Durchführung und anderen Risiken ist, dann sollte man der Gefahr entgehen, von einer Akutbehandlung unbemerkt in eine Langzeitmedikation zu geraten und den Zeitpunkt rechtzeitiger Aufklärung zu versäumen« (S. 266).

Rechtlich und ethisch nicht ganz unstrittig ist dagegen die *Krankheits- und Befindlichkeitsaufklärung* (LUDERER 1994 a), d.h. Information über Befunde, Diagnose und Prognose. Sie kann durch das »therapeutische Privileg« eingeschränkt sein:

> »Der Arzt muß den Patienten in vollem Umfang über dessen Krankheit informieren, wenn dieser es wünscht. Er darf also den Fragen des Patienten nicht ausweichen oder ihm gar bewußt die Unwahrheit sagen, um ihn zu schonen. Nur wenn ernste bleibende Gesundheitsschäden oder übermäßige psychische Belastungen des Patienten zu befürchten sind, kann die Krankheits- oder Befindlichkeitsaufklärung eingeschränkt werden oder unterbleiben. Dieses ›therapeutische Privileg‹ darf jedoch nicht zu weit ausgelegt werden. Eine vorübergehende psychische Beeinträchtigung des Patienten muß in Kauf genommen werden« (LUDERER 1994 a, S. 122).

Der Arzt muß also dem Patienten über alle medizinischen Fragen, die dessen Krankheit betreffen, Auskunft geben, es sei denn, es besteht die Gefahr, daß dieser durch allzu ausführliche Information dauerhaft körperlich oder psychisch geschädigt wird.

Die praktische Umsetzung dieser Prinzipien setzt einen nicht allzu schwer beeinträchtigten und einwilligungsfähigen Patienten voraus. Es kann geboten sein, die Einwilligungsfähigkeit gezielt zu überprüfen und sie im negativen Fall rechtswirksam zu ersetzen, z.B. durch die Zustimmung eines gesetzlichen Betreuers. Das Vorhandensein von akuten psychotischen Symptomen schließt die Einwilligungsfähigkeit jedoch keinesfalls von vornherein aus. Ist der

Patient einwilligungsfähig, muß er frei und ohne unterDruck gesetzt zu werden, entscheiden können (BRABBINS et al. 1996).

Sicherlich muß die Aufklärung psychisch Kranker mit besonderer Vorsicht und Einfühlsamkeit erfolgen (LUDERER 1989 b). Deshalb kommt dem Zeitpunkt und der Art der Aufklärung eine besondere Bedeutung zu. Unter rechtlichem Aspekt *muß* die Aufklärung auch durch den behandelnden Arzt selbst erfolgen, sie kann nicht delegiert werden (KERNBICHLER 1992). Die Aufklärung muß außerdem *mündlich* und *individuell* erfolgen; diese Form kann durch schriftliches Material oder Informationsgruppen rechtlich nicht ersetzt, selbstverständlich jedoch ergänzt werden (HELMCHEN 1991). Hiermit wird deutlich, daß der behandelnde Arzt durch psychoedukative Gruppenarbeit keinesfalls von seiner rechtlichen Verpflichtung zur Aufklärung entbunden wird. Inwieweit Psychiater ihren diesbezüglichen Verpflichtungen in der Praxis nachkommen, ist schwer zu beurteilen. Der unbefriedigende Informationsstand vieler Patienten verweist auf Defizite. Andererseits zeigt die praktische Erfahrung immer wieder, daß nachweislich informierte Patienten nicht über entsprechende Kenntnisse verfügen und bestreiten, informiert worden zu sein. Nicht zuletzt vor dem Hintergrund der erheblichen Störbarkeit der Informationsverarbeitung schizophren verletzlicher Menschen gibt es gute Gründe dafür, die individuelle Aufklärung durch den Arzt zu unterstützen und zu ergänzen mittels anderer Formen der Information wie psychoedukative Gruppenarbeit oder auch schriftliches Material (s. dazu 5.).

Anders als unter rechtlichem Aspekt kann es ethisch sowie fachlich nur wünschenswert sein, wenn auch nicht-ärztliche Berufsgruppen bei Information und Aufklärung in der Psychiatrie aktiv mitwirken. Sofern und sobald psychoedukative Arbeitsansätze als integrativer und unverzichtbarer Bestandteil jeglicher psychiatrischer Behandlung erkannt werden, können sie nicht mehr Sache einer einzigen Berufsgruppe sein. Psychoedukative Therapie ist vielmehr als ein wichtiges Mittel zu begreifen, um nach und nach eine gemeinsame Sprache in der Zusammenarbeit zwischen Professionellen, Betroffenen und Angehörigen zu entwickeln.

2. Die Therapie schizophren erkrankter Menschen – Grundlagen

2.1 Voraussetzungen und allgemeine Anforderungen

Jede Art von Therapie mit schizophren erkrankten bzw. verletzlichen Menschen sollte grundsätzlich geprägt sein von einigen *grundlegenden Einsichten*, die gegenwärtig keinem begründeten Zweifel unterliegen:

- *Eine ursächliche Therapie schizophrener Psychosen ist bis heute nicht bekannt.* Jede Art von Therapie hat deshalb notwendig eher kompensierenden, sekundär-präventiven oder rehabilitativen Charakter. Bei der nicht kleinen Gruppe von Betroffenen, bei der nach langer Zeit von »Heilung« gesprochen werden kann (vgl. WIENBERG in diesem Band, 6.1), bleibt letztlich unklar, ob diese durch therapeutische Bemühungen, durch die Selbsthei-

lungskräfte der Betroffenen, durch ihre Lebensbedingungen oder ein irgendwie geartetes Zusammenwirken dieser Faktoren bedingt ist.
- *Optimale Therapieergebnisse sind nur zu erwarten bei einer flexiblen Kombination von biologischen und psycho-sozialen Therapieverfahren.*
Die Zeit des Entweder-Oder sollte in der Therapie schizophren Erkrankter vorüber sein. Die vorliegenden Ergebnisse der Therapieforschung belegen eindeutig, daß die Kombination medikamentöser sowie psycho- und soziotherapeutischer Verfahren günstiger wirkt als einer dieser Ansätze allein (COURSEY 1989, LIBERMAN et al. 1989, MÜLLER & SCHÖNEICH 1992, HOGARTY 1993). Dies bedeutet nicht, daß jeder Betroffene jederzeit sowohl medikamentös als auch psycho-sozial behandelt werden muß. Es geht um eine flexible, am jeweiligen individuellen Bedarf orientierte Kombination im Verlauf.
- *Jede Therapie hat – neben den erwünschten – mögliche unerwünschte Wirkungen.*
Bei der Psychopharmakotherapie sind die sogenannten Nebenwirkungen gut untersucht und für den Patienten unmittelbar nachvollziehbar, z.T. sind sie auch der direkten Beobachtung zugänglich (z.B. Parkinsonoid, s.u., 3.). Über die möglichen Nebenwirkungen psychosozialer Therapie ist insgesamt weniger Genaues bekannt. Erwiesen ist jedoch die schädliche Wirkung von Überforderung bzw. Überstimulation. Diese können in unterschiedlichen Formen wirksam werden: z.B. als reizintensives, Abschirmung und Rückzug verhinderndes Milieu in der Akutbehandlung (CIOMPI 1982, Kap. 7); als »Rehabilitationsdruck« (WING 1986, 1987); durch Betreuer mit hoher »Expressed Emotion« (HOGARTY 1993); als »aufdeckende«, emotional-provozierende, Ich-Funktionen schwächende Psychotherapien (DRAKE & SEDERER 1986) usw. Therapie jedweder Art ist nur dann qualifiziert und verantwortbar, wenn sie sich offen mit ihren möglichen unerwünschten Wirkungen auseinandersetzt – auch gegenüber den Betroffenen.
- *Die Therapie schizophren Erkrankter ist keine Einzelleistung eines Therapeuten, einer Methode oder einer Institution.*
Die Unterschiedlichkeit der Störungen und Einschränkungen, die Betroffene sowohl im Quer- als auch im Längsschnitt erleben (s.u.), bedingen die Notwendigkeit eines multimodalen und damit auch multiprofessionellen und in der Regel multiinstitutionellen Therapieansatzes. Jeder Therapeut und jede Institution (be-) handelt nur dann qualifiziert, wenn er/sie in dem Bewußtsein handelt, kein Einzelkämpfer zu sein und selbst jeweils nur einen begrenzten Beitrag zu leisten; und wenn er/sie sich aktiv darum bemüht, diesen Beitrag zur Behandlung in Beziehung zu setzen zu anderen Beiträgen (STOFFELS 1993).
- *Die Basis für alle therapeutischen Bemühungen hat der Dialog zwischen Betroffenen und Helfern zu sein, der durch Einbeziehung der Angehörigen fast immer zu einem Trialog zu erweitern ist.*
Betroffene sind als Subjekte wahr- und ernstzunehmen, die eigene Konzepte über ihre Erkrankung und deren Behandlung haben, die über eigene Erfahrungen und Fähigkeiten im Umgang damit verfügen, die spezifische Wünsche und Erwartungen an die Therapie haben und die Mitverantwor-

tung für diese Therapie übernehmen müssen. Ihre Angehörigen sind insofern selbst betroffen, weil sie in vielfältiger Weise mit den Auswirkungen und Folgen konfrontiert sind, die das (Zusammen-) Leben mit einem schizophren erkrankten bzw. verletzlichen Menschen hat. Sie leiden z.T. erheblich unter den damit verbundenen Belastungen und Einschränkungen, und sie stellen oft die wichtigste, nicht selten einzig stabile Ressource im Leben des Erkrankten dar. Sie haben deshalb einen wohlbegründeten Anspruch darauf, in die Therapie ihres Familienmitgliedes in jeweils geeigneter Weise einbezogen zu werden. Dabei tut sich natürlich ein potentielles Konfliktfeld zwischen den Bedürfnissen und Interessenlagen von Betroffenen, Angehörigen und Professionellen auf, das allerdings unvermeidbar ist und jedenfalls nicht durch die Verweigerung des Dialogs bzw. Trialogs vermieden werden kann.

WIENBERG (in diesem Band, 7.3 und 7.4) hat die therapeutischen Konsequenzen dargestellt, die sich aus dem Drei-Phasen-Modell der Schizophrenie ergeben, sowie die Folgerungen, die dieses Modell für die Rolle der Betroffenen bei der Bewältigung ihrer Erkrankung hat. In Ergänzung dazu lassen sich einige weitere Anforderungsmerkmale für die Therapie schizophren Erkrankter benennen:
1. Inhalte und Methoden der verschiedenen Therapiebausteine sollten vereinbar sein mit dem Verletzlichkeits-Streß-Bewältigungs-Modell schizophrener Psychosen, bzw. sich in diesem Kontext begründen lassen.
2. In der Therapiepraxis sollten die Störungen der Informationsverarbeitung besonders berücksichtigt werden, um ein optimales Anforderungsniveau zu gewährleisten und Überforderung zu vermeiden.
3. Ziele, Inhalte und Methoden einzelner therapeutischer Maßnahmen sollten für die Nutzer transparent, nachvollziehbar und akzeptabel sein, d.h., sie sollten an ihren Bedürfnissen und Erfahrungen anknüpfen und für sie »Sinn machen«.
4. Das Therapieangebot muß umfassend sein und die unterschiedlichen therapeutischen Zielebenen in integrierter Form abdecken.
5. Das Therapieangebot muß flexibel sein, d.h., es muß intra- und interindividuelle Schwankungen im Befinden fortlaufend berücksichtigen.
6. Das Therapieangebot insgesamt darf zeitlich nicht von vornherein befristet sein. Zeitlich begrenzten Therapien kommt bei schizophren Erkrankten grundsätzlich nur ein begrenzter Stellenwert zu. Evaluations-Studien belegen, daß mit der Therapie in der Regel auch ihre Wirkung endet. Kurze Therapien mit begrenzter Reichweite sind in der Rückfallprophylaxe wahrscheinlich ebenso wenig wirksam, wie eine befristete Neuroleptikaeinnahme. Psychosoziale Therapie kann deshalb ebenso langfristig oder gar auf Dauer erforderlich sein wie neuroleptische Rezidivprophylaxe (was *nicht* bedeutet, daß jeder einzelne Therapiebaustein unbefristet verfügbar sein muß).
7. Die Wirksamkeit der angewendeten Therapieverfahren sollte empirisch belegt sein. Die erwünschten Wirkungen sollten die unerwünschten und schädlichen eindeutig überwiegen. Aufwand und Nutzen sollten in einem

angemessenen Verhältnis stehen (CIOMPI 1986 a, COURSEY 1989, BELLACK & MUESER 1993, HOGARTY 1993).

2.2 Therapieziele

Therapieverfahren, welcher Art auch immer, sind kein Selbstzweck sondern *Mittel*, um bestimmte Behandlungsziele zu erreichen. Auch im Hinblick auf die Therapie schizophren erkrankter Menschen ist es nützlich, sich die möglichen Therapieziele zu vergegenwärtigen, um existierende Verfahren einordnen zu können und um Anhaltspunkte für die Indikationsstellung zu gewinnen.

Das Spektrum potentieller Ziele in der Therapie schizophren Erkrankter läßt sich folgendermaßen abstecken:
- weitestmögliche Symptomfreiheit;
- minimierte Rückfallhäufigkeit;
- größtmögliche Autonomie im Umgang mit der Verletzlichkeit/Erkrankung;
- gestärkte Identität und positives Selbstkonzept;
- geringstmögliche Beeinträchtigungen durch primäre Störungen bzw. Defizite;
- größtmögliche Selbständigkeit bei der Alltagsbewältigung.

Diese Zielsetzungen sind sehr allgemein und müssen in jedem Einzelfall konkretisiert, ausdifferenziert und v.a. mit den Betroffenen ausgehandelt werden. Im folgenden werden die genannten Teilziele erläutert:
1. *Besserung der Symptomatik:*
   Betroffene sollten soweit wie möglich ohne Symptome leben können, oder die Beeinträchtigungen durch fortbestehende Symptome sollten so gering wie möglich sein. Dabei geht es sowohl um positive als auch um negative Symptome.
2. *Optimierung der Rückfallprophylaxe:*
   Betroffene sollten ihre individuelle Gefährdung sowie die Möglichkeiten (und Grenzen) der Rückfallvorbeugung kennen und in Zusammenarbeit mit ihrem Therapeuten sowie unter Einbeziehung ihres sozialen Umfeldes möglichst optimale Voraussetzungen für die Vermeidung von Rückfällen schaffen. Dies bedeutet allerdings keineswegs, daß Rückfälle *um jeden Preis* zu verhindern sind. Es gibt Situationen, wo eine akute Psychose die aktuell »beste« Lösung ist.
3. *Stärkung der Selbsthilfe- und Bewältigungsfähigkeiten:*
   Betroffene sollten mit ihrer Verletzlichkeit und ggf. ihren krankheitsbedingten Einschränkungen soweit wie möglich eigenständig und selbstverantwortlich leben können. Es geht um die Stärkung der Selbsthilfe- und Bewältigungsfähigkeiten des einzelnen, seine Autonomie. Dazu gehört die Mitverantwortung für die medikamentöse Therapie ebenso wie der Umgang mit Belastungssituationen, mit dem Hilfesystem sowie mit Alkohol und Drogen. Dabei handelt es sich um eine komplexe Aufgabenstellung, zu deren Bewältigung Kenntnisse, Fähigkeiten und Erfahrungen erforderlich sind.
4. *Förderung der subjektiven Krankheitsverarbeitung und Identität:*

Betroffene sollten die Erkrankung und ihre individuelle Verletzlichkeit soweit in ihr Selbstkonzept integrieren können, daß ihr Identitätsgefühl gestärkt wird und sie ein positives Selbstkonzept bewahren bzw. wiedererlangen. Dabei geht es darum, den Patienten dabei zu unterstützen, die Psychose in seine Biographie einzuordnen sowie seinen persönlichen Genesungsstil zu erkennen und zu fördern. Dazu gehören die bereichernden Erfahrungen ebenso wie die Erfahrungen von Schmerz, Depression, Hoffnungslosigkeit und Stigma sowie die Auswirkungen auf die persönliche Lebensplanung. Dies schließt ein, die Betroffenen dabei zu unterstützen, eine Meta-Perspektive gegenüber der Erkrankung zu gewinnen, was wiederum ein Mindestmaß an Informiertheit voraussetzt.

5. *Kompensation primärer Störungen:*
Gemeint sind die fluktuierenden, mehr oder weniger überdauernden Störungen, die nach unserem heutigen Kenntnisstand den Kern der schizophrenen Verletzlichkeit ausmachen: Störungen der Informationsverarbeitung und Basisstörungen. Betroffene sollten dabei unterstützt werden, diese Störungen zu bewältigen bzw. zu kompensieren, ohne dabei in einen Teufelskreis der Überforderung zu geraten. Es ist derzeit allerdings noch eine offene Frage, ob die Vulnerabilität überdauernd therapeutisch beeinflußbar ist und damit die Dekompensationsschwelle verändert werden kann, oder ob lediglich zeitlich begrenzte, kompensatorische Effekte möglich sind (BÖKER 1991).

6. *Förderung der Fähigkeiten zur Alltagsbewältigung:*
Schizophrene Erkrankungen führen bei der Mehrzahl der Betroffenen zu mehr oder weniger ausgeprägten und dauerhaften Einschränkungen bei der Bewältigung alltäglicher Anforderungen, z.B. durch fortbestehende Positiv- oder Negativsymptome, postremissive Erschöpfung oder auch dadurch, daß bestimmte Kompetenzen infolge der Erkrankung nicht erworben werden konnten. Dabei kann es sich handeln um Probleme im Umgang mit Geld, bei der Ernährung oder der persönlichen Hygiene, bei der Freizeitgestaltung, beim Umgang mit Ämtern und Behörden, bei der Gestaltung sozialer Kontakte sowie im Zusammenhang mit Partner- oder Elternschaft. Probleme dieser Art können die persönliche Autonomie und Selbständigkeit erheblich einschränken. Hilfen in diesen Bereichen haben teilweise eine kompensierende Funktion, es geht aber oft auch um den Erwerb von neuen oder den Ausbau von vorhandenen Fähigkeiten.

Es ist evident, daß diese Ziele sich untereinander mehr oder weniger stark überschneiden können (z.B. Symptomfreiheit und Rückfallprophylaxe). Sie können jedoch auch in Konflikt miteinander geraten, weil sich zwei Ziele nicht gleichzeitig erreichen lassen (so ist z.B. bekannt, daß eine optimale Rückfallprophylaxe nicht zwangsläufig der Verbesserung der Lebensqualität dient). Grundsätzlich sind diese Ziele jedoch gleichrangig, eine Gewichtung und Prioritätensetzung ist nur im Einzelfall möglich. Es ist ein Teil der therapeutischen Aufgabe, sie soweit wie möglich miteinander in Einklang zu bringen.

2.3 Therapieverfahren

Wenn therapeutische Ansätze und Methoden Mittel zur Erreichung bestimmter Ziele sind, so sollte es möglich sein, den genannten Zielen bestimmte Therapien schwerpunktmäßig zuzuordnen. In Tabelle 1 (Seite 154) wird ein solcher Versuch unternommen. Dazu einige Erläuterungen:

- Es wurden nicht alle erdenklichen Therapieverfahren in die Liste aufgenommen (GRAWE et al. 1994 unterscheiden allein ca. 40 psychotherapeutische Ansätze im weiteren Sinn). Die Auswahl orientiert sich zum einen an der *Wirksamkeit* und zum anderen an der *Praxisrelevanz* der Verfahren. Wirksamkeit heißt, daß es aus der Therapieforschung – zumindest ansatzweise – Belege dafür gibt, daß die erwünschten Wirkungen dieser Verfahren ihre unerwünschten deutlich überwiegen. Praxisrelevanz bedeutet, daß die genannten Verfahren nicht nur im Einzel- oder Ausnahmefall indiziert sein können (wie z.B. Hypnose), sondern daß sie zum Standardrepertoire psychiatrischer Therapie gehören. Dies impliziert, daß sämtliche in der Tabelle aufgeführten Verfahren, ob ambulant oder stationär, in einer Versorgungsregion verfügbar sein müßten, um von einem bedarfsgerechten Therapieangebot für schizophren erkrankte Menschen sprechen zu können – eine Anforderung, die in der aktuellen Versorgungspraxis nur allzu selten erfüllt sein dürfte.
- Die geometrischen Figuren sollen andeuten, bei welchen Therapiezielen das jeweilige Verfahren nach der Theorie, auf der es basiert, oder nach den bisherigen Forschungsergebnissen seinen *Indikationsschwerpunkt* hat. Davon zu unterscheiden ist das *Wirkungsspektrum* einer Therapie. Letzteres ist zumeist breiter als ersteres, weil jede Therapie – wenn sie wirkt – auch unspezifische Wirkungen hat. So bessern Neuroleptika nicht nur psychotische Symptome, sondern können damit zugleich indirekt auch die Alltagsbewältigung fördern. Vom kognitiven Training ist bekannt, daß es bei Patienten mit psychotischen Symptomen mindestens so gut bezüglich der Symptomatik wirkt wie bezüglich elementarer kognitiver Funktionen etc.
- *Basisbausteine* sind solche Therapieverfahren, für die es – spätestens ab der zweiten psychotischen Episode – nach unserem heutigen Kenntnisstand *regelhaft* eine Indikation gibt. Es bedarf also nicht die Anwendung (Regel), sondern die Nichtanwendung (Ausnahme) einer Begründung; z.B. warum jemand trotz andauernder produktiver Symptomatik *nicht* neuroleptisch behandelt wird; warum jemand trotz seines Wunsches *nicht* psychotherapeutisch behandelt wird; warum jemand *keine* Möglichkeit hat, an psychoedukativen Therapieangeboten teilzunehmen etc. Die Bezeichnung »Baustein« impliziert keineswegs, daß die drei Basisverfahren separat und unabhängig zu realisieren sind. Im Gegenteil: Pharmakotherapie, psychoedukative Therapie und Psychotherapie i.e.S. sollten konzeptionell-inhaltlich soweit wie möglich aufeinander bezogen sein und wo möglich in integrierter Form angeboten werden. Gleichzeitig handelt es sich jedoch um unterschiedliche, gleichermaßen qualifiziert darzustellende therapeutische Ansätze. Ein wohlwollendes »Wie geht es Ihnen denn sonst so?« bei Gelegenheit der Depotinjektion ist nicht Psychotherapie, genausowenig

Tab. 1: Therapieziele und Therapieverfahren in der Schizophreniebehandlung (patientenzentriert)

Zielebene / Therapieverfahren	Besserung Symptome	Rückfall-prophylaxe	Selbsthilfe/ Bewältigungs-fähigkeiten	Subjektive Krankheits-verarbeitung	Kompensation primärer Störungen	Fähigkeiten zur Alltags-bewältigung	Arbeit, Wohnen, soziale Teilhabe...
Basisbausteine							
Pharmakotherapie	◆	◆					
Psychoedukative Therapie		◆	◆	◆			
Psychotherapie i.e.S.			◆	◆			
Ergänzende Bausteine							
Verhaltenstherap. Verf. bei fortbest. Symptomen	◆						
Training sozialer Fertigkeiten		◆				◆	
Psychosegruppe/ Psychoseseminar				◆			
körperbezogene Therapien				◆	◆		
kognitives Training					◆	◆	
Beschäftigungs- und Arbeitstherapie					◆	◆	
Rehabilitative Hilfen							→

wie der Hinweis auf eine Informationsbroschüre über Schizophrenie psychoedukative Therapie ist.
- *Ergänzende Bausteine* sind solche, für die eine Regelindikation nicht gegeben ist, die aber bei sehr vielen Betroffenen – und nicht nur im Einzelfall – eine wichtige therapeutische Funktion haben können. So ist z.B. die Zahl derjenigen Patienten, die trotz optimaler neuroleptischer Behandlung nicht symptomfrei werden, relativ groß. Bei diesen ist im Prinzip eine symptomorientierte, verhaltenstherapeutische Behandlung indiziert und sollte auch angeboten werden. Bestimmte körperbezogene Therapien haben eine ich-stützende, integrierende Funktion und kommen für viele Patienten vor allem beim Abklingen der akuten Psychose in Betracht usw. »Ergänzende Bausteine« sind also *nicht* per se unwichtiger als Basisbausteine, eine Indikation kann häufig, muß jedoch nicht immer gegeben sein. Ihre Bedeutung im Rahmen des gesamten Behandlungsplanes kann im Einzelfall groß sein.
- Die aufgeführten Therapieverfahren gehen mehr oder weniger nahtlos über in Soziotherapie oder besser *Rehabilitation*. Diese ist ja zum geringsten Teil die Anwendung spezifischer rehabilitativer Verfahren, sondern um Rehabilitation handelt es sich in der Regel dann, wenn bestimmte Therapien in möglichst flexibler Kombination, mit besonderer Intensität und über eine gewisse Dauer realisiert werden. Rehabilitation verfolgt das Ziel der sozialen und beruflichen (Wieder-) Eingliederung. Insbesondere geht es um die Bereiche Wohnen, Teilhabe am gesellschaftlichen Leben sowie Arbeit, Beschäftigung und Tagesstrukturierung (BUNDESMINISTERIUM 1988). Da es in diesem Kapitel um *pharmako-* und *psychotherapeutische* Hilfen für Menschen mit schizophrenen Erkrankungen geht, wird auf dieses wichtige Thema hier nicht näher eingegangen.
- Sofern die in der Tabelle aufgeführten therapeutischen Hilfen im Rahmen einer (teil-)stationären Einrichtung erbracht werden, spielen *Milieu-Faktoren* eine potentiell sehr bedeutende Rolle. Dies gilt sowohl in negativer wie in positiver Hinsicht. CIOMPI hat die überfordernde, problemverschärfende Wirkung des Milieus vieler psychiatrischer Akutbereiche eindrucksvoll beschrieben:

»Ein akut Schizophrener wird – vielfach nach undurchsichtigen Manövern von Angehörigen, Ärzten, Polizei etc. – in der Regel zunächst in einen sog. ›unruhigen Wachsaal‹ oder eine ›unruhige Aufnahmeabteilung‹ mitten unter 20 bis 30 andere, ebenfalls verwirrte, erregte und dazu noch ständig wechselnde Patienten gesteckt, dann in dieser angstvoll gespannten und total fremdartigen Atmosphäre von einem ebenfalls rasch wechselnden Personal unverständlichen Prozeduren ... unterworfen und schließlich, je nach Zustand, innerhalb von wenigen Tagen oder Wochen, oft mehrfach, in andere (ruhigere) Abteilungen mit anderen Mitpatienten, anderem Personal, ja sogar oft mit anderen Ärzten, anderen Verhaltensregeln, anderen Geboten und Verboten etc. weiterversetzt. Selbst da, wo einige dieser Schikanen abgeschafft oder gemildert sind, gleicht insgesamt, vom ohnehin verwirrten Patienten aus gesehen, die ›Behandlung‹, die ihm widerfährt, vielfach einer dantesken Höllenfahrt, die auch von einem Geistesgesunden nicht leicht zu verkraften wäre und notgedrungen seinen psychotischen Zustand steigern muß. Zur ›Ruhigstellung‹ sind infolgedessen hohe Dosen von Neuroleptika und eventuell weitere

Zwangsmaßnahmen ... nötig, die mit dem Krankhaften zugleich viel Gesundes verschütten und ersticken« (CIOMPI 1982, S. 348).

Als alternatives Milieu propagiert er:

»In *akuten Zuständen* brauchen sie, verwirrt und durcheinander wie sie sind, hypersensitiv, von allem Ungewohnten sofort überfordert, unfähig zur Verarbeitung komplexer Informationen und ständig bereit zu wahnhaften Umdeutungen und Verkennungen, vor allen Dingen eine *einfache und ruhige, entspannte und unkomplizierte, übersichtliche, kleinräumige, beschützende und dabei möglichst natürliche Atmosphäre mit wenig Trubel, wenig Aufregung, wenigen, aber verläßlichen, gelassenen, verständnisvollen und vor allem gesunden Menschen um sich herum*« (CIOMPI 1982, S. 345).

Im Rahmen des Soteria-Modells haben CIOMPI und Mitarbeiter versucht, ein solches optimales therapeutisches und rehabilitatives Milieu für akut schizophren erkrankte Menschen zu realisieren. Dieses Modell wird von AEBI et al. (1993) sehr anschaulich beschrieben. Die Ergebnisse der Behandlung im Milieu der Soteria lassen sich stichwortartig so umreißen: Ihre Wirksamkeit unterscheidet sich im großen und ganzen nicht von der Behandlung in anderen klinisch-stationären Settings; sie dauert länger und ist damit teurer; sie kommt mit erheblich weniger neuroleptischen Medikamenten aus und wird von den Patienten subjektiv sehr positiv bewertet (vgl. CIOMPI et al. 1991, 1993).

- Die Aufstellung in Tabelle 1 ist strikt patientenzentriert, d.h., daß therapeutische oder sonstige *Hilfen für Angehörige* der Erkrankten hier nicht berücksichtigt werden. Dies besagt keineswegs, daß Hilfen für oder unter Einbeziehung der Familien und Angehörigen weniger bedeutsam sind als individuum-zentrierte Therapien. Wie unter 2.1 festgestellt, gehört zu einer qualifizierten psychiatrischen Therapie die Einbeziehung der Angehörigen und die Berücksichtigung ihrer Bedürfnisse und Interessen *notwendig* hinzu. Angehörigenarbeit im weiteren Sinne wäre also durchaus als *Basisbaustein* einer umfassenden Schizophreniebehandlung zu verstehen.

  Eine angemessene Beschreibung und Bewertung angehörigenzentrierter Hilfen kann allerdings im Rahmen dieses Kapitels nicht geleistet werden. Es wird deshalb auf andere Arbeiten verwiesen: Zur Situation der Angehörigen aus ihrer Perspektive DEGER-ERLENMEIER (1992); zur Ethik und Praxis der Angehörigenarbeit und Angehörigenselbsthilfe DÖRNER et al. (1991), KATSCHNIG & KONIECZNA (1989); zur aktuellen Diskussion um die (systemische) Familientherapie vgl. RETZER (1991, 1994); zu psychoedukativen familientherapeutischen Ansätzen s.u. 5.3.

Die individuumzentrierten Verfahren werden im weiteren wie folgt behandelt: Auf die *Basisbausteine* wird unter 3. bis 5. näher eingegangen, die *ergänzenden Bausteine* werden im nächsten Abschnitt zusammenfassend behandelt.

2.4 Ergänzende Therapiebausteine

Die therapeutischen Verfahren, die in Tabelle 1 den »ergänzenden Therapiebausteinen« zugeordnet wurden, werden hier soweit beschrieben, wie es erforderlich ist, um ihre potentielle Funktion im Rahmen eines umfassenden Behandlungsspektrums für schizophren erkrankte Menschen ansatzweise zu verdeutlichen.

2.4.1 Verhaltenstherapeutische Ansätze bei fortbestehenden produktiven Symptomen

Der Anteil derjenigen Patienten, die trotz optimaler neuroleptischer Therapie keine durchgreifende Besserung ihrer psychotischen Symptome erfahren (sog. Non-Responder), wird in der Literatur mit 10 bis 20 % angegeben. Es werden jedoch – in Abhängigkeit von der untersuchten Population – auch Raten bis zu 50 % genannt (TARRIER et al. 1990).

Diese Patienten leiden unter fortdauernden Wahngedanken oder Halluzinationen, vor allem akustischen in Form von Stimmen, was durchaus einschneidende Auswirkungen auf das Erleben und Verhalten, auf die Bewältigung von Arbeits- und Alltagsanforderungen, auf soziale Beziehungen und Lebensqualität haben kann. Dabei ist jedoch die subjektive Bedeutung zu berücksichtigen, die die z.T. über Jahre erlebten Wahninhalte oder Stimmen haben.

So kommt BENJAMIN (1989) nach einer Befragung von 30 Betroffenen zu dem Schluß, daß alle eine bedeutungsvolle und persönliche Beziehung zu ihren Stimmen haben und daß deren Inhalt entscheidend ist für die affektive und verhaltensmäßige Reaktion auf die Stimmen. In der Studie von OULIS et al. (1995) empfanden 4 von 5 ihre Stimmen als emotional bedeutsam, 2/3 erlebten sie teilweise oder ausschließlich als feindselig und 83 % als willentlich unbeeinflußbar. MILLER et al. (1993) fanden bei 50 Betroffenen, daß gut die Hälfte *auch* positive Aspekte von Halluzinationen erlebten (z.B. Begleitung, Entspannung) und daß immerhin jeder dritte die Halluzinationen nicht verlieren möchte – entweder generell oder unter der Bedingung, daß diese stärker unter der eigenen Kontrolle stehen. In der Stichprobe von CHADWICK & BIRCHWOOD (1994) berichteten alle Befragten, daß sie ihre Stimmen als sehr mächtig erlebten; dabei nahmen 45 % ausschließlich übelwollende, 23 % ausschließlich gutgesinnte und die übrigen gemischte oder nicht klar einzuordnende Stimmen wahr. Die Reaktionen im Erleben und Verhalten ist abhängig von der wahrgenommenen Absicht der Stimmen und z.T. sehr ausgeprägt. Alle Stimmen gaben Anweisungen oder Befehle, die in sehr vielen Fällen befolgt wurden. Auch bezüglich der Verhaltenskonsequenzen von Wahnerleben stellen WESSELY et al. (1993) bei der Hälfte ihrer psychotischen Patienten fest, daß sie zumindest zeitweise dem Wahn entsprechend handeln, wobei gewalttätiges Handeln allerdings selten war.

Die subjektiven Bewertungen psychotischer Inhalte sind also in jedem Falle einzubeziehen, wenn es um eine verhaltenstherapeutische Modifikation persistierender produktiver Symptome geht.

Bei den bisher entwickelten Verfahren kann man grundsätzlich drei methodische Ansätze unterscheiden (vgl. VAUTH & STIEGLITZ 1993):
- *Operante Verfahren*: Diese zielen auf unmittelbare Verhaltenskonsequenzen von Symptomen (z.B. verbale Äußerungen über Wahn/Halluzinationen) und versuchen, deren Auftretenshäufigkeit durch Verstärkung oder Bestrafung zu senken. Im Vordergrund steht also der Abbau sozial störender Verhaltensweisen. Dabei ist problematisch, daß die subjektiven Erfahrungen und Bewertungen und die damit einhergehenden Belastungen unberücksichtigt bleiben. Diese Methoden haben deshalb in der aktuellen Diskussion keine Bedeutung mehr.

- *Selbstkontroll-Verfahren*: Hierbei geht es darum, Betroffene systematisch dabei zu unterstützen, das Auftreten der Symptome selbst durch gezielten Einsatz von geeigneten Coping- bzw. Bewältigungsstrategien zu kontrollieren. Da die meisten Betroffenen bereits von sich aus entsprechende Strategien entwickeln (vgl. WIENBERG in diesem Band, 5.3), ist von therapeutischen Ansätzen zu fordern, daß sie auf diese Strategien eingehen und sie aktiv in das therapeutische Vorgehen einbeziehen. Ein recht weit entwickeltes und erprobtes Beispiel für diesen Ansatz ist das »Coping Skills Enhancement«/CSE (Förderung von Coping-Fähigkeiten) der Arbeitsgruppe um TARRIER (TARRIER et al. 1990, 1993 a, b).
- *Kognitive Verfahren*: Diese fokussieren die vermittelnden kognitiven Prozesse zwischen Wahrnehmen/Erleben und Verhalten, wie z.B. subjektive Überzeugungen, Bewertungen und Schlußfolgerungen, die wiederum eng verknüpft sind mit der affektiven Reaktion auf die Symptomatik. Aufgrund eigener und anderer Ergebnisse zur Art der Beziehung zwischen Betroffenen und ihren Stimmen kommen CHADWICK & BIRCHWOOD (1994) zu dem Schluß, daß die einfache Unterweisung zum Einsatz von Bewältigungsstrategien zumindest dann unwirksam ist, wenn dadurch ein Konflikt mit zentralen Überzeugungen bezüglich der Stimmen entsteht. Kognitiv-affektive Prozesse werden damit als primär gegenüber dem Bewältigungsverhalten und seiner Einübung gesehen und deshalb unmittelbar zum therapeutischen Ansatzpunkt gemacht. Ein Beispiel für diese Art des Vorgehens liefern KINGDON & TURKINGTON (1991).

Die Entwicklung verhaltenstherapeutischer Verfahren zur Behandlung psychotischer Symptome von simplen operanten Modellen über Selbstkontrollmethoden hin zu differenzierten kognitiven Ansätzen entspricht damit dem generellen Trend innerhalb der verhaltenstheoretisch orientierten Psychotherapie in den letzten 10 bis 15 Jahren. Die aktuelle Betonung kognitiver Ansätze ist dabei als Optimierung und Ergänzung von Selbstkontrollverfahren anzusehen und nicht als deren Ersatz.

> Im übrigen haben insbesondere die kognitiven Ansätze, bei denen es ja letztlich um eine *inhaltliche* Auseinandersetzung mit Wahn und Halluzinationen geht – die biographische Zugänge keineswegs ausschließt – eine interessante Implikation: Sie fordern eine Revidierung des klassischen psychopathologischen Konzeptes von Wahn und Halluzinationen geradezu heraus. Denn nach der traditionellen psychiatrischen Krankheitslehre ist der Inhalt von Wahngedanken oder Stimmen bedeutungslos. Wahninhalte werden z.B. im allgemeinen aufgefaßt als irrationale Überzeugungen, die weder durch frühere Erfahrungen noch durch aktuelle Gegenbeweise erschüttert werden können. Vor diesem Hintergrund macht es keinerlei Sinn, die Inhalte mit den Betroffenen zu besprechen und über ihre Gültigkeit zu argumentieren. Genau dies ist aber der Ansatzpunkt kognitiver Therapie, und die bisherigen Ergebnisse deuten darauf hin, daß das Eingehen auf Wahninhalte durchaus Sinn machen und therapeutisch wirksam sein kann. Tatsächlich beruht die kognitive Therapie auf der begründeten Voraussetzung, daß der subjektive Überzeugungsgrad von Wahn und Halluzinationen *keineswegs immer absolut* ist, sondern inter- und intraindividuell differiert. Ob sich jemand von Stimmen oder einem Wahninhalt distanzieren kann, hängt nach KINGDON et al. (1994) von

folgenden Faktoren ab: den erwarteten Konsequenzen beim Aufgeben des Wahns/der Stimmen (z.B. sozialer Art, aber auch bezüglich des Selbstwertgefühls); der Verfügbarkeit alternativer Erklärungen; der Art, wie diese Erklärungen präsentiert werden (dialogisch, argumentativ anstatt konfrontativ) und der Qualität der therapeutischen Beziehung (respekt- und vertrauensvoll). So ist auch unter aktuell verhaltenstherapeutischer Perspektive das Dogma von der Sinnlosigkeit, Unkorrigierbarkeit und psychotherapeutischen Unbeeinflußbarkeit psychotischer Inhalte in Frage zu stellen.

Empirische Belege für die Wirksamkeit verhaltenstherapeutischer Therapie bei produktiven Symptomen sind bis heute noch vergleichsweise dünn gesät. VAUTH & STIEGLITZ (1993) haben die relevante Literatur ausgewertet und fanden überwiegend Einzelfallstudien:

- *Wahn*: 7 Studien, die überwiegend darauf hindeuten, daß die Häufigkeit wahnhaften Verhaltens/Erlebens z.T. deutlich reduziert werden konnte und daß das Ausmaß der zeitlichen Inanspruchnahme durch die Wahnsymptomatik erheblich zurückging. Uneinheitlich sind die Resultate bezüglich der Veränderung des den Wahninhalten zugeschriebenen Realitätsgrades sowie allgemeine Erfolgsmaße (z.B. andere psychopathologische Bereiche).
- *Halluzinationen*: 12 Studien mit dem generellen Ergebnis, daß durch Interventionen unterschiedlicher Zielrichtung eine Beeinflussung persistierender Halluzinationen möglich ist, die in einigen Einzelfallstudien bis zu einer Katamnesedauer von 3 Jahren belegt werden konnte. Die Ergebnisse zu Auswirkungen dieser Veränderungen auf andere Kriterienbereiche sind uneinheitlich.

VAUTH & STIEGLITZ (1993) werten diese Ergebnisse als ermutigend und fordern, die genannten Ansätze in kontrollierten Gruppenstudien auf breiterer Basis anzuwenden und zu überprüfen. Auf weitere überzeugende Studien kann inzwischen verwiesen werden (KINGDON & TURKINGTON 1991, BENTALL et al. 1994, CHADWICK & BIRCHWOOD 1994, CHADWICK & LOWE 1994).

Bisher fehlten jedoch aussagekräftige Kontrollgruppen-Untersuchungen. Zwei aktuelle Studien tragen dazu bei, diese Lücke zu schließen:

- TARRIER et al. (1993 a, b) führten die erste randomisierte Kontrollgruppenstudie zur Wirksamkeit kognitiv-behavioraler Therapie bei fortbestehender Positiv-Symptomatik durch. Eingesetzt wurden kognitive Strategien (z.B. Ablenkung, Selbstinstruktionstechniken), Verhaltensstrategien (z.B. Steigerung oder Verminderung sozialer Aktivitäten) sowie Entspannungsverfahren. Die Kontrollgruppe wurde mit einem Problemlösetraining ohne direkten Bezug auf psychotische Symptome behandelt. Beide Ansätze waren gleich wirksam bei der Reduzierung positiver Symptome, vor allem bei Wahngedanken. In einer Warte-Vergleichsgruppe zeigte sich dagegen keine Veränderung der Symptomatik. In der kognitiv-verhaltenstherapeutisch behandelten Gruppe war der Anteil der Patienten mit einer mindestens 50 %igen Reduktion der Symptomatik größer als in der Kontrollgruppe.
- DRURY et al. (1996 a, b) entwickelten das Vorgehen von CHADFWICK et al.

zu einem komplexeren Therapieansatz weiter, in dem die Hinterfragung und Realitätsprüfung von (psychotischen) Überzeugungen in Einzeltherapie und Kleingruppen erweitert wurde durch die Einbeziehung von Angehörigen. Die Therapie zielte insgesamt auf eine Auseinandersetzung mit und eine Integration des Krankheitsgeschehens ab (Zeitaufwand ca. 4 Std./Woche über 8 Wochen; die Kontrollgruppe erhielt nur ein strukturiertes Freizeitangebot im gleichen zeitlichen Umfang). Die Therapie wurde noch während der Akutbehandlung im Krankenhaus durchgeführt, d.h. es handelte sich nicht notwendig um Patienten mit chronischen, therapieresistenten Symptomen. Die Ergebnisse der Studie sind überzeugend: Die Patienten der Therapiegruppe zeigten sowohl am Ende der Therapie als auch in der Katamnese nach 9 Monaten ein signifikant geringeres Ausmaß an Positiv-Symptomen (bezüglich Negativ-Symptomen und Desorganisiertheit unterschieden sich die Gruppen nicht). Darüber hinaus wurde die Zeitdauer bis zur Remission sowie die Hospitalisierungsdauer durch die kognitive Therapie um 25-50 % verkürzt.

2.4.2 Training sozialer Fertigkeiten

Soziale Fertigkeiten (*social skills*) werden in der angloamerikanischen Literatur definiert als diejenigen kognitiven, verbalen und nonverbalen Verhaltensweisen, die im *interpersonellen* Kontext erforderlich sind, um eine möglichst selbständige Lebensführung in der Gemeinde zu gewährleisten und um unterstützende soziale Beziehungen aufzubauen, aufrecht zu erhalten und zu vertiefen (LIBERMAN et al. 1986). Gemeint sind also zwischenmenschliche Fähigkeiten wie sich unterhalten, Selbstbehauptung in sozialen Interaktionen und interpersonelles Problemlösen.

Der Social Skills-Ansatz hat sich vor allem entwickelt aus der Arbeit mit jungen chronisch Psychosekranken. In zahlreichen Untersuchungen konnte gezeigt werden, daß schizophren Erkrankte sehr häufig Beeinträchtigungen in solchen Fertigkeiten aufweisen, die in der interpersonellen Kommunikation und Interaktion von Bedeutung sind.

> Schizophren Erkrankte zeigen erhebliche Einschränkungen bei der sozialen Wahrnehmung, speziell bei der Wahrnehmung von negativen Affekten bei anderen. Sie haben Schwierigkeiten, den mimischen Ausdruck adäquat einzuschätzen und unterschätzen die Intensität negativen affektiven Ausdrucks. In Situationen, die interpersonelle Konflikte einschließen, haben sie Schwierigkeiten, sich verbal zu behaupten. Wenn sie mit eigenen Fehlern oder Unzulänglichkeiten konfrontiert werden, neigen sie dazu, diese zu verleugnen, statt sie einzugestehen oder sich zu behaupten. Wenn sie mit interpersonellen Problemen konfrontiert sind, zeigen sie wenig angemessenes verbales und paraverbales Verhalten. Dabei handelt es sich offenbar um relativ überdauernde Defizite, die unabhängig von Krankheitssymptomen sind und die mit einer schlechten sozialen Anpassung einher gehen. Dies gilt sowohl im Vergleich zu anderen Gruppen psychisch Kranker als auch zu Gesunden. Gute soziale Fertigkeiten korrelieren mit guter prämorbider Anpassung, weniger Negativsymptomen und weiblichem Geschlecht. Die Defizite bestehen z.T. bereits von der frühen Kindheit an (MUESER et al. 1990 b, 1991, BELLACK et al. 1992).

MUESER et al. (1991) zeigten, daß 67 % der von ihnen untersuchten schizophren oder schizoaffektiv Erkrankten bezüglich ihrer sozialen Fertigkeiten (gemessen an einem Rollenspiel-Test) außerhalb der Streuung einer gesunden Kontrollgruppe lagen; d.h. zwei von drei zeigten schlechtere Fertigkeiten als der am wenigsten kompetente Kontrollproband. Dies galt auch bei einer Nachuntersuchung ein Jahr später, d.h., die Defizite waren trotz symptomatischer Besserung relativ stabil.

Diese Befunde sind gut vereinbar mit denjenigen zur Wirkung von »Expressed Emotion« (vgl. WIENBERG, in diesem Band, 5.4). Sie werfen ein Licht darauf, wie Schwierigkeiten im Umgang mit Kritik und beim Einordnen des affektiven Ausdrucksverhaltens anderer in teufelskreisartige Feedback-Schleifen einmünden können, angesichts derer Verleugnung von Problemen oder sozialer Rückzug als Selbstschutzmaßnahme verständlich werden.

> Dabei wird allerdings mit Recht darauf hingewiesen, daß die Beobachtung von Verhaltensdefiziten nicht unbedingt bedeuten muß, daß entsprechende Fertigkeiten nicht gelernt wurden. Es kann ebensogut sein, daß vorhandene Fertigkeiten nicht spontan gezeigt werden; z.B. wegen fortbestehender Negativsymptome oder situativer Faktoren (APPELO et al. 1992).

Forschungsergebnisse wie die genannten haben insbesondere in den USA bereits in den 70er Jahren zur Entwicklung von »*Social Skills Trainings*«/Training Sozialer Fertigkeiten (TSF) geführt. Während herkömmliche psychosoziale Hilfekonzepte auf die unspezifische, eher beiläufige Wirkung von Gruppenaktivitäten und sozialen Milieus auf die interpersonellen Fertigkeiten der Beteiligten setzen, beruht das TSF auf einer strikten Anwendung lerntheoretischer Prinzipien (LIBERMAN et al. 1986).

In den USA ist es vor allem die Arbeitsgruppe um LIBERMAN, WALLACE und ECKMAN in Los Angeles, die sich mit der Entwicklung von sog. TSF-»Modulen« beschäftigt hat. Nach verschiedenen Veröffentlichungen dieser Gruppe stehen inzwischen Trainings-Module für folgende Problembereiche zur Verfügung: Umgang mit Medikamenten, Umgang mit Symptomen, Freizeitaktivitäten, Selbstversorgung und persönliche Hygiene, Umgang mit Geld und Freundschaft/Verabredungen (LIBERMAN et al. 1986, WALLACE et al. 1992). Eine exemplarische Beschreibung des Vorgehens findet sich bei LIBERMAN et al. (1986). Das TSF dieser Gruppe mutet mit seinem strikt behavioristischen Vorgehen einschließlich Video-Feedback und standardisierten Instruktionen recht technokratisch an, und es ist schwer vorstellbar, daß es in dieser Form auf mitteleuropäische Verhältnisse übertragbar ist. Das Medikamenten-Modul ist inzwischen von Arbeitsgruppen in der Schweiz und Deutschland adaptiert worden, wie es scheint mit gemischten Ergebnissen (vgl. dazu unten 5.4). Dabei ist jedoch zu berücksichtigen, daß die Arbeitsgruppe in Los Angeles relativ schwer beeinträchtigte Patienten behandelt. Die Durchführung der Module ist verhältnismäßig zeitaufwendig (90 Minuten, 1 bis 3 Mal wöchentlich, über mindestens 2 bis 3 Monate). Es liegen inzwischen eine Reihe von Evaluationsstudien vor, die die Praktikabilität und generelle Wirksamkeit dieser Trainings auch im normalen Versorgungskontext belegen (z.B. WALLACE & LIBERMAN 1985, ECKMAN et al. 1990, WALLACE et al. 1992).

PENN & MUESER (1996) geben einen Überblick über die Ergebnisse der 6 kontrollierten Studien, die bis heute zum TSF der Liberman-Gruppe bzw. zu vergleichbaren Verfahren durchgeführt wurden. Die Ergebnisse lassen sich wie folgt zusammenfassen:
- Schizophren Erkrankte können durch TSF eine Vielzahl instrumenteller und sozialer Fertigkeiten erwerben und übertragen diese zumindest teilweise auf alltägliche Situationen. Sie nehmen sich nach dem Training außerdem als selbstsicherer und weniger ängstlich wahr.
- Die Wirkungen auf das allgemeine soziale Funktionsniveau sind dagegen begrenzt, auch wenn einzelne positive Effekte festgestellt wurden.
- Überzeugende Belege für eine Verringerung der Rückfallhäufigkeit durch TSF wurden bisher nicht gefunden.
- TSF entfaltet seine optimale Wirksamkeit erst bei mindestens einjähriger Therapiedauer (vgl. auch BRENNER & PFAMMATTER 1996).

Es wäre jedoch falsch, das TSF gleichzusetzen mit dem Ansatz der Los Angeles-Gruppe. BENTON & SCHROEDER (1990) führten eine Meta-Analyse von 27 Studien zum TSF bei schizophren Erkrankten durch, die zwischen 1972 und 1988 überwiegend in klinischen Settings durchgeführt wurden. Das Ergebnis:
- TSF führt zu deutlichen Veränderungen des direkt beobachtbaren Verhaltens in sozialen Situationen;
- die Selbsteinschätzung der Teilnehmer verändert sich signifikant in Richtung auf größere Selbstbehauptung und weniger soziale Ängstlichkeit;
- geringere Effekte zeigten sich bei der Selbstbeurteilung der Symptome und der Fremdbeurteilung der allgemeinen psychosozialen Anpassung.

Darüber hinaus wurden höhere Entlassungs- und geringere Rückfallraten für trainierte Patienten gefunden. Der Transfer der Trainingseffekte auf Alltagssituationen sowie die zeitliche Stabilität der Effekte ist befriedigend. Insgesamt bewerten die Autoren die Wirksamkeit von TSF als »klinisch bedeutsam« und empfehlen es als wichtige Komponente eines umfassenden Therapieprogramms für schizophrene Patienten.

Im europäischen Raum ist das Interesse an TSF bisher offenbar recht begrenzt geblieben. Zwar können mindestens 3 der 5 Bausteine des »Integrierten Psychologischen Therapieprogramms«/IPT von BRENNER und seiner Arbeitsgruppe (RODER et al. 1992) als Realisierung von TSF aufgefaßt werden (»Kommunikationstraining«, »soziales Verhaltenstraining«, und »interpersonelles Problemlösen«), diese sind jedoch zugleich die am wenigsten erprobten und untersuchten Komponenten des Therapieprogramms (s. 2.4.5).

Eine Münsteraner Arbeitsgruppe berichtet über günstige Effekte eines Problemlösetrainings, das als »handlungsorientierte Therapie« bezeichnet wird (BUCHKREMER & FIEDLER 1987, HORNUNG et al. 1995; s. dazu auch 5.4). BOSSERT-ZAUDIG et al. (1994) haben ein Training in sozialer Kompetenz in einer Gruppe chronisch Kranker erprobt. Sie fanden deutliche Verbesserungen der kommunikativen Fähigkeiten im Vergleich zu einer bewegungstherapeutisch behandelten Vergleichsgruppe.

2.4.3 Psychosegruppe/Psychoseseminar

»Jede Patientin und jeder Patient muß die Möglichkeit erhalten, sich mit dem Psychoseerleben auseinanderzusetzen« (VÖLZKE & PRINS 1993).

Diese Forderung gehört heute zu den zentralen Positionen der Betroffenen-Bewegung, die in Deutschland seit 1992 im »Bundesverband der Psychiatrie-Erfahrenen« ihre organisatorische Basis hat. Die in den 90er Jahren nach und nach vielerorts entstandenen *Psychosegruppen* und *Psychoseseminare* sind nicht zuletzt als Antithese zu verstehen zum Unverstehbarkeits- und Sinnlosigkeitsdogma, mit dem die traditionelle psychiatrische Krankheitslehre das Psychoseerleben belegt hat. Dementsprechend sind die Erfahrungen vieler Betroffener:

»Eine Frau, die von einem Kampf auf Leben und Tod in einem Drama mit kosmischen Ausmaßen berichtet, beschloß diesen Bericht wie folgt: ›Das einzige Mal, daß ich mit jemandem über Inhalte geredet habe, verlief folgendermaßen: Der Psychiater fragte ›Hören Sie Stimmen?‹ und ich sagte ›Ja‹. Und er sagte ›Sehen Sie Wesen?‹ und ich sagte ›Ja‹. Das war alles – dann hat mich nie wieder jemand gefragt. Auch in der ganzen Rekonvaleszenzzeit nicht‹. Ein anderer ergänzte: ›Mich fragte eine Assistenzärztin wie aus der Pistole geschossen: ›Hatten Sie schon Halluzinationen?‹ Das ist das einzige, was sich inhaltlich auf die Psychose bezog. Das fand ich sonderbar. Ich konnte das auch nicht beantworten. Ich habe keine Halluzinationen gehabt, auch keine Stimmen gehört, aber 'ne handfeste dicke Psychose habe ich trotzdem gehabt. Aber darauf hat man sich nie bezogen.‹ Solche oder ähnliche Aussagen kamen von fast allen Teilnehmern« (SCHERNUS & SCHINDLER 1992, S. 139).

Unter psychotherapeutischem Blickwinkel kann es nur als Kunstfehler erscheinen, Betroffenen die *Möglichkeit* vorzuenthalten, über das »unerhörte Erleben« (M. BLEULER) einer schizophrenen Psychose zu sprechen und sie nicht dabei zu unterstützen, dieses Erleben auf ihre persönliche Weise zu verarbeiten.

»Symptome um jeden Preis zu beseitigen, bevor auch nur ansatzweise ihre Bedeutung verstanden worden ist, diese durchgängige (psychiatrische) Praxis kann sich heute außerhalb von Situationen mit akuter Lebensgefahr nicht einmal mehr ein Internist leisten. In der Psychiatrie muß diese Haltung erst recht als mangelnder Respekt vor Integrität verstanden werden« (BOCK et al. 1992, S. 15).

Unter 1.1 wurde allerdings bereits darauf hingewiesen, daß nicht alle Betroffenen eine Integration des Krankheitsgeschehens in ihre Biographie für sich anstreben. Für viele ist offenbar ein isolierender, abspaltender und verdrängender Umgang die einzig mögliche Art der Psychosebewältigung. Angesichts der brüchigen Identität des von Desintegration bedrohten Ichs des schizophrenen Menschen, ist auch der isolierende Verarbeitungsstil selbstverständlich zu respektieren und, wo nötig, zu stützen. Für eine nicht geringe Zahl von Betroffenen ist es jedoch offenbar gesünder und entspricht ihren Bedürfnissen eher, sich mit ihrer Psychose ein Stück weit auseinanderzusetzen – wie weit und bis zu welcher Grenze muß wiederum ihre Entscheidung sein. Psychiatrische Institutionen bzw. psychiatrisch Tätige sind deshalb aufgefordert, sich dem Bedarf nach Unterstützung bei der Verarbeitung der Psychoseerfahrung qualifiziert zu stellen. Sie tun dies in den letzten Jahren zunehmend vor allem in Psychoseseminaren und Psychosegruppen:

- *Psychoseseminare*: Diese Form wurde erstmals 1989 an der Universitätsklinik Hamburg-Eppendorf realisiert, inzwischen wurde sie an zahlreichen anderen Orten verwirklicht (BOCK et al. 1994, ILISEI 1994). Charakteristisch für die Seminare ist, daß an ihnen Betroffene, Angehörige und Professionelle/Studierende sowie z.T. auch Laienhelfer »paritätisch« beteiligt sind. Sie können insofern als eine Form der Realisierung des Trialogs aufgefaßt werden. Dementsprechend finden sie zumeist nicht in psychiatrischen Institutionen statt, sondern an »neutralen« Orten. Sie weisen häufig eine ähnliche Zeitstruktur auf wie Hochschulseminare (wöchentlich oder 14-tägig, zwischen 6 und 18 Abende). Die Anzahl der Teilnehmer ist oft hoch. ILISEI (1994) berichtet über Seminare in Baden-Württemberg mit Teilnehmerzahlen zwischen 28 und 68. Als generelle Ziele werden u.a. genannt: ein verbessertes Verständnis zwischen den beteiligten Gruppen sowie das Finden einer gemeinsamen Sprache über Psychosen. Die Inhalte der Seminare sind sehr vielfältig, einen anschaulichen Einblick geben die Erfahrungsberichte bei BOCK et al. (1992, 1994).

»Psychose-Seminare können schon aufgrund ihrer Größe nicht die einzelne Leidensgeschichte aufarbeiten helfen. Sie können eine Erzählkultur entwickeln, Geschichten nebeneinander stellen, sie wohlwollend und (manchmal) humorvoll aufnehmen und ihnen durch diese Art Öffentlichkeit an Schwere nehmen. Sie können der Abspaltung von Psychosen, ihrer Aussonderung aus der eigenen Lebensgeschichte entgegenwirken und eine banale Form von Sinnsuche begünstigen: Psychosen können so gesehen werden als letzte Insel des Rückzugs, als Versuch, Eigenheit zu wahren. Sie können eine vorübergehende Regression auf frühere Entwicklungsstufen ausdrücken, oder Sprache sein für einen unauflöslichen Konflikt. Diese ›Überschriften‹ mögen einen Wissenschaftler nicht befriedigen, doch haben sie offensichtlich für Psychose-Erfahrene und ihre Angehörigen eine entlastende Funktion. Vielleicht reicht manchmal sogar nur die Bereitschaft, Sinn zu suchen aus, um sich weniger ausgeschlossen und besser integriert zu fühlen« (BOCK et al. 1994, S. 11).

- *Psychosegruppen*: Hierbei handelt es sich um Gruppen, an denen nur Betroffene und psychiatrisch Tätige teilnehmen. Sie finden oft im Kontext psychiatrischer Institutionen, aber außerhalb der Regelbehandlung statt und sollen das therapeutische Angebot um eine Möglichkeit ergänzen. D.h., die Teilnahme ist freiwillig bzw. wird nur bestimmten Betroffenen angeboten. Die Gruppen können geschlossen oder offen geführt werden. Ziel von Psychosegruppen ist »Deutung, Klärung, Sinnsuche« (SCHERNUS & SCHINDLER 1992, S. 138), wobei Deutung hier nicht im engeren, psychoanalytischen Sinn zu verstehen ist.

»Einen großen Raum nimmt ... die Beschäftigung mit Psychoseerlebnissen ein, der Austausch von schlimmen und schönen Erlebnissen, die Angst vor dem Wiederkehren solcher Zustände. Wichtig ist allen, endlich einmal mit anderen Betroffenen darüber sprechen zu können. Ohne Angst und Scheu auch über Erlebnisse reden zu können, die höchst schambesetzt sind. Sie erleben eine besondere Art von Verstehen durch die anderen« (DÖRR et al. 1994, S. 10).

Sowohl in den Seminaren als auch in den Gruppen hat neben dem Psychosegeschehen auch die Verarbeitung der Erfahrungen mit der Psychiatrie einen wichtigen Stellenwert:

>»Unsere wichtigste Erfahrung, vielleicht so etwas wie ein Ergebnis des Psychoseseminars, war der Wunsch der Psychoseerfahrenen, aber auch der Angehörigen, nach mehr ›Respekt‹, und zwar nach einem Respekt, der die Krankheit miteinschließt« (BOCK et al. 1992, S. 15).

>»Ebenso einheitlich wird aber durch die eigenen Erfahrungen mit der Psychiatrie der Wunsch/die Forderung nach Veränderung der Psychiatrie erhoben, auch wenn gesehen wird, daß der akute psychotische Zustand schlimm war (manchmal auch für andere) und damit die Klinikbehandlung vielleicht unumgänglich. Aber die Einseitigkeit der naturwissenschaftlich eingeengten, vielfach auf Medikamente und geschlossene Stationen mit rigidem Stationsablauf reduzierten Psychiatrie, wird als kränkend kritisiert, weil Gespräche viel zu kurz kommen und der Körper völlig aus dem Blick verloren ist« (DÖRR et al. 1994, S. 11).

Ohne die Bedeutung dieser noch sehr neuen Formen der Zusammenarbeit mit Psychoseerfahrenen schmälern zu wollen, muß auf folgendes hingewiesen werden:

- Über die erwünschten und unerwünschten Wirkungen dieser Gruppen gibt es bisher kein empirisch objektiviertes Wissen.
- Diese Art von Gruppenarbeit ist nur für eine vermutlich zahlenmäßig begrenzte Untergruppe von Betroffenen geeignet, die sich mit der psychotischen Erkrankung und ihrer Bedeutung für die persönliche Entwicklung aktiv auseinandersetzen wollen und die damit nicht überfordert sind.
- Auch die bisherigen Berichte aus Psychoseseminaren und -gruppen bestätigen die Einschätzung, daß das Durchleben einer schizophrenen Psychose für die allermeisten Betroffenen eine furchtbare Erfahrung darstellt, deren Wiederholung sie möglichst vermeiden wollen. Fast kein Betroffener scheint die Psychoseerfahrung für sich *generell* positiv zu bewerten, für eine nicht zu vernachlässigende Minderheit hat sie jedoch – neben den negativen – *auch* positive Aspekte (vgl. GREENFELD et al. 1989, BOCK & JUNCK 1991, STARK & STOLLE 1994). Diese Erkenntnis läßt sich nur schwer mit einem Psychoseverständnis vereinbaren, das der Erkrankung generell positive, persönliches Wachstum fördernde, bereichernde Aspekte zuspricht. Eine solche tendenziell idealisierende und damit verharmlosende Sichtweise wird dem tiefen Leid und der Verletzung nicht gerecht, die für die meisten Betroffenen mit ihrer Psychoseerkrankung verbunden sind.

>»Der medizinische Krankheitsbegriff ist bei den TeilnehmerInnen weitgehend unumstritten: Fast alle sind sich darin einig, daß es sich bei der Psychose um ein Krankheitsgeschehen handelt, das einer Behandlung durch Fachleute bedarf« (DÖRR et al. 1994, S. 11).

Mit diesen Einschränkungen im Blick sollten die bisherigen Erfahrungen alle Beteiligten (Betroffene, Professionelle und Angehörige) dazu ermutigen, Psychosegruppen und -seminare als wichtigen Baustein in einem umfassenden Hilfeangebot zu begreifen. Ein Baustein freilich, für den der Therapiebegriff im engeren Sinne letztlich keine Berechtigung mehr hat, geht es doch darum, daß *alle* Beteiligten sich selbst mit Hilfe der anderen besser verstehen.

»Das Psychose-Seminar ist keine Therapie. Und doch hat es (vielleicht gerade deshalb) eine therapeutische Wirkung« (BOCK 1995, S. 24).

2.4.4 Körperbezogene Therapien

Schizophrene Psychosen greifen so weit in die Identität des Erkrankten ein, daß es zu sehr basalen, leibnah erlebten Störungen kommt. So gehört die *Abgrenzungsproblematik* zum Kern des Krankheitsbildes. Eine Reihe von psychotischen Symptomen können als Zeichen für gelockerte, instabile Grenzen zwischen subjektiver Innen- und Außenwelt verstanden werden (z.B. Depersonalisation, Gedankeneingebung/-entzug, Halluzinationen etc.). *Körperbild- und Körperschemastörungen* schizophren Erkrankter werden bereits seit den 60er Jahren in den USA empirisch untersucht (MAES 1994, RÖHRICHT &PRIEBE 1996). SCHARFETTER (1982) begreift schizophrene Störungen auch als Störungen des leiblichen Ich-Bewußtseins. In prä- und postpsychotischen Phasen gehören Leibgefühlsstörungen zu den häufigsten *Basissymptomen* (GROSS 1986). HUBER und seine Arbeitsgruppe haben diese oft bizarren und für die Betroffenen hoch irritierenden Störungen besonders intensiv untersucht und bezeichnen sie als *Coenästhesien*. Solche Störungen kommen bei 3/4 aller Betroffenen vor (HUBER & GROSS 1994) und es liegt nahe, sie auf derselben Ebene zu behandeln, auf der die Betroffenen sie erleben.

Für körperbezogene Therapien spricht auch, daß gerade in (sub-) akuten Phasen das sprachliche Symbolisierungsvermögen und andere kognitive Funktionen erheblich beeinträchtigt sein können; häufig kommt es zu einem Rückzug aus der verbalen Kommunikation, weil Betroffene ihre Sprache als defizitär erleben und das Gefühl haben, sich nicht mehr mitteilen zu können. Oder Sprache büßt ihre Kommunikationsfunktion völlig ein, indem der Bezug auf die Spachkonventionen der sozialen Welt verloren geht. Eine einseitige Forcierung verbaler Kommunikation kann das Defiziterleben und damit das Rückzugsverhalten verstärken. Die Abläufe in der körperbezogenen Therapie sind dagegen konkret, handlungsbezogen und unmittelbar, was dem vorrangigen Ziel der Realitätsorientierung in der Psychosebehandlung entgegenkommt (MAES 1994). Zugleich ist jedoch auf mögliche Gefahren körperbezogener Therapien hinzuweisen:

> »Besonders das Forcieren von Gefühlsäußerungen, die Reduktion der bewußten Kontrolle durch den Patienten, die vorübergehende Schwächung des Realitätsbezuges (durch meditative Techniken oder Verlagerung der Wahrnehmung von der Außen- zur Innenwelt) und nicht zuletzt mystische Erklärungsmodelle scheinen insgesamt eher geeignet, psychotische Erkrankungen zu begünstigen als sie zu behandeln« (MAES 1994, S. 314).

Zu den körperbezogenen Therapien werden im allgemeinen gezählt:
- *Die Bewegungstherapien*, z.B. die Konzentrative Bewegungstherapie/KBT.

> »Grundregel ist hier ein mehr strukturierendes Angebot des Therapeuten im Sinne des Übernehmens von Ich-Funktionen, Grenzziehungen und Vermeiden eines zu offenen regressiven Angebotes« (BECKER 1981, zit. nach MAES 1994, S. 322). Die Arbeit mit geschlossenen Augen und im Liegen ist dementsprechend eher zu vermeiden.

- *Tanztherapie und Musiktherapie:*

  »Tanztherapie (hat) den Ruf, für die körpererfahrungsorientierte Arbeit mit Psychosekranken besonders geeignet zu sein. Ein Vorteil der Tanztherapie besteht darin, daß die Arbeit sehr unterschiedlich stark strukturiert werden kann. Finden Rhythmus und/oder Musik Verwendung ..., ist per se ein stark strukturierendes Element vorhanden« (MAES 1994, S. 322).

  Die Musiktherapie ist nach MAES (1994) uneingeschränkt zu den körperorientierten Therapien zu zählen, da Musik und (rhythmische) Bewegung untrennbar miteinander verbunden sind und Musiktherapie nie rein rezeptiv ausgerichtet ist. In der therapeutischen Praxis dürften die Übergänge zwischen Tanz- und Musiktherapie deshalb fließend sein. Für beide Ansätze gilt, daß für ein Mindestmaß an Strukturierung Sorge zu tragen ist, da sonst »Angst vor nicht bewältigter Leere und Reizüberflutung« entstehen kann (MAES 1994, S. 323).

  Nach einer Umfrage, die MAES (1994) bei 89 in psychiatrischen Krankenhäusern tätigen Körpertherapeuten durchgeführt hat, ist bei der Behandlung Psychosekranker folgende Grundorientierung zu realisieren: spielerisches und lustbetontes, nicht konfliktzentriertes Arbeiten im Hier und Jetzt, bei dem der Therapeut den Gruppenprozeß aktiv strukturiert und steuert.

  Die Wirksamkeit leiborientierter Therapien bei schizophren Erkrankten konnte in einzelnen Untersuchungen ansatzweise empirisch belegt werden (ANDRES et al. 1993, GRAWE et al. 1994).

2.4.5 Die therapeutische Kompensation primärer Defizite – kognitives Training

»Die Vernachlässigung der Therapie ist erstaunlich angesichts der durchgängigen Verbreitung kognitiver Defizite bei Schizophrenie und der Rolle, die diese Defizite bei der Auslösung akuter Psychosen sowie bei der Einschränkung der Leistungsfähigkeit der Patienten auch in Phasen der Remission spielen« (GREEN 1993, S. 179, Übers. G.W.).

In der Tat: Obwohl die vielfältigen Störungen kognitiver Funktionen, die unter dem Oberbegriff *Störungen der Informationsverarbeitung* heute als primäre Defizite schizophreniegefährdeter Menschen aufgefaßt werden, seit gut einem halben Jahrhundert intensiv untersucht werden und die zentralen Befunde heute zu den am besten gesicherten Ergebnissen der Schizophrenieforschung gehören, sind daraus lange Zeit so gut wie keine unmittelbaren therapeutischen Konsequenzen abgeleitet worden. Abgesehen von vereinzelten Vorgängern war das Interesse an solchen Ansätzen bis Ende der 80er Jahre international gesehen eher bescheiden. Erst seit Beginn der 90er Jahre scheint das Interesse an diesem Thema wieder zu wachsen, wie den Literaturübersichten von SPRING & RAVDIN (1992) sowie GREEN (1993) zu entnehmen ist. Sie geben einen Überblick über insgesamt 16 empirische Studien aus dem anglo-amerikanischen Raum, die ein sehr heterogenes Spektrum repräsentieren. Sie stammen aus fast 4 Jahrzehnten, beziehen sich auf die unterschiedlichsten kognitiven Funktionen und verwenden verschiedene Kriterienmaße. Über die

Therapie- bzw. Trainingsverfahren wird lediglich ausgesagt, daß es sich überwiegend um repetitive, übende Verfahren gehandelt hat. Nicht immer werden zusätzlich operante Prinzipien realisiert (Verstärkung), in letzter Zeit wird offenbar zunehmend auf kognitive Elemente zurückgegriffen (z.B. die explizite Förderung von Lösungs*strategien* und *-plänen* bei BELLACK et al. 1990). Im Hinblick auf die Ergebnisse seiner Literaturanalyse faßt GREEN zusammen, es gäbe keinen Grund für die Annahme, daß sich kognitive Defizite bei schizophren Erkrankten nicht zumindest kurzfristig kompensieren ließen. Dementsprechend stellt THEILEMANN (1995) in seiner Übersicht zu neueren angloamerikanischen Arbeiten verstärkte Forschungsaktivitäten seit Beginn der 90er Jahre fest.

So sind seitdem z.B. mindestens ein Dutzend Studien erschienen, die sich mit der Verbesserung der Leistungen im *»Wisconsin Card Sorting Test«/WCST* befassen. Der WCST soll konzeptionelle kognitive Funktionen erfassen, die anatomisch dem präfrontalen Kortex zugeordnet werden. Die Ergebnisse belegen, daß basale kognitive Funktionen verbessert werden können, wobei die Effekte z.T. bis zu 6 Monate stabil blieben (SCHAUB & BRENNER 1996, PENN & MUESER 1996).

> »Wie lange diese Verbesserungen anhalten, ob sie auf andere, lebensnähere kognitive Bereiche, auf solche komplexerer Ordnung wie z.B. das Problemlöseverhalten, generalisieren oder sich gar auf das allgemeine soziale Funktionsniveau auswirken, läßt sich zum heutigen Stand nicht beantworten« (BRENNER & PFAMMATTER 1996, S. 45).

In Anlehnung an Übungsprogramme, die in der Rehabilitation neurologischer Patienten eingesetzt werden, finden sich in letzter Zeit vermehrt computergestützte Trainingsprogramme auch in der Behandlung schizophren Erkrankter. Hierbei werden komplexe und sich auf unterschiedliche kognitive Funktionen beziehende Aufgaben in Programmpaketen zusammengefaßt und über PC verfügbar gemacht, wobei Art, Schwierigkeit, Tempo etc. variiert werden können. In Deutschland wird z.B. von einer Mannheimer Arbeitsgruppe das Programm »Cognition« eingesetzt und evaluiert (MUSSGAY et al. 1991, MUSSGAY & REY 1994). Bisher liegen jedoch auch zu diesen Trainings noch keine kontrollierten Studien vor, die Wirkungen über rein aufgabenbezogene Übungseffekte hinaus nachweisen (SCHAUB & BRENNER 1996).

Diese eher bescheidene Bilanz ist nun allerdings zu ergänzen durch Forschungsergebnisse aus dem deutschsprachigen Raum, die bisher offenbar nur unvollständig Eingang in die internationale Diskussion gefunden haben. Diese beziehen sich praktisch ausschließlich auf ein von BRENNER und Mitarbeitern zunächst ab Anfang der 80er Jahre in Mannheim und später in Bern entwickeltes und erprobtes Therapiekonzept, das 1988 als »Integriertes Psychologisches Therapieprogramm für schizophrene Patienten«/IPT publiziert wurde und inzwischen in überarbeiteter Form vorliegt (RODER et al. 1992). Nach einer Übersichtsarbeit von THEILEMANN & PETER (1994) liegen inzwischen allein zum IPT 18 Evaluationsstudien vor. Demnach haben BRENNER und Mitarbeiter bezüglich der Kompensation kognitver Defizite bei schizophren Erkrankten durchaus Pionierarbeit geleistet.

Das IPT besteht aus 5 Einzelkomponenten, die so konzipiert sind, daß sie

hierarchisch aufeinander aufbauen und sich ihr Schwerpunkt stufenweise von primär kognitiven zu primär sozialen Funktionen/Fertigkeiten verlagert:
1. Training der kognitiven Differenzierung
2. Training der sozialen Wahrnehmung
3. Training der verbalen Kommunikation
4. Training sozialer Fertigkeiten
5. Interpersonelles Problemlösen.

> Kürzlich hat die Berner Arbeitsgruppe über einen Ergänzungsbaustein zum IPT berichtet. Dabei handelt es sich um ein »Training zur Bewältigung von maladaptiven Emotionen«, für das erste Wirksamkeitsbelege vorliegen (HODEL & BRENNER 1996). Ein weiteres Unterprogramm »Wohnen, Arbeit, Freizeit« befindet sich in der Erprobung (SCHAUB & BRENNER 1996).

Die hierarchische Konzeption des IPT basiert auf einem ausgearbeiteten theoretischen Modell der Informationsverarbeitung und Verhaltenssteuerung, und die fünf Komponenten sind so ausgelegt, daß Generalisierungseffekte aufwärts – von elementaren Fähigkeiten auf der Mikroebene zu komplexeren Fähigkeiten auf der Makroebene – und umgekehrt optimiert werden sollen (BRENNER 1986, 1989). Das IPT schließt also sowohl Elemente des kognitiven Trainings (Komponenten 1 und 2) als auch solche Komponenten ein, die in der Literatur im allgemeinen unter »*Social Skills Training*«/Training sozialer Fertigkeiten subsummiert werden (Komponenten 3 bis 5; vgl. 2.4.2).

Offenbar nicht ganz zu Unrecht wird das IPT oft auch pauschal als »kognitives Training« bezeichnet. Dies dürfte damit zusammenhängen, daß die Komponenten 1 und 2 in der Praxis häufiger realisiert werden als die übrigen Komponenten. Dies ergibt sich zumindest aus den Übersichtsarbeiten von MUSSGAY & OLBRICH (1988) sowie THEILEMANN & PETER (1994). In den dort erfaßten 18 Evaluationsstudien zum IPT werden die Komponenten 1 und 2 zusammen 32mal realisiert und evaluiert, die Komponenten 3 bis 5 zusammen jedoch lediglich 19mal. Das IPT wird also in der praktischen Anwendung häufig auf seine »kognitiven« Komponenten reduziert.

Wie sieht es mit der *Wirksamkeit* des IPT bzw. seiner Komponenten aus? Die erwähnten Übersichtsarbeiten von MUSSGAY & OLBRICH (1988) sowie THEILEMANN & PETER (1994) stellen die Ergebnislage erschöpfend dar. Trotz der sehr unterschiedlichen Realisierungshäufigkeit der Einzelkomponenten ist über ihre differentielle Wirksamkeit offenbar nichts bekannt, da – von wenigen Ausnahmen abgesehen – jeweils die Effekte von 2 oder mehr Komponenten pauschal erfaßt wurden. Da jedoch weitaus am häufigsten die Komponenten 1 und 2 realisiert wurden, dürften die ermittelten Ergebnisse auch hauptsächlich deren Wirkungen repräsentieren.

THEILEMANN & PETER (1994), die die Ergebnisse von MUSSGAY & OLBRICH (1988) aufnehmen, gruppieren die Vergleiche zwischen IPT-Therapiegruppen und Kontrollgruppen nach der Art der Erfolgsmaße:

- *Experimental- und testpsychologische Maße:* In 25 % der insgesamt durchgeführten Einzelvergleiche erwies sich die Therapiegruppe als signifikant überlegen.
- *Psychopathologiemaße:* In 36 % der Einzelvergleiche erwies sich die Therapiegruppe als überlegen.

- *Subjektive, auf der Selbstwahrnehmung von Beeinträchtigungen beruhende Maße:* In 46 % der Einzelvergleiche zeigte sich die Therapiegruppe überlegen.
- *Maße der sozialen Kompetenz:* In 17 % der Vergleiche wies die Therapiegruppe bessere Werte auf.

Kein einziger Vergleich in irgendeinem Kriteriumsbereich ergab günstigere Werte für die Kontrollgruppe, d.h., das IPT führt recht häufig zu einer Verbesserung des subjektiven Befindens der Patienten sowie zu einer Verbesserung des psychopathologischen Befundes. Seltener zeigen sich Besserungen bei kognitiven Einzelfunktionen und noch seltener bei den sozialen Fertigkeiten. Daß kognitive Einzelfunktionen nur bei 25 % der Vergleiche Änderungen aufweisen, könnte als Beleg dafür aufgefaßt werden, daß die elementaren kognitiven Defizite schizophren verletzlicher Menschen nur sehr begrenzt »heilbar« sind und sich bestenfalls kompensatorische Effekte erzielen lassen. Dies wird auch bestätigt durch eine aktuelle Studie von BENEDICT et al. (1994), in der elementare Aufmerksamkeitsfunktionen computergestützt trainiert wurden; hier zeigten sich weder bei den schizophrenen Patienten noch in der Kontrollgruppe signifikante Verbesserungen. Am überzeugendsten ist damit sicher die Wirkung bezüglich des subjektiven Befindens der Teilnehmer. Die Wirksamkeit bezüglich des psychopathologischen Befundes unterstreicht den theoretisch postulierten Zusammenhang zwischen elementaren Störungen der Informationsverarbeitung und der Entstehung psychotischer Symptome. Die Annahme einer direkten pervasiven Wirkung kognitiver Funktionen auf die Verhaltensebene hat sich allerdings nicht bestätigt (SCHAUB & BRENNER 1996).

Insgesamt stützen und ergänzen also die Ergebnisse zum IPT die Auffassung der anglo-amerikanischen Autoren, daß es durchaus Grund zu der Annahme gibt, daß kognitives Training zu meßbaren Effekten führt. Aber auch bezüglich des IPT bleibt die Frage offen, inwieweit positive Effekte auf Alltagssituationen übertragen werden und wie stabil sie sind. Nur 2 der 19 von THEILEMANN & PETER (1994) ausgewerteten Studien enthielten katamnestische Daten; in einem Fall war ein Vorteil der Therapiegruppe auch nach 1,5 Jahren noch feststellbar, im zweiten Fall waren die Unterschiede zwischen Therapie- und Kontrollgruppe nach 6 bis 12 Monaten bereits nivelliert. Der praktische Einsatz von Verfahren des kognitiven Trainings kann demnach mit der Einschränkung als empirisch begründet gelten, daß einstweilen lediglich eine begrenzte *kompensatorische Wirksamkeit* dieser Verfahren empirisch nachgewiesen ist.

2.4.6 Beschäftigungs- und Arbeitstherapie

Beschäftigungs- und arbeitstherapeutische Hilfen sind in der klinischen und tagesklinischen Versorgung schizophren Erkrankter heute praktisch flächendeckend verbreitet, und auch im ambulanten und komplementären Bereich haben sie sich zunehmend etabliert (ambulante und teilstationäre Arbeitstherapie, Arbeits- und Beschäftigungstherapie im Rahmen tagesstrukturierender

Angebote oder in Wohneinrichtungen). Eine exemplarische Beschreibung neuerer Modelle der Arbeitstherapie findet sich bei GROTH & SCHÖNBERGEN (1991). Sie sind unter den in diesem Abschnitt behandelten »ergänzenden Therapiebausteinen« die in der Praxis am meisten verbreiteten und am besten bekannten. Deshalb kann eine ins einzelne gehende Darstellung hier unterbleiben.

Der Übergang zwischen Beschäftigungs- und Arbeitstherapie ist ebenso fließend wie der zwischen Arbeitstherapie und beruflicher Rehabilitation. Konsequenterweise wird das entsprechende Berufsbild heute als Ergotherapie bezeichnet. Grundsätzlich ist aber wohl davon auszugehen, daß der Indikationsbereich arbeitstherapeutischer Hilfen bei schizophren Erkrankten deutlich größer ist als der beschäftigungstherapeutischer. Letztere haben ihre Bedeutung vor allem in der (sub-)akuten Phase als Teil eines umfassenden klinischen Komplexbehandlungsangebotes.

Der mögliche Stellenwert der auf manuellen Tätigkeiten beruhenden Therapieansätze im Rahmen der Behandlung schizophren Erkrankter liegt auf der Hand, wenn man sich die basalen Beeinträchtigungen vergegenwärtigt, die in der (sub-)akuten, aber auch in der Remissionsphase bestehen: die Gefahr der Desintegration der psychischen Funktionen und die Bedrohung des Ich; der Verlust des Realitätsbezuges und der Mitwelt sowie die ausgeprägten Störungen der Informationsverarbeitung. Ergotherapie hat deshalb u.a. folgende Ziele:
- Förderung des Realitätsbezuges durch Tätigsein;
- Aktivierung und Stärkung der gesunden Ich-Anteile;
- Überwindung von Autismus und Isolation durch tätige, nonverbale Gemeinschaft;
- Stärkung des Selbstwertgefühls durch Wahrnehmen der eigenen Fähigkeiten und Erfolgserlebnisse;
- Freisetzen kreativer Potentiale;
- Training elementarer Fähigkeiten wie Aufmerksamkeit, Konzentration und Durchhaltevermögen;
- Einleitung von gezielten Arbeitstrainingsmaßnahmen auf der Basis einer spezifischen Arbeitsdiagnostik;
- Belastungserprobung unter zunehmend realitätsnahen Bedingungen.

Angesichts der großen Verbreitung und der unbestrittenen praktischen Bewährung ergotherapeutischer Hilfen ist erstaunlich, daß Untersuchungen zur Wirksamkeit dieser Hilfen auch international eine Seltenheit sind. Dies liegt wahrscheinlich nicht zuletzt daran, daß entsprechende Therapien zumeist im Rahmen von Komplexangeboten gemacht werden, deren differentielle Effekte schwer voneinander zu trennen sind. Aber auch auf diesem Gebiet zeigen sich in jüngster Zeit erste Versuche einer empirischen Evaluation, deren Ergebnisse durchaus ermutigen und zugleich die Grenzen der beruflichen Rehabilitation chronisch Psychosekranker unter den gegebenen Arbeitsmarktbedingungen aufzeigen (LEWANDOWSKI et al. 1992, MÜHLIG & GRUBE 1994, REKER & EIKELMANN 1994).

3. Neuroleptikatherapie

Seit der Einführung der Neuroleptika mit der Substanz Chlorpromazin durch die französischen Psychiater DELAY und DENIKER im Jahre 1952 spielen neuroleptische Medikamente in der Behandlung schizophren Erkrankter eine bedeutende Rolle. Dabei wurden fast alle gebräuchlichen Neuroleptika in den 50er und 60er Jahren entwickelt, so daß etwa vier Jahrzehnten die gleichen Substanzen angewendet werden. Neuroleptika haben sich in der Akutbehandlung und in der Rückfallprophylaxe als hoch effektive Medikamente erwiesen und es gibt gute Gründe für die Annahme, daß die Verkleinerung der großen psychiatrischen Landeskrankenhäuser, die erfolgreiche Arbeit von komplementären und ambulanten Einrichtungen sowie psychiatrischen Praxen durch die Anwendung dieser Medikamente entscheidend gefördert wurde (HEINRICH 1990). Allerdings sind die Neuroleptika in den letzten Jahren nicht zuletzt wegen ihrer Nebenwirkungen und Risiken immer mehr in die Kritik geraten (LEHMANN 1986, MARTENSSON 1988). Auch die niedrigen »Compliance«-Raten (s. unten 3.5) sind ein deutlicher Hinweis darauf, daß die Neuroleptikatherapie heute noch keinesfalls als optimal zu betrachten ist. Trotzdem gehört sie in der Akut- und Dauerbehandlung nach wie vor zu den am besten untersuchten und effektivsten Therapieverfahren.

3.1 Funktion und Nutzen

Mit Neuroleptika ist es möglich, psychotische Symptome zu mindern oder auch zu beseitigen sowie psychotischen Rückfällen vorzubeugen. Wie andere Psychopharmaka auch (Antidepressiva, Tranquilizer, Hypnotika etc.), stellen sie keine *ursächliche* Therapie dar, d.h. sie heilen Psychosen nicht. Ebensowenig geeignet sind sie zur Lösung der vielfältigen psychosozialen Probleme der Erkrankten; allenfalls schaffen sie die Grundlage dafür, daß andere psychosoziale Therapien bzw. Hilfen wirksam werden können. Neuroleptische Medikamente gerieten deshalb zu Recht »überall da in Verruf, wo sie entgegen der Forderung der Pioniere allein eingesetzt wurden, ohne begleitende psycho- und soziotherapeutische Maßnahmen« (FINZEN 1993 b, S. 19). Ihre Anwendung ist nur im Rahmen eines Gesamtbehandlungsplanes sinnvoll und verantwortbar.

Innerhalb eines solchen Behandlungsplanes können Neuroleptika folgende *Funktionen* haben:
- In der *Akutbehandlung* dienen sie zur Verringerung oder Beseitigung der psychotischen Symptome. Dabei ist ihre Wirkung auf die Positiv-Symptomatik im allgemeinen zuverlässiger und ausgeprägter als die Wirkung auf Negativ-Symptome.
- In der *Dauerbehandlung* schizophren Erkrankter haben Neuroleptika zwei unterschiedliche Funktionen: Sie dienen der Symptomunterdrückung bei weiterbestehenden psychotischen Symptomen sowie der Verhinderung psychotischer Rezidive im Rahmen der Rückfallprophylaxe (MÖLLER 1995 c).

Es lassen sich verschiedene chemische Substanzklassen unterscheiden, die jedoch sämtlich in den Transmitterstoffwechsel des Gehirns, v.a. im Zwischenhirn und im limbischen System, eingreifen und dort unter den ca. 30 bekannten Transmittern vorrangig den Dopaminstoffwechsel beeinflussen, indem sie die entsprechenden Rezeptoren blockieren. Aber auch andere Botenstoffe wie Serotonin, Acetylcholin, Histamin etc. werden beeinflußt.

Es gibt keine überzeugenden wissenschaftlichen Belege dafür, daß sich Neuroleptika unterschiedlicher Substanzklassen – bei vergleichbarer Dosierung – in ihrer Wirksamkeit voneinander unterscheiden. Dies gilt mit Ausnahme des atypischen Neuroleptikums Clozapin (*Leponex®*); (KANE & MARDER 1993, KLIMKE & KLIESER 1995).

Wichtigstes klinisches Einteilungsmerkmal der Neuroleptika ist ihre *neuroleptische Potenz* (nach HAASE 1972). Man unterscheidet zwischen hoch-, mittel- und niederpotenten Neuroleptika:

- *Hochpotente* Neuroleptika wirken gut bei positiven Symptomen wie Halluzinationen, Wahnvorstellungen, psychotischer Angst und Erregung. Sie wirken nur in geringem Maße sedierend und beeinträchtigen die kognitiven Funktionen in der Regel kaum.
- *Niederpotente* Neuroleptika wirken primär sedierend und schlafanstoßend; ihre antipsychotische Wirkung ist dagegen geringer ausgeprägt.
- *Mittelpotente* Neuroleptika liegen im Wirkspektrum zwischen nieder- und hochpotenten: sie wirken – mit geringerer Ausprägung – sedierend *und* antipsychotisch.

Neuroleptika stellen hocheffektive Medikamente zur Behandlung der Akut-Symptomatik dar. In 75-95 % der Fälle kommt es bei optimaler Behandlung zu einer erheblichen Reduktion oder zur Beseitigung der psychotischen Symptome. Auf der anderen Seite reagieren 5–25 % der an einer akuten Psychose Erkrankten auch nach Ausschöpfung aller Strategien (Substanzwechsel, Dosisänderung etc.) nicht auf Neuroleptika und können von dieser Behandlungsform nicht profitieren (sog. »Non-Responder«; KANE & FREEMAN 1994).

Neuroleptika stellen außerdem bis heute die wirksamsten Mittel zur Vorbeugung psychotischer Rezidive dar. Dies wird durch placebo-kontrollierte Vergleichsstudien eindeutig belegt: Demnach liegt die 1-Jahres-Rückfallrate unter Neuroleptika zwischen 5 und 50 % (ø ca. 20 %) und unter Placebo zwischen 60 und 85 % (ø ca. 70 %); (KISSLING 1992 b, HOGARTY 1993). Dies bedeutet andererseits, daß auch bei optimal dosierter Therapie und zuverlässiger Einnahme etwa 30 % der Betroffenen innerhalb eines Jahres nach einer akuten Psychose erneut erkranken.

3.2 Behandlungsstandards

Nach einem Trend zu steigenden Dosierungen und Versuchen mit »Megadosen« in den 70er und 80er Jahren werden in den letzten Jahren vermehrt Anstrengungen unternommen, Standards für die Behandlung zu entwickeln mit dem Ziel, möglichst niedrige und zugleich wirkungsvolle Dosierungen zu erreichen. Dies ist nicht zuletzt eine Folge des zunehmenden Problembewußtseins bezüglich der Belastung der Patienten durch Nebenwirkungen sowie des Risikos von Spätschäden, v.a. Spätdyskinesien (vgl. 3.3.2).

3.2.1 Akutbehandlung

Zahlreiche Studien belegen, daß trotz hoher interindividueller Schwankungen die Substanz Haloperidol in der Akutbehandlung hauptsächlich in einem Dosierungsbereich von 5–18 mg wirksam ist. Auf dieser Basis läßt sich für jede Substanz ihr therapeutischer Wirkungsbereich errechnen (die Umrechnung erfolgt auf der Basis der neuroleptischen Potenz nach *Chlorpromazin-Äquivalenten,* vgl. HAASE 1972, KULHANEK 1995). Mit Hilfe der Positronen-Emissions-Tomographie (PET) läßt sich feststellen, daß in dem genannten Dosierungsbereich 70–80 % aller Dopamin-Rezeptoren belegt sind. Eine bessere Dopamin-Blockade konnte auch bei wesentlich höheren Dosierungen nicht erreicht werden (WOOD & GOODWIN 1987). BOLLINI et al. (1994) kommen aufgrund einer Meta-Analyse sogar zu dem Schluß, daß oberhalb einer Tagesdosis von 375 mg Chlorpromazin (entspricht ca. 8 mg Haloperidol) im Mittel nicht mehr mit einer Verbesserung der Wirksamkeit gerechnet werden kann. Bei höheren Dosierungen nimmt die Häufigkeit von Nebenwirkungen zu, und das Risiko von Spätschäden steigt. Insbesondere führt eine Überdosierung mit Neuroleptika durch übermäßige Sedierung/Dämpfung zu teilweise erheblichen Einschränkungen der Alltagsbewältigung, einschließlich Beeinträchtigungen bei der Krankheitsverarbeitung und -bewältigung.

Die Kombination eines hochpotenten Neuroleptikums mit seiner antipsychotischen und eines niederpotenten mit der sedierenden Wirkung ist häufig sinnvoll. Für die Kombination von mehr als zwei Neuroleptika gibt es jedoch keine rationale Begründung (GAEBEL 1992).

3.2.2 Langzeitbehandlung

Der Übergang von der Akutbehandlung in die Langzeitbehandlung muß explizit mit dem Patienten besprochen werden; dabei ist er insbesondere auf das Risiko von Spätschäden hinzuweisen. Der Betroffene muß in die Lage versetzt werden, auf der Basis einer Abwägung von »Kosten und Nutzen« eine persönliche Entscheidung über die Langzeiteinnahme zu treffen. Diese Abwägung setzt voraus, daß er über die Langzeitbehandlung und mögliche Alternativen gründlich informiert wurde. Gerade da, wo irreversible Komplikationen nicht ausgeschlossen werden können, ist ethisch wohlbegründetes Handeln gefordert, das am ehesten auf der Grundlage partnerschaftlichen »Aushandelns« gelingen wird (HORNUNG 1996 a).

> In diesem Zusammenhang sind Erfahrungen von Interesse, die seit 1994 in der Psychiatrischen Klinik Gilead in den v. Bodelschwinghschen Anstalten Bethel mit einer Behandlungsvereinbarung gemacht werden. Patienten der Klinik können auf der Basis einer gemeinsamen Reflexion der Erfahrungen bei früheren stationären Behandlungen Vereinbarungen für den Fall einer evtl. erforderlichen erneuten

stationären Behandlung treffen. Dabei geht es z.B. um die Einbeziehung von Vertrauenspersonen, um den Modus von Zwangsmaßnahmen sowie um Fragen der Medikation. Die bisherigen Erfahrungen mit dieser Vereinbarung sind ermutigend (VEREIN PSYCHIATRIE- ERFAHRENER et al. 1994).

Nach dem Abklingen der akuten psychotischen Symptome unter der Behandlung mit Neuroleptika stellt sich die schwierige diagnostische Frage, ob eine *symptomsuppressive* oder aber eine *rezidivprophylaktische* neuroleptische Langzeitbehandlung ansteht.

Diese Frage ließe sich letztlich nur entscheiden, wenn nach dem Abklingen der psychotischen Symptomatik die Neuroleptika abgesetzt werden und eine mehrwöchige, neuroleptikafreie Phase eingeschoben wird, in der geprüft werden kann, ob es zu einem Wiederaufflackern der psychotischen Symptomatik kommt oder ob der Patient symptomfrei bleibt. Ein derartiges Vorgehen ist jedoch allenfalls im Rahmen von Forschungsvorhaben aus methodischen Gründen zu rechtfertigen (MÖLLER 1990).

- *Symptomsuppressive Langzeitbehandlung:* Sie wird angewendet bei fortbestehender psychotischer Symptomatik, insbesondere bei Verlaufsformen mit chronischer Positiv-Symptomatik. Die Dosierung ist individuell zu ermitteln. Sie sollte einerseits eine ausreichende Linderung der psychotischen Symptome bewirken, andererseits möglichst wenig Nebenwirkungen verursachen (MÖLLER 1990). Die Dosierungen liegen in der symptomsuppressiven Therapie in der Regel höher als bei der Rezidivprophylaxe. Deshalb ist es gerade hier wichtig, die Grenzen der medikamentösen Therapie zu erkennen und zu akzeptieren, anstatt dem Patienten durch unablässige Dosissteigerungen zu schaden (FINZEN 1993 b).
- *Rezidivprophylaktische Langzeitbehandlung:* Wie bereits ausgeführt, ist die Rückfallgefahr nach der akuten Phase sehr hoch und die Behandlung mit Neuroleptika stellt die derzeit wirkungsvollste Form der Rückfallprophylaxe dar. Allerdings bestehen auch hier verschiedene diagnostisch-therapeutische Probleme: Ca. 10 % der Erkrankten erleiden auch ohne neuroleptischen Schutz innerhalb von fünf Jahren kein Rezidiv und müßten infolgedessen auch nicht rezidivprophylaktisch behandelt werden (SHEPARD et al. 1989). Allerdings ist es bisher nicht zuverlässig möglich, diese 10 % von vornherein zu identifizieren. Auf der anderen Seite werden nicht wenige Betroffene trotz neuroleptischem Schutz rückfällig; geeignete prophylaktische Strategien für diese Patientengruppe stehen nach wie vor aus.

Auch bei der neuroleptischen Langzeitbehandlung ist die Einordnung in einen Gesamtbehandlungsplan von herausragender Bedeutung. Dabei sind Faktoren wie die Krankheitsverarbeitung (s.o. 1.), die Reaktion auf persönliche Frühwarnzeichen, die Einsicht in aktuelle und chronische Belastungsfaktoren, die Unterstützung des sozialen Umfeldes etc. von mitentscheidender Bedeutung für den weiteren Verlauf (vgl. WIENBERG, in diesem Band, 5.).

Die Behandlung wird mit oraler Medikation oder mit Depot-Neuroleptika durchgeführt, die intramuskulär verabreicht werden. Die optimale Dosis für die rezidivprophylaktische Langzeittherapie liegt – bei großen interindividuellen Unterschieden – bei ca. 4-8 mg Haloperidol (entspricht 200-400 mg Chlorpromazin-Äquivalent); (vgl. MÖLLER et. al. 1989).

3.2.3 Alternative Strategien

In den letzten Jahren wird intensiv nach Strategien zur Dosisreduktion gesucht. Auslöser dafür waren die neuroleptika-induzierten Spätschäden sowie »Compliance«-Probleme, die u.a. durch besonders quälend erlebte Nebenwirkungen wie *Akathisie* und *Akinesie* hervorgerufen wurden (vgl. 3.5). Dabei lassen sich grundsätzlich zwei Strategien unterscheiden:

- *Frühinterventions- bzw. Intervallstrategie:* Hierbei werden nach Abklingen der akuten Symptomatik keine Neuroleptika mehr gegeben (neuroleptikafreie Therapie). Beim Auftreten erster Frühwarnzeichen bzw. Prodromalsymptome wird die neuroleptische Behandlung unverzüglich wiederaufgenommen. Diese Strategie hat als Alternative zur Langzeitprophylaxe in den letzten Jahren zunehmendes Interesse gefunden (MÜLLER et al. 1992). Die befristete und gezielte Medikation soll die zu verabreichende Dosis insgesamt senken und damit Nebenwirkungen reduzieren und Spätschäden vorbeugen. Die Erwartung ist, auf diesem Wege die Compliance auf seiten des Patienten zu erhöhen und so den Gesamtverlauf genausogut oder sogar besser beeinflussen zu können wie unter Dauertherapie. Diese Strategie ist allerdings nur unter bestimmten Bedingungen realisierbar: Der Patient muß ohne Neuroleptika (annähernd) symptomfrei und hinreichend stabil sein, um den Alltag bewältigen zu können; und er muß ein hohes Maß an Krankheitseinsicht, Kooperationsbereitschaft und Selbstverantwortung im Umgang mit seiner Verletzlichkeit mitbringen (CHILES et al. 1989). Darüber hinaus erfordert eine optimale Frühinterventions-Behandlung die Kooperation von Angehörigen und anderen Bezugspersonen, da diese Frühwarnzeichen häufig am ehesten bemerken (vgl. WIENBERG, in diesem Band, 5.2).
- *Niedrigdosierungsstrategien:* Im Rahmen von Niedrigdosierungsstrategien wird der Patient kontinuierlich und überdauernd mit Neuroleptika behandelt, diese werden jedoch in erheblich niedrigeren Dosierungen verwandt als bei der Standardtherapie (1/10 bis 1/5 der Standarddosis). Bei Depotbehandlung entspricht dies 1,3-5 mg (2,5-10 mg) Fluphenazindecanoat (*Lyogen*®) 14-tägig, umgerechnet auf eine tägliche orale Dosis Haloperidol 0,2-1,4 mg (MÖLLER 1992, HOFMANN et al. 1993).

Die bisher vorliegenden Ergebnisse zur Wirksamkeit von alternativen Strategien in der Rückfallvorbeugung sind durch erhebliche Unterschiede in ihrer Methodik gekennzeichnet. Dies gilt z.B. für die Definition von Prodromalsymptomen, für die Untersuchungszeiträume sowie für die Definition von »Rückfall«. Sie stimmen jedoch darin überein, daß unter Frühinterventions- und Niedrigdosierungsstrategien signifikant *höhere Rückfallraten* und *häufigere Rehospitalisierungen* gefunden werden als unter Standardtherapie (Übersichten bei GAEBEL 1995, KANE 1995, SCHOOLER et al. 1995). Darüber hinaus fanden HERZ et al. (1991) keine Vorteile der Frühintervention bezüglich Spätdyskinesien und sozialem Funktionsniveau der Patienten. Die Untersuchungen zur Niedrigdosierungsstrategie führten zur Angabe von Mindestdosen für die neuroleptische Rezidivprophylaxe, bei deren Unterschreiten die

Rezidivrate sprunghaft ansteigt. Diese wurden z.B. auf der Internationalen Konsensus-Konferenz über »Richtlinien zur neuroleptischen Rezidivprophylaxe« 1989 in Brügge erarbeitet (KISSLING 1992 b).

Obwohl sich bezüglich des Rückfallrisikos somit eine bessere Wirksamkeit der Standard-Langzeittherapie abzeichnet, ist damit die Frage nach der besten Rückfallvorbeugung im Einzelfall nicht beantwortet. Zwar wird für die Mehrheit der Betroffenen die Standardtherapie am sinnvollsten sein, z.B. weil Frühwarnzeichen nicht rechtzeitig erkannt werden oder der Wechsel von Medikation und Nicht-Medikation zu größeren Schwankungen im biochemischen Gleichgewicht des entsprechenden Transmitterstoffwechsels führt (GAEBEL 1995). Für einige Betroffene mit geringer Rückfallneigung, ausgeprägten Nebenwirkungen unter neuroleptischer Therapie, guter Selbstwahrnehmung und aktiver, konstruktiver Krankheitsbewältigung kann die Frühintervention jedoch durchaus die Therapie der Wahl sein.

Auch die Standarddosierung zwischen 4–8 mg Haloperidol oral pro Tag macht eine optimale Einstellung erforderlich, um den größtmöglichen rezidivprophylaktischen Schutz einerseits bei möglichst geringen Nebenwirkungen andererseits zu erreichen. Bei der Durchführung der standard-dosierten rezidivprophylaktischen Langzeitbehandlung ist bei Frühwarnzeichen und der beginnenden psychotischen Dekompensation unverzüglich auf die Dosis zurückzugreifen, die sich in der Akutbehandlung als optimal erwiesen hat. Nach Abklingen der Symptomatik kann die Dosis schrittweise auf die niedrigere Erhaltungsdosis reduziert werden.

3.2.4 Dauer der neuroleptischen Rezidivprophylaxe

Nach FINZEN (1993 b) empfiehlt sich bei Ersterkrankungen ein Absetzversuch durch »Ausschleichen« nach drei, spätestens sechs Monaten Symptomfreiheit. Bei mehreren Krankheitsschüben und gesicherter Diagnose sei eine »langzeitige Behandlung über Jahre« geboten.

Die erwähnte Konsensus-Konferenz von Brügge sowie die Standards der APA (American Psychiatric Association) empfehlen bei schizophrenen Ersterkrankungen eine neuroleptische Rezidivprophylaxe *für mindestens ein bis zwei Jahre*. Dies wird damit begründet, daß Ersterkrankte ohne Neuroleptika im ersten Jahr eine durchschnittliche Rezidivrate von 57 % und im zweiten Jahr von 60–90 % haben (KISSLING 1992 b). Für Patienten mit mehr als einer Episode wird eine neuroleptische Prophylaxe *für mindestens fünf Jahre* empfohlen. Schizophren Mehrfacherkrankte ohne Neuroleptika erleiden schon im ersten Jahr nach einer akuten Psychose zu mindestens 70 % ein Rezidiv. Diese hohe Rückfallquote tritt auch dann wieder auf, wenn nach mehrjähriger erfolgreicher Neuroleptika-Prophylaxe das Medikament abgesetzt wird. So stellten GILBERT et al. (1995) in ihrer Meta-Analyse von 66 Absetz-Studien mit mehr als 4.000 Patienten fest, daß nach kontrolliertem, vollständigem Absetzen der Neuroleptika-Medikation innerhalb von durchschnittlich 9,7 Monaten bei 53 % der Patienten ein Rückfall zu verzeichnen war gegenüber 16 % in den Kontrollgruppen ohne Änderung der Medikation; d.h. der Effekt der neuroleptischen Langzeittherapie endet, wenn diese Therapie endet (HOGARTY 1993).

3.3 Nebenwirkungen und Risiken

In der medikamentösen Behandlung mit Neuroleptika spielen die Nebenwirkungen und Risiken eine zentrale Rolle. Viele Betroffene erleben unmittelbar mehr unangenehme Wirkungen als eine Linderung der Symptomatik unter Neuroleptika und fühlen sich unter Dauerbehandlung in ihrem Wahrnehmen, Erleben und in ihrer Lebensqualität erheblich beeinträchtigt (WINDGASSEN 1989).

3.3.1 Nebenwirkungen

Grundsätzlich sind die möglichen unerwünschten bzw. Nebenwirkungen der Neuroleptikatherapie außerordentlich vielfältig. Es finden sich extrapyramidal-motorische, vegetative, kardiovasculäre, psychische, hormonelle, neurologische, dermatologische, hepatische, augenärztliche und Stoffwechselstörungen; darüber hinaus Wirkungen auf die blutbildenden Organe sowie Störungen der Thermoregulation (MÖLLER et. al. 1989, S. 95; Übersichten bei BANDELOW et al. 1993, BENKERT & HIPPIUS 1996). Diese unerwünschten Wirkungen der Neuroleptika werden dadurch verursacht, daß sie gleichzeitig auf verschiedene Rezeptorsysteme wirken. Dabei sind Art, Intensität und Häufigkeit der unerwünschten Wirkungen einerseits von der Wahl des Präparates und seiner Dosierung abhängig, andererseits aber auch stark geprägt von der individuellen Disposition des Patienten.

Generell verursachen die *hochpotenten* Neuroleptika primär Störungen der *Motorik*. Die *niederpotenten* Neuroleptika vorrangig *vegetative Störungen*. Die *mittelpotenten* Substanzen liegen auch in ihren Nebenwirkungen dazwischen. Klinisch am wichtigsten sind die extrapyramidal-motorischen Störungen, die primär bei hochpotenten Neuroleptika auftauchen:
- *Frühdyskinesien* (z.B. Krämpfe im Gesicht, Zungen- und Schlundbereich);
- neuroleptisch verursachtes Parkinson-Syndrom (*Parkinsonoid*; z.B. Zittern, steifer, hölzerner Gang);
- *Akathisie* (motorische Unruhe in Armen, Beinen, Rumpf).

»Motorische Störungen sind die auffälligsten Begleiteffekte neuroleptischer Behandlung. Obwohl medizinisch harmlos, beeindrucken und erschrecken sie nicht selten die Angehörigen und Kranken so stark, daß demgegenüber die Linderung psychotischer Symptome lange Zeit nicht ins Gewicht zu fallen scheint« (WINDGAS- SEN 1989, S. 35).

Tatsächlich konnten FINN et al. (1990) feststellen, daß schizophren Erkrankte und ihre behandelnden Ärzte übereinstimmend die Nebenwirkungen der Behandlung als ähnlich belastend bewerten wie die psychotischen Symptome selbst.

Wahrscheinlich spielen die Bewegungsunruhe (Akathisie) und die reduzierte allgemeine Beweglichkeit (Akinesie) als besonders quälende Nebenwirkungen bei der Ablehnung der neuroleptischen Therapie eine wichtige Rolle (KANE & MARDER 1993). In der Akutbehandlung können diese Symptome meist rasch und sicher mit Antiparkinson-Medikamenten oder – im Falle der Akathisie – mit Beta-Blockern oder Benzodiazepinen gelindert werden. Diese Medikamente sind jedoch zur Dauerbehandlung nicht geeignet; in diesen Fällen sollte versucht werden, über eine Dosisreduktion oder einen Medikamentenwechsel Beschwerdefreiheit zu erreichen. Darüber hinaus bietet der Erfahrungsaustausch von Betroffenen, z.B. in psychoedukativen Gruppen, die Möglichkeit, eine Vielzahl wirksamer Alternativen zum Umgang mit Nebenwirkungen kennenzulernen.

Auf der Basis einer gründlichen und angemessenen Information werden sich viele Betroffene in einer persönlichen Kosten-Nutzen-Analyse trotz der Nebenwirkungen für eine neuroleptische (Langzeit-)Therapie entscheiden.

3.3.2 Das Risiko von Spätdyskinesien

Im Gegensatz zu den Nebenwirkungen handelt es sich bei den *Spätdyskinesien* (auch tardive Dyskinesien oder Späthyperkinesen) oft um Dauerschäden. Diese bestehen aus unwillkürlichen, unkontrollierbaren, meist stereotypen Bewegungen des Mundes oder anderer Gesichtspartien, selten sind die Extremitäten oder der ganze Körper betroffen. Diese Störungen werden von der Umwelt des Patienten wahrgenommen (»soziale Toxizität«). Spätdyskinesien entwickeln sich in der Regel erst nach mehrmonatiger bis mehrjähriger Neuroleptikabehandlung, vereinzelt werden sie aber auch bereits nach wenigen Monaten Therapie beobachtet. Verschiedenen Übersichtsarbeiten zufolge treten sie bei ca. 20–25 % der längerfristig behandelten Patienten auf (KANE & FREEMAN 1994). In einer Studie von KANE & SMITH (1987) fanden sie sich bei 15 % der Patienten, 8 % waren mäßig bis stark ausgeprägt und 1 % schwer und irreversibel. In einer aktuellen deutschen Übersichtsarbeit wird die Prävalenz mit 15-20 % aller neuroleptisch behandelten Patienten angegeben (EIKMEIER 1995). Umstritten ist nach wie vor, wie hoch der Anteil der irreversiblen Störungen ist. Ging man bis vor wenigen Jahren noch davon aus, daß ein beträchtlicher Anteil der Spätdyskinesien irreversibel ist, sprechen neuere Untersuchungen eher dafür, daß der überwiegende Teil der Störungen sich zurückbildet.

> »Voraussetzung dafür ist allerdings, daß auf neuroleptische Medikation verzichtet wird. Nach einem Zeitraum von drei Jahren sollen sie nur in 30 % der Fälle fortbestehen. Bei fortbestehender psychotischer Symptomatik kann das Therapeuten wie Patienten in einen schweren Zielkonflikt stürzen« (FINZEN 1993 b, S. 172).

Gefährdet sind vor allem ältere Menschen und solche mit hirnorganischen Schädigungen. Nach SWEET et al. (1995) stellt neben dem höheren Lebensalter die Dauer der Neuroleptikagabe den stärksten Risikofaktor dar. Dagegen wurde in den meisten retrospektiven Studien kein eindeutiger Zusammenhang zwischen Dosishöhe bzw. der kumulierten Dosis auf der einen und der Häufigkeit von Spätdyskinesien auf der anderen Seite nachgewiesen. Auch ein sicherer Zusammenhang mit hoch- oder niederpotenten Neuroleptika bzw.

bestimmten Substanzklassen wurde nicht gefunden;«... eine Ausnahme bildet hier lediglich das Clozapin (*Leponex®*), vielleicht auch Sulpirid (*Dogmatil®*), unter denen Spätdyskinesien offenbar nicht bzw. selten auftreten« (BENKERT & HIPPIUS 1995, S. 160; vergl. auch KLIMKE & KLIESER 1995).

Zur Prophylaxe von Schädigungen ist dennoch sicherheitshalber auf möglichst niedrige Neuroleptika-Dosierungen zu achten. Zwar ist ein Zusammenhang zwischen der Entstehung von Spätdyskinesien und der Dauergabe von Anticholinergika (z.B. *Akineton®*) nicht nachgewiesen, trotzdem sollte diese Medikamentengruppe nicht auf Dauer zusammen mit Neuroleptika verordnet werden.

3.4 Andere Substanzen

Die Grenzen der konventionellen Neuroleptika liegen klinisch gesehen v.a. in drei Punkten:
- Non-Response-Raten bis zu 25 % bei der Positiv-Symptomatik;
- begrenzte therapeutische Erfolge bei der Negativ-Symptomatik und
- Belastung des Patienten durch unerwünschte extrapyramidale Begleitwirkungen, v.a. Spätdyskinesien (MÖLLER 1996).

Das »atypische« Neuroleptikum Clozapin (*Leponex®*) zeichnet sich demgegenüber durch deutlich geringer ausgeprägte extrapyramidal-motorische Nebenwirkungen aus. Betroffene, die auf klassische Neuroleptika mit ausgeprägten Nebenwirkungen reagieren, können gerade von diesem Medikament profitieren. Es kommt außerdem für Patienten mit bereits vorhandenen Spätdyskinesien in Frage, da es das Risiko dieser Schädigungen offenbar nicht erhöht (FINZEN 1993 b, KLIMKE & KLIESER 1995). Clozapin ist jedoch mit dem Risiko einer Agranulozytose verbunden (in ca. 0,5-1 % der Behandlungsfälle), das durch regelmäßige Blutbildkontrollen in vertretbarem Rahmen gehalten werden kann.

Insbesondere durch Clozapin wurde die Suche nach verträglicheren und risikoärmeren Neuroleptika intensiviert. Diese konzentriert sich insbesondere auch auf die Entwicklung von Substanzen, die eine verbesserte Wirkung bei Negativ-Symptomen und kognitiven Störungen aufweisen. Einige mit Vorschußlorbeeren bedachte Präparate, die die genannten Anforderungen erfüllen sollen, sind bereits auf dem Markt (z.B. Risperidone, MARDER & MEIBACH 1994, PEUSKENS 1995). Nachdem einige Neuropsychopharmaka in den letzten Jahren wegen erheblicher Komplikationen und Risiken plötzlich vom Markt genommen werden mußten, bleibt allerdings abzuwarten, ob sich die hochgestellten Erwartungen erfüllen.

Die in letzter Zeit neu eingeführten Neuroleptika lassen sich grob in drei Gruppen unterteilen: solche, die primär auf das dopaminerge, solche, die auf das serotonerge und solche, die auf unterschiedliche andere Rezeptorsysteme wirken (GERLACH & PEACOCK 1995, MILLER & FLEISCHHACKER 1995).

In der Behandlung schizophren Erkrankter werden außerdem Medikamente anderer Psychopharmakagruppen als ergänzende Medikation eingesetzt:

- Antidepressiva bei ausgeprägter depressiver Symptomatik;
- phasenprophylaktische Medikamente wie Lithium und Carbamazepin bei schizoaffektiven Störungen;
- sowie – zeitlich begrenzt – Hypnotika und Tranquilizer bei anderweitig nicht therapierbaren Schlafstörungen und Angstzuständen (zur Kombination von Psychopharmaka vergl. GAEBEL 1992).

3.5 Zum Problem der »Compliance«

3.5.1 Einführung

Die Nichteinnahme verordneter Medikamente ist ein ernsthaftes Problem sowohl in der Akutbehandlung als auch bei der Rückfallprophylaxe schizophrener Erkrankungen. Die in der Literatur angegebenen Non-Compliance-Raten schwanken – in Abhängigkeit von der untersuchten Stichprobe und dem Behandlungskontext – beträchtlich: CORRIGAN et al. (1990) nennen Häufigkeiten zwischen 11 % und 80 %. GERLACH (1994) geht von Raten zwischen 40 % und 60 % bei oraler Medikation aus, VAN PUTTEN (1978) nennt Häufigkeiten von 24 % bis 63 % für fehlende oder mangelhafte »Compliance« im ambulanten Setting und MAYER & SOYKA (1992) geben 45 % bis 60 % bei längerfristiger ambulanter Behandlung an. Eine von FLEISCHHACKER et al. (1994) propagierte Faustregel dürfte den tatsächlichen Verhältnissen recht nahe kommen: 1/3 der Patienten sind vollständig, 1/3 teilweise und 1/3 überhaupt nicht »compliant«. Diese Zahlen sind angesichts der erwiesenen Wirksamkeit der Neuroleptikatherapie insbesondere bei der Rückfallprophylaxe alles andere als zufriedenstellend. Auf der anderen Seite scheint die Nichtbefolgung der ärztlichen Verordnung bei psychiatrischen Patienten im Schnitt nicht stärker ausgeprägt zu sein als z.B. bei internistischen Patienten (LEY 1982). Neuroleptisch behandelte Patienten stellen demnach in der Medizin keineswegs einen Sonderfall dar.

Was die in der Literatur diskutierten Bedingungsfaktoren für mangelhafte »Compliance« angeht, so ist ihre Vielfalt kaum mehr überschaubar. Dabei scheinen die Ergebnisse zur Beziehung zwischen soziodemographischen sowie krankheitsbezogenen Merkmalen und dem Einnahmeverhalten inkonsistent bis widersprüchlich. Von großer Bedeutung sind wahrscheinlich institutionelle Einflüsse, die darüber mitentscheiden, ob jemand überhaupt (nach einer Überweisung bzw. Vermittlung) ambulante Behandlung in Anspruch nimmt und ob er diese Behandlung aufrecht erhält. So erscheinen nur 26 % bis 58 % der Patienten zu einem vereinbarten ersten ambulanten Termin, 9 % bis 40 % nehmen nicht mehr als einen ambulanten Termin wahr und zwischen 30 % und 60 % fallen innerhalb eines Jahres aus ambulanter Therapie heraus (CHEN 1991, MAYER & SOYKA 1992, mögliche Abhilfemaßnahmen diskutieren CORRIGAN et al. 1990 und CHEN 1991). Dem Zusammenhang zwischen »Compliance« und soziodemographischen Merkmalen sowie institutionellen Prozessen soll hier nicht weiter nachgegangen werden. Im folgenden geht es ausschließlich um das Compliance-Problem im engeren Kontext Arzt/Patient/Medikament.

STRAUSS et al. (1986) unterscheiden drei Stufen der Beteiligung des Patienten bei der Genesung von der Psychose. Stufe 1, bei der den Betroffenen am wenigsten Mitverantwortung eingeräumt wird, bezeichnen sie mit *Compliance*:

> »Konzeptuell ist es wohl am besten, potentiell mögliche Patientenrollen bei der Genesung von einer Psychose auf einem Kontinuum von null bis ›total‹ anzusiedeln. Am gegen null tendierenden Pol mag der Patient aktiv nur sehr wenig zum Wiederherstellungsprozeß beitragen, ausgenommen, daß er sich an die Verordnungen des Arztes hält, also seine Medikamente einnimmt und vielleicht übermäßigen Streß vermeidet« (STRAUSS et al. 1986, S. 169).

Im Kontext dieser Rollenzuschreibung erscheint der Erkrankte als (passiver) Empfänger ärztlicher Verordnungen. Die Nichteinhaltung dieser Verordnungen wird als mangelnde oder fehlende »Compliance« verstanden und implizit oder explizit dem Patienten angelastet (LANGENSCHEIDTs Schulwörterbuch Englisch übersetzt »compliant« mit *willfährig, unterwürfig*). Das mindeste, was man gegen dieses Verständnis von »Compliance« einwenden kann ist, daß es die Dynamik, in die die Einnahme neuroleptischer Medikamente eingebettet ist, unzulässig vereinfacht. Abbildung 1 versucht, diese Dynamik als *Beziehungsgeschehen* zwischen Arzt, Patient und Medikament darzustellen, wobei auch hier bereits stark vereinfacht wird. So bleiben externe Einflüsse auf den Patienten (z.B. durch Angehörige, Mitpatienten oder die Medien) ebenso außer acht wie solche auf den Arzt (z.B. Aus- und Weiterbildung, Pharmaindustrie etc.).

Soweit wir heute überhaupt entsprechende Kenntnisse haben, sind dieses Beziehungsgeschehen und seine Bedingungsfaktoren höchst komplex. Im folgenden Überblick werden die wichtigsten Aspekte angesprochen und eingeordnet.

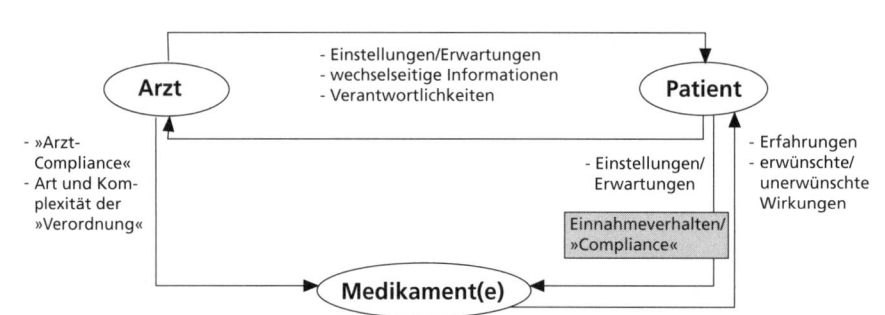

Abb. 1: Das »Compliance Problem«

3.5.2 Die Arzt-Medikament-Beziehung

Hier sind hauptsächlich zwei Faktoren zu nennen:
- *Arzt-Compliance*: Ein wichtiger Grund dafür, daß schizophren Erkrankte nicht ausreichend von den Möglichkeiten der neuroleptischen Rezidivprophylaxe profitieren, ist darin zu sehen, daß bereits von ärztlicher Seite die Indikation viel seltener gestellt und die Behandlung viel früher beendet wird, als dies z.B. nach internationalen, empirisch gut begründeten Behandlungsstandards empfohlen wird (KISSLING 1992 a, b).

  So empfehlen 90 % bis 97 % der Nervenärzte z.T. erheblich kürzere Prophylaxezeiten, als dies nach entsprechenden Standards für Erst- bzw. mehrfach Erkrankte empfohlen wird. Zugleich wird das Rückfallrisiko drastisch unter- und das Risiko von Spätdyskinesien erheblich überschätzt. Dies führt zu der Einschätzung, daß unter Routinebehandlungsbedingungen nur jeder vierte bis maximal jeder zweite Patient optimal rezidivprophylaktisch behandelt wird (KISSLING 1992 a). Auch eine unklare, ambivalente Haltung des behandelnden Arztes zur Neuroleptikabehandlung steht in Beziehung zu »Compliance«-Mängeln (KISSLING 1992 a, BUCHANAN 1992).

- *Art und Komplexität der Verordnung*:

  »Wahrscheinlich ist der häufigste Grund dafür, daß die meisten Leute aufhören, ihre Medikamente regelmäßig zu nehmen, das uralte Problem der Vergeßlichkeit« (FALLOON 1984, S. 413, Übers. G.W.).

Als Hauptursache für das Vergessen der Einnahme ist eine übermäßige Komplexität der ärztlichen Medikamenten-Verordnung anzusehen. In der Literatur finden sich dementsprechend vielfältige Vorschläge, wie dem Vergessen der Einnahme vorgebeugt werden könnte: möglichst wenige Medikamente in möglichst wenigen täglichen Einzeldosen, möglichst frühzeitige Förderung der Selbständigkeit im Umgang mit den Medikamenten (beginnend bereits in der Klinik); Verknüpfung der Einnahme mit Alltagsroutinen; Verwendung von Hinweisreizen und praktischen Hilfen wie schriftlichen Instruktionen, Dosets, Einnahmekalendern etc. (FALLOON 1984, CHEN 1991). Darüber hinaus ist die Annahme plausibel, daß Depotbehandlung die Einnahmezuverlässigkeit erhöht. Eine Reihe von Autoren führen empirische Belege dafür an (FALLOON 1984, CHEN 1991, BUCHANAN 1992, MAYER & SOYKA 1992, GERLACH 1994). Es gibt jedoch auch Studien, die keinen eindeutigen oder lediglich einen zeitlich begrenzten Zusammenhang zwischen Anwendungsform und Einnahmezuverlässigkeit finden (BUCHANAN 1992, MAYER & SOYKA 1992, WEIDEN et al. 1995).

Als notwendige, wenn auch sicher nicht hinreichende Bedingung für eine optimale Rückfallprophylaxe kann festgehalten werden, daß der Arzt eine therapeutische Strategie verfolgt, die aktuellen Standards entspricht; daß er Selbständigkeit und Mitverantwortung des Patienten im Umgang mit der Medikation fördert und daß die »Verordnung« unter praktischen Gesichtspunkten so einfach wie möglich gehalten wird.

3.5.3 Die Patient-Medikament-Beziehung

Ob ein Betroffener neuroleptische Medikamente wie »verordnet« einnimmt, hängt natürlich nicht zuletzt von den tatsächlich erlebten positiven und negativen Wirkungen der Medikamente ab sowie von diesbezüglichen Erfahrungen und Erwartungen.

- *Nebenwirkungen und Compliance*: Die plausibelste und häufigste Erklärung für mangelnde »Compliance« ist, daß Patienten neuroleptische Medikamente ablehnen, weil sie unter den Nebenwirkungen leiden. Hier werden besonders die extrapyramidalen Nebenwirkungen angeschuldigt, wobei der Akathisie und der Akinesie eine zentrale compliance-hemmende Funktion zugeschrieben wird (VAN PUTTEN 1978). Um so erstaunlicher ist, daß die Forschungslage hierzu alles andere als eindeutig ist. Nur wenige Studien haben diesen Zusammenhang systematisch untersucht und noch weniger haben eindeutige Ergebnisse erbracht (FLEISCHHACKER et al. 1994). Verschiedenen Übersichtsarbeiten ist zu entnehmen, daß mindestens sieben Studien *keine* Beziehung zwischen extrapyramidalen Störungen und »Compliance«-Mängeln feststellen konnten, darunter drei methodisch sorgfältige Studien aus jüngerer Zeit (vgl. MAYER & SOYKA 1992, BUCHANAN 1992, AWAD 1993, FLEISCHHACKER et al. 1994). Drei weitere Untersuchungen fanden sogar eine *bessere* Compliance bei Patienten mit Nebenwirkungen im Vergleich zu solchen ohne Nebenwirkungen. Eine Autorengruppe führt dies darauf zurück, daß das Erleben von Nebenwirkungen den Patienten das Gefühl vermitteln, »daß die Medikamente etwas tun« (LINDEN 1987, vgl. BUCHANAN 1992, FLEISCHHACKER et al. 1994). In einer Vergleichsuntersuchung konnte LINDEN (1987) zeigen, daß sich kooperative von nichtkooperativen Patienten nicht durch die Zahl *negativer* Wirkungen, sondern durch die häufigere Nennung *positiver* Wirkungen unterscheiden. Auch in der Studie von KELLY et al. (1987) leistete der wahrgenommene Nutzen der Therapie, nicht aber die erlebten Nebenwirkungen einen unabhängigen Beitrag zur Vorhersage des Einnahmeverhaltens. Ein wesentlicher Grund für mangelnde »Compliance« könnte demnach sein, daß den Patienten gute Gründe für eine (Fortführung der) Behandlung fehlen. Dies paßt gut zu dem Ergebnis, daß das Wissen um die erwünschten Wirkungen der neuroleptischen Therapie noch geringer zu sein scheint als jenes über die unerwünschten (s. 1.3). Daß das Einnahmeverhalten in erster Linie etwas mit den *positiven* Wirkungen der Neuroleptika zu tun hat, wird durch ein Ergebnis der sorgfältigen, prospektiven Studie von BUCHANAN (1992) unterstrichen: Der mit Abstand beste Prädiktor für »Compliance« war eine positive Antwort auf die Frage: »Hat die (medikamentöse) Behandlung geholfen?«
- *Dysphorische Reaktionen auf Neuroleptika*: Von den extrapyramidalen, in erster Linie psycho-motorischen Nebenwirkungen der Neuroleptika, die besonders beeindrucken und oftmals der direkten Beobachtung zugänglich sind, müssen subtilere Reaktionen auf die Neuroleptikaeinnahme unterschieden werden.

Diese werden mit unterschiedlichen Bezeichnungen belegt: »initiale, subjektive dysphorische Reaktion« (BRENNER et al. 1986, AWAD 1993); »neuroleptisch induziertes Defizit-Syndrom« (GERLACH 1994); »neuroleptisches apathisches Syndrom« (MÜLLER & SOYKA 1992). Diese Reaktion ist nicht zu verwechseln mit der »pharmakogenen Depression«, die in späteren Behandlungsstadien beobachtet werden kann. Gemeint ist, daß manche Menschen in den ersten Tagen einer neuroleptischen Behandlung ängstlich, depressiv und apathisch reagieren; daß sie sich leer, ohne Lebensfreude und Antrieb fühlen; daß sie das Gefühl haben, nicht mehr »normal« zu funktionieren. Welche Rolle pharmakologische und welche psychodynamische Faktoren bei der Auslösung dieser Reaktionen spielen, ist bisher weitgehend ungeklärt (MAYER & SOYKA 1992).

Gut bestätigt ist, daß der subjektiven, dysphorischen Reaktion auf Neuroleptika eine hohe prädiktive Aussagekraft für »Compliance«-Mängel im weiteren Behandlungsverlauf zukommt (KRAUSZ & SORGENFREI 1991, AWAD 1993). AWAD (1993) hält die »subjektive Interpretation eines veränderten physiologischen Zustandes durch den Patienten« sogar für die entscheidende Determinante von »Compliance«. HOGAN & AWAD (1992) konnten außerdem zeigen, daß Patienten mit initialer dysphorischer Reaktion sehr häufig zugleich diejenigen sind, bei denen sich eine geringe therapeutische Wirkung der Neuroleptika zeigt. D.h., daß dysphorische Reaktion, begrenzte therapeutische Wirkung und mangelhafte Compliance eine psychologisch durchaus nachvollziehbare Motivkette bilden. BRENNER et al. (1986) sind der subjektiven Qualität der dysphorischen Reaktion genauer nachgegangen und fanden, daß diese Reaktion vor allem durch die Wirkungen der Neuroleptika auf *kognitive* und weniger auf somatische oder affektive Funktionen zurückzuführen ist. Außerdem scheint die Einbeziehung der Neuroleptika in die psychotische Wahrnehmung und das Auftreten von negativen kognitiven Erlebnisqualitäten nach dem Zurückgehen der Psychose eine Rolle zu spielen.

»Wir vermuten, daß an der dysphorischen Erlebnisreaktion ein komplexes psychodynamisches Geschehen beteiligt ist, das nicht nur den Behandlungsverlauf, sondern auch die Integration der Psychose in den biographischen Erlebniszusammenhang beeinträchtigt« (BRENNER et al. 1986, S. 101).

Die Autoren sehen die Möglichkeit und Notwendigkeit, dysphorisch reagierende Patienten gezielt psychotherapeutisch zu unterstützen:

»Der Patient benötigt unseren Beistand bei der Bewältigung seines durch Neuroleptikaeinfluß empfindlich bloßgelegten Erlebens von Macht- und Hilflosigkeit, von Isolierung und Beziehungsunfähigkeit sowie von der Erschütterung des Selbstwertgefühls durch die nun schmerzhafter wahrgenommenen Basisdefizite der vulnerablen Person« (ebd., S. 106).

Und KRAUSZ & SORGENFREI (1991) stellen fest:

»Alle empirischen Befunde belegen den Stellenwert der subjektiven Wahrnehmung des Schizophrenen für den Verlauf der medikamentösen Behandlung, Erkenntnisse, die im klinischen Alltag noch zu wenig Berücksichtigung finden« (S. 16).

Auch unter diesem Aspekt gehören Neuroleptikatherapie, Psychotherapie und psychoedukative Therapie notwendig zusammen.

- *Krankheitskonzept*: Schließlich sind Faktoren in der Beziehung zwischen Patient und Medikament zu nennen, die ebenfalls nicht auf die unmittelbaren Wirkungen bzw. Nebenwirkungen des Medikaments zu reduzieren sind, sondern bei denen es um Bedeutungszuschreibungen und Einstellungen geht. Unter 1.4 war bereits darauf verwiesen worden, daß es wahrscheinlich Zusammenhänge zwischen dem Krankheitskonzept und dem Umgang mit Medikamenten gibt. So stellten Albus et al. (1995) eine positive Beziehung zwischen einem biologischen Krankheitsmodell sowie einer positiven Einstellung zu Medikamenten einerseits und guter »Compliance« andererseits fest. Darüber hinaus scheinen Patienten mit einem gering ausgeprägten Krankheitsgefühl oder fehlender Krankheitseinsicht eine eher problematische »Compliance« aufzuweisen. Hierbei mag auch eine Rolle spielen, daß sich Betroffene durch fortgesetzte Neuroleptika-Einnahme ständig an die Krankheit erinnert und auf die Krankenrolle festgelegt fühlen (Weiden et al. 1986). Auch andere Autoren weisen darauf hin, daß der Widerstand gegen das Medikament sehr grundsätzlicher Natur sein kann: wenn Betroffene sich ihre Psychoseerlebnisse, z.B. expansive Wahninhalte, ekstatisch-halluzinatorische Erfahrungen oder maniformes Erleben nicht wegnehmen lassen wollen und eine psychotische Existenz bevorzugen (Van Putten 1978, Brenner et al. 1986, Bartkó et al. 1988; Krausz & Sorgenfrei 1991). In solchen Fällen wirkt ein primärer Krankheitsgewinn der »Compliance« entgegen (Corrigan et al. 1990).

»Die Psychose scheint neben zahlreichen negativen und z.T. auch selbstgefährdenden Aspekten auch ›rauschähnliche Gratifikationen‹ zu gewähren. Das subjektive Gefühl der Insuffizienz der eigenen Möglichkeiten und des Daseins in der ›normalen‹ Welt kann so in einer psychotischen Triebabwehr und Konfliktvermeidung münden« (Krausz & Sorgenfrei 1991, S. 15).

Dieser Aspekt verdeutlicht erneut, daß es bei dem Umgang mit mangelnder »Compliance« um sehr viel mehr gehen kann als um die technische Bewältigung eines Verhaltensproblems. Etwa darum, Betroffene dabei zu unterstützen, die Psychose in ihr Selbstkonzept und ihre Biographie zu integrieren, ohne sich auf Dauer der »normalen Welt« zu verweigern.

3.5.4 Die Arzt-Patient-Beziehung

- *Informiertheit des Patienten*: Unter 1.2 hatten wir Befunde referiert, die belegen, daß schizophrene Patienten insgesamt eher schlecht über die unterschiedlichen Aspekte ihrer medikamentösen Behandlung informiert sind, daß sie das Informationsverhalten psychiatrischer Professioneller kritisch bewerten und diesbezüglich Verbesserungen einfordern. Auch in der aktuellen Literatur zum »Compliance«-Problem wird die Bedeutung von Information und Aufklärung unterstrichen. Ihnen wird eine »unschätzbare Rolle« zugewiesen (Gerlach 1994), sie werden als »essentiell« (Chen 1991) und »entscheidend« (Fleischhacker et al. 1994) für eine Optimierung der »Compliance« eingestuft. Kane (1986) betont:

»Praktiker müssen ihre eigenen Widerstände gegen die Diskussion (von Nebenwirkungen mit dem Patienten) überwinden, die aus der Angst resultiert, Non-Compliance zu fördern. Viele Therapeuten äußern Bedenken, daß es Patienten zum Absetzen der Medikamente ermutigt, wenn sie die problematischen Wirkungen zu sehr thematisieren. Unsere Ansicht ist im Gegenteil: Eine freimütige und offene Diskussion dieser Probleme wird mit viel höherer Wahrscheinlichkeit zu einer befriedigenden Lösung führen. Selbst wenn sich der Patient für eine Unterbrechung der Medikation entscheidet, ist es sehr viel besser, wenn dies mit dem Wissen des Arztes geschieht als heimlich« (S. 578, Übers. G.W.).

In der uns zugänglichen Literatur war nicht eine Stimme zu finden, die *gegen* umfassende Aufklärung und Information argumentiert, die ja schon juristisch obligatorisch sind (s. 1.5). Demgegenüber ist die empirische Befundlage zur Beziehung von Compliance und Informiertheit bei schizophrenen Patienten eher dürftig. Immerhin lassen sich anhand von Übersichtsarbeiten mindestens fünf Studien identifizieren, die einen positiven Zusammenhang zwischen Wissen und Compliance in der Psychopharmakotherapie fanden (FALLOON 1984, CHEN 1991, MAYER & SOYKA 1992). Diese Studien wurden allerdings nicht ausschließlich mit schizophren Erkrankten durchgeführt. In einer aktuellen deutschen Untersuchung wurde festgestellt, daß schizophrene Patienten, die sich gut bzw. ausreichend über Nebenwirkungen der Medikamente und Möglichkeiten dagegen vorzugehen, aufgeklärt fühlten, eine signifikant höhere »Compliance« zeigten als diejenigen, die sich zu wenig oder gar nicht aufgeklärt fühlten (ALBUS et al. 1995). Es ist uns demgegenüber keine einzige Studie bekannt, die einen gegenteiligen Effekt feststellte. Nach LINDENS (1987) Ergebnis kommt es dabei in erster Linie darauf an, *positive* Gründe für eine Behandlung zu vermitteln. Auf der anderen Seite muß man die Grenzen von Information sehen:

»Sachliche Aufklärung allein führt häufig nicht zur Annäherung divergierender Krankheitskonzepte von Arzt und Patient. Vielmehr ist zu berücksichtigen, daß Krankheitskonzepte häufig nicht auf rationales Wissen gegründet sind, sondern den Charakter von ›Weltanschauungen‹ haben« (MAYER & SOYKA 1992, S. 220).

D.h. die Vermittlung medikamentenbezogenen Wissens genügt nicht. Vielmehr ist es notwendig, daß Arzt und Patient, Professionelle und Betroffene ein gemeinsames Krankheits- bzw. Behandlungskonzept *aushandeln*.

- *Beziehungsqualität*: Auch hier ist die Übereinstimmung in der veröffentlichten Expertenmeinung hoch: die Beziehungsebene sei von »größter Bedeutung« (GERLACH 1994) und spiele die »wichtigste Rolle« im Zusammenhang mit dem »Compliance«-Problem; sie wird als Vorbedingung für eine befriedigende »Compliance« bezeichnet (FLEISCHHACKER et al. 1994). Als problematische, compliance-hemmende Beziehungsaspekte werden genannt: die Beratung des Patienten unter Zeitdruck, eine autoritär-rigide (FLEISCHHACKER et al. 1994) oder auch autoritär-paternalistische (CORRIGAN et al. 1990) Haltung des Arztes; negative Einstellungen des Arztes, wie z.B. die Therapie (chronisch) schizophren Erkrankter sei frustrierend, hoffnungslos, wenig lohnend (CORRIGAN et al. (1990); die Erkrankung sei unheilbar und unbeeinflußbar (WEIDEN et al. 1986). Hingewiesen wird auf die Gefahr einer ungünstigen Beziehungsdynamik:

»Druck zur neuroleptischen Behandlung ohne Exploration der Zusammenhänge, die zur Non-Compliance führen, kann Widerstände fördern und in paradoxer Weise die Ablehnung der Behandlung verschlimmern« (WEIDEN et al. 1986, S. 573, Übers. G.W.).

Dementsprechend wird vor einer polarisierenden Konfrontation zwischen Arzt und Patient gewarnt, die unweigerlich zu einer Verschärfung des Problems führen dürfte. Als kommunikative Grundhaltung wird gefordert: aktives Zuhören, Zuwendung, Wärme und Empathie; ein akzeptierendes, nicht wertendes Eingehen auf die Stellungnahme des Patienten und die Respektierung seiner Entscheidungsfähigkeit. Empirische Untersuchungen über den Zusammenhang zwischen Qualität der Beziehung sowie Einstellungen zu und Umgang mit Medikamenten bei schizophren Erkrankten sind uns allerdings nicht bekannt.

Es deutet jedoch einiges darauf hin, daß auch in der Psychopharmakabehandlung – und insbesondere im Zusammenhang mit »Compliance«-Problemen – eine psychotherapeutische Haltung gefragt ist, die nicht unbesehen und ohne entsprechende Weiterbildung als gegeben vorausgesetzt werden kann (CORRIGAN et al. 1990, FLEISCHHACKER et al. 1994). Am Ende geht es also auch hier und gerade hier um ein *Verhandeln statt Behandeln*.

4. Psychotherapie

4.1 Einführung

»Was man in der schizophrenen Erkrankung erleidet, ist etwas Unerhörtes. Man erlebt die Hölle und den Himmel, man erlebt, wie man verloren geht, im geistigen Sinne stirbt, wie man ein anderer, fremder in alter Gestalt wird. Man wird in seiner sozialen Stellung erschüttert. Man wird in seinem Ansehen, seiner Ehre, in seiner Stellung im Beruf und in der Familie bedroht. Wie konnten die Psychiater unter diesen Umständen erwarten, man wäre nach der Heilung der Psychose genau derselbe Mensch wie vorher?« (M. BLEULER 1972, S. 53 f).

Was ist Psychotherapie? Es lassen sich mindestens 3 Ebenen der Begriffsdefinition unterscheiden:
- Auf der ersten Ebene wird Psychotherapie – ihrer historischen Wurzel entsprechend – gleichgesetzt mit *psychoanalytischer* Therapie, von der allein es nach MATUSSEK (1993) mindestens 20 Spielarten gibt. Eine solche Begriffsbestimmung kann heute als bei weitem zu eng verworfen werden.
- Auf der nächsten Ebene kann Psychotherapie definiert werden als »Aufarbeitung der subjektiven, individuellen Geschichte und die Ermöglichung von Zukunft« (PLOG 1991, S. 303). Hier geht es primär um das, was GRAWE et al. (1994) als eine der zentralen Wirkfaktoren und Perspektiven von Psychotherapie herausgearbeitet haben: die *Klärungsperspektive*.

»Das unmittelbare Ziel all dieser therapeutischen Interventionen ist größere Klarheit hinsichtlich der erlebten Bedeutungen, und dabei wird vor allem ein Bezug hergestellt zu den Motiven, Werten und Zielen des Patienten. Es geht also in erster Linie um motivationale Klärung« (GRAWE et al. 1994, S. 752).

GRAWE et al. (1994) und GRAWE (1995) sprechen auch von »explizierender Therapie«, bei der es um die Frage nach dem Warum oder Wozu, um motivationale Klärung, nicht um die Frage von Können oder Nichtkönnen gehe. Psychotherapie mit dem Schwerpunkt auf der Klärungsperspektive bezeichnen wir hier und im weiteren als *Psychotherapie im engeren Sinne*. Diese ist *nicht* beschränkt auf tiefenpsychologisch fundierte Ansätze.

- Auf der dritten Ebene werden schließlich alle in irgendeiner Weise planvollen, methodischen Ansätze zur Veränderung des Erlebens und Verhaltens von Menschen als Psychotherapie bezeichnet. So gefaßt kann man nach GRAWE et al. (1994) mindestens 40 verschiedene »Psychotherapien« unterscheiden. Diese Spielart des Begriffs könnte man *Psychotherapie im weiteren Sinne* nennen.

Wir verwenden im folgenden den Begriff »Psychotherapie« in der zweiten Variante, also im Sinne der Klärungsperspektive. Nicht deshalb, weil wir diese Definition für »richtig« und andere für »falsch« halten, sondern um die begriffliche Differenzierung im Kontext der anderen in Tabelle 1 aufgeführten Verfahren zu erleichtern.

4.2 Grenzen traditioneller psychotherapeutischer Ansätze

Die »Urmutter« aller heute existierenden Formen der Psychotherapie ist die Psychoanalyse Sigmund FREUDS. Er selbst hielt Patienten mit Psychosen grundsätzlich nicht für psychoanalytisch behandelbar, weil ihnen die Übertragungsfähigkeit fehle. In der Nachfolge von FREUD wurden von zahlreichen Autoren unterschiedlichste Formen der Psychotherapie für Psychosekranke entwickelt. Die Blütezeit dieser Entwicklung lag in den 50er und 60er Jahren in England und vor allem in den USA. In Europa haben sich in erster Linie Schweizer Analytiker um die psychoanalytische Therapie schizophrener Patienten bemüht (Christian MÜLLER, BENEDETTI). In der deutschen Psychiatrie sind Psychodynamik und Psychoanalyse in der Psychiatrie mit Aufkommen des »Dritten Reiches« schlagartig untergegangen (MÜLLER 1991). Erst nachdem aus England und den USA – insbesondere durch die Arbeit deutschsprachiger Immigranten – psychoanalytische Impulse nach Europa zurückwirkten, entwickelten sich auch in Deutschland vereinzelt Ansätze der Psychosen-Psychotherapie im psychiatrischen Kontext (z.B. MATUSSEK, STIERLIN, WINKLER). Ihre Akzeptanz und Verbreitung blieb jedoch vergleichsweise gering. Vollends an Bedeutung verloren hat die analytisch orientierte Therapie Psychosekranker, nachdem sich Ende der 60er Jahre die Erfolge der Psychopharmaka ausgebreitet hatten. Hinzu traten optimistische sozialpsychiatrische Konzepte, die der Psychotherapie keinen Raum mehr zu lassen schienen (KRULL 1987, MÜLLER 1991, STOFFELS 1993).

Die zunehmende Bedeutungslosigkeit analytisch orientierter Therapie bei schizophrenen Patienten dürfte jedoch auch damit zusammenhängen, daß sich ihre Erfolge als bestenfalls mäßig erwiesen haben. Empirische Überprüfungen ihrer Wirksamkeit bei Erkrankungen aus dem schizophrenen Formenkreis haben alles in allem enttäuschende Ergebnisse gezeitigt. Alle Katamnesestudien, die methodische Mindestanforderungen erfüllen, belegen, daß einsichtsorientierte, psychodynamische Therapie – mit oder ohne neuroleptische Behandlung – weniger oder allenfalls gleich wirksam ist als andere Therapieverfahren (Übersichten bei KANAS 1986, LIBERMAN et al. 1989, MUESER & BERENBAUM 1990, MÜLLER 1991, GRAWE et al. 1994). In aller Regel erwiesen sich stützende, problem- und lösungszentrierte Ansätze auf der Basis des Hier und Jetzt der analytischen Therapie als überlegen.

> Auch die Ergebnisse neuerer Studien aus dem deutschsprachigen Raum sind alles andere als überzeugend; dabei handelt es sich um die Untersuchung analytischer Gruppentherapie bei neuroleptisch behandelten Patienten ohne Vergleichs- bzw. Kontrollgruppen (BATTEGAY & v. MARSCHALL 1986, SANDNER 1986). – Sehr günstige Resultate einer durchschnittlich 5 Jahre (bei 2 bis 5 Sitzungen je Woche) andauernden Einzelpsychotherapie bei 50 Patienten berichtet BENEDETTI (1987). Auch hier handelt es sich um eine nicht-kontrollierte Studie mit erheblichen methodischen Schwächen, deren Aussagekraft begrenzt ist. Interessant ist der Hinweis BENEDETTIs, daß 3/5 aller Patienten ihre tiefe Beziehung zum Therapeuten nie ganz aufgegeben haben, ohne ihm gegenüber unselbständig zu bleiben. KÖTTGEN (1990) berichtet sehr günstige Ergebnisse bezüglich der Rückfallhäufigkeit nach 2 und 4 Jahren bei bifokaler Gruppentherapie (Angehörige und Patienten werden in getrennten Therapiegruppen behandelt). Es handelte sich um eine kontrollierte Studie mit eher jungen schizophrenen Patienten. Die Therapie war allerdings nicht rein tiefenpsychologisch, sondern das Vorgehen war gekennzeichnet durch ein eklektisch-problemorientiertes Vorgehen, das starke edukative Elemente aufwies.

Einsichtsorientierte Psychotherapie erwies sich jedoch nicht nur als begrenzt hilfreich, es wurden sogar in einer Reihe von Studien schädliche Effekte gefunden (s. die gen. Übersichtsarbeiten). Die schädlichen Wirkungen werden zurückgeführt auf zu intensive, bedrängende, überstimulierende, starke Gefühle provozierende Therapiestrategien, die wirken, als gieße man Öl ins Feuer (DRAKE & SEDERER 1986). In bewußtem Kontrast dazu schlagen diese Autoren das »Wundenheilen« als geeignete Metapher für das psychotherapeutische Vorgehen bei schizophren Erkrankten vor. Die Ergebnisse der Therapieforschung veranlassen MUESER & BERENBAUM (1990), ein *Moratorium* für die Anwendung klassisch psychoanalytischer Therapie bei Schizophrenie zu fordern; auch deshalb, weil psychoanalytisch behandelte Erkrankte nicht in den Genuß anderer Therapieverfahren kommen, die sich nachweislich als effektiv erwiesen haben.

Die Gefahr, daß Psychotherapie Wunden aufreißt anstatt zu heilen, ist als mögliche Nebenwirkung jeglicher psychotherapeutischer Ansätze immer im Auge zu behalten. Sie läßt sich nicht nur von der Vulnerabilität, sondern auch aus der besonderen Psychodynamik schizophren erkrankter Menschen ableiten, die – wie BIERMANN-RATJEN (1994) anschaulich beschreibt – eine andere ist, als die des neurotisch Kranken. Die psychoanalytische Therapie wurde jedoch zuallererst in und für die Behandlung Neurosekranker entwickelt. Insofern kann es nicht wundern, daß sie sich in ihren eher klassischen

Varianten als nur sehr begrenzt geeignet für die Therapie Psychosekranker erwiesen hat. STOFFELS (1993) fordert dann auch sehr pointiert, der psychoanalytisch geschulte Neurosentherapeut müsse

> »... in der Psychosentherapie all das vergessen und hinter sich lassen, was er gelernt hat, z.B. über die Gestaltung des Setting, über die Abstinenzregel und das Neutralitätspostulat, über den Vorrang von Deutungen. Die Modifikationen, die in der Therapie von Borderline-Patienten formuliert worden sind, erfahren nochmals eine Akzentuierung. Ich gehe soweit zu sagen, daß die Neurosentherapie ein entscheidendes Hindernis für die Zuwendung zum schizophrenen Patienten darstellt, wenn sie sich ... nicht vom Kopf auf die Füße stellen läßt. Lautete das Motto der Neurosentherapie, daß aus Es Ich werden soll, so steht bei der Schizophreniebehandlung das Umgekehrte auf der Tagesordnung: die Verankerung und Rückführung eines fragmentierten, überwachen und überforderten Ichs in die Unbewußtheit des Körpers« (S. 365 f).

4.3 Qualitäts-Kriterien psychotherapeutischer Hilfen für schizophren erkrankte Menschen

Welcher Art muß demnach Psychotherapie im weiteren Sinne sein, wenn sie dem Bedarf und den Bedürfnissen schizophren verletzlicher Menschen gerecht werden will? Für diese Menschen sind – ob im Einzel- oder im Gruppensetting – psychotherapeutische Hilfen mit folgenden Qualitäten geeignet:

- Sie beruhen auf einer *aktiven Grundhaltung* des Therapeuten. Er sollte den therapeutischen Prozeß strukturieren, für konkrete Inhalte und Ziele der Therapie Sorge tragen und so dem Patienten Orientierung vermitteln (DRAKE & SEDERER 1986, BUCHKREMER & WINDGASSEN 1987, WÖLLER et al. 1996). Damit ist *nicht* gemeint eine insistierende, bedrängende Haltung oder die einseitige Bestimmung des Patienten durch den Therapeuten. Der Patient darf aber nicht ins Leere laufen und muß jederzeit wissen, woran er mit der Therapie und dem Therapeuten ist (STOFFELS 1993).
- Sie *stützen die Ich-Funktionen* des Patienten. Dazu gehört auch das Zulassen von Abhängigkeit, ohne allerdings Regression zu fördern (BUCHKREMER & WINDGASSEN 1987, DEWALD 1994, WÖLLER et al. 1996). Ganz besonders wichtig ist, die tiefen Kränkungen wahrzunehmen, die eine schizophrene Erkrankung mit all ihren Folgen für die Betroffenen bedeutet und sie so gut es geht vor weiteren Kränkungen zu schützen (SACHSSE & ARNDT 1994).
- Sie machen die *gesunden, kompetenten Anteile zum Ausgangspunkt*, erkennen sie an und stützen sie. Dazu gehört auch, das (Wieder-) Erlernen von Fähigkeiten und damit ein positives Selbstbild gezielt zu fördern, wobei konkrete Unterstützung in Alltagsdingen durch den Therapeuten erforderlich sein kann (DRAKE & SEDERER 1986, BUCHKREMER & WINDGASSEN 1987, KRULL 1987, WÖLLER et al. 1996).
- Sie *integrieren psychoedukative Anteile* und erarbeiten mit dem Patienten zusammen ein Krankheitskonzept vor dessen Hintergrund er seine Möglichkeiten und Grenzen im Umgang mit seiner Erkrankung und Verletzlichkeit erkennt (DRAKE & SEDERER 1986, COURSEY 1989).

- Sie *vermeiden potentiell schädliche Strategien* wie emotional intensive, affekt- und erlebnis-aktivierende Methoden sowie jede Art von »Reha-Druck« (DRAKE & SEDERER 1986, WING 1986, BIERMANN-RATJEN 1994).
- Sie sind *adaptiv ausgerichtet und flexibel*, d.h. sie passen Ziele, Inhalte und Methoden dem jeweiligen Bedarf und Bedürfnissen des Patienten an. Hierbei spielt die zeitliche Dynamik von Dekompensation, akuter Psychose, Remission und Stabilisierung eine entscheidende Rolle: ein Patient in einer abklingenden akuten Phase benötigt z.B. eine andere Form psychotherapeutischer Unterstützung als einer mit andauernder und ausgeprägter Negativ-Symptomatik (MCGLASHAN 1994).
- Sie verstehen sich als notwendiger, nicht jedoch hinreichender *Baustein eines Gesamtbehandlungskonzeptes* (KRULL 1987).

  »Die Psychotherapie schizophrener Psychosen hat nur dann eine Zukunft, wenn sie sich nicht als hochspezialisierte Technik versteht, sondern als integrierter und integrierender Bestandteil eines umfassenden psycho-somatischen und sozialpsychiatrischen Behandlungsplanes« (STOFFELS 1993, S. 368).

- Schließlich – und vor allem anderen – muß der Therapeut eine *langfristig tragfähige, verläßliche Beziehung* sicherstellen, die getragen ist von Akzeptanz, einfühlendem Interesse und Respekt vor dem Patienten (MÜLLER 1991, STOFFELS 1993). Bei manchen schwerer kranken Patienten kann es notwendig sein, die therapeutische Beziehung – ggf. bei sehr geringer Kontakthäufigkeit – auf Dauer anzulegen (DEWALD 1994).

  »Faßt man die Beobachtungen und Ergebnisse unterschiedlicher Schulen zusammen, so besteht Übereinstimmung darin, daß als wichtigste Eigenschaft des Therapeuten ein starkes und ausdauerndes Interesse zu werten ist« (KRULL 1987, S. 61).

Mit dem letzten Punkt ist ein wirkliches Dilemma benannt. Wir glauben zu wissen, daß es in erster Linie diese Qualität einer Beziehung ist, die sie für den schizophrenen Patienten zu einer *therapeutischen* macht. Wir wissen aber auch, wie schwer sich die meisten Therapeuten damit tun, eine solche Beziehung einzugehen, die – wenn sie gelingt – keine im engeren Sinn therapeutische Beziehung mehr ist und die gerade dann noch tragen muß, wenn die Grenzen aller Therapie erreicht sind:

»Wenn der Therapeut an die Grenzen seiner Kompetenz stößt, nicht weil es ihm an Kompetenz mangelt, sondern weil jede Methodik ihre Grenzen hat, und er an diesen Grenzen seinen Patienten nicht fallenlassen will, braucht er die Treue eines Begleiters in der Unwegsamkeit. Er muß dann nicht vergessen, was er gelernt hat, doch er muß wissen, daß nun nicht mehr seine Professionalität allein zur Orientierung verhilft« (BECKER 1984, S. 178).

Die Therapie schizophren Erkrankter ist auch für Therapeuten eine potentielle Quelle mannigfacher Kränkungen. Narzißtisch kränkbare Therapeuten stellen deshalb ein Risiko für die Patienten dar, weil sie dazu neigen, ihre Patienten »fallenzulassen«. Dies kann den Patienten zurück in die Psychose, schlimmstenfalls in den Suizid treiben (MUNDT 1984, MÜLLER 1989).

Sicherlich gibt es eine ganze Reihe institutioneller und materieller Gründe, die es erschweren, ein dauerhaft verläßlicher Begleiter für schizophren erkrankte Menschen zu sein. Ausschlaggebend dürfte am Ende aber die *Motivation des Therapeuten* sein. Nach MÜLLER (1991)

>»... sind die grundlegende Verunsicherung des schizophrenen Patienten, sein Mangel an Vertrauen, seine Einsamkeit so schlimm und das Fehlen wirklicher und verläßlicher therapeutischer Kompensation so offenkundig, daß Therapeuten sich oft lieber zurückhalten, statt sich darauf einzulassen ... Aber die Suche nach kurzen und oberflächlich verhaltenstherapeutisch wirkenden Therapiekonzepten hilft eben auch nicht hinreichend, vergrößert sogar manchmal die Kluft zwischen Hunger und Speise« (S. 282). Und er fährt fort: »Daß psychotherapeutische Hilfen notwendig sind, zumal in psychosefreien Intervallen, damit die Patienten aus Resignation, Rückzug, Hoffnungslosigkeit herausfinden und damit ihre Vulnerabilität gemindert wird, ist heute keine Frage mehr. Insofern beginnt hier eine Renaissance der Psychosen-Therapie, wenn auch in veränderter Form« (S. 283).

Es sind in jüngster Zeit eindrucksvolle Beispiele beschrieben worden, die erkennen lassen, worin diese »Renaissance in veränderter Form« bestehen könnte:
- die »multimodale Gruppentherapie«, über die PROFITA et al. (1989) berichten;
- die »psychologische Therapie« von SÜLLWOLD & HERRLICH (1990, 1992);
- die »need-adepted« Therapie der Arbeitsgruppe um ALANEN (1991);
- die »Stütztherapie« im Sinne von HUBSCHMID (1993);
- sowie die »personale Therapie«, die die Arbeitsgruppe um HOGARTY entwickelt hat und derzeit in einer längerfristigen Untersuchung auf ihre Wirksamkeit überprüft (HOGARTY et al. 1995).

Im Interesse der Betroffenen ist zu wünschen, daß Ansätze dieser Art auf breiter Ebene Eingang auch in die außeruniversitäre Praxis finden. Nur auf diesem Weg wird es gelingen, die bis heute erschreckenden Defizite in der psychotherapeutischen Basisversorgung schizophren erkrankter Menschen nach und nach zu beheben.

»Niemand benötigt so dringlich Psychotherapie wie die Schizophreniekranken« (FINZEN 1993 a, S. 150).

»Der langfristige Bedarf an psychotherapeutischen Hilfen für chronisch psychisch Kranke wird noch immer unterschätzt. Betroffene antworten auf die Frage nach Psychotherapie im Laufe ihrer oft langjährigen Erfahrungen mit der Psychiatrie, daß kaum einer einen Psychotherapeuten kennengelernt hat, daß aber der Wunsch nach psychotherapeutischer Unterstützung bei fast allen sehr groß war. Nicht zuletzt fühlen sie sich auf psychotherapeutischen Beistand angewiesen, um die Verluste zu bewältigen, die sie im Hinblick auf ihr Leistungsvermögen und auf ihre soziale Stellung hinnehmen müssen« (PLOG 1991, S. 304).

PLOG (1991) thematisiert hier die Perspektive und die Erwartungen der Betroffenen. Uns ist nur eine einzige Untersuchung bekannt, die die Erfahrungen und Bedürfnisse von Menschen mit schweren psychischen Erkrankungen bezüglich psychotherapeutischer Hilfen direkt erhebt. Mehr als 200 Besucher von 12 Rehabilitationseinrichtungen im US-Staat Maryland wurden mit Hilfe eines Erhebungsbogens befragt, bei dessen Konstruktion Betroffene mitgewirkt hatten. Knapp die Hälfte derjenigen, die eine Diagnose

angaben, waren schizophren erkrankt. Von den Befragten hatten 90 % persönliche Erfahrungen mit irgendeiner Form individueller Psychotherapie, knapp 2/3 davon bewerten diese Erfahrungen als positiv oder sehr positiv. Einige weitere Ergebnisse:
- 20 % der Befragten erwarteten, daß die Therapie lebenslang andauere, 44 % gaben an, noch keine Aussage darüber machen zu können, wie lange sie Therapie benötigten;
- nur 16 % der schizophrenen Patienten (verglichen mit 47-60 % der affektiv Erkrankten) bevorzugten eine einsichtsorientierte gegenüber einer problemlösungsorientierten Therapieausrichtung;
- 84 % der schizophrenen Patienten bevorzugen kürzere und seltenere gegenüber längeren und häufigeren Therapiesitzungen;
- 60 % aller Befragten hielten eine Kombination von Psycho- und Pharmakotherapie für hilfreicher als eine dieser Therapien allein;
- 58 % derjenigen, die einen Therapeutenwechsel erlebt hatten, äußerten, daß dieser den Therapieprozeß etwas oder erheblich gestört habe;
- insgesamt 73 % der Therapieerfahrenen hatten den Eindruck, daß ihr Therapeut »eine ganze Menge« (51 %) oder »ein wenig« (22 %) von *ihnen* gelernt habe! (COURSEY et al. 1995).

Nach allem, was wir über die bundesdeutsche Versorgungslandschaft wissen, dürfte die Diskrepanz zwischen Bedarf/Bedürfnissen nach psychotherapeutischer Unterstützung und qualifiziertem Angebot abgrundtief sein. Dies hat zum einen zu tun mit den Versorgungsstrukturen und Finanzierungsmodi, die psychotherapeutische Hilfen so kanalisieren, daß arme und schwerer Kranke – und zu diesen gehören schizophrene Menschen oft – nur sehr begrenzt Zugang dazu haben. Zum anderen spielt jedoch ohne Zweifel eine Rolle, wie Psychotherapieausbildung in Deutschland organisiert ist: Sie vollzieht sich in weiten Teilen in institutionellen und konzeptionellen Kontexten, in denen neurotisch oder psychosomatisch kranke Mittelschichtklienten dominieren. Angehende Psychotherapeuten lernen Psychotherapie letztlich im Umgang mit ihresgleichen. Und Therapeuten, die Psychotherapie so gelernt haben, neigen dazu, ihre Fähigkeiten in der Praxis für genau diese Klientengruppen und ihresgleichen einzusetzen. So entsteht eine tendenziell geschlossene Psychotherapie-Gesellschaft, in der schizophrene Menschen bestenfalls eine Randgruppe darstellen. Dabei sind auch und gerade in der Arbeit mit Schwer- und Langzeitkranken psychotherapeutische Konzepte und Kompetenzen von großer Bedeutung, wie WEYMAR (1991) anschaulich macht. Wir stimmen deshalb FIEDLER (1994) zu, wenn er feststellt:

> »Ich jedenfalls bin fest davon überzeugt, daß eine Therapieausbildung und Supervision nur dann etwas taugt, wenn die Therapiestrategien (und damit auch die Selbsterfahrungsstrategien), die man dort lernt, in den Therapiealltag mit existentiell gescheiterten, wenig motivierten und hoffnungslos verzweifelten Menschen übertragbar sind« (S. 71).

5. Psychoedukative Therapie

5.1 Einführung: Warum (nicht)?

> »Ganz offensichtlich ist Bildung (*education*) ganz entscheidend für alle Beteiligten, insbesondere auch für den Patienten. Ich habe meine Erkrankung intensiv studiert und fand es von unschätzbarem Wert, informiert zu werden – um meine Erkrankung zu verstehen, sie zu akzeptieren und damit umgehen zu können. Wir müssen unsere Erkrankung bewußt und fortlaufend studieren und auch voneinander lernen, um mit den individuellen Einschränkungen, die wir erleben, zurecht zu kommen« (LEETE 1989, S. 199, Übers. G.W.)
>
> »Eine 20-jährige Patientin formulierte: ›Wie soll ich jemals über etwas hinwegkommen, es verarbeiten, wenn ich nicht weiß, was es war, und mir die tollsten Theorien zurecht legen kann ...?‹« (SÜLLWOLD & HERRLICH 1990, S. 26).

Schweigen und Ratlosigkeit sind bis heute weithin charakteristisch dafür, wie Professionelle und Betroffene mit dem Thema Schizophrenie umgehen. Warum ist das so? In der Literatur werden verschiedene Gründe diskutiert, ohne daß man genaueres weiß. Einige Erklärungen stellen auf Besonderheiten der Betroffenen und ihrer Erkrankung ab: Schizophrene Patienten könnten die Informationen nicht verstehen oder würden sie fehlinterpretieren; sie könnten damit nicht vernünftig umgehen und sie mißbrauchen; die Informationen würden Ängste auslösen, entmutigen und damit die Krankheit verschlimmern; durch krankheitsbezogene Informationen würden Betroffene auf die Patientenrolle festgelegt etc. (GOLDMAN & QUINN 1988, WYNNE 1991). Nach allem, was wir bisher über die Rolle der Betroffenen bei der Bewältigung ihrer Verletzlichkeit und Erkrankung dargelegt haben, müssen solche und ähnliche Argumente heute als unbegründet bis diskriminierend gelten. Dabei ist unbestritten, daß Information und Aufklärung auch problematische Wirkungen haben können und daß sich auch psychoedukative Therapie mit ihren möglichen unerwünschten bzw. schädlichen Wirkungen auseinandersetzen muß. Dabei dürfte es sich jedoch in erster Linie um eine Frage des *Wann* und des *Wie*, also von Zeitpunkt und Qualität der Information und Aufklärung handeln. Mögliche negative Auswirkungen von Information und Aufklärung sind darüber hinaus abzuwägen gegen die negativen Folgen des *Unterlassens*:

> »Auch wenn man mit dieser Heimlichtuerei Ängste und Irritationen zu vermeiden versuchte, war die Wirkung doch meist eine belastende Mystifizierung. Oft blieb es den Patienten und ihren Angehörigen überlassen, sich mit den Auswirkungen der Krankheit auseinanderzusetzen, auf die sie doch angemessen hätten vorbereitet werden sollen. Sie blieben von anderen Betroffenen, mit denen sie ihre Erfahrungen hätten austauschen können, weitgehend isoliert. Das Verschweigen einer Diagnose oder deren Mitteilen ohne weitere Erklärung führte zu Verängstigung, Unsicherheit und Desorientierung sowohl bei den Patienten als auch bei den Familienangehörigen« (WYNNE 1991, S. 61).

Plausibler erscheinen Hypothesen, die Schweigen und Ratlosigkeit im Umgang mit dem Thema Schizophrenie mit Problemen auf seiten der Professionellen in Verbindung bringen. Sie würden aktive Information und Aufklärung deswegen scheuen, weil es innerhalb der Psychiatrie keinen annähernd tragfähigen Konsens über das Phänomen Schizophrenie gäbe; oder weil sie selbst über mangelhaftes Wissen verfügten (GOLDMAN & QUINN 1988). Was den Konsens angeht, so kann heute festgestellt werden, daß mit dem Verletzlichkeits-Streß-Bewältigungs-Modell eine Grundlage dafür geschaffen worden ist, die wohl selten in der Geschichte der Psychiatrie so breit war wie heute. Im Hinblick auf das mangelhafte Wissen unter Professionellen gilt, daß dem grundsätzlich durch geeignete Aus-, Fort- und Weiterbildungsmaßnahmen begegnet werden kann und muß.

Der entscheidende Grund für die Zurückhaltung vieler Professioneller beim Thema Schizophrenie im Gespräch mit Betroffenen ist jedoch wohl darin zu sehen, daß keiner der Überbringer der vermeintlich fatalen Botschaft sein will »Sie sind an Schizophrenie erkrankt«. Diese wird offenbar auch von vielen Professionellen immer noch für eine mindestens so bedrohliche Nachricht gehalten wie »Sie haben einen bösartigen Krebs«:

> »In gewisser Hinsicht spiegelt die Debatte in der Literatur über die Frage, ob man einem Menschen sagen sollte, daß er Schizophrenie hat, die vergangene Debatte darüber wider, ob man Menschen sagen sollte, daß sie Krebs haben oder daß sie sterben werden. Schizophrenie mag tatsächlich als eine Art von Sterben gesehen worden sein« (WILLIAMS 1989, S. 15, Übers. G.W.).

Auch WYNNE (1991) weist auf Parallelitäten im Umgang mit den Diagnosen Krebs und Schizophrenie hin. Wenn es stimmt, daß die Diagnose Schizophrenie von vielen Professionellen immer noch gleichgesetzt wird mit unheilbar, hoffnungslos und unbeeinflußbar, so wirkt eine der Grundannahmen des traditionellen Krankheitskonzeptes der Schizophrenie immer noch fort. Wie an anderer Stelle ausführlich dargelegt (WIENBERG in diesem Band, 6.), ist diese Annahme nachweislich falsch. Ihr Weiterleben birgt allerdings die Gefahr in sich, daß sie nach dem Muster der sich selbst erfüllenden Prophezeiung diejenigen Fakten schafft, die sie für gegeben hält. Es ist deshalb geboten, daß Therapiekonzepte auf breiter Ebene erprobt und umgesetzt werden, die das Thema Schizophrenie auf der Grundlage des heutigen Wissensstandes und aktueller Modellvorstellungen gezielt und in geeigneter Form zwischen Betroffenen, Angehörigen und Professionellen zum Thema machen.

5.2 Einordnung/Deskriptive Definition

> »Psychotherapie ist ein bewußter und geplanter interaktioneller Prozeß zur Beeinflussung von Verhaltensstörungen und Leidenszuständen, die in einem Konsensus (möglichst zwischen Patient, Therapeut und Bezugsgruppe) für behandlungsbedürftig gehalten werden, mit psychologischen Mitteln (durch Kommunikation) meist verbal aber auch averbal, in Richtung auf ein definiertes, nach Möglichkeit gemeinsam erarbeitetes Ziel ..., mittels lehrbarer Techniken auf der Basis einer Theorie des normalen und pathologischen Verhaltens« (STROTZKA 1974, S. 4, zit. nach FIEDLER 1991).

Die Definition von STROTZKA steckt den Rahmen dessen ab, was unter 4.1 als *Psychotherapie im weiteren Sinne* bezeichnet wurde. Mit Psychotherapie im engeren Sinne hatten wir jene psychotherapeutischen Ansätze bezeichnet, die die Problematik des Klienten in erster Linie unter der *Klärungsperspektive* im

Sinne von GRAWE et al. (1994) angehen. Psychotherapie im weiteren Sinne schließt darüber hinaus die *Problembewältigungsperspektive* mit ein. GRAWE et al. (1994) haben jüngst den umfangreichen Bericht über die Ergebnisse ihrer Meta-Analyse der weltweiten Forschung zur Wirksamkeit von Psychotherapie bis Mitte der 80er Jahre vorgelegt. Zentrales Ergebnis dieser Analyse ist, daß eine offensichtliche Gemeinsamkeit vieler besonders wirksamer therapeutischer Verfahren darin besteht, daß sie dem Patienten ganz direkt bei der Bewältigung eines ihn belastenden Problems zu helfen versuchen, und zwar mit Mitteln, die speziell auf dieses Problem zugeschnitten sind:

»Die ausgezeichnete Wirkung der verschiedenen Vorgehensweisen, die aktive Hilfe zur Problembewältigung leisten, läßt diese als das mächtigste Wirkprinzip erfolgreicher Psychotherapie erscheinen. Es handelt sich gleichzeitig um den in der bisherigen Psychotherapieliteratur in seiner Bedeutung am meisten unterschätzten Wirkfaktor« (GRAWE et al. 1994, S. 750). »Wann immer ein Therapeut seinem Patienten aktiv bei der Bewältigung einer wichtigen Schwierigkeit helfen kann, sollte er dies tun ..., denn erfolgreiche Problembewältigungen sind die besten Bausteine für einen guten Therapieerfolg« (ebd., S. 751).

Es dürfte sich von selbst verstehen, daß Klärungsperspektive und Bewältigungsperspektive sich keinesfalls gegenseitig ausschließen, sondern sich notwendig ergänzen:

»Man kann jedes Verhalten unter dem motivationalen Gesichtspunkt und unter dem Aspekt des Könnens betrachten. Um etwas zu tun, muß man beides: Man muß wollen können, aber man muß auch können wollen. Jedes Verhalten ist motiviert, und jedes Motiv braucht umgebungsbezogene Fähigkeiten zu seiner Umsetzung. Motivationaler und Fähigkeitsaspekt sind in der psychischen Aktivität untrennbar miteinander verbunden. Wofür das Individuum keine ›Verhaltensprogramme‹ oder ›Pläne‹ ... entwickelt hat, das kann es nicht tun, und wozu es nicht motiviert ist, das tut es nicht« (GRAWE et al. 1994, S. 754).

Und GRAWE (1995) stellt fest:

»Wenn ›einsichtsorientierte‹ und ›übende‹ Verfahren, ›aufdeckende‹ und ›zudeckende‹ Therapien als Alternativen einander gegenübergestellt werden, wie es bisher verbreitet geschieht, dann wird zum Entweder-Oder gemacht, was eigentlich ein Sowohl-als-Auch sein müßte« (1995, S. 139; vergl. dazu auch MCGLASHAN 1994).

Diejenige therapeutische Richtung, die sich in besonderer und systematischer Weise darum bemüht, Verfahren zur aktiven Problembewältigung zu entwickeln, ist die *Verhaltenstherapie*. Dabei ist *die* Verhaltenstherapie ebensowenig eine in sich homogene »Schule« wie *die* psychoanalytische Therapie oder andere bedeutende Therapierichtungen. Als gemeinsames Merkmal verhaltenstherapeutischer Ansätze kann am ehesten gesehen werden, daß sie sich bei der Analyse und Behandlung von Patientenproblemen in erster Linie an den Ergebnissen der empirischen Psychologie orientiert (MARGRAF & LIEB 1995).

FIEDLER (1991) gliedert die Geschichte der Verhaltenstherapie grob in drei Phasen. Demnach wurden in der ersten Phase, den 50er und 60er Jahren dieses Jahrhunderts, die *behavioristischen Grundpfeiler* für die Psychotherapie nutzbar gemacht: klassische und operante Konditionierung, Beobachtungs- und Modellernen. Die erfolgreiche Erforschung und Anwendung dieser Prinzipien machte zugleich ihre Grenzen deutlich. Es folgte in den 70er Jahren die *kognitive Wende und sozialpsychologische Neuorientierung* der Verhaltenstherapie. Die Person, ihre Gedanken, Konzepte, Pläne und Ressourcen rückten ins Zentrum (nicht zufällig beginnt die Bezeichnung vieler der in dieser Phase entwickelten Verfahren mit der Vorsilbe »Selbst-« ...). Zugleich begannen Verhaltenstherapeuten, die individual-therapeutische Perspektive zu erweitern um gruppen-, paar- und familientherapeutische Ansätze. In ihren Verstehens- und Behandlungsansätzen nahmen sie ausdrücklich Bezug darauf, daß psychische Störungen in erheblichem Maße abhängig sind von lebensgeschichtlichen Entwicklungen, psychosozialen Beziehungen und gesellschaftlichen Bedingungen, denen die Betroffenen ausgesetzt waren und sind. In den 80er Jahren dann hat sich die Verhaltenstherapie auf den Weg zur *psychoedukativen Verhaltenstherapie* gemacht, und zu Beginn der 90er Jahre stehen psychoedukative Behandlungskonzepte für umschriebene psychische Störungen im Zentrum des verhaltenstherapeutischen Interesses. FIEDLER (1991) stellt fest:

> »... daß es vor allem der Wende zur phänomenorientierten oder störungsspezifisch ausgerichteten psychoedukativen Verhaltenstherapie in den letzten 10 Jahren zu verdanken ist, *daß die VerhaltenstherapeutInnen inzwischen als die Spezialisten für die sog. schwereren Störungen gelten* und in Anspruch genommen werden. Zumindest wird ihnen diese Rolle zunehmend zugewiesen, vor allem auch von den PsychoanalytikerInnen und den GesprächspsychotherapeutInnen, die ihre PatientInnen nämlich immer dann gern zur Verhaltenstherapie überweisen, wenn diese die verfahrensspezifischen Voraussetzungen ihrer Therapieformen nicht erfüllen. Oder mit den Worten beispielsweise der AnalytikerInnen oder der tiefenpsychologisch orientierten PsychiaterInnen ausgedrückt: Es werden PatientInnen sinnvoll zur Verhaltenstherapie überwiesen, die eine sogenannte ›stützende Therapie brauchen‹« (S. 139 f).

In einer früheren Arbeit bezeichnet FIEDLER (1987) die psychoedukativen Ansätze in Gruppen auch als »psychopädagogische Verhaltenstherapie in Gruppen« oder als »problemorientierte Arbeitsgruppen«. Diese sind zu unterscheiden von *verhaltenstherapeutischen Trainingsgruppen*, in denen es um die Einübung eng umgrenzter Fertigkeiten und Verhaltensweisen geht, z.B. Social-Skills-Training, Entspannungstechniken etc. Demgegenüber sind *psychoedukative Therapiegruppen* nach FIEDLER (1987) dadurch gekennzeichnet, daß sie aus mehreren Personen mit ähnlicher Problematik, also homogen zusammengesetzt sind, die ein spezifisches, auf die jeweilige Problematik zugeschnittenes Rahmenprogramm absolvieren und die – im Gegensatz zu den Trainingsgruppen – an der Zielbestimmung und Durchführung der einzelnen Programmschritte aktiv beteiligt sind. Das ganze geschieht auf der Grundlage einer problemspezifischen Informationsvermittlung, einschließlich Diskussion von Ätiologie und Behandlungskonzepten.

> »Gerade diese Phasen inhaltlicher Aufklärung, Information und Therapiekonzeptdiskussion haben zur Kennzeichnung dieser Gruppen als ›psychopädagogische Arbeitsgruppen‹ (engl.: ›psychoeducational‹) geführt« (FIEDLER 1987, S. 115).

In einer aktuellen Übersicht von FIEDLER (1995) finden sich psychoedukative Konzepte bzw. Therapiemanuale für insgesamt 47 verschiedene Problembe-

reiche bzw. Zielgruppen. Auch in der Psychiatrie gibt es inzwischen zahlreiche Beispiele für psychoedukative Therapieansätze:
- bei Angststörungen (WITTCHEN et al. 1993) sowie Panikanfällen (MARGRAF & SCHNEIDER 1989);
- bei Alkoholabhängigkeit (PETRY 1993);
- bei affektiven Erkrankungen: endogenen, neurotischen oder reaktiven Depressionen (KÜHNER et al. 1994); bipolaren und manischen Erkrankungen (GOLDSTEIN 1992, VAN GENT & ZWAART 1993, PEET & HARVEY 1991).

Aber auch in anderen medizinischen Bereichen sind psychoedukative Gruppen z.T. schon länger verbreitet. In der Inneren Medizin, z.B. bei Herz-, Krebs- und Diabeteserkrankungen, bei gastrointestinalen Erkrankungen, bei Dialyse- und Hochdruckpatienten (STERN 1993); oder auch in der Neurologie mit Parkinson-, Multiple Sklerose-, Schlaganfall- und Epilepsiepatienten (STERN 1993, FENNER et al. 1995).

STERN (1993) formuliert folgende allgemeine Zielsetzungen für psychoedukative Gruppen in der Medizin:
- umfassende Aufklärung
- Förderung von Compliance
- Reduzierung von Angst
- Änderung der Lebensweise
- Förderung der individuellen Bewältigungskompetenz im Umgang mit der Erkrankung und ihren Folgen.

Diese Zielsetzungen können uneingeschränkt auch als Teilziele der psychoedukativen Gruppenarbeit mit schizophren Erkrankten angesehen werden. Diese erscheinen demnach auch unter der therapeutischen Perspektive nicht als grundsätzlich von anderen Menschen mit chronischen Erkrankungen verschieden.

Die psychiatrische Literatur zur psychoedukativen Therapie gibt wenig her, was über die o.g. allgemeinen Gesichtspunkte hinausgeht. HORNUNG (1996 b) betont zu Recht, daß mit »Edukation« nicht so sehr »Erziehung« als vielmehr »Schulung« bzw. »Unterrichtung« gemeint sei. GOLDMAN (1988) verweist darauf, daß »Psychoedukation« primär die gesunden Anteile stützt und fördert sowie die Betroffenen als aktive und mitverantwortliche Subjekte anspricht. Wichtig ist ferner sein Hinweis, daß auch psychoedukative Therapie es grundsätzlich sowohl mit kognitiven als auch mit affektiven und verhaltensbezogenen Aspekten psychischer Störungen zu tun hat. Dies bedeutet zugleich, daß der Therapeut in der psychoedukativen Therapie über pädagogische und psychodynamisch-psychotherapeutische Kenntnisse und Fähigkeiten verfügen muß (GINGERICH et al. 1992).

HORNUNG & BUCHKREMER (1991) benennen als wichtigste Komponenten psychoedukativer Therapie: Wissensvermittlung und wechselseitiger Austausch der Konzepte von Therapeuten und Klienten, kognitive Neuorientierung, emotionale Entlastung und gezielte Verhaltensmodifikation. DALEY et al. (1992) betonen, daß von psychoedukativer Therapie nur dann gesprochen werden kann, wenn über die reine Wissensvermittlung hinaus die individuellen Bewältigungsfähigkeiten und Selbsthilfekompetenzen der Betroffenen gefördert werden.

Nach GEBHARDT & STIEGLITZ (1993) ist die Vermittlung eines Konzeptes der schizophrenen Erkrankung obligatorisch:

> »Völlig unabhängig von der jeweiligen Ausgestaltung der verhaltenstherapeutischen Konzepte ist der erste Schritt immer die Vermittlung eines Krankheitskonzeptes, das auf dem Vulnerabilitäts-Streß-Modell aufbauen sollte. Dabei ist es wichtig, die verschiedenen Defizite und auch die Schwere der Beeinträchtigungen nicht zu bagatellisieren, aber durch das Aufzeigen der Bedeutung der gesunden Anteile, der Kompetenzen und vielfältigen Bewältigungsmöglichkeiten dem Betroffenen die Notwendigkeit einer aktiven Mitgestaltung nahezubringen. Ohne die Grenzen der Belastbarkeit außer acht zu lassen, wird der Patient als Experte für seine Erkrankung ernst genommen. Dadurch ist er nicht länger passiver Empfänger einer Therapie, sondern aktiver Mitgestalter« (S. 376).

Zusammenfassend schlagen wir als vorläufige Definition für psychoedukative Therapie mit schizophren Erkrankten vor:

Es handelt sich um eine verhaltenstherapeutische Variante von Psychotherapie im weiteren Sinne. Sie focussiert vor allem die Problembewältigungsperspektive und zielt darauf ab, zum Verstehen und zur Verarbeitung des Krankheitsgeschehens beizutragen, Ängste zu reduzieren, ein positives Selbstkonzept zu fördern und die Autonomie der Betroffenen zu stärken. Notwendige Bestandteile sind die Erarbeitung eines gemeinsamen Krankheitskonzeptes sowie die gezielte Förderung der Selbsthilfe- und Bewältigungskompetenzen der Betroffenen im Umgang mit ihrer Verletzlichkeit bzw. Erkrankung.

5.3 Methodische Aspekte

Generell wird psychoedukative Therapie in der verhaltenstherapeutischen und psychiatrischen Literatur als primär *gruppentherapeutisches* Verfahren thematisiert. Zwar wird verschiedentlich darauf hingewiesen, daß auch einzeltherapeutische Konzepte bei schizophrenen Patienten notwendig psychoedukative Aspekte einschließen (SÜLLWOLD & HERRLICH 1990, HOGARTY et al. 1995), insgesamt wird psychoedukative Therapie im engeren Sinne jedoch praktisch ausschließlich im Gruppensetting konzipiert und praktiziert. Dafür gibt es gute Gründe:

- Die Erfahrung des »Nicht-alleine-Betroffenseins« vermag Angst zu reduzieren und Hoffnung zu vermitteln (*sharing*).
- Die Gruppenmitglieder übernehmen wechselseitig Modellfunktion füreinander, was von potentiell großer Bedeutung für die Entwicklung von Bewältigungsstrategien und Fähigkeiten zur Krisenbewältigung ist (SAUPE et al. 1991).
- Die Gruppe kann dazu beitragen, die krankheitsbedingte Isolation zu überwinden, indem sie Solidarität und Zusammenhalt unter Mitbetroffenen fördert (STARK 1992).
- Die Gruppe bietet günstige Voraussetzungen dafür, eingeschliffene Rollenmuster zwischen professionellen Experten und Betroffenen in Richtung auf einen partnerschaftlichen Umgang zu überwinden:

»Nach den Erfahrungen vieler Autoren führt die Gruppensituation dazu, daß interessierte Patienten sich untereinander informieren und ihre Scheu, Experten Fragen zu stellen, abbauen« (LUDERER 1989 b, S. 313).

- Die Durchführung von Gruppentherapien lassen einen günstigeren Kosten-Nutzen-Effekt als gleichartige Einzeltherapien erwarten.

Als *Rahmenbedingungen* für die Durchführung solcher Gruppen werden in der Literatur genannt:
- Dauer zwischen 45 Minuten und 2 Stunden;
- zeitliche Befristung (zumeist nicht mehr als 20 Treffen);
- die Gruppen sind in der Regel geschlossen, weil Inhalte und Arbeitsschritte systematisch aufeinander aufbauen;
- »aktive« Leitung und Strukturierung, d.h., Ziele, Inhalte und Ablauf der Therapiesitzungen sind im voraus zumindest grob festgelegt;
- Co-Therapeut als »stiller Beobachter«;
- Nutzung vielfältiger Methoden, die aus der Unterrichtsdidaktik bekannt sind (FIEDLER 1987, STERN 1993).

Für die Zielgruppe schizophren Erkrankter wäre hinzuzufügen:
- Besondere Berücksichtigung der Störungen der Informationsverarbeitung bei der Aufbereitung und Erarbeitung von Inhalten (Methodik/Didaktik).

Gerade auch im Hinblick auf diese Zielgruppe sprechen eine Reihe von Gründen für die bevorzugte Durchführung psychoedukativer Gruppen im *ambulanten* Setting:
- Klinik-Patienten sind in der Regel nicht ausreichend stabilisiert, um von dieser Form der Gruppentherapie optimal profitieren zu können. Dies gilt nicht nur im Hinblick auf die Psychopathologie, sondern auch bezüglich der psychischen und sozialen Konsequenzen der gerade durchlebten Psychose.
- Die Verweildauern akut-klinischer Behandlungseinrichtungen sind heute so kurz, daß ein mehrwöchiges gruppentherapeutisches Behandlungsprogramm dieses Setting zeitlich in vielen Fällen sprengen wird (hier wäre Abhilfe zu schaffen dadurch, daß Teilnehmer die Gruppe noch nach Beendigung der (teil-) stationären Behandlung weiter besuchen können).
- Das ambulante Setting erleichtert den Transfer des in der Gruppe erarbeiteten, weil es näher bei der Alltagsrealität der Betroffenen ist.
- Geschlossene Gruppen sind im ambulanten Kontext leichter zu realisieren als im stationären.
- Die erforderliche Einbettung der psychoedukativen Therapie in ein langfristig angelegtes, ambulantes Behandlungskonzept ist leichter zu gewährleisten.

Die derzeit in der Bundesrepublik zu beobachtende Tendenz, psychoedukative Gruppenarbeit schwerpunktmäßig im klinischen Kontext zu erproben und zu realisieren, erscheint deshalb eher als Notbehelf und ist wahrscheinlich damit zu erklären, daß im klinischen Bereich die personellen und konzeptionellen Ressourcen für Innovationen immer noch leichter zu mobilisieren sind als im ambulanten oder komplementären. Die Bevorzugung des ambulanten Settings für die psychoedukative Gruppenarbeit bedeutet keineswegs, daß es im akutklinischen Setting nicht erforderlich oder unmöglich wäre, psychoedukative Arbeitsformen zu realisieren. Auch in der Klinik haben Betroffene ein Recht auf Aufklärung. Möglichkeiten, wie auch bei akutkranken Patienten elementare Aspekte von Aufklärung und Information realisiert werden können, beschreibt LUDERER (1994 b).

So gut die Durchführung psychoedukativer Gruppen auch inhaltlich und methodisch begründet ist, so werden die Potentiale des psychoedukativen Ansatzes in der Therapie schizophren erkrankter Menschen jedoch dann verspielt, wenn dieser Ansatz reduziert wird auf eine weitere Spielart von Trainingsprogrammen, die Individualität und Subjektivität der Betroffenen nicht respektieren und damit an die Stelle eines notwendigerweise unvoreingenommenen und echten Interesses für die subjektive Sicht des Patienten Trainings für das »richtige« Krankheitskonzept zur Stärkung der »Compliance« treten (PLOG 1991).

Aus verhaltenstherapeutischer Sicht wird darauf verwiesen, daß ein Grund für therapeutische Mißerfolge in der mangelnden Flexibilität beim Eingehen auf die individuelle Problematik der Teilnehmer bestehen kann (FIEDLER 1987). SAUPE et al. (1991) formulieren deshalb als Anforderungen an entsprechende Strategien,

> »... daß sie von einer betont individualisierenden Befunderhebung ausgehen müssen, konkret an den bisherigen Bewältigungserfahrungen und Konzepten der Patienten anknüpfen sollen und passivierende, an die Patienten pauschal herangetragene Trainingsprogramme vermieden werden sollen. Durch Einbeziehung der Krankheitskonzepte der Patienten und ihrer bisherigen Copingerfahrungen besteht eine Chance für eine bessere Situationsgeneralisierung und damit für eher überdauernde therapeutische Effekte« (S. 136).

Jenseits von Effizienz und Wirksamkeit geht es jedoch noch um etwas anderes: um Interesse an den Erfahrungen und Kenntnissen Betroffener, um Anerkennung ihrer Bemühungen in der Auseinandersetzung mit der Erkrankung, um Akzeptanz gegenüber ihren Konzepten und Erklärungsmodellen und um Respekt gegenüber ihrer Individualität.

> »Trainingsprogramme, die Patienten über ihre Krankheit informieren ..., mögen überfällig sein, weil sie immerhin das eigene Denken transparenter machen und mögen helfen, überhaupt ins Gespräch zu kommen. Doch wird das Erkenntnisinteresse eingeschränkt, wenn – pädagogisch ausgerichtet – Krankheitseinsicht konzipiert wird als Einsicht in das, was der ›geschulte‹ Mitarbeiter für richtig hält. So wenig wir letztlich über Psychosen wissen, so sehr diese höchst individuelle Vorgänge sind, sollte das unvoreingenommene Interesse für subjektive Erklärungsmodelle neben dem Belehren Platz haben. Denn möglicherweise gilt es nicht nur, Angst und Uninformiertheit von Patienten, sondern auch eigene Vorurteile zu beseitigen« (BOCK & JUNCK 1991, S. 69 f).

In diesem Sinne sollte »Aufklärung« von Betroffenen nie als Einbahnstraße konzipiert sein, sondern als möglichst lebendiger und partnerschaftlicher Austausch von Kenntnissen, Standpunkten und Interessen.

5.4 Befunde zur psychoedukativen Therapie bei schizophrenen Erkrankungen

Praktisch zeitgleich mit der zunehmenden Verbreitung des Verletzlichkeits-Streß-Bewältigungs-Modells der Schizophrenie Anfang der 80er Jahre tauchen im englisch- und deutschsprachigen Raum die ersten Ansätze psychoedukativer Gruppenarbeit mit schizophren Erkrankten auf (SELTZER et al. 1980, PILSECKER 1981). In der Bundesrepublik gehören FIEDLER & BUCHKREMER (1982) in Münster sowie STARK & BREMERSMANN (1982) in Quakenbrück zu den ersten, die entsprechende Konzepte entwickeln und erproben. Aus der Schweiz waren dagegen zunächst skeptische Töne zu vernehmen:

> »Wir versuchten, eine *edukative Selbsthilfegruppe* ... mit wöchentlichen Sitzungen aufzubauen und dort bevorzugt Wissen, Frühwarnzeichen und belastende Situationen anzusprechen. Es zeigte sich jedoch, daß unserer Patienten auch dort der kritischen Reflexion und Distanzierung auswichen und die Gruppe zunehmend als aversiv empfanden« (DAUWALDER 1989, S. 300).

Die Berner Gruppe zog daraus die Konsequenz, psychoedukative Ansätze in die Einzeltherapie zu integrieren. Ein sehr stark psychoedukativ geprägtes einzeltherapeutisches Konzept haben auch SÜLLWOLD & HERRLICH (1990, 1992) in Frankfurt entwickelt und ansatzweise evaluiert. Im allgemeinen wird jedoch in erster Linie der gruppentherapeutische Ansatz ab Ende der 80er/Anfang der 90er Jahre auch in der Bundesrepublik verstärkt aufgegriffen und umgesetzt. Dabei können Konzepte von unterschiedlicher Reichweite unterschieden werden.

5.4.1 Punktuelle Interventionen

Hierbei handelt es sich in der Regel um rein edukative Konzepte, die ausschließlich die pharmakologische Behandlung mit dem Ziel der Compliance-Verbesserung thematisieren und deren Dauer nicht mehr als ein bis drei Sitzungen bzw. Stunden beträgt. Nach der unter 5.3 gegebenen Definition können derartige Interventionen *nicht* als psychoedukative Therapie aufgefaßt werden. Sie bleiben deshalb im folgenden unberücksichtigt (PILSECKER 1981, BOCZKOWSKI et al. 1985, BROWN et al. 1987, KLEINMAN et al. 1993, RAZALI & YAHYA 1995). Immerhin konnte in einzelnen dieser Studien gezeigt werden, daß auch punktuelle Informationen zu einem signifikanten Wissenszuwachs führen können. So zeigte sich in einer Studie von LUDERER et al. (1993), daß Patienten, die eine Informationsbroschüre gelesen und an einer Informationsgruppe (Dauer und Häufigkeit werden nicht angegeben) teilgenommen hatten, einen Wissenszuwachs aufweisen. RAZALI & YAHYA (1995) fanden darüber hinaus eine signifikant geringere Rückfallrate nach einem Jahr bei Patienten, die an nur einer Trainingssitzung zur Compliance-Verbesserung teilgenommen hatten. MACPHERSON et al. (1996 b) verglichen die Wirksamkeit von keiner, ein- und dreistündiger Edukation bei chronisch kranken Patienten und stellten günstige Wirkungen bezüglich Wissenszuwachs und Krankheitseinsicht, nicht jedoch Compliance fest, wobei die dreistündige Intervention wirksamer war als die einstündige.

5.4.2 Mittelfristig angelegte Konzepte

Hierzu sind zeitlich sehr aufwendige Konzepte zu zählen (zwischen 50 und 100 Stunden über ein halbes bis ein Jahr), die sowohl im stationär-rehabilitativen als auch im ambulanten Kontext durchgeführt werden.

Primär auf schwerer und chronisch Kranke im Rahmen stationärer Rehabilitationsbehandlung sind Modelle wie die von GOLDMAN & QUINN (1988) sowie WIEDL (1994) ausgerichtet. GOLDMAN & QUINN (1988) berichten von einem »Patient Education Center«, das in Gruppen von 8 bis 14 Patienten an 15 Tagen à 5 Stunden durchgeführt wird. Dabei geht es um Diagnose, medikamentöse Behandlung, Streß-Management, Familiendynamik, gesundheitsfördernden Lebensstil etc. Im Prä-Post-Vergleich mit einer Standard-Krankenhausbehandlung ergab sich ein signifikanter Wissenszuwachs sowie eine Verringerung der Negativsymptomatik. WIEDL (1994) beschreibt eine »bewältigungsorientierte Therapie«, die im Rahmen einer Rehabilitationseinrichtung in Gruppen von 6 bis 8 Patienten einmal wöchentlich über ein Jahr durchgeführt wird. Evaluationsergebnisse werden nicht mitgeteilt. Über den Versuch, das Konzept einer ganzen Klinik psychoedukativ auszurichten, berichten GREENBERG et al. (1988).

Die mittelfristig angelegten Konzepte gehen praktisch bruchlos über in ein Training sozialer Fertigkeiten/TSF (vgl. oben, 2.4.2). Das am weitesten entwickelte TSF-Progamm ist das der Arbeitsgruppe um WALLACE, LIBERMAN und ECKMAN in Los Angeles. Zwei Module dieses Programms – »*Medication-Management*/MMM« sowie »*Symptom-Management*/SMM« – könnten als psychoedukative Verfahren im weitesten Sinne aufgefaßt werden, auch wenn die Erarbeitung eines Krankheitskonzeptes sowie die subjektive Sicht der Betroffenen darin ganz offensichtlich nur sehr begrenzt Raum haben. Jedes dieser beiden Module umfaßt ca. 50 Stunden, die in 2 bis 3 wöchentlichen Sitzungen durchgeführt werden. Die Durchführung ist stark behavioristisch ausgerichtet und bis ins einzelne strukturiert.

Das MMM umfaßt folgende Fertigkeitsbereiche: Information über antipsychotische Medikamente, korrekte Einnahme, Erkennen von Nebenwirkungen, Besprechen von Medikamentenproblemen mit Ärzten und anderen Fachleuten. Das SMM gliedert sich in die Fertigkeitsbereiche: Erkennen von Warnzeichen eines Rückfalls, Umgehen mit Warnzeichen, Umgehen mit anhaltenden Symptomen, Ablehnen von Alkohol und Drogen.

ECKMAN et al. (1990) konnten beim MMM drei Monate nach Beendigung der Therapie einen signifikanten Wissenszuwachs sowie eine verbesserte Compliance nachweisen. In einer kontrollierten Studie fanden ECKMAN et al. (1992) bei der 1-Jahres-Katamnese zwar ein höheres Kompetenzniveau bei der MMM – im Vergleich zur Kontrollgruppe. Es zeigten sich jedoch weder Unterschiede in der Positiv- noch in der Negativ-Symptomatik (Angaben über die Rückfallhäufigkeit fehlen). Die Kontrollgruppe hatte eine gleich aufwendige »unstrukturierte Gruppentherapie« erhalten. Das MMM wurde von einer Arbeitsgruppe um BRENNER ins Deutsche übertragen und klinisch erprobt. BRENNER et al. (1988) berichten von »unerwarteten Schwierigkeiten« und »Widerständen der verschiedensten Art« bei der Einführung dieses Therapieprogramms in ihrer Klinik. Inwieweit diese ausschließlich auf das »wenig forschungsfreundliche Klima« oder die »Arbeitsbelastung des Pflegedienstes« zurückzuführen sind, wie die Autoren unterstellen, und nicht zumindest durch den eher technokratischen Charakter dieses Trainings mitbedingt sind, sei hier dahingestellt. Inzwischen sind die beiden Module von der Berner Gruppe modifiziert worden und SCHAUB & BRENNER (1996) berichten von einer »guten Anwendbarkeit et al. (1996) stellen die modifizierte Version des SMM vor (24 Sitzungen in 3 Monaten) und teilen vorläufige Evaluationsergebnisse aus Pilotstudien mit. Demnach kommt es zu einer symptomatischen Besserung, v.a. im Bereich der Negativ-Symptome, sowie zu einer Abnahme ungünstiger Bewältigungsformen.

Auch aus Deutschland wird von Umsetzungsversuchen mit MMM und SMM berichtet. GÜNTHER et al. (1994) realisierten die Module im ambulant-teilstationären Kontext eines Versorgungskrankenhauses. Erhoben wurde lediglich der Wissens- bzw. Kompetenzzuwachs. Dieser war bescheiden, wohl nicht zuletzt deshalb, weil die Patienten bereits vor dem Training Werte von über 80 % aufwiesen. Die Autoren kommentieren:

> »Enttäuscht äußerten sich die Teilnehmer in ihrem Wunsch nach mehr Information über die eigene Erkrankung und über die Wirkungsweise der Medikamente« (GÜNTHER et al. 1994, S. 164).

Beklagt wurde außerdem von Patienten und Therapeuten die »Redundanz und Langatmigkeit« des Programms sowie die rigiden Vorgaben. Dabei ist daran zu erinnern, daß die Los Angeles-Gruppe ihr TSF-Programm in erster Linie für erheblich chronifizierte Patienten entwickelt hat.

Verfahren wie das Medikamenten- und Symptom-Management können nur dann als psychoeduaktive Therapien im unter 5.3 erläuterten Sinn aufgefaßt werden, wenn sie die Erarbeitung eines Krankheitskonzeptes unter Einbeziehung der subjektiven Sichtweisen der Betroffenen als integralen Bestandteil einschließen.

5.4.3 Psychoedukative Kurzzeit-Therapie

Als psychoedukative Therapie im engeren Sinne können heute die Kurzzeit-Therapien verstanden werden. Hierbei handelt es sich um Verfahren, wie sie unter 5.3 als typische psychoedukative verhaltenstherapeutische Gruppentherapien beschrieben wurden. Diese sind zumeist zeitlich klar begrenzt. Am häufigsten scheinen gegenwärtig Konzepte mit 8 bis 14 Sitzungen von 1 bis 2 Stunden Dauer zu sein, die überwiegend wöchentlich im ambulanten Kontext stattfinden. Eine Reihe derartiger Konzepte sowie dazu vorliegende Untersuchungsbefunde werden im folgenden kurz dargestellt:
- SELTZER et al. (1980) führten unseres Wissens die erste kontrollierte Studie zur Wirksamkeit eines psychoedukativen Therapieansatzes mit schizophren Erkrankten durch. In der 5-Monats-Katamnese zeigte die Therapiegruppe ein höheres Maß an Compliance-Verbesserung und *weniger* Angst vor Nebenwirkungen und Risiken von Neuroleptika als eine standardbehandelte Vergleichsgruppe. Letzterer Befund wird von BROWN et al. (1987)

bestätigt, die nach punktueller Information eine signifikante *Reduktion* der berichteten Nebenwirkungen fanden.

- KALUZNY-STREIKER et al. (1986) führten 6 einstündige Sitzungen mit 40 überwiegend als schizophren diagnostizierten Patienten durch, auf die 4 weitere Sitzungen mit »*peer counseling*« (Beratung durch Mitbetroffene) folgten. Die Gruppen waren mit 15 Teilnehmern relativ groß, und die Inhalte beschränkten sich im wesentlichen auf Medikationsfragen. Im Vergleich zur Kontrollgruppe fand sich ein signifikanter Wissenszuwachs im Post-Test und in der Katamnese, eine positivere Einstellung gegenüber der Medikamentenbehandlung zeigte sich nur im Post-Test. Beide Gruppen unterschieden sich nicht in der Häufigkeit und Dauer von Rehospitalisierungen. Bezüglich des Einnahmeverhaltens zeigte sich ein fast paradoxer Trend: 30 % der Kontrollgruppe und 49 % der Experimentalgruppe unterbrachen die Medikamenteneinnahme im Katamnesezeitraum. Bei der Bewertung der Gruppenarbeit äußerten sich die Teilnehmer unzufrieden über die *Peer-counseling*-Sitzungen; am häufigsten wurde die zu geringe Information über die Erkrankung kritisiert. Eine ausschließliche Fokussierung auf die medikamentöse Behandlung scheint demnach nur sehr begrenzte, wenn nicht sogar teilweise negative Wirkungen zu haben.

- BUCHKREMER & FIEDLER (1987) sowie LEWANDOWSKI et al. (1994) verglichen zwei spezifische Therapieansätze mit der Standardbehandlung. Bei dem, was sie »kognitive Therapie« nennen, handelt es sich *nicht* um ein Verfahren, wie es oben unter 2.4.5 beschrieben wurde, sondern um eine *psychoedukative* Kurztherapie, die HORNUNG und BUCHKREMER später weiterentwickelt haben (s.u.), und die jetzt zur Vermeidung von Mißverständnissen auch »psychoedukatives Medikamententraining« genannt wird (vgl. KIESERG & HORNUNG 1994). Die zweite Therapiegruppe wurde mit einem Training zur Verbesserung der interaktionellen und sozialen Kompetenz (TSF, vgl. 2.4.2) behandelt. Die psychoedukativ behandelte Gruppe wies zu allen Katamnesezeitpunkten eine niedrigere Rehospitalisierungsrate auf als die TSF-Gruppe sowie die standardbehandelte Vergleichsgruppe. Außerdem war das Ausmaß der Negativ-Symptomatik bei der 2- und 5-Jahres-Katamnese geringer als in der TSF-Gruppe. Die Autoren interpretieren dieses Ergebnis so,

  »... daß die Patienten der handlungsorientierten Therapie zu einer eher selbstkritisch-reflektierenden, Problemursachen und Fehlschläge antizipierenden Haltung gelangten. Dagegen bevorzugten die Patienten der kognitiven Therapie eher pragmatische Lösungen zur Bewältigung krankheits- und rückfallbezogener Probleme. Sie erwiesen sich weniger gegenüber Problemstellungen sensibilisiert. Diese Haltung erwies sich dann auch als prognostisch günstiger« (S. 119).

  Die handlungsorientierte Therapie habe de facto wie eine einsichtsorientierte Therapie gewirkt. Dies führte zwar dazu, daß die Teilnehmer der handlungsorientierten Gruppe sich stärker verstanden fühlten und inhaltlich in höherem Maße am Therapieprozeß beteiligt waren; im Hinblick auf die Rezidivprophylaxe kam es jedoch offenbar zu einer weniger förderlichen Problemsensibilisierung.

- ASHER-SVANUM (1989) stellt eine außerordentlich positive Bewertung der psychoedukativen Therapie durch die Gruppenteilnehmer sowie einen signifikanten Zuwachs an Wissen fest. Darüber hinaus zeigten sich bei 2/3 der Teilnehmer, die vor der Gruppenteilnahme nicht krankheitseinsichtig waren, diesbezüglich positive Veränderungen.

- BRÜCHER (1992) führte psychoedukative Gruppen im Kontext einer Reha-Station durch. Die Teilnehmer bewerteten diese Art von Gruppenarbeit als nützlich und die Art der Vermittlung als positiv. Zwischen den vermittelten Inhalten und der Selbsterfahrung bestand ein mittleres Ausmaß an Übereinstimmung. Für die Teilnehmer waren die wichtigsten behandelten Inhalte die Symptomatik sowie Bewältigungsstrategien.
- Auch STARK (1992) berichtet über psychoedukative Gruppen im stationären Kontext (4 Sitzungen). Mittels halbstandardisierter Befragung stellte er fest, daß 2/3 der Teilnehmer ihre Frühwarnzeichen beobachten, daß 62 % der Überzeugung sind, Medikamente zu brauchen und 56 % sich am Verletzlichkeits-Streß-Bewältigungs-Modell der Schizophrenie orientieren.
- BÄUML et al. (1996 a, b) überprüften die Wirkung »informationszentrierter Patientengruppen« im Rahmen einer bifokalen Therapie (s. unten 5.5). Fast alle Teilnehmer beurteilten die Patientengruppen in der Nachbefragung nach einem Jahr als »wichtig« oder »sehr wichtig«; 93 % bewerteten sie als »hilfreich« und 91 % stellten fest, daß sie sich zum Thema Psychose »gut informiert« fühlten. Im Vergleich zu einer standardbehandelten Kontrollgruppe war der Wissenszuwachs nach 12 Monaten signifikant größer (die Ergebnisse bezüglich Medikamenten-»Compliance«, Rückfallraten und Zukunftserwartungen werden unter 5.5 referiert, weil diesbzüglich nicht von einem isolierten Effekt der Patienten-Gruppen, sondern von einer kombinierten Wirksamkeit der bifokalen Therapie auszugehen ist).
- KLEIN et al. (1994) beschreiben ein psychoedukatives Programm, das sich speziell an den Bedürfnissen von z.T. langfristig hospitalisierten, chronisch kranken Heimbewohnern orientiert. Eine schriftliche Befragung der Teilnehmer ergab eine insgesamt sehr positive Bewertung von Inhalten und Durchführung des Programms. Fast 3 von 10 Teilnehmern bewerteten die Teilnahme jedoch (auch) als belastend, was auf die niedrigere Vulnerabilitätsschwelle in dieser speziellen Zielgruppe hindeutet. Ein wichtiges Thema war auch hier der Umgang mit der Erkrankung (KLEIN & ORBKE-LÜTKEMEIER 1994).

Ein ganz ähnliches Konzept wie KLEIN & ORBKE-LÜTKEMEIER beschreiben RAVE-SCHWANK & NAGEL-SCHMITT (1993) sowie NAGEL-SCHMITT (1996). Ihr »Freitags-Klub« wendet sich an chronisch kranke Menschen mit Schizophrenien, schizo-affektiven Psychosen und schweren Depressionen. An dem wöchentlich stattfindenen Klub nehmen durchschnittlich 35 Personen teil. In dem »Info-Teil« werden Themen »der psychiatrischen Krankheitslehre, Behandlung und Krankheitsbewältigung« behandelt. Regelmäßige Lernzielkontrollen ergaben einen hohen durchschnittlichen Wissensstand (78 %). Im Schnitt bewerteten ca. 80 % der Teilnehmer den Klub als hilfreich oder sogar sehr hilfreich bei der Krankheitsbewältigung.

- Die im deutschsprachigen Raum bisher aufwendigste Evaluationsstudie unter Einbeziehung psychoedukativer Therapien wurde von der Arbeitsgruppe um HORNUNG und BUCHKREMER in Münster durchgeführt. In dieser Studie wurden vier Behandlungsbedingungen verglichen: »psychoedukatives Medikamententraining« (PMT) allein, PMT + Problemlösetraining (KP), PMT + KP + Bezugspersonenberatung (BB). Als Kontrollbedingung diente eine Freizeitgruppe. HORNUNG et al. (1993) fanden eine günstige Wirkung des PMT bezüglich des Krankheitskonzeptes (stärkere Abnahme der »Negativerwartungen« in der KK-Skala von LINDEN et al. 1988) sowie eine ausgeprägtere Verbesserung der Compliance gegenüber der Freizeitgruppe. In der 1-Jahres-Katamnese zeigten sich jedoch keine signifikanten Unterschiede zwischen PMT und Freizeitgruppe bezüglich Rezidivraten, Psychopathologie und globaler psychosozialer Anpassung. Auch die zusätzlich mit KP und/oder BB behandelten Patienten schnitten nicht signifikant besser ab als die Kontrollgruppe. Dabei lag die durchschnittliche 1-Jahres-Rückfallrate der behandelten Patienten mit 26 % und der Freizeitgruppe mit 23 % »überraschend niedrig«, was auf eine insgesamt sehr gute Compliance hindeutet (HORNUNG et al. 1995). Nach diesem Ergebnis kann jedoch nicht davon ausgegangen werden, daß psychoedukative Therapie Effekte hat, die über die einer zuverlässigen Neuroleptikaprophylaxe plus unspezifischer Betreuung hinausgehen.

- KEMP et al. (1996) verglichen ihre kognitiv-behavioral orientierte »Compliance-Therapie« mit einer Standard-Therapie bei psychosekranken Patienten (überwiegend schizophren erkrankt). Die Patienten wurden bereits während der Akutbehandlung im stationären Kontext in 4-6 Sitzungen von 20-60 Minuten Dauer behandelt; dabei ging es schwerpunktmäßig um die Vor- und Nachteile der medikamentösen Behandlung, diesbezügliche Ambivalenzen sowie die Unterstützung einer bewußten Entscheidung. Sechs Monate nach der Therapie war die Besserung der Positiv-Symptomatik in beiden Gruppen gleich groß. Die psychoedukativ behandelte Gruppe wies jedoch eine signifikant größere Veränderung bezüglich »Krankheitseinsicht« und »Compliance« auf als die Kontrollgruppe.

Nimmt man diese, alles in allem noch bruchstückhaften und vorläufigen Befunde zusammen, so läßt sich festhalten: Psychoedukative Gruppentherapie wird von den Teilnehmern ganz überwiegend positiv bewertet und als hilfreich empfunden; sie führt zu einem Wissenszuwachs und hat günstige Wirkungen auf das Krankheitskonzept. Auch die Medikamenten-Compliance wird in die erwünschte Richtung beeinflußt. Erste positive Befunde bezüglich Senkung der Rückfallhäufigkeit und Besserung von Negativsymptomatik (BUCHKREMER & FIEDLER 1987, LEWANDOWSKI et al. 1994) werden relativiert durch die Ergebnisse einer Folgeuntersuchung der Münsteraner Arbeitsgruppe (HORNUNG et al. 1995). Ob psychoedukative Therapie für sich genommen den Krankheitsverlauf günstig zu beeinflussen vermag, muß also bis auf weiteres offen bleiben.

5.5 Psychoedukative Therapie mit Angehörigen schizophren Erkrankter

Psychoedukative Therapiekonzepte unter Einbeziehung der Angehörigen schizophren Erkrankter werden gegenwärtig schwerpunktmäßig in zwei unterschiedlichen Formen realisiert und empirisch überprüft: zum einen als Teil innerhalb einer umfassenderen psychoedukativen Familientherapie, zum anderen als eigener Baustein in Ergänzung zur Standardtherapie bzw. zur psychoedukativen Therapie der Patienten.

5.5.1 Psychoedukative Familientherapie

Dieser therapeutische Ansatz hat sich unmittelbar entwickelt aus der Forschung zum EE-Konzept (HAHLWEG et al. 1995, vgl. auch WIENBERG in diesem Band, 4.4). Generelles Ziel ist es, die familiären Kommunikationsmuster in Richtung auf den niedrig-emotionalen Pol des EE-Kontinuums zu verändern und damit die Rückfallhäufigkeit zu reduzieren. Entsprechende Therapieprogramme wurden in den 80er Jahren von fünf Arbeitsgruppen in den USA und England entwickelt und erfolgreich erprobt. Diese Programme weisen Unterschiede im Detail auf, gemeinsam sind ihnen jedoch folgende Komponenten:
- eine positive Grundhaltung gegenüber den Angehörigen und das Angebot einer wirklich partnerschaftlichen Zusammenarbeit;
- Vorgabe von Struktur und Stabilität (z.B. Behandlungskontrakte, Krisenbereitschaft etc.);
- Fokussierung des Hier und Jetzt;
- Nutzung spezifischer familientherapeutischer oder verhaltenstherapeutischer Konzepte;
- Vermittlung kongruenter und konsistenter Modellvorstellungen über die Erkrankung (*psychoedukativer Baustein*);
- Orientierung auf konkrete Verhaltensänderungen und Problemlösungen;
- Verbesserung der familiären Kommunikationsmuster.
  (vgl. FALLOON 1991, LAM 1991, BARROWCLOUGH & TARRIER 1992, SMITH 1992, WIEDEMANN & BUCHKREMER 1996).

Fokus der Therapie ist in der Regel *ein* Patient mit seiner Familie, der edukative Baustein wird zum Teil in Form von Workshops mit mehreren Familien durchgeführt.

Die von einer New Yorker Arbeitsgruppe erfolgreich erprobte psychoeduaktive Therapie, in die simultan mehrere Patienten mit ihren Familien einbezogen werden, kann vorerst als Ausnahme von der Regel gelten (McFARLANE et al. 1995).

Die Intensität dieser Familienbehandlung ist hoch, es finden anfangs mindestens wöchentliche Therapiesitzungen statt, die z.T. noch durch Angehörigengruppen ergänzt werden. Später wird die Sitzungsfrequenz schrittweise verringert, insgesamt erstreckt sich das Therapieangebot jedoch auf bis zu zwei Jahre. PENN & MUESER (1996) weisen darauf hin, daß die Wirksamkeit der psychoedukativen Therapie nur für eine Therapiedauer von mindestens 9 Monaten überzeugend belegt ist.

Die Evaluation dieser sehr aufwendigen Konzepte hat ihre ausgezeichnete Wirksamkeit bei der Rückfallprophylaxe eindrucksvoll belegt (Übersichten bei BARROWCLOUGH & TARRIER 1992, BELLACK & MUESER 1993, DE JESUS MARI & STREINER 1994, PENN & MUESER 1996, WIEDEMANN & BUCHKREMER 1996). In den Therapiegruppen variieren die Rückfallraten nach 9 Monaten zwischen 9 % und 41 %, in den Kontrollgruppen zwischen 29 % bis 65 %; nach 12 Monaten in den Therapiegruppen zwischen 14 % und 33 % und in den Kontrollgruppen zwischen 59 % und 83 %. Der Therapieeffekt ist nach zwei Jahren eher größer als nach 9 Monaten. In einer Studie konnte noch in der 8-Jahres-Katamnese ein Vorsprung der Therapie-Gruppe bezüglich der Rückfallrate festgestellt werden (TARRIER et al. 1994). Die Effekte können nicht ausschließlich auf eine Verbesserung der Compliance in der Therapiegruppe zurückgeführt werden (DE JESUS MARI & STREINER 1994); d.h., die psychoeduaktive Familientherapie hat einen zusätzlichen Effekt über die neuroleptische Rezidiv-Prophylaxe hinaus.

Soweit dies untersucht wurde, weisen die familientherapeutischen Strategien darüber hinaus eine deutlich günstigere Kosten-Nutzen-Relation auf als die jeweilige Standard-Therapie (DÜRR & HAHLWEG 1996).

Inzwischen wurden psychoedukative Therapien mit Familien von schizophren Erkrankten auch in Deutschland im Rahmen von Forschungsprojekten erfolgreich erprobt (BOONEN & BOCKHORN 1992, HELD et al. 1993, HAHLWEG et al. 1995).

Alle Konzepte der psychoedukativen Familientherapie enthalten zeitlich sehr begrenzte (zwischen 2 und 12 Stunden) *edukative* Therapie-Bausteine, die z.T. mit und z.T. ohne den Patienten durchgeführt werden. Der psychoedukative Aspekt dieser Therapieprogramme geht jedoch über die eng umgrenzten edukativen Bausteine hinaus (z.B. bezüglich Erkennung von Frühwarnzeichen, Reduzierung des Streßniveaus in der Familie etc.).

> Die isolierte Wirkung der edukativen Bausteine ist demzufolge begrenzt. LAM (1991) hat sechs Studien zur Wirksamkeit ausgewertet und kommt zu folgender Bilanz: Der Wissenszuwachs der Teilnehmer ist in der Regel beträchtlich, die Wirkungen auf das Krankheitskonzept sind begrenzt; es kommt zu einer kurzfristigen Entlastung der Angehörigen, fraglich ist, wie lange dieser Effekt anhält; das Rückfallgeschehen wird durch zeitlich begrenzte edukative Angebote nicht positiv beeinflußt. In einer neueren Untersuchung finden auch BIRCHWOOD et al. (1992) günstige Effekte im Hinblick auf Wissenszuwachs und Streßreduktion sowie ein verbessertes soziales Funktionsniveau der Familien.

Das skizzierte Konzept der psychoedukativen Familientherapie gehört gegenwärtig ohne Zweifel zu den wirksamsten psychosozialen Therapieverfahren in der Behandlung schizophren Erkrankter überhaupt. Die bisher erprobten Konzepte weisen jedoch Einschränkungen und Grenzen auf, die einer Übertragung in die Regelversorgung b.a.w. im Wege stehen:
- viele Familien akzeptieren ein Therapieangebot nicht (im Forschungskontext zwischen 14 % bis 35 %, in der Regelversorgung bis zu 80 %);

- in den vorliegenden Studien ist die Therapie in der Regel durch hochmotivierte und speziell trainierte Forschungsgruppen realisiert worden;
- der Ressourceneinsatz ist hoch (Zeit, Personal);
- ein großer Teil der Betroffenen lebt nicht in engem Kontakt mit ihrer Familie und kann deshalb von diesem Therapieansatz nicht profitieren.

5.5.2 Bifokale psychoedukative Therapie

Vor allem die begrenzte Akzeptanz auf seiten der Adressaten sowie der sehr hohe zeitliche und personelle Aufwand bei der Realisierung der psychoedukativen »Breitband-Familientherapie« sind ein großes Hindernis für die flächendeckende Umsetzung dieses Ansatzes in der psychiatrischen Regelversorgung. In den letzten Jahren haben deshalb auch in Deutschland *psychoedukative Angehörigengruppen* verstärkt Aufmerksamkeit gefunden. Diese unterscheiden sich in der grundsätzliche Ausrichtung nicht von der psychoedukativen Familientherapie. Die Abweichungen liegen eher auf praktischer Ebene:
- psychoedukative Inhalte werden in »Reinform«, d.h. ohne die übrigen Komponenten der familientherapeutischen Konzepte realisiert;
- dementsprechend ist der Aufwand wesentlich geringer (9 bis 25 Sitzungen);
- diese Gruppen werden ohne Patienten durchgeführt, d.h., es handelt sich nicht um Familientherapie, sondern um einen die individuelle Therapie des Patienten ergänzenden Therapiebaustein (LEWANDOWSKI & BUCHKREMER 1988 a, SCHULZE-MÖNKING et al. 1989, BÄUML et al. 1991, SCHERRMANN et al. 1992, MUESER et al. 1994).

Da wir in diesem Beitrag die Hilfeangebote für Angehörige schizophren Erkrankter bewußt ausklammern, soll auf Praxis und Wirkungen dieser »informationszentrierten« oder »psychoedukativen« Angehörigengruppen nicht näher eingegangen werden. Ziele und Inhalte solcher Gruppen werden z.B. von FIEDLER, NIEDERMEIER & MUNDT (1986), JONASSON & BUCHKREMER (1989) und LUDERER (1995) beschrieben. Von Bedeutung in diesem Zusammenhang ist jedoch die *Kombination* von psychoedukativen Angehörigen- und Patientengruppen; sie wird im deutschsprachigen Raum in der Regel als *bifokale Therapie* bezeichnet. Hier liegen nun inzwischen die Ergebnisse von drei sorgfältigen und aufwendigen Untersuchungen vor, die relativ deutlich belegen, daß bifokale Therapie sowohl der Standardbehandlung plus psychoedukativer Angehörigengruppe als auch der Standardbehandlung plus psychoedukativer Patientengruppe überlegen ist.
- LEWANDOWSKI & BUCHKREMER (1988 b) fanden nach zwei Jahren 21 % Rezidive bei den bifokal behandelten und 37 % bei den ausschließlich psychoedukativ behandelten Patienten (die Behandlung war wie bei BUCHKREMER & FIEDLER 1987). Nach fünf Jahren betrugen die Rezidivraten 30 % respektive 74 %!
- BÄUML et al. (1996 a, b) berichten nach 12 Monaten über 21 % Rezidive in der bifokalen Therapiegruppe und 38 % bei Routine-Behandlung. Sie fanden außerdem eine verbesserte »Compliance« (80 % »gut« in der The-

rapiegruppe gegenüber 58 % in der Kontrollgruppe) sowie ein signifikant höheres allgemeines Funktionsniveau bei den bifokal behandelten Patienten. Auch die Zukunftserwartungen sowie die Zufriedenheit mit der familiären Situation entwickelten sich in der Therapiegruppe tendenziell positiver als in der Kontrollgruppe. Interessant ist der Zusatzbefund, daß die Unterschätzung des Rückfallrisikos ohne neuroleptische Rezidivprophylaxe unabhängig von der Gruppenzugehörigkeit mit einer *dreifach* erhöhten Rezidivrate nach einem Jahr einherging.

- HORNUNG et al. (1995) schließlich fanden 1-Jahres-Rückfallraten von 15 % bei den bifokal behandelten und zwischen 27 % und 32 % bei den unifokal behandelten Patienten (Unterschied nicht signifikant).

Diese Resultate stimmen gut überein mit denen von HOGARTY & ANDERSON (1986), die nach einem Jahr folgende Rückfallraten feststellten: Familientherapie allein 19 %; TSF des Patienten allein 21 %; Medikamente und »stützende Therapie« 36 %; bifokale Therapie (Familientherapie + TSF) 0 %.

Demnach kann LEWANDOWSKI & BUCHKREMER (1988 b) zugestimmt werden, wenn sie feststellen:

»Das bifokale therapeutische Vorgehen hatte einen größeren rezidivprophylaktischen Effekt als die zusätzlich zur Neuroleptikatherapie durchgeführte Gruppentherapie ohne Angehörigenarbeit ... Die Gruppentherapie für die Patienten führt besonders dann zu günstigen Auswirkungen auf den Erkrankungsverlauf, wenn die Angehörigen in die Therapie einbezogen werden. Die therapeutische Angehörigenarbeit hat daher die Funktion eines supportiven Wirkfaktors« (S. 219 f).

Wenn wir im folgenden Konzeption und erste Erfahrungen unserer psychoedukativen Gruppenarbeit mit schizophren und schizoaffektiv Erkrankten/PEGASUS vorstellen, so sollte dabei also immer bedacht werden, daß eine derartige Gruppentherapie ihre optimale Wirksamkeit wahrscheinlich erst dann entfalten wird, wenn auch die Angehörigen der Gruppenteilnehmer Gelegenheit erhalten, an speziellen psychoedukativen Angehörigengruppen teilzunehmen.

Psychoedukative Gruppenarbeit mit schizophren und schizoaffektiv Erkrankten/PEGASUS – Ziele, Inhalte und Methoden

Günther Wienberg und Sibylle Schünemann-Wurmthaler

1. Zielsetzung des PEGASUS-Konzeptes

Das Konzept der »Psychoedukativen Gruppenarbeit mit schizophren und schizoaffektiv Erkrankten«/PEGASUS wurde von vornherein entwickelt auf der Basis des Verletzlichkeits-Streß-Bewältigungs-Modells schizophrener Psychosen in der Fassung des Drei-Phasen-Modells von Luc CIOMPI. Dieses Modell sowie die daraus abzuleitenden therapeutischen Prinzipien wurden von WIENBERG (in diesem Band) im Überblick dargestellt. Dabei wurde besonderer Wert darauf gelegt, herauszuarbeiten, daß dieses Modell zu Ende gedacht eine neue Rollenverteilung zwischen Betroffenen, Professionellen sowie Angehörigen erforderlich macht, und damit ein Umdenken bei allen Beteiligten. Der von einer schizophrenen Erkrankung betroffene Mensch ist weder gänzlich hilfloses Objekt eines eigengesetzlichen Krankheitsprozesses noch ist er passives Objekt von professionellen Behandlungsmaßnahmen. Betroffene verfügen vielmehr durchaus über eigene Kenntnisse bezüglich der Psychoseerkrankung. Sie entwickeln mit der Zeit ein persönliches »Krankheits«- Konzept, das nicht nur dazu dient, die Entstehung und Auslösung von psychotischen Störungen zu erklären, sondern das auch handlungsleitende Funktion hat. Betroffene haben außerdem ein breites Erfahrungswissen darüber, was ihnen gut tut in Krisen und in der akuten Phase sowie darüber, was sie selbst tun können im Umgang mit Basisstörungen, Frühwarnzeichen oder auch psychotischen Symptomen. Betroffene haben auch Fragen, Ängste und Hoffnungen im Zusammenhang mit ihrer Erkrankung, die ernst zu nehmen eine notwendige Voraussetzung für jede Art von Therapie sein sollte. Und viele Betroffene ringen darum, aus der Psychoseerfahrung »Sinn« zu machen und sie in ihre persönliche Lebensgeschichte zu integrieren.

Jede Art helfender, therapeutischer Bemühung, die für sich in Anspruch nimmt, über die »Beherrschung« der akuten Symptomatik hinauszugehen, hat also zuallererst auszugehen vom Subjekt des Erkrankten, seinen Kenntnissen, Erfahrungen, Fähigkeiten, Bedürfnissen und Erwartungen. Er ist als Experte für seine Erkrankung wahr- und ernst zu nehmen, denn auch im Blick auf psychotische Erkrankungen macht die alte hippokratische Weisheit Sinn, daß der Patient selbst der beste Arzt ist.

Dem Therapeuten bzw. Helfer (welcher Profession auch immer) kommt dabei nicht länger die Rolle des omnipotenten Experten zu, der über sichere Erkenntnisse und unhinterfragbare Therapiekonzepte verfügt. Seine Rolle erscheint eher als die eines qualifizierten Ratgebers, der zwar seinerseits klare Modellvorstellungen und daraus abzuleitende Handlungskonzepte einzubringen hat, der sich aber auch der Vorläufigkeit und Begrenztheit seines Denkens und Handelns bewußt ist. Kompetente und selbstbewußte Ratgeber sind gefragt, die den Fähigkeiten und Bemühungen Betroffener mit Respekt und Anerkennung begegnen und die auch Bescheidenheit und Demut aufbringen angesichts der Grenzen der eigenen Verstehens- und Hilfsmöglichkeiten.

Die angemessene Grundhaltung läßt sich kaum besser auf den Punkt bringen als mit der schlagwortartigen Forderung, die der Bundesverband der Psychiatrie-Erfahrenen anläßlich seiner Gründungsversammlung 1992 auf die Agenda der psychiatrischen Diskussion gesetzt hat: *Verhandeln statt behandeln!*

Das PEGASUS-Konzept kann als einer von verschiedenen notwendigen Beiträgen auf dem Weg zu einer »Verhandlungs-Partnerschaft« verstanden werden; als ein Versuch, der die Unterschiedlichkeit der Perspektiven, Interessen und Erfahrungen von Betroffenen und Professionellen nicht verleugnet, sondern sie fruchtbar zu machen versucht.

Vor diesem Hintergrund lassen sich die *Ziele* des PEGASUS-Konzeptes auf zwei Betrachtungsebenen beschreiben:

1. Mit Blick auf die schizophren Erkrankten geht es um
- Förderung des Verstehens und der subjektiven Verarbeitung des Krankheitsgeschehens
- Reduzierung von Angst und Unsicherheit, Förderung eines positiven Selbstkonzeptes
- Unterstützung von Selbstverantwortung und Autonomie im Umgang mit der eigenen Verletzlichkeit
- Stärkung der aktiven Krankheitsbewältigung und der Mitverantwortung für die medikamentöse Therapie
- Günstige Beeinflussung des weiteren Verlaufs bezüglich Befinden/Befund, Rückfallhäufigkeit, Häufigkeit und Dauer von Hospitalisierungen etc.

2. Mit Blick auf den psychiatrischen Kontext geht es um
- die Einlösung des (Rechts-)Anspruches der Betroffenen, angemessen über ihre Erkrankung, die Behandlungsmöglichkeiten sowie deren Chancen und Risiken aufgeklärt zu werden
- die Relativierung von stigmatisierenden (»Geisteskrankheit«), falschen (Unheilbarkeit) und mystifizierenden (Uneinfühlbarkeit) Krankheitsvorstellungen
- einen Beitrag zur Vereinheitlichung der verfügbaren Information auf seiten von Betroffenen, Professionellen und Angehörigen und die Förderung einer partnerschaftlichen Zusammenarbeit zwischen Betroffenen und Professionellen.

Das PEGASUS-Manual stellt ein Arbeits*mittel* zur Annäherung an diese Ziele dar; sollte sich in der weiteren praktischen Anwendung herausstellen, daß es diesen Zielen letztlich nicht dient, ist es entweder falsch angewendet worden oder es ist als untauglich zu verwerfen.

2. Inhalte

Das PEGASUS-Konzept stellt einen Versuch dar, das Schizophrenieverständnis des Drei-Phasen-Modells inhaltlich und methodisch so aufzubereiten, daß Professionelle und schizophren Erkrankte im Verlauf der Gruppenarbeit gemeinsam ein Krankheits- und Therapieverständnis erarbeiten, das mit den aktuellen Modellvorstellungen über schizophrene Psychosen vereinbar ist. Dementsprechend orientieren sich die behandelten Inhalte eng am Drei-Phasen-Modell und seinen praktischen Implikationen.

Die 14 Gruppenstunden gliedern sich in drei inhaltlich aufeinander aufbauende und gleichzeitig thematisch abgrenzbare Teile:

Teil I: Krankheitskonzept (1. bis 7. Stunde):
Dieser Teil dient der systematischen Erarbeitung des Verletzlichkeits-Streß-Bewältigungs-Modells der Schizophrenie. Dabei wird mit dem Drei-Phasen-Modell von CIOMPI bewußt ein *allgemeines Rahmenmodell* der Erkrankung eingeführt, und zwar insbesondere aus folgendem Grund: Es soll die TeilnehmerInnen dabei unterstützen, die zahlreichen Einzelaspekte zu integrieren und so die Informationsverarbeitung erleichtern. Eine Aneinanderreihung von einzelnen Fakten soll vermieden werden zugunsten der Erarbeitung eines konsistenten, übergreifenden Konzeptes, das es dem Betroffenen erlaubt, die eigenen, auch zukünftigen Erfahrungen einzuordnen und so Orientierung vermittelt. Dieses Konzept kann sehr wohl als affekt-logisches Bezugssystem oder Programm im Sinne CIOMPIS aufgefaßt werden (vgl. WIENBERG, in diesem Band 3.3), das die Wahrnehmung und Verarbeitung der äußeren und inneren Welt ebenso leitet wie das Verhalten.

Ausgangs- und Anknüpfungspunkt der Gruppenarbeit sind jedoch auch in diesem ersten Teil die subjektiven Konzepte der Betroffenen. An einer schizophrenen Psychose zu erkranken führt zumeist zu einer massiven Erschütterung des Selbstbildes, oft verbunden mit Angst, Ungewißheit und Unsicherheit über den eigenen Ort in der Welt. Um die Orientierung nicht gänzlich zu verlieren, entwickeln die Betroffenen mit der Zeit ein eigenes Konzept der Störung/Erkrankung, das mehr oder weniger deutlich abweicht von den Konzepten Professioneller. Betroffene entwickeln ihre Konzepte nicht selten in Abhängigkeit von zufälligen Informationen aus oft obskuren Quellen oder aufgrund eher idiosynkratischer Vorstellungen. Häufig sind diese gar nicht als in sich abgerundete Konzepte erkennbar. Gleichwohl beeinflussen sie die Erklärungsmuster, Einstellungen und Verhaltensweisen nachdrücklich und damit auch den Umgang mit der eigenen Verletzlichkeit bzw. die Krankheitsentwicklung. Daneben gibt es bei den Betroffenen ein breites Erfahrungswissen um die Verletzlichkeit und einen möglichst konstruktiven Umgang damit, das für das Leben mit der Erkrankung und die Initiierung von Selbstheilungsprozessen von entscheidender Bedeutung ist.

Das Charakteristische der schizophrenen Psychosen besser zu verstehen, das eigene Potential im Umgang damit bewußter wahrzunehmen und im Austausch mit anderen Betroffenen besser nutzbar zu machen, ist Hauptanliegen dieses ersten Teils. Das Verletzlichkeits-Streß-Bewältigungs-Modell erlaubt, die Wechselwirkung biologischer und psychosozialer Einflüsse einschließlich Wechselwirkungen und Rückkopplungschleifen anschaulich nachzuvollziehen und läßt dabei gleichzeitig relativ breiten Identifikationsspielraum für subjektive Deutungen und die Einordnung der persönlichen Erfahrung.

Möglichst verständlich aufbereitete Informationen zum Begriff der Vulnerabilität als »besondere Verletzlichkeit für schizophrene Psychosen« sowie deren biologische und psychosoziale Bedingungsfaktoren werden ergänzt und vervollständigt durch die Erfahrungen der TeilnehmerInnen zu subjektiv wahrgenommenen Besonderheiten oder Beeinträchtigungen, die als subjektive Aspekte der Verletzlichkeit aufgefaßt werden können (Basisstörungskonzept). Dabei werden die positiven Aspekte einer erhöhten Sensibilität oder »Dünnhäutigkeit« bewußt thematisiert. Gemeinsam werden allgemeine Belastungsfaktoren aber auch individuell wirksame Stressoren herausgearbeitet und im Zusammenhang damit die Aspekte des Belastungsspielraums, individuelle Belastungsgrenze und Entwicklung von Überforderungskrisen erarbeitet. Es schließt sich an die Auseinandersetzung mit der Dynamik der psychotischen Entgleisung. Dabei wird die akute Psychose als Kompensations- oder Selbstheilungsversuch einer durch fortgesetzte positive Rückkopplung überforderten und dekompensierten Psyche aufgefaßt. Diese Vorstellung ermöglicht es dem Betroffenen, einen neuen, weniger angstbesetzten und stigmatisierenden Zugang zum psychotischen Geschehen zu bekommen und erleichtert den gegenseitigen Austausch darüber in der Gruppe.

Bei der Besprechung der postpsychotischen Phase wird eingegangen auf hilfreiche und weniger hilfreiche Reaktionen der sozialen Umwelt, aber auch auf subjektive Aspekte wie postpsychotische Erschöpfungszustände. Explizit angesprochen wird die Suizidproblematik, die gerade in der Phase nach der akuten Psychose von besonderer Brisanz ist. Teil I schließt ab mit Informationen über die Ergebnisse vom langfristigen Verlauf und Ausgang schizophrener Psychosen. Sie sollen dazu beitragen, die auch bei Betroffenen weit verbreitete fatalistische Einstellung zur Prognose zu relativieren und realistisch-positive Zukunftserwartungen zu fördern.

Wesentliche Ziele dieses ersten Teils des Gruppenkonzeptes sind also: die Vermittlung des Verletzlichkeits-Streß-Bewältigungs-Modells als Rahmenkonzept zur Einordnung des eigenen Erlebens und Verhaltens; die Akzeptanz und sensiblere Wahrnehmung der persönlichen Verletzlichkeit; die Bewußtmachung persönlicher Belastungsfaktoren und die verbesserte Wahrnehmung der eigenen Belastungsgrenzen.

Teil II: Medikamenten-Behandlung (8. bis 10. Stunde)

Die medikamentöse Behandlung mit Psychopharmaka ist häufigste therapeutische Interventionsform bei psychotischen Erkrankungen. Entsprechend hat jeder, der an einer schizophrenen Psychose erkrankt ist – soweit er überhaupt in Kontakt mit der klinischen Psychiatrie gekommen ist – oft schon über Jahre andauernde Erfahrungen mit Psychopharmaka.

In zum Teil deutlicher Diskrepanz dazu ist jedoch das Wissen über die Wirkungsweise dieser Medikamente oft erschreckend gering. Viele Betroffene vermitteln aus ihrer Sicht den Eindruck, in der Klinik unter dem Druck der Umstände zur Medikamenteneinnahme quasi gezwungen worden zu sein und die Wirkungen anfangs immer als aversiv empfunden zu haben. Auch im Nachhinein seien sie selten über die Wirkungen und Risiken der Medikamente aufgeklärt worden. Häufig führen Betroffene selbst Symptome oder Folgeerscheinungen der Psychose auf die Medikamente zurück und bestärken sich gegenseitig in dieser Einschätzung. Inwieweit diese subjektive Verarbeitung der Erfahrung mit Medikamenten der Wahrnehmung von Professionellen entspricht, ist insoweit sekundär, als sie die Einstellungen und die Verhaltensweisen der Betroffenen offensichtlich stark prägen. Unter diesen Voraussetzungen kann die weitverbreitete Non-Compliance weder verwundern noch ausschließlich den Betroffenen zugerechnet werden.

Zugleich steht außer Frage, daß eine effektive neuroleptische Behandlung und Prophylaxe nur auf der Grundlage einer offenen Kommunikation und konstruktiven Zusammenarbeit zwischen Patient und Arzt zustande kommen kann. Der Medikamenten-Teil des PEGASUS-Konzeptes zielt deshalb in erster Linie darauf ab, eine solide Grundlage für diese offene und konstruktive Zusammenarbeit zu legen.

Besonderer Wert wird darauf gelegt herauszuarbeiten, welchen Stellenwert die Neuroleptika-Behandlung im Rahmen eines Gesamtbehandlungsplans haben kann. Wiederum anhand des Drei-Phasen-Modells werden die unterschiedlichen Funktionen der Neuroleptika-Behandlung erarbeitet: *Symptomreduktion* in der akuten Phase (einschließlich Dauerbehandlung bei persistierenden Symptomen) und *Rückfallprophylaxe* nach der akuten Phase (»dickere Haut«). Darüber hinaus wird die Wirkungsweise der Neuroleptika anhand eines einfachen Modells des Transmitterstoffwechsels erklärt.

Einen wichtigen Stellenwert hat die offene Besprechung von unerwünschten Wirkungen (Nebenwirkungen) und Risiken der Neuroleptika-Therapie. Dazu gehört auch die Erarbeitung von Maßnahmen zum Umgang mit Nebenwirkungen (Fünf-Punkte-Programm). Die Auseinandersetzung mit den persönlichen Erfahrungen und den subjektiven Einstellungen sowie dem bisherigen Umgang mit den Medikamenten nimmt einen breiten Raum ein. Besprochen werden außerdem ganz praktische Fragen, die für viele Betroffene von großer Bedeutung sind: zum Beispiel die Wechselwirkungen mit anderen Substanzen (Alkohol, Drogen, Koffein etc.), der Einfluß auf die Verkehrstüchtigkeit oder die Vereinbarkeit von Neuroleptika-Therapie und Kinderwunsch.

Dabei scheint eine große Rolle zu spielen, inwieweit die Moderatoren auch die negativen Aspekte der Neuroleptika-Therapie offen darlegen und auch die Gefahren von Spätschäden nicht aussparen. Im günstigen Fall entsteht hierdurch eine Atmosphäre des Vertrauens und eine konstruktive Auseinandersetzung mit der Neuroleptika-Therapie wird möglich.

Die Botschaft »Neuroleptika sind kein Heilmittel, sondern Medikamente mit gravierenden Nachteilen; zugleich sind sie nach unserem heutigen Kenntnisstand die wirksamsten Mittel zur Vorbeugung von Rückfällen« soll eindeutig überkommen mit dem Ziel, die Bereitschaft zur offenen Zusammenarbeit sowie die Mitverantwortung der Betroffenen für die Behandlung zu fördern.

Die inhaltlichen Schwerpunkte von Teil II lassen sich so zusammenfassen:

Vermittlung von Basiswissen über die Funktion der Neuroleptika, ihre erwünschten und unerwünschten Wirkungen; Bedeutung der Neuroleptika-Prophylaxe; Förderung eines eigenverantwortlichen Umgangs mit den Medikamenten und der konstruktiven Zusammenarbeit mit dem behandelnden Arzt.

Teil III: Rückfallvorbeugung und Krisenbewältigung (11. bis 14.Stunde)
Während es in den Teilen I und II des Gruppenkonzeptes primär um die Verarbeitung von Informationen und die Erarbeitung eines neuen Verständnisses der Erkrankung sowie der Einordnung der Medikamenten-Therapie ging, wird in Teil III die individuelle Situation und die konkrete Handlungsebene zum Hauptthema. Dabei werden die in Teil I erarbeiteten Konzepte wieder aufgegriffen und daran anknüpfend individuell vertieft. Wurde in Teil I zum Beispiel erarbeitet, warum bestimmte Belastungen und Lebenssituationen belastend und streßauslösend wirken können und auf welche Weise es zur Auslösung akuter Psychosen kommen kann, geht es in Teil III eher um die Frage, welche praktischen Konsequenzen aus der neugewonnenen Sichtweise zu ziehen sind und über welche Handlungsmöglichkeiten der Einzelne verfügt.

Auf der Grundlage des Drei-Phasen-Modells wird der individuelle Handlungsspielraum im Grenzbereich zur akuten Psychose (von Phase 1 zu Phase 2) herausgearbeitet. Dabei soll deutlich werden, daß zu den Voraussetzungen einer wirksamen Rückfallprophylaxe gehört, Stressoren als solche identifizieren zu können, die Merkmale individueller Überlastung frühzeitig wahrnehmen zu können (Frühwarnzeichen) sowie geeignete Bewältigungsstrategien gezielt einsetzen zu können.

Am Schluß dieses Teils wird für jeden Teilnehmer ein sog. *Krisenplan* ausgearbeitet. Dieser enthält konkrete und abgestufte Maßnahmen, an denen sich der Betroffene im Falle einer Krise orientieren kann.

Zusammengefaßt geht es im dritten Teil des Gruppenkonzeptes im wesentlichen darum, daß die Teilnehmer ihren persönlichen Handlungsspielraum im Umgang mit ihrer Verletzlichkeit und mit Stressoren erkennen, ihre Belastungsgrenze sensibel wahrnehmen und über ein Konzept für die persönliche Krisenbewältigung verfügen.

3. Rahmenbedingungen der praktischen Durchführung

3.1 Zeitlicher und räumlicher Rahmen

Das PEGASUS-Konzept kann nur in geschlossenen Gruppen durchgeführt werden. Zum einen, weil die Inhalte der einzelnen Stunden aufeinander aufbauen, zum anderen, damit sich innerhalb der Gruppe eine Vertrauensbasis entwickeln kann, die es den Teilnehmern erlaubt, sich auch mit belastenden und Angst auslösenden Aspekten ihrer Erkrankung auseinanderzusetzen.

Die optimale Gruppengröße liegt zwischen fünf und sieben Teilnehmern. Die Obergrenze von etwa 7 garantiert, daß alle Teilnehmer die Chance haben, sich persönlich einzubringen. Die untere Grenze ist notwendig, um dem Einzelnen Rückzugsmöglichkeiten zu lassen, sowohl bezüglich bestimmter Inhalte als auch im Hinblick auf die Aufnahmekapazität. Bei vier oder noch weniger Teilnehmern und zwei Moderatoren muß sich jeder einzelne stets angesprochen und einbezogen fühlen.

Im Hinblick auf die besondere Störbarkeit der Informationsverarbeitung schizophren verletzlicher Menschen sollten die Gruppensitzungen nicht länger als eine Zeitstunde dauern. Bereits ein »Überziehen« um mehr als zehn Minuten führt erfahrungsgemäß zu einer Überforderung der meisten TeilnehmerInnen, denn der strukturierte Ablauf mit zum Teil relativ umfangreichen Input stellt höhere Anforderungen als ein offenes Gruppengespräch. Dies gilt auch im Hinblick auf die Moderatoren, für die es häufig einer Gratwanderung gleichkommt, die Inhalte und Ziele der Stunde sowie die Bedürfnisse und Interessen der Teilnehmer simultan zu berücksichtigen und zufriedenstellend zu integrieren.

Da für viele Teilnehmer im ambulanten Kontext bereits ein regelmäßiger (zusätzlicher) Gruppentermin je Woche durchaus eine zusätzliche Belastung bedeutet, sollte die Gruppenfrequenz nicht höher sein. Sie sollte allerdings auch nicht geringer sein als einmal wöchentlich, um die inhaltliche Verbindung zwischen den Stunden nicht abreißen zu lassen. Um die Orientierung für die Teilnehmer zu erleichtern, empfiehlt sich die Durchführung am selben Wochentag, am selben Ort und zur selben Tageszeit.

Der räumliche Rahmen sollte möglichst arm an Ablenkungsreizen sein, um die Informationsverarbeitung nicht zu beeinträchtigen. Eine angenehme, nicht allzu sachliche räumliche Atmosphäre ist wünschenswert; es empfiehlt sich jedoch eine Sitzordnung mit Tischen, um räumlich eine gewisse Distanzierungsmöglichkeit und Arbeitsatmosphäre zu schaffen; außerdem haben die Teilnehmer in mehreren Stunden Material schriftlich zu bearbeiten.

3.2 Methodik/Didaktik

Der wichtigste methodische Grundsatz des PEGASUS-Konzeptes ist, die Teilnehmer mit ihren Kenntnissen, Erfahrungen und Bedürfnissen als gleichberechtigte Gesprächspartner einzubeziehen und sie als »Experten« für ihre Situation bzw. Erkrankung ernst zu nehmen.

Andererseits ist das Vorgehen der Moderatoren erheblich vorstrukturiert und durchaus direktiv. Der Gruppenarbeit liegt ein detailliert ausgearbeitetes Manual zugrunde, das für jede einzelne Stunde die Ziele, Inhalte und die Durchführungsschritte einschließlich Hinweisen zur Methodik und Didaktik genau vorgibt. Dieses hohe Maß an Strukturierung soll die Moderatoren dabei unterstützen, die angesprochene Gratwanderung realisieren zu können. Vor allem orientiert sie sich jedoch an lernpsychologischen und pädagogischen Prinzipien, um die von den Teilnehmern zu verarbeitenden Informationen soweit wie möglich zu vereinfachen und die Verarbeitung selbst zu erleichtern.

Durch die fortlaufende und enge Verzahnung von Informations- und Gesprächsteilen ist trotz der ausgeprägten Vorstrukturierung gewährleistet, daß die persönlichen Beiträge und Interessen der Teilnehmer Raum haben. Das heißt es gibt keinen Moderatoren-Input, auf den nicht ein Gruppengespräch folgt, in das die Teilnehmer ihre Fragen, Sichtweisen und Erfahrungen einbringen können. Der ausgewogene Wechsel zwischen Informations- und Gesprächsteilen ist nur dann zu gewährleisten, wenn jeweils *zwei* Moderatoren an der Durchführung der Gruppen beteiligt sind. Ihre Rollenverteilung sollte darüber hinaus vor jeder Stunde klar festgelegt sein: die/der eine übernimmt die Rolle, den vorgesehenen Stundenablauf zu realisieren, den Input zu geben und die jeweiligen didaktischen Mittel umzusetzen, der/dem anderen kommt die Aufgabe zu, den Prozess zu beobachten und bei Bedarf steuernd zu intervenieren. Letzteres kann zum Beispiel erforderlich sein, wenn einzelne Teilnehmer nicht ausreichend zu Wort kommen oder andere das Gruppengeschehen einseitig dominieren. Eine prozessorientierte Intervention kann aber auch erforderlich sein, wenn in der Gruppe Zeichen für Überforderung deutlich werden oder ein Teilnehmer Symptome einer Krise zeigt.

Da die Inhalte des Gruppenkonzeptes strikt aufeinander aufbauen, kann es beim Fehlen einzelner Teilnehmer erforderlich sein, die verpaßten Inhalte zwischen zwei Gruppenstunden nachzuarbeiten. Dies kann zum Beispiel durch einen der Moderatoren bei einem zusätzlich vereinbarten Termin erfolgen oder auch unmittelbar vor der nächstfolgenden Stunde.

Die Störbarkeit der Informationsverarbeitung schizophren verletzlicher Menschen gehört zu den am besten bestätigten Befunden der Schizophrenieforschung. Umso mehr verwundert, daß nur wenige therapeutische Ansätze diese Erkenntnisse explizit und gezielt in ihr Vorgehen einbeziehen. Das PEGASUS-Konzept versucht, die zu vermittelnden Informationen soweit wie möglich zu vereinfachen und die Informationsverarbeitung mittels methodischer und didaktischer Hilfsmittel zu erleichtern. Der Informations-Input wird strikt dosiert (kleine Einheiten), die Informationsvermittlung soll so einfach und klar wie möglich erfolgen (kurze Sätze, einfache und klare Formulierungen); Redundanz soll das Behalten erleichtern (Wiederholungen, Zusammenfassungen); Überstimulation soll so weit wie möglich vermieden werden (Langsamkeit, Toleranz gegenüber Vermeidungsverhalten der Teilnehmer). Routine wird gezielt genutzt, um Überschaubarkeit und Berechenbarkeit zu gewährleisten; so beginnt jede Stunde mit einem Blitzlicht und einem Überblick über die Stundeninhalte und endet wiederum mit einem Blitzlicht und einem Ausblick auf die nächste Stunde.

Darüber hinaus wird die Aufnahme und Verarbeitung von Informationen unterstützt durch den Einsatz von didaktischen Hilfsmitteln: Zentrale Inhalte werden mittels Folien oder auf Flip-Chart visualisiert bzw. erläutert. Das Flip-Chart dient außerdem zum Festhalten von Arbeitsergebnissen der Gruppe. Zur individuellen Erarbeitung einzelner Inhalte werden vorbereitete Arbeitsblätter verwendet (zum Beispiel zur Feststellung der aktuellen Belastbarkeit in der 6. Stunde). In der Gruppe erarbeitete Inhalte werden zunächst mittels Flip-Chart festgehalten und in der nächsten Stunde als Arbeitsblätter an die Teilnehmer verteilt (zum Beispiel Liste der Belastungsfaktoren in der 6. Stunde). Dabei ist darauf zu achten, den Einsatz dieser didaktischen

Hilfsmittel so zu dosieren, daß eine Überforderung der Teilnehmer möglichst vermieden wird. Allerdings gibt es einzelne Stunden, die diesbezüglich recht hohe Anforderungen an Teilnehmer und Moderatoren stellen (zum Beispiel vier Tafelbilder in der 2. Stunde, sechs Folien in der 8. Stunde). Hier sollte deshalb die Gefahr der Reizüberflutung besonders sorgfältig beachtet werden.

Um das Behalten und den Transfer der behandelten Inhalte zu unterstützen, wird an die Teilnehmer am Ende jeder Stunde ein *Merkblatt* verteilt, in dem der zentrale Inhalt der Stunde möglichst prägnant in ein bis vier Sätzen zusammengefaßt wird. In vier Stunden gibt es zusätzlich zu bestimmten Themen ein ausführlicher gehaltenes *Informations-Blatt*. Hierbei handelt es sich um Themenbereiche, die relativ komplex sind und die in der bisherigen Praxis gehäuft zu Rückfragen von Teilnehmern geführt haben. Merk- und Info-Blätter, Arbeitsblätter sowie zwei Abbildungen können die Teilnehmer in einen *Ringordner* abheften, der am Ende der 1. Stunde verteilt wird. Da einzelne Teilnehmer es erfahrungsgemäß schwer haben, den Überblick über die Materialien zu behalten, empfiehlt es sich, den Ringordner von vornherein mit einem Register (1 bis 14) zu versehen. Der Ringordner soll ermöglichen, die Inhalte nach Abschluß der Gruppenarbeit bei Bedarf auffrischen und ggf. gezielt auf einzelne Inhalte zurückgreifen zu können (zum Beispiel den Krisenplan der 14. Stunde). Er kann darüber hinaus als Grundlage dienen für Gespräche mit Angehörigen, dem behandelnden Arzt und anderen wichtigen Bezugspersonen.

3.3 Teilnehmer und Moderatoren

Im Hinblick auf die *Teilnehmer* gilt, daß sie an einer Psychose aus dem schizophrenen Formenkreis erkrankt sein sollten. Dabei sind Menschen mit schizoaffektiven Psychosen bewußt eingeschlossen, da schizophren und schizoaffektiv Erkrankte erfahrungsgemäß über einen recht breiten gemeinsamen Erfahrungshintergrund verfügen und auch das Verletzlichkeits-Streß-Bewältigungs-Modell in der im Manual dargestellten Form ohne wesentliche Einschränkungen auf beide Gruppen anwendbar ist. Für Menschen mit rein affektiven Erkrankungen ist das PEGASUS-Konzept in dieser Form dagegen nicht geeignet. Die Unterschiede in den Erfahrungen der Betroffenen mit schizophrenen und manisch-depressiven Störungen sind qualitativ zumeist sehr ausgeprägt. Zwar ist auch auf affektive Erkrankungen das Verletzlichkeits-Streß-Bewältigungs-Modell grundsätzlich sinnvoll anwendbar. Dieses wäre jedoch in weiten Teilen mit anderen Inhalten auszufüllen als im PEGASUS-Konzept. Entsprechende Modelle sind bereits entwickelt worden (vgl. WIENBERG & SIBUM, in diesem Band, 5.).

Zielgruppe des PEGASUS-Konzeptes sind primär Betroffene mit der Erfahrung von zwei oder mehr akuten psychotischen Episoden. Hierfür gibt es im wesentlichen zwei Gründe: Bei einer nicht geringen Minderheit von akut Erkrankten (Schätzungen gehen bis zu 20 %) bleibt es auch ohne psychoedukative Therapie bei einer einzigen psychotischen Episode; in diesen Fällen wäre die Teilnahme an der Gruppe streng genommen überflüssig, wenn auch sicherlich nicht schädlich. Darüber hinaus zeigt die Erfahrung, daß bei

Ersterkrankten zumeist die Überzeugung noch sehr ausgeprägt ist, von einem einmaligen Schicksalsschlag getroffen worden zu sein. Sie sind deshalb für diese Art der Gruppenarbeit nur schwer zu erreichen, was nicht heißt, daß sie grundsätzlich von einer Teilnahme ausgeschlossen sein sollten.

Von selbst dürfte sich verstehen, daß diese Form der Gruppenarbeit voraussetzt, daß die Teilnehmer gewissen Anforderungen an Aufmerksamkeit und Konzentration gewachsen sein müssen. Dies schließt die Teilnahme von noch akut Kranken, sehr instabilen Betroffenen aus. Schließlich sollten die Teilnehmer ein Mindestmaß an subjektiver Bereitschaft zur Auseinandersetzung mit ihrer Erkrankung sowie ein Interesse an den Themen der Gruppenarbeit mitbringen, denn ausschließlich fremdmotivierte Teilnehmer brechen zumeist frühzeitig ab. Besondere intellektuelle Voraussetzungen sind jedoch ebensowenig Bedingung für die Teilnahme wie vollständige »Krankheitseinsicht« oder Distanzierung vom psychotischen Geschehen.

An die *Moderatoren* stellt diese Form der Gruppenarbeit hohe Anforderungen. Vor allem deshalb, weil es in jeder Stunde gilt, ein hochstrukturiertes, inhaltlich-didaktisches Konzept zu vereinbaren mit ausgeprägter Flexibilität und psychotherapeutischer Kompetenz im Eingehen auf den Gruppenprozess sowie auf die individuelle Situation der Teilnehmer. Die Gratwanderung wird nach den bisherigen Erfahrungen nur dann gelingen, wenn sowohl umfassende Erfahrungen in der praktischen Arbeit mit psychosekranken Menschen als auch psychotherapeutische Basiskompetenz gegeben sind.

Erforderlich ist außerdem ein fundierter Überblick über den Forschungsstand und die aktuellen Modellvorstellungen zur Schizophrenie sowie ein gewisses pädagogisch-didaktisches Geschick. »Fundierter Überblick« heißt, daß Moderatoren relativ sicher über ein eigenes, auf aktuellen Erkenntnissen gegründetes Konzept der Erkrankung verfügen müssen, das über die in den Gruppen zu vermittelnden Inhalte deutlich hinaus geht. Dies ist erforderlich, um ein verläßlicher und authentischer Gesprächspartner für die Teilnehmer zu sein und sich auch durch unvorhergesehene Fragen nicht gleich aus der Fassung bringen zu lassen. Dies schließt durchaus ein, daß auch Fragen offen gelassen und Lücken im Wissen über Schizophrenie offengelegt werden, denn nach wie vor sind viele Fragen im Zusammenhang mit schizophrenen Psychosen ungeklärt.

Ein solides Basiswissen nützt allerdings wenig, wenn es nicht verständlich vermittelt werden kann. Deshalb sollten potentielle Moderatoren sich selbstkritisch befragen, ob ihnen die pädagogisch-didaktische Komponente der Arbeit mit dem PEGASUS-Konzept liegt und ob sie sich darauf einlassen können. Pädagogisches Arbeiten ist nicht jedermanns Sache, manche Kollegen fühlen sich in einem offenen, weitgehend unstrukturierten Kontext wohler. Dabei sollten sich potentielle Moderatoren allerdings nicht schon von dem Manual abschrecken lassen. Dies ruft erfahrungsgemäß bei Erstanwendern zunächst einen gewissen Widerstand hervor, weil die Vorgaben allzu starr erscheinen, als würden sie keinen Raum für Individualität mehr lassen. Dieses anfängliche Unbehagen verschwindet jedoch mit der praktischen Anwendung zumeist recht schnell. Dies scheint in dem Maße zu geschehen, wie die inhaltliche und methodische Sicherheit zunimmt und das Manual nicht mehr als starrer Katalog von Vorschriften wahrgenommen wird, sondern als vielseitiges Arbeitsmittel, das jeder Anwender flexibel und individuell nutzen kann.

Es wurde bereits darauf hingewiesen, daß für die Durchführung des PEGASUS-Konzeptes zwei Moderatoren erforderlich sind, die jeweils unterschiedliche Rollen übernehmen. Für Teil II des Konzeptes (Medikamentenbehandlung), ist es darüber hinaus unbedingt ratsam, einen Arzt einzubeziehen. Grundsätzlich ist es wünschenswert, daß der ärztliche Moderator die gesamten 14 Stunden als Co-Moderator mitgestaltet. Für den Fall, daß dies nicht realisierbar ist, sollte er mindestens jedoch bei Teil II mitarbeiten, wobei dann einer von den beiden anderen Moderatoren für die Stunden 8 bis 10 aussteigen sollte. Die Mitarbeit von Ärzten beim Thema Medikamentenbehandlung ist aus zwei Gründen erforderlich: Zum einen wird dieser Berufsgruppe von den Betroffenen die größte Kompetenz in Fragen der medikamentösen Behandlung zugesprochen; damit sind die vermittelten Informationen verläßlicher und »gewichtiger« als wenn sie von anderer Seite kommen. Zum anderen sollte durch eine Beteiligung von Ärzten die Mitverantwortung dieser Berufsgruppe für Aufklärung und Information verdeutlicht und eingelöst werden.

Es ist nützlich, daß sich die Moderatoren vor jeder Stunde mit Hilfe bzw. anhand des Manuals inhaltlich vorbereiten. Dazu gehört auch die Festlegung der Rollenverteilung innhalb der jeweiligen Stunde. Für Erstanwender empfiehlt sich, das Manual und die zu vermittelnden Inhalte vor der ersten Gruppe einmal als ganzes durch- und die Inhalte gemeinsam zu erarbeiten. Dabei sollte bereits soviel wie möglich praxisnah geübt werden, indem sich die Moderatoren Teile des Inputs gegenseitig präsentieren. Inhalte zu lesen und zu verstehen ist etwas anderes, als das verstanden Geglaubte verständlich und einprägsam zu vermitteln.

Wie bei anderen therapeutischen Methoden empfiehlt sich neben der gründlichen Einarbeitung und der supervidierten Praxis die Inanspruchnahme von spezifischen Fort- und Weiterbildungsangeboten. Die Arbeitsgruppe, die das PEGASUS-Konzept entwickelt und erprobt hat, bietet hierzu ein Curriculum an.

3.4 Institutioneller Kontext

Da das PEGASUS-Konzept nur in geschlossenen Gruppen sinnvoll durchführbar ist und eine gewisse Belastbarkeit der Teilnehmer gewährleistet sein muß, eignet es sich nicht für den klinisch-stationären Kontext. Sein Hauptanwendungsgebiet liegt im ambulanten (Praxen, Sozialpsychiatrische Dienste, Fachambulanzen, Polikliniken) und komplementären Bereich (Wohneinrichtungen, Kontakt- und Beratungsstellen, Tagesstätten). Aber auch der tagesklinische Kontext kann für die Durchführung in Frage kommen, wenn bestimmte Rahmenbedingungen hergestellt werden können (vgl. KASTNER-WIENBERG, in diesem Band Teil II).

Wie an anderer Stelle ausgeführt (vgl. WIENBERG & SIBUM, in diesem Band, 2.), kommt kurzen, befristeten Therapieangeboten im Rahmen der Schizophrenie-Behandlung grundsätzlich nur eine begrenzte Bedeutung zu. Dieses gilt auch für das PEGASUS-Konzept. Es sollte deshalb als *therapeutischer Basisbaustein* im Rahmen eines ggf. langfristig anzulegenden, persönlichen Behandlungs- und Betreuungsprozesses angesehen und umgesetzt werden. Von einer Realisierung nach dem Muster eines Volkshochschul-Kurses ist dringend abzuraten. Denn durch die Gruppenteilnahme eröffnen sich für nicht wenige Teilnehmer neue Wege im Umgang mit ihrer Verletzlichkeit/Erkrankung, auf denen sie in aller Regel kompetente Begleitung brauchen. Die Gruppenarbeit führt außerdem nicht selten dazu, daß neue oder alte Probleme deutlich und drängend werden. Dafür können in der begrenzten Zeit der Gruppe Bewältigungs- oder Lösungsmöglichkeiten allenfalls angerissen werden. Diese Ansätze müssen weitergedacht und vor allem in der konkreten Lebenssituation umgesetzt werden.

Auf der anderen Seite hat es durchaus positive Effekte und ist deshalb erwünscht, wenn nicht *beide* Moderatoren aus dem üblichen Betreuungs- bzw. Behandlungskontext der Gruppenteilnehmer kommen. Ansonsten besteht die Gefahr, daß die Besprechung jedes Themas unmittelbare Konsequenzen für den Betreuungsalltag hat. Die Teilnahme mindestens eines neutralen Moderators schafft dagegen etwas Distanz zum Alltag und bietet die Chance, so etwas wie eine Mittlerposition einzunehmen. Die Chance, einmal ohne sofort absehbare Konsequenzen offen über bestimmte Punkte sprechen zu können, ist besonders im Hinblick auf den Medikamenten-Teil von großer Bedeutung.

Ebenso wie die Durchführung von psychoedukativen Gruppen nach dem PEGASUS-Konzept streng genommen die Einbettung in einen überdauernden Beratungs- bzw. Betreuungskontext voraussetzt, kann und soll die Teilnahme an der Gruppe die Beziehung der Teilnehmer zu ihrem behandelnden Arzt weder ersetzen noch darf sie diese gefährden. Teilziel des Konzeptes ist es vielmehr, die vertrauensvolle und konstruktive Zusammenarbeit zwischen Arzt und Patient zu unterstützen und die Basis dafür zu verbessern.

Bei der Umsetzung in die Regelversorgung sollte unter grundsätzlichen wie pragmatischen Aspekten wo immer möglich die Chance der *einrichtungsübergreifenden Zusammenarbeit* genutzt werden:

- sie gewährleistet, daß die einzelne Institution durch die zeitaufwendige Vorbereitung und Durchführung nicht über Gebühr belastet wird;
- sie leistet einen Beitrag zur personellen und konzeptionellen Kontinuität in der Behandlung/Betreuung (zumindest bei Institutionen, deren Klientel sich überschneidet);
- und sie trägt nach und nach dazu bei, daß sich innerhalb einer Versorgungsregion ein gemeinsames Grundverständnis über schizophrene Psychosen und therapeutische Grundprinzipien entwickelt.

Nach den bisherigen Erfahrungen in der praktischen Umsetzung des PEGASUS-Konzeptes hat die einrichtungsübergreifende Realisierung äußerst erwünschte »Nebenwirkungen«, auf die nicht ohne Not verzichtet werden sollte.

Schließlich ist nachdrücklich darauf hinzuweisen, daß die psychoedukative Gruppenarbeit mit schizophren erkrankten Menschen *keinesfalls* konkurriert mit entsprechenden Gruppenangeboten für Angehörige von Betroffenen.

Vielmehr besteht zwischen psychoedukativer Betroffenen- und Angehörigenarbeit ein Ergänzungsverhältnis. Einiges deutet sogar darauf hin, daß psychoedukative Gruppen mit Betroffenen erst dann ihre optimale Wirksamkeit entfalten, wenn die Angehörigen der Teilnehmer parallel dazu an entsprechenden Gruppen teilnehmen (vgl. WIENBERG & SIBUM, in diesem Band, 4.).

Die genannten Rahmenbedingungen der praktischen Durchführung faßt Tabelle 1 auf der folgenden Seite zusammen.

Am Ende dürfte für die Akzeptanz und hilfreiche Wirkung des Konzeptes auf seiten der Betroffenen entscheidend sein, ob es den professionellen Moderatoren gelingt, den Teilnehmern mit einer Grundhaltung zu begegnen, die getragen ist von Respekt, Interesse, Anerkennung und Ermutigung. Einer Haltung mit der Betroffene ernst genommen werden als Experten für ihre Erkrankung, die über Erfahrungen und Kenntnisse verfügen, von denen auch professionelle Experten lernen und profitieren können. Hierzu gehört auch, nicht um jeden Preis überzeugen zu wollen – zum Beispiel von der Notwendigkeit der Neuroleptika-Prophylaxe –, sondern die Autonomie der Betroffenen zu respektieren und auf ihre Fähigkeit zu vetrauen, verantwortliche Entscheidungen zu treffen.

Tabelle 1: Rahmenbedingungen der praktischen Durchführung:

1. Zeitlicher und räumlicher Rahmen:
- geschlossene Gruppen, optimal 5-7 TeilnehmerInnen
- 4 Std. à 60 Min.(ohne ev. Pause); wöchentlicher Abstand
- jeweils am selben Wochentag, am selben Ort und zur selben Tageszeit
- in angenehmer, reizarmer räumlicher Umgebung; Sitzordnung mit Tischen

2. Methodik/Didaktik:
- GruppenteilnehmerInnen als Gesprächs*partnerInnen*
- aktive Einbeziehung und Berücksichtigung der Kenntnisse und Erfahrungen der TeilnehmerInnen
- direktiv-strukturiertes Vorgehen der ModeratorInnen
- festgelegte Rollenverteilung der ModeratorInnen
- Wechsel von Informationsvermittlung und Gruppengesprächen
- Erleichterung der Informationsverarbeitung durch einfache, klare und dosierte Informationen
- Unterstützung der Informations(v)erarbeitung durch Tafelbilder, Folien und Arbeitsblätter
- Verteilung vorbereiteter Informations- und Merkblätter an die TeilnehmerInnen

3. TeilnehmerInnen/ModeratorInnen:
TeilnehmerInnen:
- Psychose aus dem schizophrenen Formenkreis, zwei oder mehr akute Episoden
- nicht akut psychotisch, remittiert
- Interesse an den Inhalten, Bereitschaft zur Teilnahme

ModeratorenInnen (2):
- mehrjährige Praxiserfahrung in der Arbeit mit psychosekranken Menschen
- psychotherapeutische Basiskompetenz
- fundierter Überblick über den Forschungsstand und aktuelle Modellvorstellungen zur Schizophrenie
- pädagogisch-didaktisches Geschick bzw. Interesse
- mindestens im Teil 2: »Medikamentenbehandlung« sollte ein Arzt/eine Ärztin Co-ModeratorIn sein

4. Kontext:
- ambulant/komplementär, als Baustein eines längerfristigen Behandlungs- bzw. Betreuungsprozesses
- als Ergänzung, *nicht* als Ersatz für Information und Aufklärung durch den behandelnden Arzt
- einrichtungsübergreifende Kooperation bei der Umsetzung
- die Angehörigen der TeilnehmerInnen sollen Gelegenheit haben, an psychoedukativen Gruppen auf der gleichen inhaltlichen Grundlage teilzunehmen.

II. Praxis

Experte für die eigene Erkrankung – Psychoedukative Gruppenarbeit aus Sicht eines Betroffenen

Wolfgang Voelzke

Erfahrungen mit der psychoedukativen Gruppenarbeit

Als ich 1990 an einer psychoedukativen Gruppe für Psychoseerfahrene teilnahm, hatte ich noch keine Erfahrungen in der Selbsthilfebewegung und alle anderen TeilnehmerInnen auch nicht. In unserer Gruppe gab es etwa zur Hälfte AbiturientInnen. Unser Interesse an theoretischen Konzepten war allerdings gar nicht sehr groß. Wir wollten überhaupt – das erste Mal – etwas über Psychosen und wie man damit leben kann hören.

Das Wichtigste, das ich in der Gruppe gelernt und erfahren habe, habe ich in einem Referat vor dem »Arbeitskreis Sozialpsychiatrie« des Diakonischen Werkes Westfalen wie folgt beschrieben:

»Und wie war mein Verhältnis zu den Profis? Einfach zusammengefaßt: Sie hatten das Wissen und die Macht auf ihrer Seite, und ich war krank, schwach und abhängig von ihren Entscheidungen. In vielen Situationen habe ich Ohnmacht ihnen gegenüber erlebt, und zwar je mehr Macht sie hatten, desto schlimmer. Dies änderte sich erst, als ich 1990 an einer Rückfallprophylaxegruppe der Westfälischen Gesellschaft für Soziale Psychiatrie teilnahm. Dort erlebte ich das erste Mal, daß eine partnerschaftliche Beziehung von professionellen Helfern und Helferinnen in der Psychiatrie angeboten wurde. Dies steigerte mein Selbstwertgefühl und die Zuversicht, aktiv mit meiner Erkrankung umgehen zu können.«

Mein Selbstverständnis als Psychiatrie-Erfahrener hat sich entscheidend durch diese Gruppe entwickelt. Dort wurde ich erstmals über meine Erkrankung verständlich informiert und mit den Möglichkeiten vertraut gemacht, bewußt und verantwortlich mit ihr zu leben.

Noch 1987 hatte die damalige Stationsärztin in der Psychiatrischen Klinik auf meine Frage, welche Bücher ich zur Information über meine Krankheit lesen könne, geantwortet: »Die Bücher, die es gibt, können Sie nicht lesen. Die sind im ›Ärzte-Latein‹ geschrieben!«

In der Rückfallprophylaxegruppe habe ich das erste Mal wirklich Mut bekommen, zu meiner Krankheit zu stehen, und ich entwickelte den Wunsch, mich mit anderen Psychiatrie-Erfahrenen regelmäßig zu treffen (VOELZKE & PRINS 1993). Zu den Zielen der psychoedukativen Gruppenarbeit gehört die Stärkung des Selbstwertgefühls, wachsender Mut zur Selbstbehauptung und die Motivation zu einer aktiven Krankheitsbewältigung (WIENBERG & SCHÜNEMANN-WURMTHALER 1993).

Diese Ziele hat die Gruppenarbeit – zumindest bei mir – wirklich erreicht. Das Vertrauen in mich als Betroffenen, selbst über wichtige Erfahrungen und

Kompetenzen im Umgang mit meiner Krankheit zu verfügen, hat bei mir eindrucksvolle Wirkungen hinterlassen, auf die ich am Ende des Beitrags näher eingehen werde.

Hinweise zur praktischen Durchführung

Beeindruckt hat mich, wie die beiden Moderatoren (ein Sozialarbeiter und eine Psychologin) zuhören und auf uns eingehen konnten. Die Atmosphäre in der Gruppe war eine grundlegend andere, als ich sie in der Klinik kennengelernt habe. Aus meiner Sicht sollten die Gruppen jeweils von einer Frau und einem Mann moderiert werden. In meiner Gruppe fand ich diese Besetzung wohltuend hilfreich und richtungsweisend. Wichtig für mich war die Mitwirkung eines engagierten Arztes, der deutlich auch die Grenzen und Nebenwirkungen der Medikamente besprach.

Gefallen hat mir besonders, mit wieviel Geduld gerade denjenigen begegnet wurde, die sich nicht gut ausdrücken konnten oder wollten. Jede/r wurde wirklich ernstgenommen.

Hilfreich finde ich es, wenn es bei den Sitzungen ein Getränk gibt, z.B. Mineralwasser oder Kaffee. Ich habe z.B. einmal Kuchen mitgebracht, um die nüchterne Atmosphäre angenehmer zu gestalten, denn die psychoedukative Gruppenarbeit ist keine Schule, hier gehört der ganze Mensch dazu. Es geht nicht nur um Wissen, sondern auch um Gefühle und Einstellungen.

Die Erarbeitung der Frühwarnzeichen (allgemein und individuell) hat für mich einen hohen Stellenwert. Dabei hätte die Bedeutung des Krisenplans m.E. schon ganz am Anfang deutlicher herausgestellt werden können, so daß man bestimmte Schritte innerhalb des Gruppenkonzepts hätte besser einordnen können.

Wenn dann im Verlauf der Gruppenarbeit auf die Bedeutung des sozialen Umfelds und einer wirklichen Vertrauensperson eingegangen wird, ist es wichtig, daß die ModeratorInnen mit den örtlichen Gegebenheiten, und zwar insbesondere den sozialen Diensten und Einrichtungen, vertraut sind, um ergänzende Hilfen und Begleitung vermitteln zu können. Wer sich aufmacht, Hilfe zu suchen, sollte eine klare Auskunft bekommen, an welche Stelle er sich wenden kann. Dazu gehören auch die örtlichen Selbsthilfegruppen, soweit vorhanden.

Wirkungen der psychoedukativen Gruppenarbeit auf mein Selbstbewußtsein als Psychiatrie-Erfahrener

Die psychoedukative Gruppenarbeit hat bei mir viel mehr bewirkt als die Gruppengespräche in der Klinik, weil Ausrichtung, Methodik und Atmosphäre anders sind. Etliches davon sollte auch in andere Formen der Gruppenarbeit in der Psychiatrie übernommen werden, z.B. die wirkliche Akzeptanz des psychisch Kranken, die Klarheit im Umgang, die Haltung »Verhandeln statt

Behandeln«, die Anerkennung der Betroffenen als ExpertInnen für ihre Krankheit, die offene und deutliche Information.

Die psychoedukative Gruppenarbeit war für mich 1990 die erste wirklich positive, nachhaltig wirkende Erfahrung mit Professionellen aus der Psychiatrie. Die Erfahrung mit ihnen in der Gruppenarbeit hat bei mir eine Wende in meinem Selbstverständnis als Psychiatrie-Erfahrener eingeleitet. Seit dieser Zeit fordere ich psychoedukative Gruppen als Basisangebot für alle Betroffenen (LÜCKE 1992, VOELZKE & ZINGLER 1992, VOELZKE & PRINS 1993, VOELZKE 1994, VOELZKE & DIETRICH 1994). Ich wünsche mir, daß psychoedukative Gruppenarbeit in Diensten, Einrichtungen und Krankenhäusern der Psychiatrie regelmäßig angeboten wird und zusätzlich ambulant auf Krankenschein zu erhalten ist.

Ich halte diese Art der Zusammenarbeit zwischen Betroffenen und Professionellen für außerordentlich wichtig – allerding darf das z.T. belastende Erleben in der Psychose bzw. in der Psychiatrie nicht vernachlässigt werden. Psychiatrie-Erfahrene müssen deshalb die Möglichkeit haben, ihr Psychoseerleben und die oft verletzenden Erfahrungen in der Psychiatrie zu verarbeiten. Psychoedukative Gruppenangebote sollten deshalb in jedem Fall ergänzt werden durch das Angebot von Psychosegruppen (SCHERNUS & SCHINDLER 1993), in denen Betroffene mit Unterstützung von Professionellen über die Inhalte ihres Psychoseerlebens und seine Bedeutung sprechen können, sowie durch Selbsthilfegruppen für Psychiatrie-Erfahrene, die u.a. einen Raum bieten, um Erfahrungen in und mit der Psychiatrie zu verarbeiten – ohne Einflußnahme durch Professionelle. Dort können Psychiatrie-Erfahrene langfristig sich austauschen und gegenseitig unterstützen, aber auch ein neues Selbstbewußtsein entwickeln und ihre Interessen vor Ort sowie mit Unterstützung des Bundesverbandes Psychiatrie-Erfahrener e.V. vertreten.

Auswirkungen der psychoedukativen Gruppenarbeit auf meine Einstellung zur Erkrankung und meine individuelle Krisenbewältigung

Mit dem Bewußtsein und dem Gefühl eigener Kompetenz habe ich mich mit dem Verletzlichkeits-Streß-Bewältigungs-Modell auseinandergesetzt und konnte es sehr gut verstehen und akzeptieren. Endlich wurde mir klar, daß die Krankheitsepisoden nicht »aus heiterem Himmel« kommen wie ein Schicksalsschlag, sondern daß es bei mir eine Vorstufe gibt. Diese kann ich durch die Frühwarnzeichen erkennen. Es war für mich ein befreiendes Gefühl festzustellen, daß ich mitwirken kann und meiner Erkrankung nicht hilflos ausgeliefert bin (meine Psychosen und den Aufenthalt in der Psychiatrie habe ich in der Regel als sehr belastend erlebt).

Endlich kann ich etwas tun! Und ich tue auch etwas. Ich achte sehr genau auf meine Frühwarnzeichen (z.B. nachts nicht schlafen können, allgemeine Unruhe und Angespanntheit, besondere Eindrücke). Sobald ich Frühwarnzeichen deutlich bemerke, handele ich. Ich persönlich nehme dann die Neuroleptika ein, die mir bei meiner letzten Erkrankung geholfen haben, ruhiger zu werden, besuche am nächsten Morgen meinen Psychiater und versuche insgesamt, zur Ruhe zu kommen. Den Umgang mit Krisen und insbesondere mit Neuroleptika muß jedoch jede(r) Psychiatrie-Erfahrene(r) selbst für sich entscheiden.

Ich bilde mir nicht ein, nicht wieder krank werden zu können, sondern versuche, bewußt mit meiner Verletzlichkeit umzugehen und auf meine Belastbarkeitsgrenzen zu achten. Dabei fällt es mir immer noch schwer zu akzeptieren, daß meine Grenzen z.T. deutlich enger sind als bei anderen Menschen. Dabei hilft mir meine Frau, die mich nachdrücklich darauf hinweist, wenn ich mich z.B. wieder zu sehr engagiere und mich in eine Sache hineinsteigere.

Seit 1988 bin ich nicht mehr als Patient in einer psychiatrischen Klinik gewesen, obwohl ich in dieser Zeit etwa achtmal akut erkrankt war. Der bewußte Umgang mit Krisen und mein individueller Krisenplan waren dabei eine wichtige Unterstützung.

Die psychoedukative Gruppenarbeit hat mir dabei geholfen, meine Möglichkeiten im bewußten Umgehen und Einwirken auf meine psychische Erkrankung zu erkennen und gezielt zu nutzen. Darüber hinaus war sie ein entscheidender Auslöser für meine Aktivitäten im Bereich der Selbsthilfebewegung Psychiatrie-Erfahrener. Ich wünsche und fordere daher für jede(n) Psychiatrie-Erfahrene(n) die Möglichkeit, an einer psychoedukativen Gruppe teilzunehmen.

Psychoedukative Gruppenarbeit im psychiatrischen Alltag einer Region – Erfahrungen mit der Umsetzung im ambulanten/komplementären Bereich

Sylke Albes, Thorsten Buick und Marite Pleininger-Hoffmann

Einführung

Nach ersten Kontakten mit dem Konzept der psychoedukativen Gruppenarbeit als Bezugspersonen von an der Projektphase beteiligten KlientInnen, hatten wir 1992 die Gelegenheit zur Teilnahme an dem Fortbildungsangebot für MitarbeiterInnen. Später haben wir dann als ModeratorInnen insgesamt vier Gruppen betreut, woraufsich die hier beschriebenen Erfahrungen insbesondere beziehen.

Bei diesen Gruppen handelte es sich um die ersten Durchläufe außerhalb des Forschungsprojekts. Diese wurden institutionsübergreifend durchgeführt als gemeinsame Angebote unserer Einrichtungen: der Rehaklinik Pniel und dem Wohnheimverband als Einrichtungen der v. Bodelschwinghschen Anstalten Bethel und dem Verein »Lebensräume e.V« als Anbieter von Betreutem Wohnen für chronisch psychisch kranke Menschen.

Vorbereitung und Organisation der Gruppenangebote

Die Erarbeitung des Konzepts der psychoedukativen Gruppenarbeit mit schizophren Erkrankten wurde im Rahmen einer Fortbildung verschiedenen, in der psychiatrischen Versorgung tätigen Institutionen bekannt gemacht. Gezielt wurden MitarbeiterInnen für die Teilnahme gewonnen. Die Vorstellung des Manuals erfolgte durch die AutorInnen.

Inhalte der sechs Nachmittage umfassenden Fortbildung waren die Vermittlung des theoretischen Hintergrunds des Konzepts, Praxistraining in Form von Rollenspielen und erste Erfahrungensberichte aus den bereits durchgeführten Gruppen.

Nach diesen Veranstaltungen bildeten wir Kleingruppen von zwei bis vier KollegInnen, die beabsichtigten, ein solches Gruppenprogramm anzubieten. Im Verlauf von sechs weiteren Treffen erarbeiteten wir auf der Grundlage des Konzepts die einzelnen Stunden.

Parallel zur ersten Durchführung der Gruppenarbeit trafen wir uns regelmäßig zwecks Reflektion und Erfahrungsaustausch. Hierbei wurden Veränderungsvorschläge eingebracht und diskutiert, das Manual wurde an den entsprechenden Stellen überarbeitet. Diese Treffen wurden begleitet durch die Mitglieder der Projektgruppe. Bei der zweiten Durchführung der Gruppenarbeit setzten wir die Treffen als kollegiale Austauschmöglichkeit in größeren Abständen fort.

Die Auswahl der TeilnehmerInnen an den Gruppen erfolgte durch die jeweiligen ModeratorInnen. Die Gruppen setzten sich vor allem aus Betroffenen der beteiligten Institutionen zusammen, einige wenige wandten sich, motiviert durch andere Professionelle, von außerhalb an uns. Die Motivation der einzelnen war sehr unterschiedlich, sie reichte von stark fremdmotiviert bis „wild entschlossen".

Für unsere Teilnahme als ModeratorInnen gab es unterschiedliche Gründe. Diese Form der Gruppenarbeit sollte das Angebot der jeweiligen Institutionen erweitern. Uns als ModeratorInnen war das Interesse gemeinsam, über den alltäglichen „Tellerrand" hinaus mit KollegInnen und Betroffenen anderer Institutionen zusammenzuarbeiten, die Neugier auf das Konzept sowie Spaß an der Arbeit mit Gruppen.

Bei der ersten Durchführung des Gruppenkonzepts benötigten wir für die Vor- und Nachbereitung ca. 1,5 Stunden pro Sitzung, hinzu kamen Fahrzeiten, Raumgestaltung und Materialbeschaffung. Beim zweiten Durchgang reduzierte sich die Vorbereitungszeit auf 0,5 bis 1,0 Stunde.

Anfangs hatten wir Mühe, den Zeitrahmen von 60 Minuten einzuhalten, bei den folgenden Durchgängen gelang dies zunehmend besser. Vor allem die 2. Stunde war in ihrer ursprünglichen Form durch die Menge an Informationen nur schwer in der vorgegebenen Zeit zu realisieren. Aufgrund dieser Erfahrungen wurden die Inhalte auf zwei Stunden verteilt.

Wichtig erscheint uns, Kontinuität bezüglich Ort, Zeit und Wochentag zu gewährleisten. Verschiebungen führten bei den TeilnehmerInnen leicht zu Irritationen.

Für uns ModeratorInnen stellte die Dauer des Programms von 14 Wochen ein Problem dar. Aufgrund unterschiedlicher beruflicher und privater Einbindungen war es schwierig, einen Zeitraum zu finden, in dem beide ModeratorInnen regelmäßig zur Verfügung standen. Wir merkten schnell, wie langfristig ein solches Angebot geplant werden muß, um die angestrebte Kontinuität zu gewährleisten. Es gelang uns mit einer Pause von jeweils zwei Wochen, die lange vorher eingeplant und den TeilnehmerInnen zu Beginn angekündigt wurde.

Was den Ort der Durchführung angeht, hielten wir es für sinnvoll, das Gruppenangebot aus dem sonstigen institutionellen Rahmen zu lösen und von anderen Angeboten abzuheben. Die Gruppenarbeit wurde daher in den Büroräumen von «Lebensräume e.V.» in der Innenstadt durchgeführt. Um teilzunehmen war es so für alle – auch für die ModeratorInnen – nötig, sich auf den Weg zu machen.

Die TeilnehmerInnen

Die Zuverlässigkeit der TeilnehmerInnen war insgesamt sehr groß, fast ausnahmslos wurde ein Fehlen entschuldigt oder auch im voraus angekündigt. Deutlich wurde, daß es auch für die TeilnehmerInnen schwierig war, sich über einen so langen Zeitraum hinweg einen bestimmten Abend freizuhalten. Unser Angebot, eine versäumte Stunde mit einem von uns nachzuarbeiten, wurde nur selten angenommen. Rückblickend halten wir es für sinnvoll, versäumte Stunden von Anfang an generell nachzuarbeiten.

Ca. 1/2 Jahr nach Beendigung des Programms luden wir die TeilnehmerInnen nochmals zur Auswertung ein. Die Rückmeldungen waren durchweg positiv, die vermittelten Informationen über die Erkrankung wurden als wichtig und hilfreich beurteilt.

Für einzelne war das Gruppenangebot ein Anstoß zur Teilnahme an einer Selbsthilfegruppe, andere konnten es nutzen, um sich kompetenter mit ÄrztInnen, anderen Professionellen und Angehörigen auseinanderzusetzen.

In bezug auf zwischenzeitlich aufgetretene Krisen gab es sehr unterschiedliche Rückmeldungen. Von einem Teilnehmer wurde der Krisenplan als für ihn brauchbar in der akuten Situation beurteilt. Eine Frau berichtete, sie habe Frühwarnzeichen zeitiger als solche erkennen und eine Zuspitzung der Situation verhindern können. Ein dritter berichtete, er sei in der akuten Situation gar nicht auf die Idee gekommen, Handlungsspielräume zu haben und habe seine suizidale Krise nicht als psychotische wahrgenommen.

Auch in diesem Zusammenhang wurde uns deutlich, daß in der ersten Fassung des Manuals das Thema Suizid fehlte und als ein wichtiger Aspekt psychischer Erkrankungen zu berücksichtigen und zu bearbeiten ist. In der nun vorliegenden Endfassung bekommt dieses Thema den notwendigen Stellenwert.

Nach unseren Erfahrungen mit unterschiedlich großen Gruppen zwischen fünf und elf TeilnehmerInnen erscheint uns eine Gruppengröße von acht Personen optimal. Einzelne waren nach unserer Einschätzung in zu kleinen Gruppen leicht überfordert, da es weniger Rückzugsmöglichkeiten gab. Bei sehr großen Gruppen vergrößert sich vor allem das Zeitproblem. Wenn jeder zu Wort kommen möchte und soll, ist die Zeitstruktur kaum einzuhalten. Bei acht TeilnehmerInnen kommen genügend unterschiedliche Aspekte zum Tragen, und ruhigere TeilnehmerInnen kommen nicht zu sehr in Zugzwang, sich beteiligen zu müssen.

In der Planung hat sich die Kalkulierbarkeit der Gruppengröße allerdings als schwierig erwiesen. Einzelne TeilnehmerInnen sind manchmal noch kurz vor der ersten Sitzung oder im Verlauf abgesprungen.

Traten im Zeitraum der Gruppenarbeit Krisen bei einzelnen auf, sind wir sehr individuell damit umgegangen. Mit der/dem Betreffenden haben wir jeweils besprochen, was für sie/ihn die geeignete Maßnahme sein könnte. Unser Angebot, weiter teilzunehmen, Pausen nach Bedarf zu machen und zu entscheiden, was in der Situation hilfreich ist, wurde von zwei TeilnehmerInnen genutzt. Bei einer Teilnehmerin war eine Pause von zwei Wochen hilfreich, in der sie sich die Unterlagen von einem anderen Teilnehmer bringen ließ und die Stunden dann mit einem von uns nacharbeitete.

Die ModeratorInnen

Die gemeinsame Erarbeitung des Manuals im Anschluß an die Fortbildung ermöglichte uns als ModeratorInnen eine theoretische Auseinandersetzung mit dem Thema. Dies führte zu einer gemeinsamen Ausgangsbasis, die für die nachfolgende Gruppenarbeit notwendig war. So hatten wir die Möglichkeit, das gemeinsame theoretische Wissen zu reflektieren und die nötige Sicherheit für die praktische Durchführung des Gruppenprogramms zu erlangen.

Uns allen gemeinsam war Berufserfahrung in der psychiatrischen Arbeit. Diese halten wir zur Durchführung des Gruppenprogramms für unabdingbar, denn allein theoretische Grundlagen sind nicht ausreichend, um gemeinsam mit Betroffenen prophylaktisch zu arbeiten. Kenntnisse über den Verlauf von Krisen und schizophrenen Psychosen aus der praktischen Arbeit sind Voraussetzung, um die theoretischen Bausteine des Gruppenprogramms verstehen und umsetzen zu können. Vor allem die Erfahrungen aus der praktischen Arbeit ermöglichen die nötige gegenseitige Akzeptanz zwischen Betroffenen und ModeratorInnen.

Bei der Gruppenarbeit stand für uns ein emanzipatorischer Ansatz im Vordergrund, so daß der Umgang mit den Betroffenen auf einer partnerschaftlichen Ebene erfolgte. Wir haben akzeptiert, daß sie Erfahrungen mitbringen, die sie letztendlich zu ExpertInnen ihrer Krankheit machen und haben erfahren, daß wir ebenso von ihnen lernen können wie sie von uns.

Die Gruppenstunden selbst erfordern vor allem ein strukturiertes, zielgerichtetes Arbeiten und gleichzeitig ein hohes Maß an Flexibilität, um auf die in der Situation entstehenden Fragen und Bedürfnisse der TeilnehmerInnen eingehen zu können.

Schwierig gestaltete sich in einzelnen Stunden der zeitlich vorgegebene Rahmen. An diesen Stellen war es nicht immer leicht, dem Manual zu folgen und alle geplanten Inhalte in der vorgesehenen Ausführlichkeit zu vermitteln.

Die Zusammenarbeit mit KollegInnen aus anderen Einrichtungen hat unser Blickfeld geweitet und zu einer offenen Arbeitsatmosphäre beigetragen. Bereichernd war die Erfahrung, sich in der Durchführung gegenseitig zu ergänzen und zu unterstützen.

Das Manual

Das Manual erzeugte anfangs bei uns als ModeratorInnen große Abwehr, da es uns zu starr erschien und wir nur wenig bis gar keinen eigenen Handlungsspielraum gesehen haben. Die Schwierigkeit bestand darin, ein fertiges Produkt zu übernehmen und sich mit diesem zu identifizieren.

Nach einer intensiven Erarbeitung des Manuals und der tatsächlichen Erprobung in den Gruppenstunden erwies es sich jedoch als sehr große Hilfe in bezug auf Struktur und Inhalt. Außerdem bot es uns eine einheitliche Reflexionsmöglichkeit, so daß daraufhin vorgenommene Veränderungen auf einer gemeinsam nachvollziehbaren Basis entstanden. Die Endfassung hat sich somit aus der praktischen Arbeit mit dem Manual ergeben, was zu einer verbesserten Identifikation beigetragen hat.

Vor allem die Folien und Informationsblätter für die TeilnehmerInnen haben sich als Arbeitshilfen bewährt. Besonders das wiederholte Einsetzen einzelner Folien hat zum Behalten der Inhalte beigetragen. Die nach der Stunde verteilten Merksätze haben jedoch nach unserer Einschätzung eine eher geringe Bedeutung. Viele der TeilnehmerInnen waren gegen Ende der Stunde an der Grenze ihrer Belastbarkeit, so daß für die Merksätze nur wenig Aufmerksamkeit blieb.

Wichtig erscheint uns bei der Arbeit mit dem Manual, daß die Stunde in jedem Fall vorstrukturiert und der inhaltliche Schwerpunkt eingehalten wird. Gleichzeitig sind wir als ModeratorInnen damit flexibel umgegangen, wenn wir dies aus der Situation heraus für wichtig hielten.

Das bedeutet, daß wir je nach TeilnehmerInnengruppe Inhalte vertieft oder übersprungen sowie Diskussion an einer nicht vorgesehenen Stelle zugelassen haben, wenn die Gruppe oder einzelne TeilnehmerInnen dies erforderlich machten. Dabei haben wir darauf geachtet, daß es nicht zu größeren inhaltlichen Auslassungen kam, da die Stunden inhaltlich aufeinander aufbauen.

Auswirkungen und Bedeutung der Gruppenarbeit

Das Interesse der TeilnehmerInnen war von Beginn der ersten Sitzung an sehr hoch, wobei die Erwartungen an die Gruppenarbeit unterschiedlich gewichtet waren. Vor allem die zweite und dritte Stunde und der Medikamentenabschnitt hatten als Informationsteile einen sehr hohen Stellenwert im Gesamtkontext.

Nach dem Medikamententeil wurde deutlich, daß diese Stunden einzelne TeilnehmerInnen zur aktiven Auseinandersetzung z. B. mit ihrem behandelnden Arzt/ihrer behandelnden Ärztin angeregt hatten. Innerhalb dieser Stunden stand vor allem ein sehr differenzierter Austausch unter den TeilnehmerInnen im Vordergrund.

In den Stunden, in denen es um eigene Anteile wie Frühwarnzeichen, Bewältigungsmaßnahmen und Psychoseerleben ging, waren einzelne TeilnehmerInnen zurückhaltender, und es bedurfte vermehrter Ansprache durch uns als ModeratorInnen. Hierbei war es von Vorteil, daß die TeilnehmerInnen sich schon einige Sitzungen lang kannten und somit innerhalb der Gruppe und auch in bezug auf uns ModeratorInnen eine Vertrauensbasis entstanden war.

Hinsichtlich der Inhalte der Gruppensitzungen, insbesondere des Vulnerabilitäts-Streß-Coping-Konzeptes, gab es eine sehr hohe Akzeptanz. Das Konzept und die daraus resultierenden Möglichkeiten wurden nicht in Frage gestellt. Die meisten TeilnehmerInnen bestätigten einen auch für sie sichtbaren Zusammenhang zwischen Vulnerabilität, Streß und ihrer psychotischen Dekompensation. An dieser Stelle standen die subjektiven Erfahrungen der Betroffenen und ihre Kenntnisse oft im Vordergrund, um die Theorie mit realen Erfahrungen zu füllen.

Nach den Gruppensitzungen war bei den meisten TeilnehmerInnen die Belastungsgrenze erreicht, so daß es zu keinen nennenswerten Verlängerungen der Stunden kam. Die erste Verarbeitung der Inhalte geschah im Rahmen der jeweiligen Gruppengespräche, eher selten waren Nachfragen, die sich auf die vorangegangenen Stunden bezogen. Inwieweit die Inhalte langfristig behalten und verarbeitet werden konnten, ist schwer einzuschätzen. Es gab jedoch einzelne Nachfragen nach Wiederholungsveranstaltungen, wie sie z.B. in Erste-Hilfe-Kursen üblich seien. Ein Teilnehmer hat daraufhin das Angebot zur Wiederholung der Gruppenarbeit bereits wahrgenommen und dies als gut befunden.

Die Materialien, die den TeilnehmerInnen zur Verfügung gestellt wurden – Ordner, Informations- und Arbeitsblätter sowie Merksätze – hatten einen sehr unterschiedlichen Stellenwert. Nachfrage bestand immer nach Zusammenfassungen von inhaltlichen Informationen, die Merksätze hingegen hatten diese Bedeutung nicht. Der zur Verfügung gestellte Ordner zum Abheften der Materialien wurde nicht so genutzt, wie wir es uns erhofft hatten. Zu den Sitzungen wurde er nur von wenigen mitgebracht. Einzelne TeilnehmerInnen berichteten allerdings, sie hätten ihn als Grundlage für Arzt- und Angehörigengespräche verwendet.

Die generelle Resonanz der TeilnehmerInnen war durchweg positiv, wobei die meisten aber auch froh waren, daß die Gruppenarbeit nach 14 Wochen endete. Einzelne stellten die regelmäßige Teilnahme als zusätzliche Belastung in ihrem Alltag dar und hatten mit Ende des Gruppenprogramms wieder freie Kapazitäten für andere Aktivitäten, die sie zeitweise für die Gruppe zurückgestellt hatten.

Andere hatten die Gruppensitzungen so in ihren Alltag integriert, daß Sorge bestand, wie es nun ohne diese wöchentliche Möglichkeit zu Austausch und Kontakt weitergehen würde. Dies haben wir in der letzten Stunde aufgegriffen und gemeinsam über Alternativen gesprochen.

Nach ca. 2 1/2 Jahren Beschäftigung mit dem Thema „Rückfallprophylaxe mit schizophreniegefährdeten Menschen" im Rahmen von Fortbildung und Durchführung der Gruppensitzungen hat sich unser allgemeines Psychosekonzept nicht grundlegend verändert. Entwickelt hat sich allerdings ein komplexeres Verständnis für die Erlebniswelten und die Lebenssituationen der Betroffenen. Überraschend war für uns die weitgehende Offenheit eines großen Teils der TeilnehmerInnen, sich im Gruppenverlauf über ihr Psychoseerleben mitzuteilen.

Die bei oberflächlicher Betrachtung im Konzept angelegte Gefahr, die Entwicklung von akuten Psychosen als Verhaltensdefizit – etwa als Folge unzureichenden Rückgriffs auf Bewältigungsstrategien – anzusehen und dies den TeilnehmerInnen auch zu vermitteln, hat sich durch die Diskussionsprozesse zwischen den ModeratorInnen einerseits und zwischen ModeratorInnen und TeilnehmerInnen andererseits nicht verfestigt. Gewachsen ist statt dessen ein größeres Wissen über die Bedeutungs- und Ausdrucksvielfalt psychotischer Erkrankungen.

Sehr deutlich wurde für uns bei einigen TeilnehmerInnen die Entwicklung von mehr Eigenverantwortlichkeit und Handlungsfähigkeit im Umgang mit ihrer Erkrankung. So ist erkennbar, daß einige Betroffene aufgrund besserer Informationen einen veränderten Umgang mit ihren Medikamenten entwickelt haben. Andere wählten schneller als sonst den Weg in die Akutklinik und konnten somit die Aufenthaltsdauer verkürzen.

Die Rollenveränderung der ModeratorInnen von BeraterIn/BegleiterIn im Arbeitsalltag (in Rehaklinik, Wohnheim und Betreutem Wohnen) zur Pädagogin/zum Pädagogen im Kontext der Gruppenarbeit, wurde als nicht gravierend erlebt. Wichtig war vielmehr die Bündelung und Strukturierung von Informationen und Themen.

Im Betreuungsalltag mit KlientInnen, die an einer der psychoedukativen Gruppe teilgenommen haben, wurde sehr schnell deutlich, daß sich ein gemeinsames Begriffsrepertoire zwischen uns als Professionellen und den Betroffenen entwickelt hat. Begriffe wie Frühwarnzeichen, Verletzlichkeit, Streß usw. haben eine andere Bedeutung gewonnen und können präziser angesprochen und verhandelt werden. Gleichzeitig sind unsere Haltungen im Alltag theoretisch fundierter und sicherer geworden. Letztendlich ist uns als Professionellen stärker im Bewußtsein, daß die Betroffenen Kompetenzen und Entscheidungsmöglichkeiten haben, um verschiedene Wege zu wählen. Das Erkennen der Ressourcen der TeilnehmerInnen entlastete uns MitarbeiterInnen.

Für uns als ModeratorInnen war die bisherige Mitarbeit sehr bereichernd. Wie erwähnt, erweiterte die längerfristige und intensive Beschäftigung mit den verschiedenen Facetten des Psychosegeschehens unser Verständnis und unsere Kompetenzen im Umgang mit den Betroffenen. Auf kollegialer Ebene wurde die konkrete, einrichtungsübergreifende und kontinuierliche Zusammenarbeit als sehr positiv erlebt. Neben der persönlichen Ebene förderte diese Art der Zusammenarbeit auch die Kooperation und Vernetzung im Sinne des Verbundgedankens.

Deutlich wurde aber auch, daß »Rückfallprophylaxe« allein kein Allheilmittel für schizophreniegefährdete Menschen sein kann. Im Umgang mit dem Manual und den TeilnehmerInnen erscheint uns die Haltung wichtig, daß weitere psychotische Krisen *kein* »Versagen der Rückfallprophylaxekompetenz« bedeuten, sondern ein Weg sind, der Akzeptanz verdient und den es nicht um jeden Preis zu verhindern gilt. Ein Weg auch, bei dem es um mehr geht als einen »unzureichenden Umgang« mit Frühwarnzeichen und Bewältigungsstrategien.

Zusammenfassend kann die Frage nach der Tauglichkeit und der Praktikabilität des Konzepts eindeutig bejaht werden. Die Teilnahme an psychoedukativen Gruppen sollte daher u.E. als Standardangebot in der psychiatrischen Versorgung allen interessierten Betroffenen im ambulanten, komplementären und teilstationären Bereich möglich sein. Dies erfordert eine breite und gezielte Schulung von MitarbeiterInnen aus den verschiedenen Einrichtungen der psychiatrischen Versorgung, um das Angebot zum einen auf eine breitere Basis zu stellen und zum anderen, um über die gemeinsame Grundlage die unterschiedlichen Erfahrungen der KollegInnen überprüfbar und diskutierbar zu machen. Daneben ist eine einrichtungsübergreifende Kooperationsbereitschaft zwischen den ModeratorInnen und den jeweiligen KollegInnen der betreuenden Einrichtungen im Sinne von Transparenz und Informationsaustausch erforderlich.

Eine breite (flächendeckende) Installierung der psychoedukativen Gruppenarbeit als Basisangebot in der psychiatrischen Versorgung sollte u.E. auch über die sozialpsychiatrischen Dienste und die niedergelassenen Nervenärzte angestrebt werden.

Vom Behandler zum Verhandlungspartner – Erfahrungen mit psychoedukativer Gruppenarbeit aus ärztlicher Sicht

Veronika Christiansen und Bernhard Sibum

Einführung

B. S.: Als Arzt war ich an der Entwicklung, Planung und Durchführung des Konzepts der psychoedukativen Gruppenarbeit mit schizophren erkrankten Menschen beteiligt. Später habe ich in unterschiedlichen Gruppen, die sich überwiegend aus PatientInnen der psychiatrischen Ambulanz und einer Tagesklinik zusammensetzten, den Medikamententeil moderiert. Außerdem bin ich an dem Weiterbildungskonzept beteiligt, mit dem wir versuchen, die Einführung psychoedukativer Gruppenarbeit in anderen Regionen zu unterstützen.

V. C.: Nach der Entwicklungs- und Erprobungsphase des Konzepts konnte ich mich damit vertraut machen und es als Moderatorin in verschiedenen Gruppen erproben. Zusammen mit einer Kollegin leitete ich zwei Gruppen, an denen psychose-erfahrene Menschen teilnahmen, die wir aus unserer bisherigen Arbeit in der Rehabilitationsklinik gut kannten. Einmal erarbeitete ich bei einer Gruppe von Patienten der psychiatrischen Ambulanz lediglich den Medikamententeil. Teile des psychoedukativen Gruppenkonzeptes benutze ich gerne in Fortbildungen, z.B. für LeiterInnen von Werkstätten für psychisch Behinderte.

B. S.: Meine Erwartungen an die Entwicklungsmöglichkeiten der Betroffenen waren vorrangig von meinen bis dahin ausschließlich klinisch-stationären Erfahrungen mit Psychosekranken geprägt. An einer schizophrenen Psychose Erkrankte kannte ich zu Beginn des Projekts fast nur von meiner Tätigkeit auf einer geschlossenen und einer offenen allgemeinpsychiatrischen Station. Ich hatte viele, oft schnelle Wiederaufnahmen erlebt und war eher skeptisch in bezug auf dauerhafte Symptomfreiheit oder gar Heilung. Daher fühlte ich mich vom ursprünglichen Konzept mit dem Ziel der »Rückfallprophylaxe« angezogen.

Im Gegensatz zur stationären Arbeit, in der ich als Arzt – manchmal klar gefordert wie in der inneren Medizin und Neurologie, oder auch verdeckt und unausgesprochen wie in der Psychiatrie – die Stationsleitung innehatte, erlebte ich in der Vorbereitungsgruppe ähnlich wie in der psychosomatischen Klinik wirkliche Teamarbeit mit KollegInnen unterschiedlicher Berufsgruppen, die mich mit ihrer Kompetenz und Erfahrung beeindruckten.

V. C.: Seit Jahren beschäftige ich mich in meiner Arbeit als Ärztin in einer Rehabilitationsklinik für psychisch Kranke auch mit der Rückfallprophylaxe. Wir versuchen stets, diese in bestimmten Gruppen mit Betroffenen zum Thema zu machen; das ist Teil des Behandlungskonzeptes der Klinik. Dabei hatten wir kein ausgefeiltes, programmatisches Konzept, sondern erarbeiteten das Thema in multiprofessioneller Zusammenarbeit im Gruppengespräch mit den PatientInnen. Das Thema Rückfallprophylaxe hat im Alltag der Rehabilitationsklinik einen hohen Stellenwert, da die Patienten hier immerhin bis zu zwei Jahre bleiben. Die nichtärztlichen MitarbeiterInnen sehen dieses Thema ebenfalls als sehr wichtig an und versuchen, es in ihrer Arbeit zu vertiefen. Innerhalb der Reha-Klinik ist der Arzt/die Ärztin Mitglied eines Teams, das verschiedene professionelle Kompetenzen umfaßt, die jeweils ihre eigene Sichtweise zum Thema Rückfallprophylaxe einbringen. In der Arbeit mit den PatientInnen der Klinik wird im Verlauf der Rehabilitationsbehandlung also kein fest umrissenes Rückfallprophylaxeprogramm in Einzelschritten vermittelt, sondern es werden nach und nach einzelne Wissensbestandteile erarbeitet. In der psychoedukativen Gruppenarbeit, an der teilzunehmen wir allen PatientenInnen gegen Ende der Behandlung in der Reha-Klinik empfehlen, können diese Wissensbestandteile gebündelt und in ein Gesamtkonzept integriert werden.

Ursprünglich beide aus der internistisch-psychosomatischen Arbeit kommend, lag unser Hauptinteresse für die Mitarbeit an der Entwicklung und Umsetzung des Konzepts darin, mehr über die individuelle Krankheitsakzeptanz und -verarbeitung zu erfahren und Betroffene bei der Entwicklung von Selbsthilfestrategien zu unterstützen. Im Gegensatz zur »Akutmedizin« mit ihren oft schnellen Erfolgen und ihrem oft ebenso schnellen Scheitern war es für uns in diesem Projekt eine Herausforderung zu wissen, daß es auf einen »langen Atem« sowie Respekt, Kreativität und Bescheidenheit ankam.

Zur praktischen Durchführung

Aus unserer Sicht ist es für die Rolle der ÄrztInnen und für das Gesamtkonzept ungünstig, wenn sie sich lediglich auf die Moderation des Medikamententeils beschränken. Dadurch besteht die Gefahr, das Vorurteil zu vertiefen, PsychiaterInnen verordneten lediglich Psychopharmaka und seien für anderes nicht zuständig. Durch die Mitarbeit von ÄrztenInnen an der Durchführung des gesamten Gruppenkonzepts wird dagegen modellhaft deutlich und erfahrbar, daß diese Berufsgruppe sich für eine möglichst umfassende Sicht der Problematik und der Behandlung engagiert.

Die Medikamentenbehandlung stellt in diesem Zusammenhang zwar ein wichtiges, aber eben nur *ein* Element des Gesamtbehandlungsplanes dar.

Psychoedukative Gruppenarbeit bietet die Chance, die Erfahrungen von Betroffenen mit Psychopharmaka und das Wissen sowie die Behandlungserfahrungen von ÄrztInnen zusammenzubringen und so zur »Entmythologisierung« der psychopharmakologischen Behandlung beizutragen. Dies ist nach unserer Erfahrung ein großer Schritt in Richtung auf einen offenen Dialog zwischen Betroffenen und Professionellen.

V.C.: Bezüglich des zeitlichen und räumlichen Rahmens ist einerseits deutlich geworden, daß ein Umfang von 14 Std. das Maximum darstellt; andererseits haben einige TeilnehmerInnen – nach einem gewissen Tief etwa in der 8. Stunde – geäußert, daß sie nach der 14. Stunde eigentlich gern noch weiter gemacht hätten. Dies lag sicher nicht nur an den Inhalten der Gruppenarbeit, sondern auch an der angenehmen Gruppenatmosphäre und dem gemeinsamen Austausch über sehr bewegende Lebenszeiten. In unseren Gruppen war es wichtig, daß die Sitzungen nicht in der Reha-Klinik stattfanden, sondern an einem neutraleren Ort in der Stadt, zu dem TeilnehmerInnen und ModeratorInnen gleichermaßen Distanz hatten. Die Normalität des Ortes – außerhalb der Klinik und des Umfeldes Bethel – trug mit dazu bei, daß die TeilnehmerInnen gern zu den Stunden kamen. Die räumliche Atmosphäre war ebenfalls wichtig; wir stellten Tische zusammen, kochten Kaffee und Tee und versuchten, auch äußerlich eine einladende Atmosphäre zu schaffen.

»Wirkungen« der Gruppenarbeit auf seiten der TeilnehmerInnen (aus Sicht der ModeratorInnen)

Wichtig war für die TeilnehmerInnen die Erkenntnis, daß sie eigene Handlungsmöglichkeiten im Umgang mit der Verletzlichkeit bzw. Erkrankung entwickeln können. Dies war zumindest für einige Betroffene relativ neu, da sie es bisher offenbar gewohnt waren, Anweisungen zu erhalten, was sie zu tun hätten. Besonders diese TeilnehmerInnen fühlten sich als *Person* auf neue Weise ernst genommen und darin bestärkt, daß sie auf ihre eigenen Handlungs- und Bewältigungsstrategien vertrauen können. Das Verletzlichkeits-Streß-Bewältigungs-Modell führte zu einer erheblichen Entlastung der TeilnehmerInnen. So konnte insbesondere auch die Frage nach der »Schuld« an der Erkrankung und die damit verbundene Frage nach ihrer eventuellen Weitergabe durch Vererbung diskutiert und relativiert werden.

Die Einbeziehung der subjektiven Erfahrungen und Kenntnisse aller TeilnehmerInnen führte zu einer ausgeprägten Vertrautheit innerhalb der Gruppe. So ergab sich aus unserer Sicht die erfahrene Entlastung auch daraus, daß die subjektiven Erlebnisse während der akuten Psychose nicht als sinnlose »Spinnerei«, sondern als potentiell wertvolle Erfahrungen angesehen wurden. Im Rahmen der Gruppe erlebten die TeilnehmerInnen einen selbst geschaffenen Schutzraum, in dem sie sich Erlebtes mitteilen und Rückmeldungen geben konnten, ohne zentrale Erfahrungen verbergen und Angst vor Verletzungen haben zu müssen.

B.S.: Angesichts meines stationär-klinischen Erfahrungshintergrundes hat mich besonders beeindruckt, mit welcher Klarheit und Normalität einige TeilnehmerInnen einforderten, erst einmal selbst mit ihren Erfahrungen, Vorstellungen, Erklärungsmodellen und mit ihren Kenntnissen angehört zu werden, bevor wir Professionellen mit unserem Fachwissen zu Wort kommen sollten.

Zwar haben wir von vornherein angestrebt, die Gruppenarbeit so zu gestalten, daß Inhalte gemeinsam erarbeitet werden und eine Integration von persönlichen Erfahrungen sowie modernen wissenschaftlichen Erkenntnissen möglich wird. Dennoch waren es häufig die TeilnehmerInnen selbst, die eine betroffenenorientierte Sichtweise einforderten und das Kompetenzgefälle zwischen ihnen und uns in Frage stellten. Dies äußerte sich zum Beispiel in Fragen an die ModeratorInnen, wie wir es im Krankheitsfalle denn selbst mit der Einnahme von verordneten Medikamenten, insbesondere Neuroleptika, halten und wie wir selbst am liebsten behandelt werden würden.

Nach dem Motto: »Ein gut informierter Nutzer ist unser bester Nutzer« (MOSHER & BURTI 1992) waren es die Teilnehmer selbst, die auf gründliche Informationsvermittlung bzgl. der medikamentösen Behandlung drängten und die überraschenderweise auch über biochemische Zusammenhänge wie z.B. Transmitter-Stoffwechsel, synaptische Übertragung und ähnliches informiert werden wollten. Eine wichtige Rolle spielten auch Fragen zur Langzeitwirkung von Neuroleptika und möglichen Spätschäden.

Als weiteres wichtiges Thema für die Betroffenen stellte sich der sog. postremissive Erschöpfungszustand heraus (vgl. HEINRICH 1990). Hier waren Gruppengespräche von großer Bedeutung, in denen es um die notwendige Entlastung nach auslaufenden psychotischen Episoden sowie das Suizidrisiko angesichts unangemessen hoher eigener und fremder Erwartungen an die Leistungsfähigkeit ging.

»Wirkungen« der Gruppenarbeit auf Seiten der ModeratorInnen

Als Ärztin/Arzt wurden wir immer wieder auf die alte Grundregel verwiesen, unsere Tätigkeit daran zu messen, wie wir denn selbst – oder auch unsere Freunde und Angehörigen – im Falle des Falles betreut oder behandelt werden wollten.

Eine weitere wichtige Erfahrung war folgende: Als »an-greifbare« PsychiaterInnen dienten wir den TeilnehmerInnen einerseits für alle krankheits- und behandlungsbedingten Kränkungs- und Entmündigungserlebnisse als »(An)-Klagemauer«; andererseits verspürten wir den tiefen Wunsch bei den gleichen TeilnehmerInnen, möglichst offen über alle Fragen, insbesondere bzgl. der Medikamentenbehandlung, sprechen zu können und uns dafür als »gutes Modell« zu nutzen. Dieser Spagat – »Was habt Ihr miesen Psychiater mir alles angetan!/Hoffentlich nehmen Sie mich ernst und reden offen mit mir!« – hat uns oft angestrengt, ebenso häufig aber auch gerührt und für diese Art von Arbeit motiviert.

Im ersten Moment erschrocken waren wir in Situationen, in denen TeilnehmerInnen, die wir in akuten Phasen selbst in der Klinik erlebt und behandelt hatten, ihre damalige Symptomatik verleugneten und bagatellisierten, etwa in dem Sinne: »Mir ging's doch gar nicht schlecht! Ihr habt damals mit Kanonen auf Spatzen geschossen!« – und das angesichts einer psychotischen Symptomatik, die wir als sehr dramatisch erinnerten. Wir fühlten uns zurückversetzt in die Zeit auf onkologischen Stationen. Dort hatten wir »Erinnerungslücken« bei PatientInnen erlebt, die tags zuvor über ihre Krebserkrankung aufgeklärt worden waren. Während der Gruppenarbeit führten unsere vorsichtigen Versuche, Rückmeldungen zu geben und unser Erleben der damaligen Akutsituation ergänzend einzubringen, meist zu einer Verstärkung der Abwehr und zu dem Gefühl, nicht verstanden zu werden. Wir interpretieren diese Erfahrung so, daß gesunde Verdrängungsmechanismen den Betroffenen dabei helfen, Krankheits- und Behandlungserlebnisse, die mit dem Selbstbild unvereinbar sind, zu »vergessen« (vgl. SACHSSE & ARNDT 1994).

Im Prozeß der gemeinsamen Gruppenarbeit hat sich unsere Wahrnehmung der Betroffenen nach und nach verändert. Wir erlebten sie in zunehmendem Maße weniger als passiv-erduldende, sondern mehr als aktiv handelnde Menschen, die eigene Strategien zur Bewältigung von Belastungen und Krisen entwickeln können.

Als ÄrztInnen haben wir uns dabei weniger in der Rolle von Pädagogen als vielmehr in der von fachlichen BeraterInnen wahrgenommen, die sich im Prozeß der Beratung mitentwickeln und dazulernen. Es hat eine Interaktion zwischen TeilnehmerInnen und ModeratorInnen gegeben, durch die sich unsere Beziehung zu den Betroffenen verändert hat: Wir erleben diese Beziehung heute als partnerschaftlicher und können uns besser in die Betroffenenperspektive hineinversetzen.

Die Erfahrungen, die wir in der psychoedukativen Gruppenarbeit gemacht haben, wirken sich auch auf unseren beruflichen Alltag in der Reha-Klinik oder der psychiatrischen Ambulanz aus. Wir achten inzwischen mehr darauf, inhaltliche Fragen in Zusammenhang mit Psychosen und ihrer Behandlung anzusprechen und die Betroffenen zu ermutigen, stärker »Frau/Mann im eigenen Haus« zu werden.

Rückblickend wurde uns durch die Mitarbeit in den Gruppen bewußt, daß wir uns als professionelle ExpertInnen verstehen, die durchaus ein gewisses »*Know-how*« einzubringen haben, die aber andererseits nur zusammen mit den Betroffenen, die selbst ExpertInnen für ihre Erkrankung sind, zu einer sinnvollen und individuellen Therapieplanung gelangen können.

Zusammenfassung und Ausblick

Was die Absicht angeht, mit psychoedukativer Gruppenarbeit auch zur Vorbeugung von Rückfällen beizutragen, sind wir nicht sicher, ob uns dies durch unsere Arbeit tatsächlich gelungen ist. Allerdings zeigen zahlreiche Einzelbeobachtungen, daß die Zusammenarbeit zwischen TeilnehmerInnen und Professionellen durch die Gruppenarbeit verbessert wurde. So meldeten sich viele Betroffene beim Auftreten von Frühwarnzeichen zeitiger bei ihren BetreuerInnen oder auch in der Klinik, um geeignete Maßnahmen gegen eine psychotische Dekompensation zu ergreifen.

Nicht zuletzt durch die Mitarbeit in den Gruppen ist uns erneut klar geworden, daß die Begleitung und Betreuung von schizophren Erkrankten oftmals eine langjährige Aufgabe ist, die sich nicht in der einmaligen Durchführung von zeitlich und inhaltlich begrenzten Therapien erschöpfen kann.

Die in der Gruppe zusammen mit den Betroffenen erarbeiteten Selbsthilfestrategien müssen sich noch im Alltag bewähren. Dabei sollte das Vertrauen genutzt und gelebt werden können, das sich auf beiden Seiten entwickelt hat, sowohl bei TeilnehmerInnen als auch ModeratorInnen. Dies wird dann möglich sein, wenn sich auch die professionellen Helfer auf eine langfristig tragende und krisenfeste Beziehung einlassen. Psychoedukative Gruppenarbeit sollte also eingebettet sein in eine geeignete Struktur der Behandlung bzw. Betreuung, die es ermöglicht, Betroffene bei Bedarf auch langjährig zu betreuen bzw. psychotherapeutisch zu begleiten. Darüber hinaus sollten Betroffene die Gelegenheit haben, mehrfach an psychoedukativer Gruppenarbeit teilzunehmen. Erforderlich ist also insgesamt ein langer Atem auf beiden Seiten, bei Betroffenen und Professionellen.

Bezüglich unseres Schizophrenie-Konzeptes wurde uns durch die immer wieder neuen Fragen unterschiedlicher TeilnehmerInnen klar, daß es bis heute mehr offene als eindeutig zu beantwortende Fragen gibt und daß wir als Professionelle gut beraten sind, die Lücken in unserem Wissen offenzulegen.

Bei dem Versuch, die psychoedukative Gruppenarbeit mit schizophren erkrankten Menschen in die generelle Entwicklung medizinisch-therapeutischer Vorgehensweisen einzuordnen, ist uns aufgefallen, daß es in unterschiedlichen Fachgebieten durchaus konvergierende Trends in der Behandlung von Menschen mit chronischen bzw. rezidivierenden Erkrankungen gibt. Dabei scheint das gemeinsame Thema der mündige Patient bzw. der selbstbewußte *Kunde* zu sein, durchaus im Sinne des Mottos »Verhandeln statt Behandeln«. Ein Beispiel sind Entwicklungen in der modernen Diabetologie, wo die intensive Patientenschulung heute fast selbstverständlich ist und die Behandlungsangebote sich soweit wie möglich an den Bedürfnissen der PatientInnen orientieren. So bestimmen die persönlichen Ziele und die Lebensweise der Betroffenen – Tageseinteilung, Berufsausübung, körperliche Anstrengung usw. – die konkrete Behandlungsplanung und -durchführung und nicht umgekehrt.

Auch in der Psychiatrie etabliert sich seit einigen Jahren z.B. bei der Behandlung Abhängigkeitskranker eine ähnliche Grundhaltung. Weg von dem Dogma: »Sie müssen abstinent leben, denn wir wissen, was gut und richtig für Sie ist!«. Eher ist die Kernfrage: »Sie haben sich mit Alkoholproblemen an uns gewandt, was möchten Sie mit unserer Hilfe erreichen?« Diese Frage setzt an bei den persönlichen Zielen und den individuellen Möglichkeiten der Betroffenen und zielt ab auf eine realistische Ebene der Zusammenarbeit.

Wir sind davon überzeugt, daß mit dem Konzept der psychoedukativen Gruppenarbeit eine rationale Grundlage für die Zusammenarbeit zwischen Professionellen und Betroffenen vorliegt und damit ein weiterer Schritt in Richtung auf einen partnerschaftlichen Umgang getan werden kann. Wir halten die psychoedukative Gruppenarbeit inzwischen für einen unentbehrlichen Baustein des psychiatrischen Versorgungsangebotes einer Region.

Bei der Weiterentwicklung psychoedukativer Konzepte ist u.E. verstärkt an die Berücksichtigung und Einbeziehung von Angehörigen und anderen vertrauten Personen zu denken, um den Dialog in Richtung auf einen Trialog zu erweitern.

Produktive Störung – Psychoedukative Gruppenarbeit im tagesklinischen Kontext

Marion Kastner-Wienberg

Einführung

Die Tagesklinik

Die seit 1972 bestehende und 24 Behandlungsplätze bereitstellende Psychiatrische Tagesklinik Bethel arbeitet im Rahmen der gemeindepsychiatrischen Versorgung sektorbezogen. Sie steht damit schwerpunktmäßig dem Bielefelder Osten und Westen als teilstationäre Einrichtung zur Verfügung. Im Rahmen einer subakuten/akuten Krisenintervention nimmt die Klinik aus dem ambulanten Bereich (Nervenarzt, Psychiatrische Ambulanz, Hausarzt) PatientInnen mit Neurosen, Persönlichkeitsstörungen, Lebenskrisen und Störungen aus dem schizophrenen Formenkreis auf. In Kooperation mit der hiesigen Akutklinik ergeben sich besonders bei Psychosekranken nachstationäre Behandlungen.

Diagnostisch handelt es sich bei 2/3 der PatientInnen um Psychosen aus dem schizophrenen Formenkreis (ICD 295) und bei 1/3 um neurotische Krankheitsbilder und Persönlichkeitsstörungen. Die durchschnittliche Aufenthaltsdauer beträgt etwa zwölf Wochen.

Seit Bestehen der Klinik wird mit einem gruppentherapeutischen Behandlungskonzept gearbeitet, welches handlungs-, körper- und gesprächsorientierte Angebote umfaßt. Daneben wird jedem Patienten/jeder Patientin eine Bezugsperson aus dem Mitarbeiterteam »an die Seite gestellt«, die für seine/ihre Begleitung während des gesamten Aufenthalts verantwortlich ist und in der Regel wöchentlich ein Einzelgespräch anbietet. Familiengespräche, Angehörigengruppe und nicht zuletzt die medizinisch-medikamentöse Behandlung vervollständigen das therapeutische Behandlungsgerüst, das in individuelle Therapiepläne umgesetzt wird.

Gruppenarbeit mit Psychose-Patienten bislang

Dem 1994 mit einer Erprobungsphase eingeführten psychoedukativen Gruppenkonzept ging eine über Jahre hinaus gewachsene Gruppenarbeit mit Psychosekranken voraus. Diese PatientInnen waren einem zweimal wöchentlich durchgeführten »Gesprächskreis« zugeordnet, der durchschnittlich acht Personen umfaßte. Dabei handelte es sich um eine offene Gruppe, in die neu aufgenommene PatientInnen jederzeit hinzukommen konnten. So bildete sich eine Stammgruppe von PatientInnen heraus, die der/die einzelne auch in der Beschäftigungs- und Bewegungstherapie vorfand. Die Leitung wurde von zwei Team-MitarbeiterInnen wahrgenommen, deren kontinuierliche Arbeit gewährleistet war. Im Bemühen um eine interaktionelle Arbeit, orientiert an

Belastungsgrenzen und Bedürfnissen der TeilnehmerInnen, wurden die PatientInnen darin unterstützt, die Themen einzubringen, mit denen sie sich beschäftigten, sich im Austausch zu entlasten oder mit den anderen TeilnehmerInnen Lösungen für Probleme zu erarbeiten. Neben den einen großen Raum einnehmenden krankheitsbezogenen Themen, war es das Ziel, ressourcen-orientiert zur Stärkung der gesunden Anteile in bezug auf die Verarbeitung der aktuellen Krisensituation und die konkrete Alltagsbewältigung (Klinikalltag/häuslicher Alltag) hinzuarbeiten, sowie zur Entwicklung einer zukunftsorientierten Perspektive beizutragen.

Die Frage, wie eine Umsetzung neuerer Ergebnisse der Schizophrenieforschung in die klinische Praxis erfolgen könnte, führte über den Weg der Einführung von Angehörigengruppen zu verstärkter systemischer Familienarbeit und aktuell zur Modifikation der Gruppenarbeit mit Psychosekranken.

Das neue Gruppenkonzept

Das neue Gruppenkonzept ist als Versuch zu werten, Neues mit Altbewährtem zu verbinden. Entsprechend der Praxiserfahrung, daß für Psychosekranke eine Überfrachtung des Therapieplans und eine Erweiterung der *verbalen* Angebote zuungunsten des »praktischen Tuns« wenig förderlich ist, wurde die psychoedukative Gruppe nicht als zusätzliches Gesprächsangebot in den Therapieplan aufgenommen, sondern die Entscheidung fiel für eine integrierte Lösung.

Allen psychotischen PatientInnen wird im Verlaufe ihres Aufenthalts die Teilnahme an einer geschlossenen »Rückfallprophylaxegruppe« ermöglicht, wie die psychoedukative Gruppe in der Tagesklinik genannt wird.

Die Gruppe findet einmal wöchentlich statt und umfaßt 14 Treffen. Zeitlich jeweils um sieben Wochen versetzt beginnt ein neuer Rückfallprophylaxe-Gruppenblock, so daß klinikintern jeweils zwei Gruppen stattfinden.

Für die Zeit der Teilnahme an der Rückfallprophylaxegruppe ist die Teilnahme am offenen Gesprächskreis auf einen wöchentlichen Termin reduziert. Der Besuch der Rückfallprophylaxegruppe ist nicht an die Aufenthaltsdauer in der Tagesklinik gebunden, so daß eine stärkere Verzahnung mit dem ambulanten Bereich möglich wird. PatientInnen, die auf die Klinikaufnahme warten, können bei Neubeginn einer Gruppe dort bereits hinzukommen, PatientInnen, die bereits entlassen wurden, können die Gruppenarbeit im ambulanten Rahmen zu Ende führen.

Die geschlossene Organisationsform der Rückfallprophylaxegruppe stellt erhöhte Anforderungen an die Flexibilität des offenen Gesprächskreises:
- größere Varianz der Teilnehmerzahl von 6-14 PatientInnen;
- fehlende Konstanz der Gruppenzusammensetzung durch unterschiedliche TeilnehmerInnen im Montags-Gesprächskreis und Mittwochs-Gesprächskreis, damit keine Stammgruppenfunktion;
- die Gruppenhomogenität der Rückfallprophylaxegruppe bezüglich der Diagnose (ICD 295) führt zeitweise zu deutlichem Selektionseffekt im offenen Gesprächskreis. Dieser besteht dann überwiegend aus
  - manischen und depressiven PatientInnen
  - PatientInnen mit noch bestehender, akuter Symptomatik

- schwer motivierbaren PatientInnen (keine Krankheitseinsicht)
- chronisch kranken, sehr schwachen PatientInnen.

Während für das Thema Krankheit den meisten der PatientInnen nun mit der psychoedukativen Gruppe ein eigenes Forum bereitsteht, entwickelte sich im offenen Gesprächskreis ebenfalls eine neue Arbeitsform. Die Gruppenarbeit wird in zwei Abschnitte unterteilt. Im »Handlungsteil« finden sich zunächst PatientInnen für 1/2 Stunde in Kleingruppen zusammen, um spazieren zu gehen, Kaffee zu trinken und zu spielen. Anschließend werden in der Gesamtgruppe Gesprächsthemen gesammelt. Der Austausch über die interessierenden Themen findet wiederum in Kleingruppen mit therapeutischer Begleitung statt. Im übrigen orientiert sich die inhaltliche Konzeptualisierung weiterhin an der oben beschriebenen offenen Gruppenarbeit.

Team-Bereit-Schaft: Voraussetzungen und Vorbereitungen

Veränderungen bringen Unwägbarkeiten, Unsicherheiten und ein erhöhtes Arbeitsaufkommen mit sich. Das therapeutische Team sah den ins Auge gefaßten Veränderungen der Gruppenarbeit zunächst mit gemischten Gefühlen entgegen. Die Atmosphäre bei immer wieder großen Raum einnehmenden Gesprächen zur Modifikation des Psychosegruppenkonzepts schwankte daher zwischen Zuversicht und Skepsis und wuchs langsam zu der Überzeugung, daß »wir es in jedem Fall einmal ausprobieren könnten«. Die etwa 1/2jährige Vorbereitung umfaßte:

- Kennenlernen des Ansatzes durch Co-Leiterfunktion bei einer extern durchgeführten, ambulanten Gruppe;
- Arbeit mit Teilen des Manuals im offenen Gesprächskreis, um zu einer ersten Einschätzung der Übertragbarkeit in den klinischen Kontext zu kommen;
- Diskussion und Klärung auf Leitungsebene;
- Diskussion und Klärung auf Teamebene;
- Motivierung der MitarbeiterInnen zur Teilnahme an einer Fortbildungsreihe zur Schizophrenie, um ein breites, gemeinsames theoretisches Verständnis zu schaffen;
- Erarbeitung der neu aufeinander abzustimmenden Gruppenkonzepte Rückfallprophylaxegruppe und offener Gesprächskreis;
- gemeinsames Durcharbeiten des Manuals durch die zukünftigen ModeratorInnen der Tagesklinik;
- organisatorische Umstellung des Therapieplans: Um eine ambulante Teilnahme von PatientInnen zu erleichtern, war eine Verlegung der Gruppenangebote auf den Nachmittag notwendig.

Fragen an die Erprobungsphase

Es wurde eine Erprobungsphase und eine Gesamtauswertung vereinbart. Zu klärende Fragen waren u.a.:
1. Werden die PatientInnen mit dem hohen Informationsinput überfordert?
2. Wie wird die partielle Auflösung des Stammgruppenprinzips von den PatientInnen bewältigt, besonders den akut Kranken?
3. Wie ist die inhaltliche Abgrenzung zwischen offenem Gesprächskreis und Rückfallprophylaxegruppe in der Praxis durchführbar, bzw. wie durchlässig muß diese Grenze sein?
4. Ist der zeitliche Rahmen angemessen?
5. Wie läßt sich eine gute Kooperation zwischen den therapeutischen GruppenleiterInnen des offenen Gesprächskreises und der Rückfallprophylaxegruppe gewährleisten?

Auswahl und Ansprache der TeilnehmerInnen

Die Auswahl der TeilnehmerInnen erfolgt jeweils vor Beginn eines Gruppenblocks im Team. Die PatientInnen werden anschließend durch ihre Bezugsperson auf eine mögliche Teilnahme angesprochen. Wichtige Kriterien sind eine gebesserte akute Symptomatik sowie das Interesse, sich mit der Erkrankung in dieser Form auseinanderzusetzen.

Zwischen Januar 1994 und September 1994 wurden inzwischen fünf Gruppen mit insgesamt 41 PatientInnen durchgeführt.

Tab. 1: Beschreibung der PatientInnen-Gruppe (n = 41) 1994

1	Alter	Mittelwert	x = 32	
2	Geschlecht	männlich	n = 17	41,5 %
		weiblich	n = 24	58,5 %
3	Diagnose	ICD 295.0	n = 2	5 %
		ICD 295.1	n = 1	2 %
		ICD 295.3	n = 36	88 %
		ICD 295.7	n = 2	5 %
4	Ersterkrankung	ja	n = 17	41,5 %
		nein	n = 24	58,5 %
5	Zuweisungskontext	ambulant	n = 19	46,3 %
		stationär	n = 22	53,7 %
6	Ambulante Teilnahme vor TK-Aufnahme		n = 2	5 %
7	Ambulante Teilnahme nach TK-Entlassung (n=32)*		n = 8	25 %

*) Teilnehmerzahl der 4 abgeschlossenen Gruppen

Durchführung

Räumliche und zeitliche Rahmenbedingungen

Neben der inhaltlichen, recht umfassenden Vorbereitung der beiden ModeratorInnen, ergab sich viel Arbeitsaufwand für Organisatorisches, der nicht gerade zur »guten Laune« aller Beteiligten beitrug. So verstießen wir beispielsweise gegen das ungeschriebene Gesetz, daß Gruppengespräche im Kreis stattfinden und bekamen Schwierigkeiten damit, jedes Mal Tische und Stühle zu rücken, um den Speiseraum vorzubereiten. Die vorgeschlagene Aufteilung, die PatientInnen seien für den Raum verantwortlich, die ModeratorInnen für das Mitbringen des Overhead-Projektors, der Tafel und des Materials, stieß auf seiten der PatientInnen oft auf Widerstände und führte zur altbekannten Frage »krank oder faul ...«. Was die technischen Hilfsmittel angeht, so waren wir zunächst auf Leihgaben angewiesen, die nicht immer großzügig gemacht wurden. Inzwischen ist die Tagesklinik im Besitz eines eigenen Projektors und eines neuen Flip-Charts.

Recht schnell stellte sich heraus, daß 1 1/4 Stunde Arbeitszeit zzgl. 1/4 Stunde Pause in jedem Fall für eine Sitzung benötigt wurde, wobei mit zunehmender Routine das Gefühl der ModeratorInnen, durch die Stunde »hetzen« zu müssen, dem Gefühl wich, genügend Raum und Zeit für ein Miteinander-Arbeiten zu haben.

Miteinander-Arbeiten

Erfahrungen mit Teil I des Gruppenkonzepts:

Erwartungen und Fragen der Patienten/Patientinnen:
- Welche Psychosen gibt es?
- Woran erkennt man eine Psychose, was ist eine Psychose?
- Mehr über Medikamente erfahren
- Ist eine Psychose vermeidbar oder unvermeidbar?
- Innen- und Außenwahrnehmung von Krankheit und Gesundheit
- Wie komme ich aus der Psychose heraus?
- Erfahrungen einordnen
- Lebensweise überprüfen
- Verständnis füreinander
- Praktische Hilfen
- Beherrschen der Ängste
- Welche Bewältigungsmöglichkeiten habe ich, um mich wieder selbst zu bestimmen?

Diese oder ähnliche Sammlungen von Äußerungen bildeten den Einstieg und ermöglichten PatientInnen und ModeratorInnen ein erstes »Sich-Aufeinander-Einstellen«. Die Beharrlichkeit, mit der die Frage, was denn eine Psychose sei, gleich zu Beginn durch die PatientInnen gestellt wurde, führte zu der

Erweiterung des Manuals um eine einfache und kurze Beschreibung des Krankheitsbildes. Im Gespräch wurde regelmäßig ein erhebliches begriffliches Durcheinander von einmal gehörten Krankheitsbezeichnungen deutlich. Diese konnten grob geklärt und zugeordnet werden. Außerdem gingen wir auf die PatientInnen ein, die mit ambivalenter Haltung und geringer Akzeptanz gegenüber der Diagnose »schizophrene Psychose« an der Gruppe teilnahmen. Das von uns entgegengebrachte Verständnis und die Einladung, in den weiteren Stunden darüber im Gespräch zu bleiben, trug zur Entlastung und Integration bei, so daß lediglich eine Patientin nach der dritten Stunde die Gruppenarbeit mit der Bemerkung abbrach, sie möchte über den Begriff Schizophrenie nichts mehr hören und wolle auch nicht mit den anderen Patienten darüber sprechen.

Subjektive Wahrnehmungen der Verletzlichkeit:
- Ich denke mich handlungsunfähig.
- Ich zweifle an allem, fühle mich stets unsicher, vor allem in sozialen Situationen.
- Probleme anderer rücken mir schnell zu nah.
- Wenn ich mit Menschen zusammen bin, bin ich angestrengt und schnell erschöpft.
- Mich bringt Unordnung durcheinander.
- Enorme Entscheidungsschwierigkeiten, auch bei Alltäglichkeiten.
- Ich habe viel Angst.

Die Vermittlung der Entstehungsbedingungen einer Verletzlichkeit für Schizophrenie wurde von den PatientInnen mit großem Interesse und trotz hoher Informationsdichte mit bemerkenswerter Konzentration verfolgt.

Es zeigte sich, daß PatientInnen vereinzelt die Anstöße mit in das Einzelgespräch nahmen, um beispielsweise ihre frühen familiären Entwicklungsbedingungen zu reflektieren.

Trotz des wiederholten Hinweises auf die unabdingbare Differenzierung zwischen der Entstehung der Vulnerabilität zur Schizophrenie und der Wahrscheinlichkeit des Auftretens einer akuten Psychose, stellten wir immer wieder eine »Verschmelzung« mit dem Konzept »Schizophrenie ist eine Erbkrankheit« fest. So führten wir vereinzelt Nachgespräche, um Verunsicherungen aufzufangen: Eine Patientin hatte nach der Gruppenarbeit große Ängste entwickelt, inwieweit sie ihrem 4jährigen Sohn überhaupt noch gerecht werden könne, »zumal sie wahrscheinlich die Krankheit vererbt habe und außerdem aufgrund ihrer eigenen frühen traumatischen Familiensituation nichts Gutes an ihn weitergeben könne«. Sie überlegte deshalb die Adoptionsfreigabe, konnte aber mit Hilfe des erneuten Austausches wieder an Sicherheit gewinnen.

Das gesamte Modell zur Entwicklung akuter Psychosen war für die meisten PatientInnen gut verständlich, nachvollziehbar und mit dem subjektiven Bild der eigenen Entwicklung bis hin zur akuten Psychose kompatibel. Eine Ausnahme bildeten TeilnehmerInnen mit weniger offensichtlich psychotischem Erleben und über Jahre sich hinziehendem Veränderungsprozeß. Für diese war es hilfreich, im Vorgriff auf die Stunde 7 »Verlauf und Ausgang schizophrener Psychosen« auf die unterschiedlichen Verläufe hinzuweisen und diese beispielhaft zu beschreiben. Die PatientInnen nutzten den angebotenen Austausch über das Erleben der akuten Psychose zunächst vorsichtig und zögerlich. Beispielhaftes Benennen von verrückten Ideen, verrücktem Tun und Wahrnehmen führte zu aktiverem Austausch. Erstaunliches, Bedrohliches und Beängstigendes, aber auch Komisches und zum Lachen Anregendes wurde schließlich miteinander geteilt.

Das Thema des postpsychotischen Erschöpfungssyndroms, einschließlich einer möglichen Suizidalität, wurde von den TagesklinikpatientInnen nach unserem Eindruck nur schwer als Gruppenthema »verdaut«. Die PatientInnen reagierten überwiegend mit Schweigen und Vereinzelung auf die Thematisierung. Es entstand eine Atmosphäre des »Nicht-dran-Rührens«. Unser Bemühen um positive Konnotation dieser Gruppenreaktion führte in der Regel zur Entspannung der Atmosphäre.

Erfahrungen mit Teil II des Gruppenkonzepts:

Die dreistündige Arbeit zur medikamentösen Behandlung wird vom Leitenden Arzt der Tagesklinik durchgeführt. Jeweils einer der beiden ModeratorInnen nimmt ebenfalls an den Sitzungen teil. Auch hier wurde hohes Interesse der PatientInnen an genauer Information deutlich, die mit Hilfe des Manuals konzentriert auf wesentliche Inhalte vermittelt wurde.

Problematisch erschien uns besonders in der dritten Stunde die Gefahr einer möglicherweise entstehenden Rollenkonfusion. Die Rollen des behandelnden Arztes, des Repräsentanten der Ärzteschaft, des Moderators und des Klinikleiters schienen einem offenen Gespräch etwas im Wege zu stehen. Besonders Fragen über eine selbständige Veränderung der Medikation, in unserem Kontext zumeist Reduktion der Medikamente, wurden sehr vorsichtig oder erst zu Beginn des dritten Teils, nachdem der Arzt die Gruppe wieder verlassen hatte, angesprochen.

Implizit vorhanden, jedoch sicher explizit auch der Rede wert, erscheinen uns Themen wie »Verhandeln statt Behandeln«, »Kriterien einer guten Arztwahl« sowie die Frage nach der »Verantwortung für die Therapie«. Diese Themen könnten Bestandteil der dritten Stunde im medizinischen Teil sein.

Positiv wirkte sich der Gruppenkontext auf soziale Vergleichsprozesse aus. Die PatientInnen begannen, die medikamentöse Behandlung untereinander zu vergleichen und wünschten Erklärungen für unterschiedliche Verschreibungen. Insgesamt übernimmt der Medikamententeil im Rahmen der Gruppenarbeit inzwischen eine wichtige ergänzende Funktion zu den 14-tägig durchgeführten Visiten-Gesprächen.

Erfahrungen mit Teil III des Gruppenkonzepts:

Merkmale individueller Belastungen:
- Ich befand mich rundherum in Ärger.
- Meine Arbeit hat nur meine schwachen Seiten beansprucht.
- Ich habe mich unter Druck gesetzt, die Aufgaben 150%ig zu erledigen, einfach zu zaubern.
- Ich steckte Ziele zu hoch.
- Ich steckte Ziele zu niedrig, so daß andere unzufrieden wurden.
- Partnerkrise.
- Tod eines nahen Angehörigen.
- Kindergeschrei.
- Zwangsläufige Verantwortung.
- Zu geringe Distanz zu meinem Partner.
- Auszug von zu Hause.
- Alles, was ich machte, war falsch, an mir wurde der Ärger ausgelassen.

Der dritte Teil der Gruppenarbeit verlief bei allen von uns betreuten Gruppen in geruhsameren, gesetzteren Bahnen mit ausgeprägterem individuellen Bezug. Die bildhafte Verankerung der theoretischen Modelle bei den PatientInnen erwies sich als gute Grundlage für die Arbeit im Detail. Der Austausch über Art, Dauer und Intensität der subjektiven Belastungen führte oftmals dazu, daß kleine und größere Geschichten erzählt wurden. Die gemeinsame Arbeit bestand im Herausfiltern der wichtigsten Aspekte streßauslösender Situationen. Anschließend wurde versucht, eine subjektiv stimmige Kurzaussage zu finden. Der Prozeß, Wörter für Erlebtes zu finden, wurde häufig auch wirkungsvoll durch MitpatientInnen unterstützt (»meinst du damit ...«, »bedeutet das für dich ...«).

Frühwarnzeichen:
- Vor und zurück.
- Rückzug im Wechsel.
- Ich fing an, die anderen wichtiger zu nehmen.
- Ich hatte unmotivierte Glücksgefühle.
- Ich dachte, die Leute verändern sich vom Gesicht her, Angst vor anderen Leuten.
- Die anderen fragten, ob ich Tabletten genommen habe, selbst hatte ich kein Gefühl für Veränderungen.
- Schrillere Wahrnehmungen.
- Erhöhte Ablenkbarkeit.
- Bei mir kreisten die Gedanken.
- Verändertes Gefühl in Armen und Beinen, als ob sie sich vermehrten.
- Wenn ich alles, was andere Leute sagen, gegen mich gerichtet sehe.
- Mich in Tagträumen verlieren.
- Wenn ich schlechter sehen kann.
- Wenn in den Kopf nichts mehr hinein geht.

Mit großer Leichtigkeit und für uns eher unerwartet und überraschend waren die PatientInnen in der Lage, Frühwarnzeichen zu benennen. Neben den bekannten und häufig vorkommenden Frühwarnzeichen wie Schlaflosigkeit, innere Unruhe und Gespanntheit teilten die PatientInnen sehr feinsinnige Beobachtungen über subjektive Veränderungen im Erleben mit. Sie bezogen sich auf den Körper, die Emotionen, die Kognitionen und die Interaktionen und hatten damit die gesamte Bandbreite des Erlebens zum Inhalt.

Die sich anschließende Erarbeitung von möglichen Bewältigungsschritten und die Entwicklung eines Krisenplanes gestaltete sich im Vergleich mühsamer. Oftmals gewannen Gefühle des passiven Ausgesetztseins und der Hilflosigkeit die Oberhand.

Daß ein Umsetzen in aktives Handeln zu Beginn einer psychischen Krise weniger durch eine ungenügende Selbstwahrnehmung als durch antizipierte, soziale Etikettierungsprozesse blockiert sein kann, zeigten uns die Äußerungen von zwei Patientinnen zu der Frage, ob bei der Wahrnehmung von Frühwarnzeichen eine Vertrauensperson aufgesucht werden könne:

»Ich merkte, daß es mir nicht gut ging und nahm mir immer wieder vor, zu meiner mir durchaus sympathischen Ärztin zu gehen. Ich gelangte mehrere Male bis ins Wartezimmer. Dort fand ich plötzlich alles nicht mehr so schlimm, und ich ging wieder nach Hause und beschäftigte mich allein mit meinen Problemen.«

»Den Schritt zu machen, zur Ärztin zu gehen und zu sagen, ich glaube, es geht wieder los, das ist schlimm ...«.

Die Einschätzung der Wirkung – oder was ist bis jetzt dabei herausgekommen?

Die Sichtweise des Teams

Mit Blick auf die *Gruppenarbeit* stimmen die Einschätzungen der MitarbeiterInnen darin überein, daß mit Einführung der Rückfallprophylaxegruppe die Arbeitsbedingungen im offenen Gesprächskreis schwieriger geworden sind. Das Erleben einer Gruppenzusammengehörigkeit hat abgenommen, die Atmosphäre ist anonymer geworden und die PatientInnen sind weniger bereit, Beziehungen zu MitpatientInnen aufzunehmen.

Die starre Grenze zwischen Rückfallprophylaxegruppe und offenem Gesprächskreis führt dazu, daß Inhalte der Rückfallprophylaxegruppe nur auf aktives Nachfragen hin in den offenen Gesprächskreis einfließen. Das Ausbleiben des Krankheitsthemas dort wird einerseits als entlastend erlebt, andererseits jedoch als Ausdünnung der Themenvielfalt wahrgenommen. Spontane oder erfragte Äußerungen von PatientInnen ergeben eine eindeutig hohe, positive Bewertung der Rückfallprophylaxegruppe, wobei die Arbeit für den einzelnen dort als intensiver eingeschätzt wird.

Im Hinblick auf die *Einzelkontakte* wird von einer erfreulich klaren und fundierten Grundlage für Gespräche über Art und Auswirkungen der Störungen berichtet. Die Verständigung ist leichter geworden, da die gleiche

Sprache gesprochen wird. Bei Bedarf wird auf die Schaubilder aus der Rückfallprophylaxegruppe zurückgegriffen, und das Besprechen vergangener und aktueller Belastungssituationen nimmt mehr Zeit und Raum ein.

Insgesamt gibt es keine Hinweise für eine Überforderung durch das psychoedukative Gruppenangebot. Ohne Ausnahme finden PatientInnen die Gruppe hilfreich, lehrreich und interessant. Auch in Visitengesprächen zeigt sich verstärkt konkretes Interesse an Hintergrundinformationen, und es fällt das Verwenden von Fachbegriffen durch die PatientInnen ins Auge. Ein Kollege weist auf die eventuell bestehende Gefahr hin, bei anstehender Überzeugungsarbeit für eine Depotmedikation vorzeitig auf die Rückfallprophylaxegruppe zu verweisen und die individuelle Auseinandersetzung im Einzelkontakt zu vermeiden.

Bezogen auf die *Psychose-Patientengruppe insgesamt* ergeben sich sporadische Hinweise auf einen verbesserten Austausch außerhalb der Gruppenarbeit. PatientInnen vergleichen ihre Medikationen, und das entstandene gute Gefühl, etwas in der Hand zu haben, trägt zu steigendem Selbstbewußtsein bei.

Im Hinblick auf das *Team* wich die anfängliche Skepsis (elitäre Gruppe, zu viel Zeitaufwand, zu hohe Kosten für Ordner, Projektor, Flip-Chart) einer überwiegend positiven Einschätzung der vorgenommenen Modifikation des Gruppenkonzepts für Psychose-PatientInnen. Die Organisation und Informationsweitergabe aus der laufenden Gruppenarbeit nehmen zusätzlichen Raum in Teamsitzungen ein. Es wird die Tendenz deutlich, die Gruppen, in denen die PatientInnen nach wie vor in einem festen Stamm zusammen sind, in den Hintergrund treten zu lassen. Der Umgang mit Psychose-PatientInnen scheint seit Einführung der Gruppenarbeit zunehmend normaler und gelassener zu sein. Bestätigung und Stolz auf die fundierte Arbeitsweise zeigt sich in Teamgesprächen, in denen sich herausstellt, daß das Gruppenangebot beispielsweise für eine(n) ganz bestimmten Patientin/en »so richtig paßt«.

Fachlich noch unsichere MitarbeiterInnen erleben eine deutliche Entlastung durch die psychoedukative Gruppenarbeit, da sie über den Austausch im Team zu einer umfassenderen Sichtweise der Psychose-PatientInnen kommen.

Trotz des manchmal auftretenden Unmuts über notwendige Rücksichtnahme für eine »elitäre Veranstaltung« besteht insgesamt eine hohe Akzeptanz, und die Gruppe hat einen hohen, anerkannten Stellenwert.

Die *Atmosphäre in der Klinik* scheint bis auf einigen organisatorischen Streß (Zeitüberschreitung und Belegung des Speisesaals) günstig beeinflußt. Das Angebot wird als Bereicherung wahrgenommen, und die Gruppe der Psychose-PatientInnen erfährt eine deutliche Aufwertung durch die Neurose-PatientInnen. Sonst gelegentlich aufgetretene Bemerkungen, daß man »nichts mit denen zu tun haben wolle« und daß man »nichts mit ihnen anfangen könne«, sind seltener geworden.

Die Sichtweise der PatientInnen

Das abschließende Resümee der PatientInnen war überwiegend positiv. Einschränkungen wurden für Teil I und Teil II formuliert, die einige PatientInnen für zu umfangreich hielten. Alle PatientInnen fühlten sich gut informiert. Besonders hilfreich erlebten sie das sorgfältige Erarbeiten von Frühwarnzeichen und Bewältigungsschritten. Immer wieder wurde auch auf die wichtige visuelle Unterstützung durch die Folien hingewiesen, die das Verstehen und Lernen erheblich erleichterten. Außerdem genossen die roten und blauen Ordner mit dem zur Verfügung gestellten schriftlichen Material ein hohes Ansehen. Die PatientInnen freuten sich darüber, etwas »in der Hand zu haben«, es durchlesen zu können und sich mit Hilfe des Materials mit Eltern und Partnern austauschen zu können.

Eine Befragung der PatientInnen zur Einschätzung der Gruppentherapien in der Tagesklinik ergab, daß die Rückfallprophylaxegruppe inzwischen zu den am besten bewerteten Gruppenangeboten gehört:

Tab. 2: Einschätzungen der Gruppentherapien von TK-PatientInnen am 16.05.1994 (n = 23)

	Bewertungsskala Gruppentherapie	n	besonders hilfreich %	hilfreich %	kaum hilfreich %	gar nicht hilfreich %
1	Beschäftigungstherapie	23	22	65	9	4
2	Gesprächsgruppe (Neurosen)	7	43	57	/	/
4	Freizeitgruppe	15	13	47	20	20
5	Sport	23	35	30	22	13
6	Schwimmen	19	21	58	5	16
7	Vollversammlung	21	5	33	29	33
8	Bewegungstherapie	22	23	59	18	/
9	Kontakt & Freizeittreff	15	20	33	20	27
10	Entspannungsgruppe	13	38	46	8	8
11	**Rückfallprophylaxe-Gruppe**	14	50	43	7	/
12	Projektgruppe Arbeit	23	17	61	9	13
13	offener Gesprächskreis (Psychosen)	16	/	62	31	6

Resümee

Das für den ambulanten Kontext entwickelte psychoedukative Gruppenkonzept hat sich nach unseren Erfahrungen auch im tagesklinischen Rahmen bewährt und stellt eine wesentliche Erweiterung der therapeutischen Möglichkeiten dar. Unsere Sorge, daß der hohe Informationsinput die PatientInnen überfordere, hat sich als unberechtigt erwiesen. Lediglich bei den PatientInnen, die zwischenzeitlich unter einer stärker ausgeprägten Akutsymptomatik leiden, sehen wir deutliche Grenzen. Beeinträchtigungen wie innere Gespanntheit, erhöhte Ablenkbarkeit und fehlende Dialogmöglichkeiten sind keine gute Grundlage für die Gruppenteilnahme, hier sind andere therapeutische Interventionen indiziert. Außerordentlich wissen wir inzwischen die atmosphärischen Veränderungen zu schätzen, die mit der Einführung des Gruppenkonzepts verbunden waren. Die Psychose-PatientInnen erfahren im Gesamtkontext eine deutliche Aufwertung. Bei vielen GruppenteilnehmerInnen ist eine positive Wirkung auf das Selbstbewußtsein und Selbstbild spürbar, der Austausch gemeinsamer Erfahrungen fördert die Gruppenkohäsion. Das Finden einer gemeinsamen Sprache zwischen TherapeutInnen und PatientInnen wird erleichtert und hat sich auch außerhalb der Gruppen bewährt.

Wünschenswert und ansatzweise erprobt ist ein Abstimmen der Inhalte von Angehörigengruppe und Rückfallprophylaxegruppe. Wir erfuhren, daß PatientInnen und Angehörige sich zu Hause mit dem zur Verfügung gestellten Material beschäftigten, außerdem schien es eine beruhigende Wirkung auf die Angehörigen zu haben, wenn sie hörten, daß ihre Familienmitglieder hier in der Klinik ausführlich über ihre Erkrankungen informiert werden.

Die im tagesklinischen Kontext entstehenden praktischen Probleme sind grundsätzlich lösbar, und wir sind auf dem Wege dahin. Dies gilt auch für das Zusammenwirken von psychoedukativer und offener Gruppe. Heute, nach einem 3/4 Jahr Erfahrungen mit diesem Konzept, ist die psychoedukative Gruppenarbeit aus der Tagesklinik nicht mehr wegzudenken.

Das Fortbildungskonzept der PEGASUS-Gruppe – Konzeption und praktische Erfahrungen

Günther Wienberg, Bernhard Sibum und Uwe Starck

1. Einführung

In unserem Überblick über die »Bausteine« einer umfassenden Schizophrenie-Therapie (WIENBERG & SIBUM, in diesem Band) charakterisieren wir die psychoedukativen Therapieansätze *als verhaltenstherapeutische Variante von Psychotherapie im weiteren Sinne*, die vor allem die Problemlösungsperspektive fokussiert. Letztere hat sich in der für die Psychotherapieforschung epochalen Metaanalyse von GRAWE et al. (1994) als eines der wichtigsten Wirkprinzipien erfolgreicher Therapien erwiesen. Die Ergebnisse der Psychotherapieforschung müssen heute als fachlich und ethisch unverzichtbare Richtschnur gelten, wenn es darum geht, die unter den jeweiligen Umständen »beste« Therapie für psychisch erkrankte Menschen zu gewährleisten.

Auch die »beste« Therapie taugt jedoch nichts oder schadet gar, wenn sie nicht qualifiziert durchgeführt wird. Dies gilt im Falle der Schizophrenie-Therapie z.B. für eine überdosierte Neuroleptika-Behandlung ebenso wie für eine Psychotherapie, die überstimulierend wirkt und die Ich-Grenzen des Patienten schwächt.

Psychotherapeutische Arbeit mit schizophren erkrankten Menschen gehört zweifellos zu den anspruchsvollsten Aufgaben, die sich dem psychiatrisch Tätigen stellen. Diese alte Erfahrung hat sich auch im Hinblick auf das von uns entwickelte PEGASUS-Konzept bestätigt. Die Mitglieder unserer Arbeitsgruppe haben ebenso wie viele Kollegen, mit denen wir uns ausgetauscht haben, die Erfahrung gemacht, daß es mit dem Durchlesen und »Anwenden« des Manuals nicht getan ist, wenn die Gruppenarbeit sich nicht zu einer fachlich und menschlich fragwürdigen Schlitterpartie entwickeln soll.

Die Umsetzung des PEGASUS-Konzeptes in der psychiatrischen Praxis sollte deshalb »eigentlich« zur Voraussetzung haben, daß die Moderatoren eine speziell auf dieses Konzept bezogene Fortbildung absolviert haben. Auf der anderen Seite geben wir uns keinen Illusionen hin: Seitdem das PEGASUS-Manual veröffentlicht ist, steht es grundsätzlich jedem psychiatrisch/psychotherapeutisch Tätigen frei, sich dieses Manuals zu bedienen und entsprechende Gruppen anzubieten; nicht zuletzt ist es auch der Zweck der Publikation, die Verbreitung des Gruppenkonzeptes in der Praxis zu fördern. Mit welcher persönlichen und psychotherapeutischen Qualifikation sich die Anwender des Konzeptes annehmen, entzieht sich somit der Kenntnis und des Einflusses der Autoren. Damit geht es uns letztlich wie allen »Entwicklern« von psychotherapeutischen Verfahren und Konzepten: ihre Entwicklung kann auch unqualifiziert gebraucht und sogar mißbraucht werden. Die gängige Methode, dem so weit wie möglich vorzubeugen, ist das Angebot von Fort- und Weiterbildungsveranstaltungen.

Das System der Therapieausbildung in Deutschland ist durch ein Nebeneinander vieler an bestimmten Therapieschulen orientierter Ausbildungsgänge gekennzeichnet, die von privatwirtschaftlich organisierten Gesellschaften oder ähnlichen Institutionen getragen werden. Mit der Absolvierung einer Ausbildung in einer der Therapieschulen ist nicht selten der Zugang zu beruflichen Positionen, Abrechnungsmöglichkeiten, Publikationsorganen etc. verbunden. Die herkömmlichen Therapieschulen bilden auf diese Weise sich selbst erhaltende Systeme mit oft sehr speziellen Störungs- und Veränderungstheorien bzw. »Weltsichten«.

> »Die Ausbildung ist das wichtigste Mittel zur Reproduktion der Therapieschulen. Ohne therapieschulorientierte Ausbildung würden die entsprechenden Verbände, Institutionen usw. das Rationale ihrer Existenz verlieren und wären von Auflösung bedroht. Dies erzeugt die Notwendigkeit, möglichst stark mit der jeweiligen Therapieschule identifizierten Nachwuchs heranzubilden. Damit einher geht die Abgrenzung von anderen Therapieschulen. Die eigene Wahrheit wird als die einzige Wahrheit dargestellt. Was die anderen vertreten, führt in die Irre oder hat zumindest geringeren Wert. All dies geschieht natürlich mit voller subjektiver Überzeugung zum besten ›Wohl des Patienten‹ ... Es geht in Wirklichkeit um die Aufrechterhaltung der eigenen Wahrheit, der damit verbundenen Identität und der eigenen Existenzgrundlagen und nicht um das vorgeschobene Wohl der Patienten« (GRAWE et al. 1994, S. 22).
>
> »Die therapieschulorientierte ›Scheuklappen‹-Ausbildung führt unmittelbar zu den gravierenden Mißständen der psychotherapeutischen Versorgungspraxis. Ein Patient wird, gleich was für Störungen er hat, mit den Methoden behandelt, die zum Spektrum des jeweiligen Therapeuten oder der Institution, an die er sich wendet, gehören« (ebd., S. 25).

Wir teilen diese Position, auch wenn sie sicherlich polemisch zugespitzt vorgetragen wird. Deswegen ist es uns wichtig, den Hintergrund unseres Fortbildungskonzepts deutlich zu machen, das sich grundsätzlich von dem therapieschulbezogenen Ansatz unterscheidet:

- Die theoretische Grundlage des PEGASUS-Konzeptes bildet der aktuelle Wissensstand der medizinisch-psychiatrischen, sozialwissenschaftlichen und psychologischen Schizophrenieforschung, wie er im ersten Teil dieses Bandes im Überblick dargestellt wird und sich fortlaufend weiterentwickelt. Einer speziellen, darüber hinausgehenden Störungs- oder Therapietheorie bedarf es u.E. nicht.
- Psychoedukative Therapieansätze wie das PEGASUS-Konzept beanspruchen nicht, die wichtigste oder gar einzig erfolgversprechende Therapie schizophrener Störungen zu sein; sie verstehen sich als ein Baustein in einem dem individuellen Bedarf und den Bedürfnissen des Patienten anzupassenden Behandlungsplan.
- Die Fortbildung ist sehr pragmatisch orientiert; sie will denjenigen Kollegen, die beabsichtigen, ihr therapeutisches Repertoire störungsspezifisch

zu erweitern, die Gelegenheit geben, bei überschaubarem zeitlichen und finanziellen Aufwand von den bisherigen Erfahrungen mit diesem Therapieansatz zu profitieren. Mit der Teilnahme sind dementsprechend keine über den reinen Lerneffekt hinausgehenden Gratifikationen verbunden (dies gilt im übrigen auch für die Trainer, die weiterhin beabsichtigen, ihren Lebensunterhalt unabhängig von PEGASUS-Fortbildungen zu bestreiten).

Wenn es überhaupt eine Besonderheit dieses Fortbildungs-Konzeptes gibt, so besteht diese allenfalls darin, daß es – wie in der Gruppenarbeit selbst – jeweils simultan um Methoden *und* Inhalte, Prozeß *und* Ergebnis, psychotherapeutische *und* pädagogische Kompetenz geht.

Da es weder anzustreben ist noch realisierbar wäre, alle Kollegen, die das PEGASUS-Konzept in ihre Praxis integrieren wollen, mit unserem Curriculum fortzubilden, verfolgt dieser Beitrag nicht zuletzt das Ziel, die Erfahrungen, die wir im Laufe unserer Fortbildungskurse gemacht haben, in kondensierter Form verfügbar zu machen. Wir verknüpfen dies mit der Hoffnung, daß auch »stellvertretendes Lernen« einen – wenn auch begrenzten – Beitrag zum Transfer des Konzeptes in die Praxis und zur Umschiffung einiger inzwischen wohlbekannter Untiefen zu leisten vermag.

2. Rahmenkonzept

In dem Beitrag von WIENBERG & SCHÜNEMANN (in diesem Band) wurden ausführlich die Kontextbedingungen beschrieben, die nach Auffassung der PEGASUS-Gruppe von besonderer Bedeutung für die praktische Umsetzung sind:
- Realisierung im ambulanten, teilstationären bzw. komplementären Bereich als Baustein eines längerfristigen Behandlungs- bzw. Betreuungskonzeptes;
- als Ergänzung, nicht als Ersatz für die vertrauensvolle Zusammenarbeit mit dem behandelnden Arzt;
- Einbeziehung der Angehörigen durch speziell für diese Zielgruppe konzipierte psychoedukative Gruppenkonzepte (»bifokale Therapie«);
- einrichtungsübergreifende Kooperation bei der Umsetzung psychoedukativer Gruppenarbeit.

Diese Merkmale machen zusammengenommen deutlich, daß das PEGASUS-Konzept nicht isoliert zu denken und zu praktizieren ist, sondern daß die Bezüge zu anderen Angeboten (»Therapie-Bausteinen«) und anderen Anbietern (Institutionen, Therapeuten) immer im Blick sein sollten.

Dieser Ansatz ist nicht zufällig, sondern leitet sich direkt aus den therapeutischen Grundprinzipien ab, wie wir sie im ersten Teil dieses Bandes in enger Anlehnung an CIOMPI beschrieben haben (vergl. WIENBERG, in diesem Band 7.3). Die Mehrzahl dieser Prinzipien lassen sich nach CIOMPI zwanglos unter dem Postulat der *Polarisierung des therapeutischen Innen- und Außenfeldes* zusammenfassen (vgl. S. 127, Abb. 9). Bei jeder therapeutischen Arbeit mit schizophren Erkrankten ist das »Feld«, sind Systembezüge notwendig mitzudenken. Psychoedukative Arbeit ist außerdem immer nur ein zeitlich und inhaltlich begrenzter Beitrag, der in Beziehung steht bzw. gestellt werden muß zu anderen Beiträgen – dies gilt sowohl im Längs- als auch im Querschnitt.

Von zentraler Bedeutung ist daher der Begriff der *Kontinuität*, der sowohl einen personalen als auch einen konzeptionell-inhaltlichen Aspekt hat und der Längs- und Querschnittsperspektive vereint. Dazu CIOMPI:

> »Eine Schizophreniebehandlung dauert mit Einschluß von Nachbetreuung und Rückfallprophylaxe in jedem Fall *Jahre*. Gewöhnlich begegnen Patient und Angehörige in dieser Zeit einer verwirrlichen Vielzahl von spitalinternen und -externen Therapeutenteams und Behandlungskonzepten. Zu fordern ist dagegen zur Vereinfachung der ›Information‹ im weitesten Sinn eine optimale (nicht totale) Kontinuität, am besten in Form einer zentralen, konstanten und verläßlichen Stütz- und Bezugsperson, die sozusagen als ›Ombudsmann‹ funktioniert, d.h. die ganze Behandlung langfrisitg leitet und koordiniert« (CIOMPI 1986 a, S. 56).

Stellen wir uns einmal einen 40jährigen schizophren verletzlichen Menschen vor, der mehrfache Klinikaufenthalte einschließlich tagesklinischer Behandlungen, Ambulanz-Nachsorge, fach- und notärztlicher Behandlungen, außerdem diverse Reha-Maßnahmen im Arbeitsbereich hinter sich hat; der regelmäßig eine Tagesstätte besucht und im »Betreuten Wohnen« ist. Stellen wir uns vor, wie oft dieser Mensch wohl seinen Lebenslauf schildern, seine Probleme ausbreiten, sich zu seinen Sorgen, seinen Ängsten, Wünschen und Bedürfnissen äußern sollte. Wieviele Profis mit ganz unterschiedlichen Erfahrungen und Ausbildungen, ganz verschiedenem Temperament und Engagement, mit unterschiedlichem Wissensstand und Erfahrungshorizont, unterschiedlichen Schizophrenie- und Betreuungskonzepten haben diesem Menschen wohl immer wieder dieselben Fragen gestellt, Erwartungen geweckt und Vorschläge gemacht? Wieviele Beratungs-, Betreuungs- und Behandlungs-Beziehungen sind ihm von diesen Helfern angeboten worden? Wieviele davon sind geglückt, wieviele gescheitert? Stellen wir uns außerdem vor, dies alles geschieht einem Menschen mit besonders vulnerablen inneren Bezugssystemen, einer fragilen Identität und einer funktionell anfälligen Informationsverarbeitung!

Diese Vorstellungen führen zu der Einsicht, daß unsere »modernen« gemeindepsychiatrischen Versorgungskonzepte von höchst problematischen Wirkungen begleitet sein können. Hierfür gibt es auch empirische Belege. So berichtet HÄFNER (1988) über die Ergebnisse einer Mannheimer Studie, nach der 148 sukzessiv in stationäre Behandlung aufgenommene schizophrene Patienten nach der Entlassung im Durchschnitt 3,5 Dienste *simultan* in Anspruch nehmen. Besonders eindrucksvoll ist die von MORAN et al. bereits 1984 publizierte Fallstudie der 32jährigen Sylvia FRUMKIN, die über 18 Jahre hinweg 45mal das Behandlungssetting wechselte!

Solche Schicksale vermögen das Bewußtsein dafür zu schärfen, daß die Ablösung der psychiatrischen Großanstalten durch eine Vielzahl von relativ unverbundenen Einzelinstitutionen in der Gemeinde auch mit Gefahren verbunden ist – zumindest für diejenigen Betroffenen, die über längere Zeit auf Begleitung und Unterstützung angewiesen sind.

So zutreffend also das Postulat einer möglichst dauerhaften Kontinuität vom Grundsatz her ist, so bedarf es doch der Relativierung bzw. Präzisierung. Gerade die Langzeitstudien vermögen ja zu illustrieren, daß nicht wenige schizophren erkrankte Menschen sich nach einer oder mehreren akuten Krankheitsepisoden dauerhaft stabilisieren und unabhängig von psychiatrischen Hilfen leben. Als Faustregel könnte deshalb gelten: je desintegrierter und desintegrationsgefährdeter ein Mensch ist, desto größer muß die Integrationsleistung des Therapeuten, der Institution oder des Hilfesystems insgesamt sein (vgl. KRUCKENBERG 1992).

Die *Möglichkeit* von Kontinuität und dauerhafter Begleitung muß also strukturell ebenso gesichert sein wie Diskontinuität und Ablösung. Diese Sichtweise wird auch durch eine Befragung von schizophrenen Patienten mit jahrelanger Psychiatrieerfahrung gestützt:

> »Im Hinblick auf die Behandlungsperspektiven strebt die Mehrheit der in Behandlung befindlichen Patienten eine kurz- bis mittelfristige Reduktion der Kontakte zum Versorgungssystem an und will sich in jedem Fall von diesem lösen. Einige Patienten halten jedoch eine lebenslange Behandlung für notwendig und haben diese fest in ihren Lebensplan integriert« (STEINHART & TERHORST 1992, S. 38).

Da es eine realistische Alternative zur Differenzierung und »Vereinzelung« der Hilfeangebote in der Gemeinde nicht gibt, wird die Gewährleistung von therapeutischer Kontinuität zum Prüfstein für eine angemessene Versorgung von längerfristig psychosekranken Menschen. Je weniger der rote Faden durch personelle und institutionelle Konstanz hergestellt wird, desto wichtiger wird die *Konstanz der Inhalte und Konzepte*.

Idealtypisch wäre diese dadurch gewährleistet, daß die professionellen Helfer innerhalb eines Versorgungssystems über theoretische Modellvorstellungen und Praxiskonzepte verfügen, die zum einen untereinander kompatibel und zum zweiten mit dem aktuellen Wissensstand zur Schizophrenie vereinbar sind. Damit ist *nicht* die »Gleichschaltung« im Denken und Handeln gemeint. Es geht vielmehr darum, über einen gemeinsamen inhaltlichen Bezugsrahmen zu verfügen, der Betroffene davor schützt, mit ständig wechselnden Konzepten und Strategien konfrontiert zu werden und der den Helfern zugleich Spielräume zur individuellen Gestaltung ihres Hilfeangebots läßt. Ein solcher gemeinsamer Bezugsrahmen stellt sich nach aller Erfahrung keineswegs von selbst her, sondern muß vor Ort gemeinsam erarbeitet werden.

Der primäre Bezugsrahmen für das von der Bielefelder Arbeitsgruppe entwickelte und erprobte Fortbildungs-Curriculum ist deshalb eine *überschaubare Versorgungsregion*. Dabei kann es sich um eine kommunale Gebietskörperschaft (Stadt, Kreis) handeln oder den Versorgungssektor einer Großstadt. Kriterium ist, daß die in dieser Region tätigen psychiatrischen Dienste und Einrichtungen in der Versorgung psychosekranker Menschen regelhaft kooperieren und ein psychosoziales Versorgungsnetz bilden. Dies kann sich u.a. darin ausdrücken, daß sie in einer psychosozialen Arbeitsgemeinschaft oder einem vergleichbaren Gremium organisiert sind und daß sie mit derselben psychiatrischen Klinik/Abteilung kooperieren.

Das Curriculum umfaßt 3 Bausteine:
- Das *Theorie-Seminar*: Es richtet sich an Mitarbeiter aller ambulanten, komplementären und (teil-)stationären Einrichtungen der Region, die im Kernfeld der Versorgung psychosekranker Menschen tätig sind (max. 30 Teilnehmer). Es ist offen für alle in der psychiatrischen Versorgung vertretenen Berufsgruppen.
- Das *Praxis-Training*: Dieses richtet sich an solche Teilnehmer des Theorie-Seminars, die über mehrjährige Praxiserfahrung in der Arbeit mit Psychosekranken verfügen und die sich zusammen mit einem Co-Moderator auf die praktische Durchführung von Gruppentherapien nach dem PEGASUS-Konzept vorbereiten wollen (max. 12 Teilnehmer). Schon vor Beginn des Trainings werden die Teilnehmer gebeten, Moderatoren-Paare zu bilden, die sich gemeinsam vorbereiten und später auch PEGASUS-Gruppen zusammen durchführen.
- *Supervision*: Hierbei handelt es sich um die begleitende Beratung und die Reflexion der Erfahrungen, die die Teilnehmer des Praxis-Trainings bei der Durchführung der Gruppentherapie nach dem PEGASUS-Konzept machen.

3. Das Theorie-Seminar

3.1 Ziele, Inhalte und Methoden

a) Ziele/Inhalte

Das Theorie-Seminar verfolgt eine doppelte *Zielsetzung*:
- Zum einen soll es dazu beitragen, ein gemeinsames inhaltliches Verständnis und entsprechende Handlungskonzepte unter den beteiligten Helfern/Institutionen in der Versorgungsregion zu entwickeln; diese Zielsetzung kann sinnvoll verfolgt werden unabhängig davon, ob und von wem das PEGASUS-Konzept in der Region umgesetzt wird.
- Zweitens dient das Theorie-Seminar dazu, den potentiellen PEGASUS-Moderatoren unter den Teilnehmern einen ersten Überblick über den aktuellen Wissensstand zur Entwicklung und Behandlung schizophrener Psychosen zu vermitteln. Dieser Überblick soll die Voraussetzungen für eine vertiefende Einarbeitung in die Thematik schaffen, die erforderlich ist, um die Inhalte des PEGASUS-Konzeptes in der Gruppenarbeit überzeugend vermitteln und vertreten zu können. Die Teilnahme an dem Seminar allein ist in der Regel *nicht* ausreichend, um eine solide, inhaltliche Grundlage für die Arbeit in PEGASUS-Gruppen zu schaffen.

Die in dem Seminar behandelten *Inhalte* sind weitgehend deckungsgleich mit denen des Beitrages von WIENBERG (in diesem Band). Die Inhalte der Arbeit von WIENBERG & SIBUM werden dagegen nur in Ausschnitten behandelt (2.2-2.3, 3.1-3.4, 5.2).

Im einzelnen werden folgende Themen bearbeitet:

1. Grundlagen
- Symptomatik/Diagnostik, Krankheitsbegriff
- Ausgang, Verlauf, Prognose
- Das Drei-Phasen-Modell der Schizophrenie von L. CIOMPI

2. Das Drei-Phasen-Modell im einzelnen
- Phase 1: Bedingungsfaktoren der schizophrenen Verletzlichkeit
- Phase 2: Die Dynamik der akuten psychotischen Dekompensation; die Bedeutung von Streß; Frühwarnzeichen und Bewältigungsversuche
- Phase 3: Verlaufsbeeinflussende Faktoren

3. Die besondere Verletzlichkeit schizophren Erkrankter
- Störungen der Informationsverarbeitung
- Das Konzept der »Basisstörungen«

4. Konsequenzen für Therapie und Rehabilitation
- Generelle Prinzipien
- Bausteine einer umfassenden Schizophrenie-Therapie
- Psychoedukative Therapieansätze
- Psychopharmaka-Therapie.

Das Seminar umfaßt in der aktuellen Form 22 Stunden (à 45 Min.), die in der Regel in 3-4 Blöcken zwischen 5 und 8 Stunden durchgeführt werden.

b) Methoden:

Das Seminar wird von jeweils einem Referenten in der Großgruppe durchgeführt. Die zu vermittelnden Informationen werden im Vortragsstil ganz überwiegend mit Hilfe von Übersichten, Grafiken und Tabellen präsentiert und vom Referenten erläutert. Dabei wird Wert gelegt auf die fortlaufende aktive Einbeziehung der Teilnehmer. So werden Fragen/Diskussionsbeiträge aktiv gefördert und unmittelbar aufgegriffen. Die Referenten versuchen ihrerseits, durch Fragen an die Teilnehmer Reflektionsprozesse und Diskussionen zu initiieren. Diese methodischen Ansätze dienen jedoch im wesentlichen der Vertiefung der präsentierten Informationen und weniger der Erarbeitung von Inhalten in der Gruppe. Lediglich im 4. Block werden die »generellen Prinzipien« der Therapie parallel in mehreren Kleingruppen erarbeitet und anschließend im Plenum präsentiert und diskutiert.

Die Dominanz von primär rezeptiv angelegten Arbeitsanteilen ist rein pragmatisch begründet: nur so ist die Fülle der anzusprechenden Inhalte in einem überschaubaren zeitlichen Rahmen zu bewältigen. Stärker partizipativ und aktivierend ausgerichtete Arbeitsformen würden den Zeitaufwand (und damit die Kosten) exponentiell ansteigen lassen und so die Realisierungschancen des Seminars erheblich einschränken. Die Grenzen dieses didaktischen Ansatzes müssen jedoch beachtet werden: mehr als die Vermittlung eines allgemeinen Rahmenmodells schizophrener Psychosen und seiner wichtigsten Bestandteile sowie der wesentlichen Konsequenzen für die Praxis ist nicht zu leisten. Die Vertiefung im Detail, aber auch die individuelle Aneignung der behandelten Inhalte durch die Teilnehmer müssen weitgehend auf der Strecke bleiben.

Das wichtigste methodische Hilfsmittel sind Folien, die mittels Tageslicht-Projektor gezeigt werden. Der gesamte Seminarinhalt ist auf ca. 100 Folien zusammengefaßt. Außerdem wird ein Flip-Chart für ergänzende Darstellungen und die Sammlung von Teilnehmer-Beiträgen benötigt. Um den Transfer zu fördern, werden den Teilnehmern Kopien der gezeigten Folien zur Verfügung gestellt, außerdem kann seit 1995 auf das vorliegende Buch verwiesen werden.

Bewährt hat es sich, die Teilnehmer zu Beginn des Seminars zu bitten, ihre wichtigsten Fragen (»was ich schon immer über Schizophrenie wissen wollte«) mit dickem Filzstift auf Kärtchen zu schreiben. Die gesammelten Fragen werden vom Referenten nach dem 1. Block zu Themen gruppiert und für den 2. Block auf einer Pinwand für alle Teilnehmer sichtbar gemacht. Auf diese Weise kann während des Seminar-Verlaufs auf einzelne Fragen gezielt eingegangen werden. Am Ende des Seminars besteht die Möglichkeit abzuprüfen, welche Fragen befriedigend beantwortet werden konnten und welche offenbleiben mußten.

3.2 Erfahrungen und Ergebnisse

Eine durchgängige Erfahrung bei der Durchführung des Theorie-Seminars ist, daß der Kenntnisstand über schizophrene Psychosen im allgemeinen und über das Verletzlichkeits-Streß-Bewältigungs-Modell im besonderen insgesamt bei Mitarbeitern in Einrichtungen der psychiatrischen Regelversorgung immer noch sehr lückenhaft ist. Nach dem Eindruck des Erstautors, der entsprechende Fortbildungen bereits seit mehr als 10 Jahren durchführt, hat sich in dieser Zeit der Informationsstand »an der Basis« allenfalls graduell verbessert.

Der zweite nachhaltige Eindruck aus unseren Theorie-Seminaren ist, daß die vorherrschenden Defizite von den Mitarbeitern durchaus als problematisch erlebt werden, dementsprechend ist das Interesse an praxisrelevanten Informationen über Forschungsergebnisse und theoretische Modellvorstellungen sehr groß.

An die Teilnehmer einiger Fortbildungs-Kurse haben wir einen Fragebogen verschickt und um Rückmeldung über unser Fortbildungsangebot gebeten. Der Rücklauf war gut; uns liegen vollständige Angaben von 47 Teilnehmern des Theorie-Seminars vor. Dabei handelt es sich um Kollegen aus allen in der psychiatrischen Versorgung tätigen Berufsgruppen, die zahlenmäßig

größte Gruppe stellen die Sozialarbeiter/-pädagogen dar. Die oben angesprochenen Erfahrungen wurden durch 2 Teilergebnisse der Nachbefragung gestützt:
- Nur 13 % der Teilnehmer gaben an, daß mehr als 75 % der Fortbildungsinhalte bereits durch ihre Vorkenntnisse abgedeckt wurden; demgegenüber äußerte die Hälfte der Teilnehmer, daß weniger als 50 % der Inhalte ihnen bereits bekannt waren (nach den Erfahrungen im Praxis-Training neigen die Teilnehmer eher zu einer Überschätzung ihrer Kenntnisse).
- Den Stoffumfang beurteilten 89 % als »gerade richtig«, nur 9 % fanden ihn »zu viel«, 2 % »zu wenig«.

Die Qualität der Referenten stellte die Teilnehmer in einem hohen Maße zufrieden: 96 % beurteilten die Interessantheit/Lebendigkeit des Vortrags, 100 % die Verständlichkeit/Nachvollziehbarkeit der Inhalte und 94 % den didaktischen Aufbau/die Präsentation als »gut« oder »sehr gut«.

Zwei Drittel der Teilnehmer hätten gern noch mehr Zeit in die Vertiefung der theoretischen Inhalte investiert, z.B. für Diskussionen oder die Arbeit in Kleingruppen. Andere Vorschläge zur Verbesserung des Theorie-Seminars waren: sofortiges »Anpinnen« der von den Teilnehmern erstellten Fragekarten als Feedback über die Erwartungshaltungen in der Gruppe; Verteilung des Stoffs auf kleinere Arbeitseinheiten (bei insgesamt gleichem Umfang); und Verteilung eines Informationsblattes zu Psychopharma-Wirkstoffen und Handelsnamen.

Insgesamt betrachten 48 % die Teilnahme am Theorie-Seminar als »sehr hilfreich«, 45 % als »hilfreich« für eine Tätigkeit als Moderator in der psychoedukativen Gruppenarbeit. Gleichzeitig halten es 86 % der Teilnehmer für »wichtig« oder »sehr wichtig«, daß sich angehende Moderatoren über die Teilnahme am Theorie-Seminar hinaus zusätzlich auf die Inhalte der Gruppenarbeit vorbereiten (z.B. durch Lektüre). Das heißt, daß die Teilnahme an dem Seminar von den meisten Teilnehmern zwar als eine wichtige und notwendige, nicht jedoch als allein hinreichende Voraussetzung für die Durchführung von PEGASUS-Gruppen angesehen wird.

Zum Schluß des Fragebogens bestand die Möglichkeit für offene Rückmeldungen an die PEGASUS-Gruppe. Im folgenden einige Beispiele von Teilnehmer-Äußerungen:
- *Das PEGASUS-Konzept, ... hat mir eine Menge an Informationen gebracht, die ich vorher nicht kannte bzw. an die ich nicht gedacht hätte. Es bildet meiner Meinung nach eine solide Grundlage, mit der ich in meiner weiteren Arbeit Vorurteile ausräumen und Betroffenen ein ausgewogenes Hilfsangebot machen kann.*
- *Das PEGASUS-Konzept vermittelt ein »abgerundetes« Bild über die schizophrene Erkrankung, es erhöht die Möglichkeit des Einfühlens beim täglichen Umgang mit Schizophrenen.*
- *Ähnliche Fortbildungsangebote über andere psychische Erkrankungen wären wünschenswert.*
- *Konzept und Fortbildungsangebot ausgesprochen gut.*

- *Effektivste, praxisrelevanteste und grundlegendste Fortbildung, die ich im sozialpsychiatrischen Bereich gemacht habe.*
- *Wünschenswert, daß möglichst viele Professionelle in den Genuß von PEGASUS kommen.*
- *Das PEGASUS-Konzept sollte in jeder psychiatrischen Einrichtung und Praxis als unabdingbares Muß eingeführt werden.*

Wir sind froh über die positive Resonanz, die unser Theorie-Seminar findet und betrachten sie als Ansporn, die Theorie-Fortbildung inhaltlich und methodisch sorgfältig weiterzuentwickeln.

4. Praxis-Training und Supervision

4.1 Ziele, Inhalte und Methoden

a) Ziele/Inhalte

Im Praxis-Training werden folgende *Ziele* verfolgt:
1. Gründliche Erarbeitung der jeweiligen Stundeninhalte zusammen mit dem Co-Moderator
2. Vermittlung der erlernten Inhalte in allgemeinverständlicher Sprache
3. Achten auf den einzelnen Teilnehmer und den Gruppenprozeß
4. Exakte Absprachen mit dem Co-Moderator.

Schon während der 5 Fortbildungstage werden neben der inhaltlichen Arbeit an den 14 Stunden die folgenden Fragen besprochen:
- Welche Moderatorenpaare können wo, unter welchen Bedingungen und wann mit einer Gruppe beginnen?
- Wie spricht man am besten potentielle Teilnehmer an?
- Wie bereitet man eine Ausschreibung vor, und wer ist noch über die geplanten Gruppen zu informieren?
- Welche Räumlichkeiten liegen günstig, sind ausreichend ruhig und bieten eine angemessenen Arbeitsatmosphäre?
- Welche Arbeitsmittel müssen beschafft werden (Tische, Tageslichtprojektor, Flip-Chart)?

Gegen Ende des Praxisteils sollten alle zukünftigen Moderatoren ihre jeweiligen Gruppen fest geplant, die Betroffenen angesprochen und möglichst schon mit der Gruppenarbeit selbst begonnen haben.

Zum Schluß des Praxistrainings werden 2 dreistündige Supervisionssitzungen vereinbart. Dort besteht die Möglichkeit, offene inhaltliche und methodische Fragen zu klären, Schwierigkeiten bei der Durchführung zu besprechen sowie inhaltliche Themen noch einmal zu vertiefen. Auch können hier »knifflige« Gruppensituationen durchgespielt und geklärt werden.

Die im Manual beschriebenen 14 Stunden bilden den *Inhalt* des Praxis-Trainings.

b) Methoden:

Das Praxis-Training umfaßt 5 Fortbildungstage à 6 Stunden und wird in 14-tägigem Abstand von einem Trainerpaar angeleitet. Einer der Trainer sollte ein in der Psychiatrie erfahrener Arzt sein. Die Doppelbesetzung auf Trainerseite bietet analog zu den Modertorenpaaren die Möglichkeit, daß einer von beiden die Fortbildungseinheit leitet und der andere auf das Gruppengeschehen achtet. Der 2-wöchige Abstand gewährleistet ausreichend Zeit zur gemeinsamen gründlichen Vorbereitung der insgesamt 14 zu vermittelnden Stunden durch das Moderatoren-Paar.

Methodisch wird das Training im Rollenspielverfahren durchgeführt. Ein Moderatoren-Paar leitet eine vorgegebene Stundensequenz und die anderen Teilnehmer (zwischen 6-8) spielen ihnen bekannte Psychosekranke. Ein Trainer nimmt ebenfalls in der Rolle eines Psychosekranken teil; der andere befindet sich mit den überzähligen Moderatoren in einem Außenkreis (Modell des *fishpool-board*).

4.2 Erfahrungen und Ergebnisse

Wir haben für das Praxistraining die Methode des Rollenspiels gewählt, damit die Teilnehmer sich in den drei verschiedenen Rollen des Betroffenen, des Moderators und des Beobachters erleben können.

a) In der Rolle des Betroffenen:

Aus dieser Warte erleben die Teilnehmer, ob die zu vermittelnden Inhalte allgemeinverständlich dargeboten werden. Außerdem erfahren sie, ob sie mit ihren persönlichen Kenntnissen und Erfahrungen, Fragen und Ängsten ernstgenommen, akzeptiert und geschätzt werden. Tatsächlich sind für viele Teilnehmer aus diesem Blickwinkel erstmals Erfahrungen zugänglich, wie überheblich, verharmlosend und wortabschneidend professionelle Helfer manchmal mit Betroffenen umgehen. Sie sind dann bereit, ihre Haltung zu überprüfen und zu korrigieren.

Ein weiterer Effekt besteht darin, daß viele Teilnehmer sich erstmals mit den Ängsten und Verunsicherungen, aber auch mit den vielfältigen Erfahrungen der Betroffenen identifizieren, sowie deren Mut anerkennen. Einige Moderatoren erleben durch den Rollenwechsel aber auch, daß sie sich aufgrund eigener Schwierigkeiten und Ängste mit den Betroffenen überidentifizieren und dadurch die Durchführung der Stunden kaum gewährleisten können.

Regelhaft zeigen sich in der Übernahme der Patientenrolle auch erhebliche Vorbehalte der Professionellen gegenüber der psychopharmakologischen Behandlung. Dies zwingt sie, sich intensiver mit ihrer Haltung dazu auseinanderzusetzen, z.B. mit ihrer gelegentlichen »doppelten Buchführung« nach dem Motto: »Ich gebe dir zwar die verordneten Medikamente, würde sie aber selbst nicht nehmen.«

Unter didaktischen Gesichtspunkten erleben die Teilnehmer aus dem Blickwinkel der Betroffenen sehr anschaulich, ob die Moderatoren sich umfassend und gründlich vorbereitet haben. So akzeptieren sie keine groben Wissensdefizite und mangelnde Vorbereitung.

Insgesamt sind wir der Meinung, daß Moderatoren, die sich dem Erleben in der Patienten-Rolle stellen, die komplexen Anforderungen, die sich aus der Moderatorentätigkeit ergeben, besser erfüllen.

b) In der Rolle des Moderators:

Nach inzwischen neun durchgeführten Praxis-Trainings stellen wir fest, daß für fast alle Teilnehmer diese hochstrukturierte Form der Gruppenarbeit in ihrer alltäglichen psychiatrischen Arbeit eher fremd ist. Daher sind die meisten Moderatoren zunächst überrascht, welch intensiver Vorbereitung und exakter Absprachen zwischen den beiden Moderatoren die psychoedukative Gruppenarbeit bedarf.

Auch scheint es für viele Mitarbeiter in der Psychiatrie neu und ungewöhnlich, sich in ihrer konkreten Arbeitsweise der Beobachtung und Kritik von Berufskollegen aus dem eigenen Arbeitsfeld und aus anderen Institutionen zu stellen. Andererseits ermöglicht diese spielerische Form des Erprobens im Rollenspiel die unmittelbare Erfahrung, ob und wie die eigene Arbeit wirkt und schafft dadurch Sicherheit.

Eine interessante Erfahrung ist, daß Kollegen in der Rolle von Klienten dazu neigen, um einiges skeptischer und kritischer zu agieren als die Psychoseerfahrenen selbst. Das Training unter diesen »verschärften« Bedingungen trägt dazu bei, daß Schwierigkeiten im »Ernstfall«, also bei der Durchführung von Gruppen mit schizophren und schizoaffektiv Erkrankten, gut gemeistert werden.

Auch zeigt sich recht schnell, daß die konkrete Umsetzung und Ausarbeitung der Stunden vom individuellen Stil des jeweiligen Moderators abhängig ist. Daher wird es für die Moderatoren im Verlauf des Trainings zunehmend wichtig, die Stundenvorgaben im Manual an den eigenen Möglichkeiten und ihrem individuellen Stil auszurichten. So werden die Teilnehmer angehalten, sich nicht wortgetreu an die vorgegebenen Formulierungen zu halten, sondern die Inhalte in ihre persönlichen Sprache zu »übersetzen«.

Durch die methodische Vorgabe des Rollenspielverfahrens fällt den zukünftigen Moderatoren schnell auf, ob und in welchem Umfang sie die jeweiligen Ziele erreicht haben; d.h. im einzelnen:

- War die Erarbeitung der theoretischen Inhalte ausreichend? Habe ich den Stoff verstanden?
- Konnte ich die theoretischen Inhalte für alle Gruppenteilnehmer verständlich vermitteln?
- Gelang es uns Moderatoren, jeden Gruppenteilnehmer angemessen zu berücksichtigen, oder geriet jemand aus dem Blick?
- Wie ist es uns gelungen, die Gruppe als ganze im Auge zu behalten? Gab es kritische Entwicklungen im Gruppenprozeß, und wie sind wir damit umgegangen?

- Gelang es uns, den Zeitrahmen für Vermittlung und Diskussion einzuhalten?
- Wie effektiv waren unsere Absprachen und haben wir uns daran gehalten: Wurde die Rollenverteilung durchgehalten? Wie effektiv wurden die Unterrichtsmaterialien vom Co-Moderator eingesetzt? Gab der Co-Moderator geeignete Hilfestellungen, wenn der Hauptmoderator in Schwierigkeiten geriet? Hat der Co-Moderator einzelne Teilnehmer gezielt angesprochen, hat er im Gruppenprozeß interveniert, wenn dies erforderlich war?

Schon zu Anfang des Praxistrainings zeigt sich, daß die vorhandenen theoretischen Kenntnisse für die Durchführung der psychoedukativen Gruppenarbeit meist nicht ausreichen und das zuvor im Theorieteil vermittelte Wissen nicht nur passiv rezipiert werden kann, sondern darüber hinaus aktiv erarbeitet werden muß. Häufig reagieren Moderatoren bei unzureichendem Wissen auf Fragen von Betroffenen abwehrend und bagatellisierend, statt zuzugestehen, nicht genau informiert zu sein und sich bis zum nächsten Mal «schlau machen» zu müssen. Ausweichende Reaktionen sind z.B.: »Das ist die Sprache der Ärzte«; »es gibt noch so viele andere Aspekte der Erkrankung, das müssen Sie nicht so genau wissen«. Es wird versucht, die eigene Unwissenheit forsch zu überspielen, was bei den »Patienten« auslöst: Besser nicht so genau nachfragen, sonst stellen wir den Therapeuten bloß. Solche Schwierigkeiten treten besonders in den Stunden auf, in denen es um die Vermittlung des Krankheitskonzeptes, den Vulnerabilitäts-Begriff und die Wirkungsweise von Psychopharmaka geht.

Für viele Teilnehmer in der Moderatoren-Rolle ist es wichtig zu erleben, wie sehr es auf die Zusammenarbeit zwischen den Moderatoren ankommt. Auch wenn nur einer in der jeweiligen Stunde im Vordergrund steht, müssen sich beide sehr genau auf die Inhalte vorbereiten und exakt die Aufgaben absprechen. So kann es z.B. die Aufgabe des Co-Moderators sein, die jeweiligen Arbeitsmaterialien griffbereit zu halten und einzuspringen, wenn der Hauptmoderator nicht mehr weiter weiß. Auch muß er auf die Gesamtgruppe achten und intervenieren, wenn einzelne sich innerlich zurückziehen oder die ganze Gruppe z.B. aufgrund einer unglücklichen Intervention trotzig schweigend reagiert.

Große Mühe bereitet es den Moderatoren regelmäßig, die der psychoedukativen Gruppenarbeit innewohnende »Gratwanderung« zu bestehen: Einerseits sollen sie Inhalte klar, kurz und prägnant vermitteln und andererseits Zeiträume für offenen Erfahrungsaustausch in der Gruppe zur Verfügung stellen. Dabei sollen sie gleichzeitig darauf achten, daß jeder, der etwas einbringen möchte, zu Wort kommen kann. Letzteres ist gerade bei schwierigen Themen wie z.B. Gewalterfahrungen in der Klinik, Suizidalität etc. wichtig. Gerade anfangs wird der vorgesehene Zeitrahmen oft überzogen, woraus eine Überforderung der Gruppenteilnehmer resultiert.

Den meisten langjährigen Psychiatriemitarbeitern ist Gruppenarbeit in eher unstrukturierter Form vertraut. Deshalb bereiten klare Strukturierungen

Schwierigkeiten und eröffnen häufig Diskussionen darüber, wie man direktiv vorgeht, ohne bevormundend und autoritär zu sein.

Vielen Moderatoren fällt es außerdem zunächst schwer, die »Patienten« so in ihrer Mitarbeit zu akzeptieren, wie sie sich in die Gruppe einbringen. Wenn z.B. im Laufe der Gruppenarbeit Beiträge von Betroffenen zu sammeln und aufzuschreiben sind, bemühen sich fast alle Moderatoren, diese umzuformulieren, es »noch treffender« zu benennen. Dies führt fast regelhaft zu einer Demotivierung der Teilnehmer. Erst wenn ihre Beiträge wortgetreu wiedergegeben werden, gewinnen sie den Eindruck, als Experten in eigener Sache ernstgenommen zu werden.

c) In der Rolle des Beobachters:

Aus diesem Blickwinkel gelingt es den zukünftigen Moderatoren am besten, den Gesamtverlauf einzelner Stunden oder auch nur Stundensequenzen insgesamt zu beurteilen. Von außen gewinnen sie gute Eindrücke, warum bestimmte Anteile einer Sitzung besonders gut gelingen, andere plötzlich problematisch werden. Von den Trainern werden sie in ihrer Beobachter-Rolle dazu angehalten, Defizite nicht durchgehen zu lassen und die Moderatoren wohlwollend-kritisch zu konfrontieren.

Nach dem Durchspielen einiger Sequenzen werden zunächst die beiden Moderatoren um Selbstreflexion gebeten, wie sie sich in ihrer Rolle erlebten, und wie sie ihre Aufgaben meisterten. Anschließend folgt ein Feedback der Teilnehmer in ihrer Rolle als Psychoseerfahrene. Sie sollen dazu Stellung nehmen, ob die Inhalte verständlich vermittelt wurden und ob sie sich in der Rolle von Patienten ernstgenommen und respektiert fühlten. Schließlich kommentieren die Mitglieder der Außenrunde, wie sie die vorgestellte Sequenz erlebt haben.

Dadurch, daß die Teilnehmer diese drei Rollen ständig nacheinander einnehmen, resultiert ein hoher Lerneffekt und ein respektvoller Umgang miteinander.

Wir haben Teilnehmer unseres Praxis-Trainings mit Hilfe eines kurzen Fragebogens zu ihrer Einschätzung des Trainings befragt.
- Alle Befragten äußern, daß sie die Teilnahme am Praxistraining als »hilfreich« oder »sehr hilfreich« zur Vorbereitung auf die Moderatorentätigkeit erlebt haben.
- Den Umfang des Trainings beurteilen 67 % als »gerade richtig« und 33 % als »zu wenig«. Dies belegt den Wunsch nach ausreichender praktischer Einübung. Ein Drittel der Befragten hätte sich noch mehr Sicherheit in der Durchführung gewünscht
- Die Qualität der Trainer in bezug auf ihre Feedback- und Modellfunktion sowie die Vertiefung der zu vermittelnden Inhalte wird von allen Befragten als »gut« bis »sehr gut« beurteilt.
- Eine Supervision für den ersten Durchgang der Gruppenarbeit halten 87 % der Befragten für wichtig, und 74 % möchten zu Ende des Praxis-

trainings schon mit Patienten die Gruppenarbeit anfangen, um erste Erfahrungen in den letzten Trainingseinheiten besprechen zu können.

Zum Schluß geben wir einige Antworten auf die Frage wieder: Was möchten Sie uns sonst noch über das PEGASUS-Konzept oder unser Fortbildungsangebot mitteilen?
- *Mehr Informationen über die Finanzierung der Gruppenarbeit.*
- *Mehr konkrete Hinweise, wie Ausschreibungen für Gruppen erfolgen können.*
- *Wie kann die Zusammenarbeit mit den niedergelassenen Ärzten stattfinden?*
- *Das PEGASUS-Konzept und die Weiterbildung sind eine gute, effektive praxisrelevante Fortbildung, die für viele Mitarbeiter in ambulanten und komplementären Einrichtungen geeignet ist.*
- *Ich wünsche mir einen jährlichen Austausch über die PEGASUS-Aktivitäten. Dort können weitere Fortbildungswünsche besprochen werden. Außerdem könnten die insgesamt gesammelten Erfahrungen der Weiterentwicklung des Manuals dienen.*

Die PEGASUS-Arbeitsgruppe ist dabei, den regelmäßigen Erfahrungsaustausch zwischen PEGASUS-Moderatoren in Bielefeld und angrenzenden Regionen zu organisieren.

PEGASUS –

Psychoedukative Gruppenarbeit mit schizophren und schizoaffektiv Erkrankten

WEITERBILDUNGSKURSE

für Moderatorinnen und Moderatoren

Die Bielefelder Arbeitsgruppe, die das PEGASUS-Konzept entwickelt und erprobt hat, bietet regelmäßig Weiterbildungskurse für Moderatorinnen und Moderatoren in einem gestuften Programm an:

1. Basisinformation

2. Theoretische Grundlagen

3. Praxistraining

4. Supervision

Informationen:

Uwe Starck, Wellenstr. 4, 33829 Borgholzhausen
Günther Wienberg, Lindenstr. 18, 33803 Steinhagen

Anhang

Literatur

Aebi, E., Ciompi, L., Hansen, H.: Soteria im Gespräch. Psychiatrie-Verlag, Bonn 1993

Alanen, Y.O.: An attempt to integrate the individual-psychological and interactional concepts of the origin of schizophrenia. Brit. J. Psychiat. 164 (1994) suppl. 56-61

Alanen, Y.O., Lehtinen, K., Räkköläinen, U., Aaltonen, J.: Need-adapted treatment of new schizophrenic patients: experiences and results of the Turku Project. Acta Psychiatr. Scand. 83 (1991) 363-372

Albus, M., Burkes, St., Scherer, J.: Welche Faktoren beeinflussen die Medikamenten-Compliance? Psychiat. Prax. 22 (1995) 228-230

Albus, M., Hubmann, W., Wahlheim, C., Sobizack, N., Franz, U., Mohr, F.: Contrasts in neuropsychological test profile between patients with first-episode schizophrenia and first-episode affective disorders. Acta Psychiatr. Scand. 94 (1996) 87-93

Amador, X.F., Strauss, D.H., Yale, S.A., Gorman, J.M.: Awareness of illness in schizophrenia. Schiz. Bull. 17 (1991) 113-131

Amador, X.F., Flaum, M., Andreasen, N.C., Strauss, D.H., Yale, S.A., Clark, S.C., Gorman, J. M.: Awareness of illness in schizophrenia and schizoaffective mood disorders. Arch. Gen. Psychiat. 51 (1994) 826-836

Amador, A.F., Harkavy Friedman, J., Kasapis, Ch., Yale, S.A. Flaum, M., Gorman, J.M.: Sucidal behavior in schizophrenia and its relationship to awareness of illness. Am. J. Psychiat. 153 (1996) 1185-1188

An der Heiden, W., Krumm, B., Müller, S., Weber, I., Biehl, H., Schäfer, M.: Mannheimer Langzeitstudie der Schizophrenie. Nervenarzt 66 (1995) 820-827

Andreasen, N.C.: Negative symptoms in schizophrenia: definition and reliability. Arch. Gen. Psychiat. 39 (1982) 784-788

Andreasen, N.C.: Symptoms, signs and diagnosis of schizophrenia. Lancet 346 (1995) 447-481

Andreasen, N.C., Arndt, St., Alliger, R., Miller, D., Flaum, M.: Symptoms of schizophrenia. Arch. Gen. Psychiat. 52 (1995) 341-351

Andres, K., Bellwald, L., Brenner, H.D.: Empirische Untersuchungen einer leiborientierten Therapie mit schizophrenen Patienten. Z. Klin. Psychol. Psychopath. Psychother. 41 (1993) 159-169

Angermeyer, M.C.: Ergebnisse der Forschung zum sozialen Netzwerk schizophrener Kranker. In: Häfner, H. (Hrsg.): Was ist Schizophrenie? Gustav Fischer, Stuttgart-Jena-New York 1995

Angermeyer, M.C., Held, T., Görtler, D.: Pro und contra: Psychotherapie und Psychopharmakotherapie im Urteil der Bevölkerung. Psychother. Psychosom. med. Psychol. 43 (1993) 286-292

Angermeyer, M.C., Kühn, L., Goldstein, J.M.: Gender and the course of schizophrenia: Differences in treated outcomes. Schiz. Bull. 16 (1990) 293-307

Angermeyer, M.C., Klusmann, D.: The causes of functional psychoses as seen by patients and their relatives. I. The patients' point of view. Eur. Arch. Psychiatr. Neurol. Sci. 238 (1988) 47-54

Angst, J.: Today's perspective on Kraepelin's nosology of endogenous psychoses. Eur. Arch. Psychiat. Clin. Neurosci. 243 (1993) 164-170

Appelo, M.T., Woonings, F.M.J., van Nieuwenhuizen, C.J., Emmelskamp, P.M.G., Sloof, C.J., Louwerens, J.W.: Specific skills and social competence in schizophrenia. Acta Psychiatr. Scand. 85 (1992) 419-422

Arndt, St., Andreasen, N.C., Flaum, M., Miller, D., Nopoulos, P.: A longitudinal study of symptom dimensions in schizophrenia. Arch. Gen. Psychiat. 52 (1995) 352-360

Arnold, St.E., Franz, B.R., Gur, R.C., Gur, R.E., Shapiro, R.M., Moberg, P.J., Trojanowski, J.Q.: Smaller neuron size in schizophrenia in hippocampal subfields that mediate cortical-Hippocampal interactions. Am. J. Psychiat. 152 (1995) 738-748

Ascher-Svanum, H.: A psychoeducational intervention for schizophrenic patients. Pat. Educ. Couns. 14 (1989) 81-87

Awad, A.G.: Subjective response to neuroleptics in schizophrenia. Schiz. Bull. 19 (1993) 609-618

Bäuml, J., Kissling, W., Meurer, C., Wais, A., Lauter, H.: Informationszentrierte Angehörigengruppen zur Complianceverbesserung bei schizophrenen Patienten. Psychiat. Prax. 18 (1991) 48-54

Bäuml, J.: Psychosen aus dem schizophrenen Formenkreis – ein Ratgeber für Patienten und Angehörige. Springer, Berlin-Heidelberg-New York 1994

Bäuml, J., Kissling, W., Buttner, P., Peuker, J., Pitschel-Walz, G., Schlag, K.: Informationszentrierte Patienten- und Angehörigengruppen zur Complianceverbesserung bei schizophrenen Psychosen. In: Mundt, Ch., Kick, H., Fiedler, P. (Hrsg.): Angehörigenarbeit und Psychosoziale Intervention in der Psychiatrie. Roderer, Regensburg 1993

Bäuml, J., Pitschel-Walz, G., Kissling, W.: Psychoedukative Gruppen bei schizophrenen Psychosen für Patienten und Angehörige – Methodik und praktische Durchführung in Anlehnung an die Münchner PIP-Studie – Ergebnisse der Einjahreskatamnese. In: Stark, A. (Hrsg.): Verhaltenstherapeutische und psychoedukative Ansätze im Umgang mit schizophren Erkrankten. DGVT, Tübingen 1996 a

Bäuml, J., Kissling, W., Pitschel-Walz, G.: Psychoedukative Gruppen für schizophrene Patienten: Einfluß auf Wissensstand und Compliance. Nervenheilk. 15 (1996 b) 145-150

Ball, R.A., Moore, E., Kuipers, L.: Expressed Emotion in community care staff. Soc. Psychiat. Psychiatr. Epidemiol. 27 (1992) 35-39

Bandelow, B., Grohmann, R., Rüther, E.: Unerwünschte Begleitwirkungen der Neuroleptika und ihre Behandlung. In: Müller, H.-J. (Hrsg.): Therapie psychiatrischer Erkrankungen. Enke, Stuttgart 1993

Barnett, W., Mundt, Ch., Richter, P.: Primäre und sekundäre Negativsymptome: eine sinnvolle Differenzierung? Nervenarzt 67 (1996) 558-563

Barrowclough, C., Tarrier, N.: Interventions with families. In: Birchwood, M., Tarrier, N. (Hrsg.): Innovations in the psychological management of schizophrenia. Wiley, Chichester-New York-Brisbane 1992

Bartkó, G., Herczeg, I., Zádor, G.: Clinical symptomatology and drug compliance in schizophrenic patients. Acta Psychiatr. Scand. 77 (1988) 74-76

Bateson, G., Jackson, D.D., Haley, J., Weakland, J.H., Wynne, L.C., Ryckhoff, I.M., Day, J., Hirsch, S.J., Lidz, T., Cornelisen, A., Fleck, S., Terry, D., Searles, H.F., Bowen, M., Vogel, E.F., Bell, N., Laing, R.D., Foudraine, J.: Schizophrenie und Familie. Suhrkamp, Frankfurt/M. 1969

Battegay, R., von Marschall, R.: Trends in der Langzeitgruppenpsychotherapie mit Schizophrenen. Gruppenpsychother. Gruppendyn. 22 (1986) Beiheft, 163-171

Baxendale, S.A.: The hippocampus: functional and structural correlations. Seizure 4 (1995) 105-117

Bebbington, P., Kuipers, L.: The clinical utility of expressed emotion in schizophrenia. Acta Psychiatr. Scand. 89 (1994) suppl. 382, 42-53

Bebbington, P., Wilkins, S., Jones, P., Foerster, A., Murray, R., Toone, B., Lewis, S.: Life events and psychoses. Initial results from the Camberwell collaborative psychosis study. Brit. J. Psychiat. 162 (1993) 72-79

Bechter, K.: Gestörte Krankheitsverarbeitung durch eigene Vorurteile bei Patienten mit schizophrenen Psychosen. Psychiat. Prax. 20 (1993) 148-151

Becker, K.: Zur Gemeingefährlichkeit der therapeutischen Einstellung. In: Dörner, K. (Hrsg.): Fortschritte der Psychiatrie im Umgang mit Menschen. Psychiatrie-Verlag, Rehburg-Loccum 1984

Beckmann, H., Jacob, H.: Pränatale Entwicklungsstörungen von Hirnstrukturen bei schizophrenen Psychosen. Nervenarzt 65 (1994) 454-463

Behrend, B.: Das Symptom-Management-Modul als Standardbehandlung in einem tagesklinischen Setting. In: Stark, A. (Hrsg.): Verhaltenstherapeutische und psychoedukative Ansätze im Umgang mit schizophren Erkrankten. DGVT, Tübingen 1996

Bellack, A.S., Mueser, K.T.: Psychosocial treatments for schizophrenia. Schiz. Bull. 19 (1993) 317-336

Bellack, A.S., Mueser, K.T., Morrison, R.L., Tierney, A., Podell, K.: Remediation of cognitive deficits in schizophrenia. Am. J. Psychiat. 147 (1990) 1650-1655

Bellack, A.S., Mueser, K.T., Wade, J., Sayers, S., Morrison, R.L.: The ability of schizophrenics to perceive and cope with negative affect. Brit. J. Psychiat. 160 (1992) 473-480

Benedetti, G.: Psychotherapeutische Behandlungsmethoden. In: Kisker, K.P., Lauter, H., Meyer, J.-E., Müller, C., Strömgren, E. (Hrsg.): Psychiatrie der Gegenwart, Bd. 4: Schizophrenien. Springer, Berlin-Heidelberg-New York 1987

Benedict, R.H.B., Harris, A.E., Markow, T., McCormick, J.A., Nüchterlein, K.H., Asarnow, R.F.: Effects of attention training on information processing in schizophrenia. Schiz. Bull. 20 (1994) 537-546

Benes, F.M.: Neurobiological investigations in cingulate cortex of schizophrenic brain. Schiz. Bull. 19 (1993) 537-549

Benjamin, L.S.: Is chronicity a function of the relationship between the person and the auditory hallucination? Schiz. Bull. 15 (1989) 291-310

Benkert, O., Hippius, H.: Psychiatrische Pharmakotherapie. Springer, Berlin-Heidelberg-New York, 6. Aufl. 1996

Bentall, R.P., Haddock, G., Slade, P.D.: Cognitive therapy for persistent auditory hallucinations: from theory to therapy. Beh. Ther. 25 (1994) 51-66

Benton, M. K., Schroeder, H. E.: Social skills training with schizophrenics: a meta-analytic evaluation. J. Cons. Clin. Psychol. 58 (1990) 741-747

Berrios, G.E., Hauser, R.: The early development of Kraepelin's ideas on classification: a conceptual history. Psychol. Med. 18 (1988) 813-821

Biermann-Ratjen, E.-M.: Hilfe oder Risiko-Psychotherapie bei Psychosen. In: Bock, T., Deranders, J.E., Esterer, I. (Hrsg.): Im Strom der Ideen. Psychiatrie-Verlag, Bonn 1994

Birchwood, M.: Early intervention in schizophrenia: theoretical background and clinical strategies. Brit. J. Clin. Psychol. 31 (1992) 257-278

Birchwood, M., Smith, J., Cochrane, R.: Specific and non-specific effects of educational intervention for families living with schizophrenia. A comparison of three models. Brit. J. Psychiat. 160 (1992) 806-814

Birchwood, M., Smith, J., Drury, V., Healy, J., Macmillan, F., Slade, M.A.: A self-report Insight Scale for psychosis: reliability, validity and sensitivity to change. Acta Psychiatr. Scand. 89 (1994) 62-67

Blanchard, J.J., Neale, J.M.: The neuropsychological signature of schizophrenia: Generalized or differential deficit? Am. J. Psychiat. 151 (1994) 40-48

Bleuler, E.: Die Prognose der Dementia praecox – Schizophreniegruppe. Allg. Z. Psychiatr. 65 (1908) 436-464

Bleuler, E.: Lehrbuch der Psychiatrie. Springer, Berlin-Heidelberg-New York 11. Aufl. 1969

Bleuler, M.:Die schizophrenen Geistesstörungen im Lichte langjähriger Kranken- und Familiengeschichten. Thieme, Stuttgart 1972

Bleuler, M.: Schizophrenie als besondere Entwicklung. In: Dörner, K. (Hrsg.): Neue Praxis braucht neue Theorie. 38. Gütersloher Fortbildungswoche 1986. Jakob van Hoddis, Gütersloh 1987

Bleuler, M., Huber, G., Gross, G., Schüttler, R.: Der langfristige Verlauf schizophrener Psychosen. Gemeinsame Ergebnisse zweier Untersuchungen. Nervenarzt 47 (1976) 477-481

Bloom, F.E.: Advancing a neurodevelopmental origin for schizophrenia. Arch. Gen. Psychiat. 50 (1993) 224-227

Bock, T.: Störenfriede als Experten – Gedanken zum Phänomen Psychose-Seminar. Mabuse 93 (1995) 22-25

Bock, T., Deranders, J.E., Esterer, I.: Stimmenreich. Mitteilungen über den Wahnsinn. Psychiatrie-Verlag, Bonn 1992

Bock, T., Deranders, J.E., Esterer, I.: Im Strom der Ideen. Stimmenreiche Mitteilungen über den Wahnsinn. Psychiatrie-Verlag, Bonn 1994

Bock, T., Junck, A.: Die subjektive Wahrnehmung psychotischen Geschehens. Psychiat. Prax. 18 (1991) 59-63

Boczkowski, J.A., Zeichner, A., DeSanto, N.: Neuroleptic compliance among chronic schizophrenic outpatients: an intervention outcome report. J. Cons. Clin. Psychol. 53 (1985) 666-671

Böker, W., Brenner, H.D.: Selbstheilungsversuche Schizophrener. Nervenarzt 54 (1983) 578-589

Böker, W.: Zur Selbsthilfe Schizophrener: Problemanalyse und eigene empirische Befunde. In: Böker, W., Brenner, H.D. (Hrsg.): Bewältigung der Schizophrenie. Huber, Bern-Stuttgart-Toronto 1986

Böker, W.: Die Entwicklung eines partnerschaftlichen Therapieverständnisses der Schizophrenie als Folge neuer Ätiologiekonzepte und Wandlungen des psychiatrischen Zeitgeistes. Psychiat. Prax. 18 (1991) 189-195

Bogerts, B.: Recent advances in the neuropathology of schizophrenia. Schiz. Bull. 19 (1993) 431-445

Bogerts, B.: Neuere Entwicklungen in der Pathomorphologie der Schizophrenien. Psycho 21 (1995) 174-182

Bollini, P., Pampallona, S., Orza, M.J., Adams, M.E., Chalmers, T.C.: Antipsychotic drugs: is more worse? A metaanalysis of the published randomized control trials. Psychol. Med. 24 (1994) 307-316

Boonen, M., Bockhorn, M.: Schizophreniebehandlung in der Familie. Psychiat. Prax. 19 (1992) 76-80

Bossert-Zaudig, S., Emrich, H.M., Dose, M., Janik-Konecny, T.: Kurzzeit-Training in sozialer Kompetenz bei stationären Patienten mit schizophrener Psychose: eine kontrollierte Studie. Z. Med. Psychol. 1 (1994) 21-27

Brabbins, C., Butler, J., Bentall, R.: Consent to neuroleptic medication for schizophrenia: clinical, ethical and legal issues. Brit. J. Psychiat. 168 (1996) 540-544

Braff, D.L.: Information processing and attention in schizophrenia. Schiz. Bull. 19 (1993) 233-259

Braff, D.L., Heaton, R., Kuck, J., Cullum, M., Moranville, J., Grant, I., Zisook, S.: The generalized pattern of neuropsychological deficits in outpatients with chronic schizophrenia with heterogeneous wisconsin car sorting test results. Arch. Gen. Psychiat. 48 (1991) 891-898

Breier, A., Strauss, J.S.: Self-control in psychotic disorders. Arch. Gen. Psychiat. 40 (1983) 1141-1145

Brenner, H.D.: Die Bedeutung experimental-psychologischer Forschung für Theorie und Therapie der Schizophrenie. In: Brenner, H.D., Rey, E.-R., Stramke, W.G. (Hrsg.): Empirische Schizophrenieforschung. Huber, Bern-Stuttgart-Wien 1983

Brenner, H.D.: Zur Bedeutung von Basisstörungen für Behandlung und Rehabilitation. In: Böker, W., Brenner, H.D. (Hrsg.): Bewältigung der Schizophrenie. Huber, Bern-Stuttgart-Toronto 1986

Brenner, H.D.: Die Therapie basaler psychischer Dysfunktionen aus systemischer Sicht. In: Böker, W., Brenner, H.D. (Hrsg.): Schizophrenie als systemische Störung. Huber, Bern-Stuttgart-Toronto 1989

Brenner, H.D., Böker, W., Müller, J., Spichting, L., Würgler, S.: On autoprotectic efforts of schizophrenics, neurotics and controls. Acta Psychiatr. Scand. 75 (1987) 405-414

Brenner, H.D., Böker, W., Rui, C.: Subjektive Neuroleptikawirkung bei Schizophrenen und ihre Bedeutung für die Therapie. In: Hinterhuber, H., Schubert, H., Kulhanek, F. (Hrsg.): Seiteneffekte und Störwirkungen der Psychopharmaka. Schattauer, Stuttgart-New York 1986

Brenner, H.D., Pfammatter, M.: Effektivität psychologischer Behandlungsansätze bei schizophrenen Erkrankungen. Psycho 22 (1996) 728-740

Brenner, H.D., Waldvogel, D., Wäber, M.: Therapieprogramm zum eigenverantwortlichen Umgang mit Medikamenten bei chronisch psychisch Kranken. SWISS MED 10 (1988) 15-20

Brown, C.S., Wright, R.G., Christensen, D.B.: Association between type of medication, instruction and patients knowledge, side effects and compliance. Hosp. Comm. Psychiat. 38 (1987) 55-60

Brown, G.W.: Die Entdeckung von Expressed Emotion: Induktion oder Deduktion? In: Olbrich, R. (Hrsg.): Therapie der Schizophrenie. Kohlhammer, Stuttgart-Berlin-Köln 1990

Brücher, K.: Ein individualisiertes psychoedukatives Therapiekonzept in der stationären Behandlung Schizophrener – Modelle und eigene Erfahrungen. Psychiat. Prax. 19 (1992) 59-65

Buchanan, A.: A two-year prospective study of treatment compliance in patients with schizophrenia. Psychol. Med. 22 (1992) 787-797

Buchanan, A.: Acting on delusion: a review. Psychol. Med. 23 (1993) 123-134

Buchkremer, G., Windgassen, K.: Leitlinien des psychotherapeutischen Umgangs mit schizophrenen Patienten. Psychother. Med. Psychol. 37 (1987) 407-412

Buchkremer, G., Fiedler, P.A.: Kognitive versus handlungsorientierte Therapie. Ein Vergleich zweier psychotherapeutischer Methoden zur Rezidivprophylaxe bei schizophrenen Patienten. Nervenarzt 58 (1987) 481-488

Buchkremer, G., Stricker, K., Holle, R., Kuhs, H.: The predictability of relapses in schizophrenic patients. Eur. Arch. Psychiat. Clin. Neurosci. 240 (1991) 292-300

Bundesministerium für Jugend, Familie, Frauen und Gesundheit: Empfehlungen der Expertenkommission der Bundesregierung zur Reform im psychiatrischen und psychotherapeutisch/psychosomatischen Bereich. Bonn 1988

Cannon, T.D., Zorilla, L.E., Shtasel, D., Gur, R.E., Gur, R.C., Marco, E.J., Moberg, P., Price, R.A.: Neuropsychological functioning in siblings discordant for schizophrenia and healthy volunteers. Arch. Gen. Psychiat. 51 (1994) 651-661

Cantor-Graae, E., Warkentin, S., Nilsson, A.: Neuropsychological assessment of schizophrenic patients during a psychotic episode: persistent cognitive deficit? Acta Psychiatr. Scand. 91 (1995) 283-288

Carpenter, W.T., Heinrichs, D.W., Alphs, L.D.: Treatment of negative symptoms. Schiz. Bull. 11 (1985) 440-452

Carr, V.: Patients` techniques for coping with schizophrenia: an exploratory study. Brit. J. Med. Psychol. 61 (1988) 339-352

Castle, D.J., Scott K., Wessely, S., Murray, R.M.: Does social deprivation during gestation and early life predispose to later schizophrenia? Soc. Psychiat. Psychiatr. Epidemiol. 28 (1993) 1-4

Chadwick, P., Birchwood, M.: The omnipotence of voices: a cognitive approach to auditory hallucinations. Brit. J. Psychiat. 164 (1994) 190-201

Chadwick, P.D.J., Lowe, C.F.: A cognitive approach to measuring and modifying delusions. Beh. Res. Ther. 32 (1994) 355-367

Chen, A.: Noncompliance in community psychiatry: a review of clinical interventions. Hosp. Comm. Psychiat. 42 (1991) 282-287

Chen, E.Y.H., Lam, L.C.W., Chen, R.Y.L., Nguyen, D.G.H., Chan, C.K.Y.: Prefrontal neuropsychological impairment and illness duration in schizophrenia: a study of 204 patients in Hong Kong. Acta Psychiatr. Scand. 93 (1996) 144-150

Chiles, J.A., Sterchi, D., Hyde, T., Herz, M.I.: Intermittent medication for schizophrenic outpatients: who is eligible? Schiz. Bull. 15 (1989) 117-121

Chua, S.E., McKenna, P.J.: Schizophrenia – a brain disease? A critical review of structural and functional cerebral abnormality in the disorder. Brit. J. Psychiat. 166 (1995) 563-582

Ciompi, L.: Ist die chronische Schizophrenie ein Artefakt? – Argumente und Gegenargumente. Fortschr. Neurol. Psychiat. 48 (1980) 237-248

Ciompi, L.: Affektlogik. Über die Struktur der Psyche und ihre Entwicklung. Klett-Cotta, Stuttgart 1982

Ciompi, L.: Gibt es überhaupt eine Schizophrenie? Der Langzeitverlauf psychotischer Phänomene aus systemischer Sicht. In: Lempp, R. (Hrsg.): Psychische Entwicklung und Schizophrenie. Huber, Bern-Stuttgart-Toronto 1984

Ciompi, L.: Schizophrenie als Störung der Informationsvereinbarung – Eine Hypothese und ihre therapeutischen Konsequenzen. In: Stierlin, H., Wynne, L.C., Wirschning, M. (Hrsg.): Psychotherapie und Sozialtherapie der Schizophrenie. Springer, Berlin-Heidelberg-New York 1985

Ciompi, L.: Auf dem Weg zu einem kohärenten multidimensionalen Krankheits- und Therapieverständnis der Schizophrenie. In: Böker, W., Brenner, H.D. (Hrsg.): Bewältigung der Schizophrenie. Huber, Bern-Stuttgart-Toronto 1986 (a)

Ciompi, L.: Zur Integration von Fühlen und Denken im Licht der »Affektlogik«. Die Psyche als Teil eines autopoietischen Systems. In: Kisker, K.P., Lauter, H., Meyer, J.-E., Müller, C., Strömgren, E. (Hrsg.): Psychiatrie der Gegenwart, Bd. 4: Schizophrenien. Springer, Berlin-Heidelberg-New York 1986 (b)

Ciompi, L.: Außenwelt – Innenwelt. Die Entstehung von Zeit, Raum und psychischen Strukturen. Vandenhoek und Ruprecht, Göttingen 1988 (a)

Ciompi, L.: Die affektlogische Interpretation des Persönlichkeitswandels in schizophrenen Langzeitverläufen. In: Janzarik, W. (Hrsg.): Persönlichkeit und Psychose. Enke, Stuttgart 1988 (b)

Ciompi, L.: Zur Dynamik komplexer biologisch-psychosozialer Systeme: Vier fundamentale Mediatoren in der Langzeitentwicklung der Schizophrenie. In: Böker, W., Brenner, H.D. (Hrsg.): Schizophrenie als systemische Störung. Huber, Bern-Stuttgart-Toronto 1989

Ciompi, L.: Sozialpsychiatrische Gesichtspunkte zur Abgrenzung und Nützlichkeit der Begriffe »psychisch krank« und »psychotisch«. Fundam. Psychiatr. 4 (1990 a) 52-57

Ciompi, L.: Zehn Thesen zum Thema Zeit in der Psychiatrie. In: Ciompi, L., Dauwalder, H.P. (Hrsg): Zeit und Psychiatrie. Sozialpsychiatrische Aspekte. Huber, Bern-Stuttgart-Toronto 1990 (b)

Ciompi, L.: Affects as central organizing and integrating factors. A new psychosocial/ biological model of the psyche. Brit. J. Psychiat. 159 (1991) 97-105

Ciompi, L.: Krisentheorie heute. Eine Übersicht. In.: Schnyder, U., Sauvant, J. D.: Krisenintervention in der Psychiatrie. Huber, Bern-Göttingen-Toronto 1993 (a)

Ciompi, L.: Nicht-lineare Dynamik komplexer Systeme – der chaostheoretische Zugang zur Schizophrenie. Vortrag am IV. Internationalen Schizophrenie-Symposium: »Auf dem Weg zu einer integrativen Therapie der Schizophrenie«. Psychiatrische Universitätsklinik Bern, 16.-18. Sept., 1993 (b)

Ciompi, L.: Die Hypothese der Affektlogik. Spektr. Wiss., Febr. (1993 c) 76-87

Ciompi, L., Ambühl, B., Dünki, R.: Schizophrenie und Chaostheorie. Methoden zur Untersuchung der nicht-linearen Dynamik komplexer psycho-sozio-biologischer Systeme. Syst. Fam. 5 (1992) 133-147

Ciompi, L., Dauwalder, H.P., Agué, C.: Ein Forschungsprogramm über die Rehabilitation psychisch Kranker III. Längsschnittuntersuchung zum Rehabilitationserfolg und zur Prognostik. Nervenarzt 50 (1979) 366-378

Ciompi, L., Dauwalder, H.P., Maier, C., Aebi, E.: Das Pilotprojekt »Soteria Bern« zur Behandlung akut Schizophrener. I. Konzeptionelle Grundlagen, praktische Realisierung, klinische Erfahrungen. Nervenarzt 62 (1991) 428-435

Ciompi, L., Kupper, Z., Aebi, E., Dauwalder, H. P., Hubschmid, T., Trütsch, K., Rutishauser, C.: Das Pilotprojekt »Soteria Bern« zur Behandlung akut Schizophrener. II. Ergebnisse einer vergleichenden prospektiven Verlaufsstudie über 2 Jahre. Nervenarzt 64 (1993) 440-450

Ciompi, L., Müller, C.: Lebensweg und Alter der Schizophrenen. Springer, Berlin-Heidelberg-New York 1976

Claridge, G.: Single indicator of risk for schizophrenia: probable fact or likely myth? Schiz. Bull. 20 (1994) 151-168

Cohen, C.I., Berk, L.A.: Personal coping styles of schizophrenic outpatients. Hosp. Comm. Psychiat. 36 (1985) 407-410

Cohen, P., Cohen, J.: The clinicians illusion. Arch. Gen. Psychiat. 41 (1984) 1178-1182

Conrad, K.: Die beginnende Schizophrenie. Versuch einer Gestaltanalyse des Wahns. Thieme, Stuttgart-New York 1958

Corin, E., Lauzon, G.: Positive withdrawal and the quest for meaning: the reconstruction of experience among schizophrenics. Psychiat. 55 (1992) 266-278

Corin, E., Lauzon, G.: From symptoms to phenomena: The articulation of experience in schizophrenia. J. Phenomen. Psychol. 25 (1994) 3-50

Cornblatt, B.A., Lenzenwenger, M.F., Dworkin, R.H., Erlenmeyer-Kimling, L.: Aufmerksamkeitsdysfunktionen in der Kindheit als Prädikator für soziale Defizite bei nicht-erkrankten Erwachsenen mit Schizophrenierisiko. In: Brenner, H. D., Böker, W. (Hrsg.): Verlaufsprozesse schizophrener Erkrankungen. Huber, Bern-Göttingen-Toronto 1992

Corrigan, P.W., Liberman, R.P., Engel, J.D.: From noncompliance to collaboration in the treatment of schizophrenia. Hosp. Comm. Psychiat. 41 (1990) 1203-1211

Coursey, R.D.: Psychotherapy with persons suffering from schizophrenia: the need for a new agenda. Schiz. Bull. 15 (1989) 349-353

Coursey, R.D., Keller, A.B., Farrell, E.W.: Individual psychotherapy and persons

with serious mental illness: the clients' perspective. Schiz. Bul. 21 (1995) 283-301
Cramer, P., Weegmann, M., O'Neil, M.: Schizophrenia and the perception of emotions: How accurately do schizophrenics judge the emotional states of others? Brit. J. Psychiat. 155 (1989) 153-164
Cranach, M.v., Finzen, A.: Sozialpsychiatrische Texte. Psychische Krankheit als sozialer Prozeß. Springer, Berlin-Heidelberg-New York 1972
Crow, T.J.: Molecular pathology of schizophrenia: more than one disease process? Brit. Med. J. 280 (1980) 66-68
Crow, T.J., Done, D.J., Sacker, A.: Childhood precursors of psychosis as clues to its evolutionary orgins. Eur. Arch. Psychiat. Clin. Neurosci. 245 (1995) 61-69
Cuesta, M.J., Peralta, V., Caro, F., de Leon, J.: Is poor insight in psychotic disorders associated with poor performance on the Wisconsin Card Sorting Test? Am. J. Psychiat. 152 (1995) 1380-1382
Curson, D.A, Pantelis, C., Ward, J., Barnes, E.: Institutionalism and schizophrenia 30 years on. Clinical poverty and the social enviroment in three British mental hospitals in 1960 compared with a fourth in 1990. Brit. J. Psychiat. 160 (1992) 230-241
Daley, D.C., Bowler, K., Cahalane, H.: Approaches to patient and family education with affective disorders. Pat. Educ. Counsel 19 (1992) 163-174
Damasio, A.R.: Descartes' Irrtum – Fühlen, Denken und das menschliche Gehirn. List, München-Leipzig 1994
Dauwalder, H.P.: Psychische Gesundheit – »Präventives Verhalten« statt »Prävention«. Erfahrungen aus der Sekundärprävention der Schizophrenie. In: Stark, W. (Hrsg.): Lebensweltbezogene Prävention und Gesundheitsförderung: Konzepte und Strategien für die psychosoziale Praxis. Lambertus, Freiburg i. Br. 1989
Dauwalder, H.P., Ciompi, L., Aebi, E., Hubschmid, T.: Ein Forschungsprogramm zur Rehabilitation psychisch Kranker – IV. Untersuchungen zur Rolle von Zukunftserwartungen bei chronisch Schizophrenen. Nervenarzt 55 (1984) 257-264
David, A.S.: Insight and psychosis. Brit. J. Psychiat. 156 (1990) 798-808
David, A., van Os, J., Jones, P., Harvey, I., Foerster, A., Fahy, Th.: Insight and psychotic illness – cross-sectional and longitudinal associations. Brit. J. Psychiat. 167 (1995) 621-628
Davidhizar, R.E.: Beliefs, feelings and insight of patients with schizophrenia about taking medication. J. Adv. Nurs. 12 (1987) 177-182
Davis, J.O., Phelps, J.A., Bracha, H.St.: Prenatal development of monozygotic twins and concordance for schizophrenia. Schiz. Bull. 21 (1995) 357-366
Deger-Erlenmaier, H. (Hrsg.): Wenn nichts mehr ist, wie es war: Angehörige psychisch Kranker bewältigen ihr Leben. Psychiatrie-Verlag, Bonn 1992
De Jesus Mari, J., Streiner, D.L.: An overview of family interventions and relapse on schizophrenia: meta-analysis of research findings. Psychol. Med. 24 (1994) 565-578
Derissen, W.: Krankheitsverarbeitung und Krankheitsverlauf bei schizophrenen Psychosen. Fortschr. Neurol. Psychiat. 57 (1989) 434-439
DeSisto, M., Harding, C.M., MacCormick, R.V., Ashikaga, T., Brooks, G.W.: The Maine and Vermont three-decade-studies of serious mental illness. Brit. J. Psychiat. 167 (1995) 331-342
Dewald, P.A.: Principles of supportive psychotherapy. Am. J. Psychother. 48 (1994) 505-518
Dittmann, J., Schüttler, R.: Bewältigungs- und Kompensationspsychismen bei Patienten mit endogenen Psychosen aus dem schizophrenen Formenkreis. Psychiat. Prax. 16 (1989) 126-130
Dittmann, J., Schüttler, R.: Autoprotektive Mechanismen bei Patienten mit schizophrenen Psychosen – Kompensation und Bewältigung. Fortschr. Neurol. Psychiat. 58 (1990 a) 473-483
Dittmann, J., Schüttler, R.: Disease consciousness and coping strategies of patients with schizophrenic psychosis. Acta Psychiatr. Scand. 82 (1990 b) 318-322
Dittmann, J., Schüttler, R.: Bewältigungs- und Kompensationsstrategien bei Patienten mit Enzephalomyelitis disseminata (MS) und bei Patienten mit schizophrenen Psychosen. Rehab. 31 (1992) 98-103
Docherty, J.P., Van Kammen, D.P., Siris,

S.G., Marder, S.R.: Stages of onset of schizophrenic psychoses. Am. J. Psychiat. 135 (1978) 420-426

Dörner, K.: Treten mehr als schizophren diagnostizierte Patienten während des Wehrpflichtdienstes oder des Wehrersatzdienstes auf? Spektrum 3 (1994) 88-92

Dörner, K., Egetmeyer, A., Koenning, K. (Hrsg.): Freispruch der Familie. Psychiatrie-Verlag, Bonn 1991

Dörner, K., Plog, U.: Sozialpsychiatrie. Luchterhand, Neuwied 1972

Dörner, K., Plog, U.: Irren ist menschlich. Lehrbuch der Psychiatrie/Psychotherapie. Psychiatrie-Verlag, Rehburg-Loccum, neubearb. Ausg., 1. Aufl. 1984

Dörr, R., Morisse, K., Weiland, I.: Psychose hat viele Gesichter. Erfahrungen mit einer tagesklinischen Gesprächsgruppe. Soz. Psychiat. 18/4 (1994) 9-11

Dohrenwend, B.P., Shrout, P.E., Link, B.G., Skodol, A.E.: Social and psychological risk factors for episodes of schizophrenia. In: Häfner, H., Gattaz, W. F., Janzarik, W. (Hrsg.): Search for the causes of schizophrenia. Springer, Berlin-Heidelberg-New York 1987

Drake, R.E., Osher, F.C., Wallach, M.A.: Alcohol use and abuse in schizophrenia. J. Nerv. Ment. Dis. 7 (1989) 408-414

Drake, R.E., Sederer, L.I.: The adverse effects of intensive treatment of chronic schizophrenia. Compreh. Psychiat. 27 (1986) 313-326

Drury, V., Birchwood, M., Cochrane, R., Macmillan, F.: Cognitive therapy and recovery from acute psychosis: a controlled trial. I. Impact on psychotic symptoms. Brit. J. Psychiat. 168 (1996 a) 593-601

Drury, V., Birchwood, M., Cochrane, R., Macmillan, F.: Cognitive therapy and recovery from acute psychosis: a controlled trial. II. Impact on recovery time. Brit. J. Psychiat. 169 (1996 b) 602-607

Dürr, H., Hahlweg, K.: Psychoedukative Familienbetreuung als verhaltenstherapeutischer Ansatz zur Bewältigung schizophrener Psychosen. In: Stark, A. (Hrsg.): Verhaltenstherapeutische und psychoedukative Ansätze im Umgang mit schizophren Erkrankten. DGVT, Tübingen 1996

Eaton, W.W., Thara, R., Federman, B., Melton, B., Liang, K.: Structure and course of positive and negative symptoms in schizophrenia. Arch. Gen. Psychiat. 52 (1995) 127-134

Eckman, T.A., Liberman, R.P., Phipps, C.C., Blair, K.E.: Teaching medication management skills to schizophrenic patients. J. Clin. Psychopharmacol. 1 (1990) 33-38

Eckmann, T. A., Wirshing, W. C., Marder, S. R., Liberman, R. P., Johnston-Cronk, K., Zimmermann, K., Mintz, J.: Technique for training schizophrenic patients in illness self-management: a controlled trial. Am. J. Psychiat. 149 (1992) 1549-1555

Eggers, C.: Stimulus barrier model of schizophrenia: convergence of neurobiological and developmental-psychological factors. In: Eggers, C. (Hrsg.): Schizophrenia and youth – etiology and therapeutic consequences. Springer, Berlin-Heidelberg-New York 1991

Eikmeier, G.: Neuroleptika – Verordnung und Tardives-Dyskinesie-Risiko. München. Med. Wschr. 137 (1995) 343-345

Eikmeier, G., Lodemann, E., Pieper, L., Gastpar, M.: Cannabiskonsum und Verlauf schizophrener Psychosen. Sucht 37 (1991) 377-382

Elkis, H., Friedman, L., Wise, A., Meltzer, H.Y.: Meta-analyses of studies of ventricular enlargement and cortical sulcal prominence in mood disorders. Arch. Gen. Psychiat. 52 (1995) 735-745

Elliott, R., Shakian, B.J.: The neuropsychology of schizophrenia: relations with clinical and neurobiological dimensions. Psychol. Med. 25 (1995) 581-594

Engler, J. S., Gebhardt, R., Saupe, R., Stieglitz, R.-D.: Erfassung von Krankheitsbewältigung. Validierungsstudie zur »Ways of Coping Checklist« (WCCL) bei schizophrenen Patienten. Z. Klin. Psychol. 22 (1993) 77-82

Falloon, I.R.H.: Developing and maintaining adherence to long-term drug taking regimes. Schiz. Bull. 10 (1984) 412-417

Falloon, I.R.H.: Das Familienmanagement der Schizophrenie. In: Retzer, A. (Hrsg.): Die Behandlung psychotischen Verhaltens. Auer, Heidelberg 1991

Feldmann, R., Buchkremer, G., Minneker-Hügel, E., Hornung, P.: Fragebogen zur Erfassung der Familienatmosphäre (FEF): Einschätzung des emotionalen

Angehörigenverhaltens aus der Sicht schizophrener Patienten. Diagnostica 4 (1995) 334-348

Fenner, D., Heiner, St., Rickertsen, M., Thorbecke, R.: Informationsgruppen für Patienten mit Epilepsie in der Klinik. Psycho 21 (1995) 22-28

Fiedler, P.: Problemorientierte Arbeitsgruppen in der Psychotherapie. Verhaltensmodif. Verhaltensmed. 8 (1987) 111-133

Fiedler, P.: Wirkfaktoren und Änderungskonzepte in der Verhaltenstherapie. Verhaltensth. Psychosoz. Prax. 2 (1991) 131-143

Fiedler, P.: Die unsinnige Überzeugung mancher Therapeuten, auf ein zielgerichtetes Engagement und Expertentum verzichten zu müssen. Verhaltensmodif. Verhaltensmed. 15 (1994) 68-76

Fiedler, P.: Psychoedukative Verhaltenstherapie in Gruppen. Verhaltensmod. Verhaltensmed. 1 (1995) 35-53

Fiedler, P.A., Buchkremer, G.: Psychotherapie bei Patienten mit schizophrenen Störungen: Indikation und Kombination von verhaltens- und sozialtherapeutischen Maßnahmen. In: Fiedler, P.A., Franke, A., Howe, J., Kury, H., Möller, H.J. (Hrsg.): Herausforderungen und Grenzen der klinischen Psychologie. DGVT-Verlag, Tübingen 1982

Fiedler, P.A., Niedermeier, T., Mundt, C.: Gruppenarbeit mit Angehörigen schizophrener Patienten. Psychologie Verlags Union, München-Weinheim 1986

Finn, S.E., Bailey, J.M., Schultz, R.T., Faber, R.: Subjective utility ratings of neuroleptics in treating schizophrenia. Psychol. Med. 20 (1990) 843-848

Finzen, A.: Schizophrenie – Die Krankheit verstehen. Psychiatrie-Verlag, Bonn 1993 (a)

Finzen, A.: Medikamentenbehandlung bei psychischen Störungen. Psychiatrie-Verlag, 10. Aufl. Bonn 1993 (b)

Finzen, A.: »Der Verwaltungsrat ist schizophren« – Die Krankheit und das Stigma. Psychiatrie-Verlag, Bonn 1996

Flaum, M., Swayze, V.W., O'Leary, D.S., Yuh, W.T.C., Erhardt, J.C., Arndt, St.V., Andreasen, N.C.: Effects of diagnosis, laterality, and gender on brain morphology in schizophrenia. Am. J. Psychiat. 152 (1995) 704-714

Fleischhacker, W. W., Meise, U., Günther, V., Kurz, M.: Compliance with antipsychotic drug treatment: influence of side effects. Acta Psychiatr. Scand. 89 (1994) suppl. 11-15

Flekkøy, K.: Epidemiologie und Genetik. In: Kisker, K.P., Lauter, H., Meyer, J.-E., Müller, C., Strömgren, E. (Hrsg.): Psychiatrie der Gegenwart, Bd. 4: Schizophrenien. Springer, Berlin-Heidelberg-New York 1987

Freedman, R., Waldo, M., Bickford-Wimer, P., Nagamoto, H.: Elementary neuronal dysfunction in schizophrenia. Schiz. Res. 4 (1991) 233-243

Frith, C.D., Done, D. J.: Towards a neuropsychology of schizophrenia. Brit. J. Psychiatr. 153 (1988) 437-443

Frith, C.D., Leary, J., Cahill, C., Johnstone, E.C.: Disabilities and circumstances of schizophrenic patients – a follow-up-study. IV. Performance on psychological tests, demographic and clinical correlates of the results of these tests. Brit. J. Psychiat. 159 (1991) suppl. 13, 26-29

Gaebel, W.: Kombinationen von Psychopharmaka bei schizophrenen Erkrankungen. Münch. Med. Wschr. 134 (1992) 812-815

Gaebel, W.: Die neuroleptische Intervalltherapie. In: Hinterhuber, H., Fleischhacker, W.W., Meise, U. (Hrsg.): Die Behandlung der Schizophrenien – State of the Art. Integrative Psychiatrie, Innsbruck-Wien 1995

Gaebel, W., Frick, U., Köpcke, W., Linden, M., Müller, P., Müller-Spahn, F., Pietzker, A., Tegeler, J.: Early neuroleptic intervention in schizophrenia: are prodromal symptoms valid predictors of relapse? Brit. J. Psychiat. 163 (1993) suppl. 8-12

Gaebel, W., Wölver, W.: Facial expression and emotional face recognition in schizophrenia and depression. Eur. Arch. Psychiat. Clin. Neurosci. 242 (1992) 46-52

Galdos, P.M., van Os, J.J., Murray, R.M.: Puberty and the onset of psychosis. Schiz. Res. 10 (1993) 7-14

Garfield, D.A.S., Rogoff, M.L., Steinberg, S.: Affect recognition and self-esteem in schizophrenia. Psychopathol. 20 (1987) 225-233

Gebhardt, R., Stieglitz, R.-D.: Schizophrenie. In: Linden, M., Hautzinger, M. (Hrsg.): Verhaltenstherapie. Springer, Berlin-Heidelberg-New York, 2. Aufl.

1993
Geddes, J.R., Kendell, R.E.: Schizophrenic subjects with no history of admission to hospital. Psychol. Med. 25 (1995) 859-868

Geiselhart, H., Maul, T.: Schizophrenie und Alkoholmißbrauch. Krankenhauspsychiat. 4 (1993) 159-163

Gerlach, J.: Oral versus depot administration of neuroleptics in relapse prevention. Acta Psychiatr. Scand. 89 (1994) suppl. 28-32

Gerlach, J., Peacock, L.: New antipsychotics: the present status. Internat. Clin. Psychopharm. 10 (1995) suppl. 3, 3948

Gilbert, P.S., Harris, J., McAdams, L.A., Jeste, D.V.: Neuroleptic withdrawal in schizophrenic patients. Arch. Gen. Psychiat. 52 (1995) 173-188

Gingerich, E., Golden, S., Holley, D., Nemser, J., Nuzzola, P., Pollen, L.: The therapist as psychoeducator. Hosp. Comm. Psychiat. 43 (1992) 928-930

Goldberg, T.E., Gold, J.M., Greenberg, R., Griffin, S.J., Schulz, S.Ch., Pickar, D., Kleinman, J.E., Weinberger, D.R.: Contrasts between patients with affective disorders and patients with schizophrenia on a neuropsychological test battery. Am. J. Psychiat. 150 (1993 a) 1355-1362

Goldberg, T.E., Greenberg, R.D., Griffin, S.J., Gold, J.M., Kleinman, J.E., Pickar, D., Schulz, S.Ch., Weinberger, D.R.: The effect of clozapine on cognition and psychiatric symptoms in patients with schizophrenia. Brit. J. Psychiat. 162 (1993 b) 43-48

Goldberg, T.E., Torrey, E.F., Gold, J.M., Ragland, J.D., Bigelow, L.B., Weinberger, D.R.: Learning and memory in monozygotic twins discordant for schizophrenia. Psychol. Med. 23 (1993 c) 71-85

Goldman, C.R.: Toward a definition of psychoeducation. Hosp. Comm. Psychiat. 39 (1988) 666-668

Goldman, C.R.; Quinn, F.L.: Effects of a patient education program in the treatment of schizophrenia. Hosp. Comm. Psychiat. 39 (1988) 282-286

Goldstein, M.J.: Psychosocial strategies for maximizing the effects of psychotropic medications for schizophrenia and mood disorder. Psychopharm. Bull. 28 (1992) 237-240

Gottesman, I.I.: Schizophrenie. Ursachen, Diagnosen, Verlaufsformen. Spektrum, Heidelberg-Berlin-Oxford 1993

Grawe, K.: Grundriß einer Allgemeinen Psychotherapie. Psychotherapeut 40 (1995) 130-145

Grawe, K., Donati, R., Bernauer, F.: Psychotherapie im Wandel. Von der Konfession zur Profession. Hogrefe, Göttingen-Bern-Toronto, 2. Aufl. 1994

Green, M.F.: Cognitive remediation in schizophrenia: Is it time yet? Am. J. Psychiat. 150 (1993) 178-187

Green, M.F.: What are functional consequences of neurocognitive deficits in schizophrenia? Am. J. Psychiat. 153 (1996) 321-330

Greenberg, L., Fine, S.B., Cohen, C., Larson, K., Michaelson-Baily, A., Rubinton, P.: An interdisciplinary psychoeducation program for schizophrenic patients and their families in acute care setting. Hosp. Comm. Psychiat. 39 (1988) 277-282

Greenfeld, D., Strauss, J.S., Bowers, M.B., Mandelkern, M.: Insight and interpretation of illness in recovery from psychosis. Schiz. Bull. 15 (1989) 245-252

Gross, G.: Basissymptome und Coping Behavior bei Schizophrenen. In: Böker, W., Brenner, H.D. (Hrsg): Bewältigung der Schizophrenie. Huber, Bern-Stuttgart-Toronto 1986

Gross, G., Huber, G., Klosterkötter, J.: Früherkennung der Schizophrenie. Fundam. Psychiat. 5 (1991) 172-178

Groth, K., Schönbergen, R.: Arbeitstherapie – Brücke zwischen Klinik und Alltag. In: Bock, T., Weigand, H. (Hrsg): Hand-werksbuch Psychiatrie. Psychiatrie-Verlag, Bonn 1991

Grüsser, O.J.: Impairment of perception and recognition of faces, facial expression and gestures in schizophrenic children and adolescents. In: Eggers, C. (Hrsg): Schizophrenia and youth. Springer, Berlin-Heidelberg-New York 1991

Gruyters, T., Priebe, S.: Die Bewertung psychiatrischer Behandlung durch die Patienten – Resultate und Probleme der systematischen Erforschung. Psychiat. Prax. 21 (1994) 88-95

Günther, R., Kröner, B., Seidensticker-Loh, F., Zayas, F.C.: Training zum Umgang mit Symptomen und Medikamenten für schizophren Erkrankte. Kran-

kenhauspsychiat. 5 (1994) 162-165
Gur, R.E., Pearlson, G.D.: Neuroimaging in schizophrenia research. Schiz. Bull. 19 (1993) 337-353
Haase, H.J.: Therapie mit Psychopharmaka und anderen psychotropen Medikamenten. Schattauer, 1. Aufl. Stuttgart 1972.
Häfner, H.: Rehabilitation Schizophrener. Z. Klin. Psych. 3 (1988) 187-209
Häfner, H., Maurer, K.: Are there two types of schizophrenia? True onset and sequence of positive and negative syndroms prior to the first admission. In: Marneros, A., Andreasen, N.C., Tsuang, M.T. (Hrsg.): Negative versus positive schizophrenia. Springer Verlag, Berlin-Heidelberg 1991
Häfner, H., Riecher, A., Maurer, K., Fätkenheuer, B., Löffler, W., an der Heiden, W., Munk-Jørgensen, P., Stromgren, E.: Geschlechtsunterschiede bei schizophrenen Erkrankungen. Fortschr. Neurol. Psychiat. 59 (1991) 343-360
Hahlweg, K., Dürr, H., Müller, U.: Familienbetreuung schizophrener Patienten. Psychologie Verlags Union, Weinheim 1995
Haltenhof, H., Bühler, K.-E.: Ethische Aspekte von Psychotherapie und Psychopharmakotherapie. Ethik Med. 4 (1992) 172-180
Hamera, E., Handley, S., Plumlee, A.A., Frank-Ragan, E.: Patient self-regulation and functioning in schizophrenia. Hosp. Comm. Psychiat. 42 (1991) 630-631
Hansson, L.: Patient satisfaction with inhospital psychiatric care. Eur. Arch. Psychiatr. Neurol. Sci. 239 (1989) 93-100
Haracz, J.: Neural plasticity in schizophrenia. Schiz. Bull. 11 (1985) 191-229
Hardesty, J., Falloon, I.R.H., Shirin, K.: The impact of life events, stress, and coping on the morbidity of schizophrenia. In: Falloon, I.R.H. (Hrsg.): Family management of schizophrenia. John Hopkins, Baltimore 1985
Harding, C.M.: Course types in schizophrenia: an analysis of European and American studies. Schiz. Bull. 14 (1988) 633-643
Harding, C.M., Brooks, G.W., Ashikaga, T., Strauss, J.S., Breier, A.: The Vermont longitudinal study of persons with severe mental illness, I.: methodology, study sample, and overall status 32 years later. Am. J. Psychiat. 144 (1987 a) 718-726
Harding, C.M., Brooks, G.W., Ashikaga, T., Strauss, J.S., Breier, A.: The Vermont longitudinal study of persons with severe mental illness, II: Longterm outcome of subjects who retrospectively met DSM-III criteria for schizophrenia. Am. J. Psychiat. 144 (1987 b) 727-735
Harding, C.M., Zubin, J., Strauss, J.S.: Chronizität bei Schizophrenie: Eine Neueinschätzung. In: Brenner, H.D., Böker, W. (Hrsg.): Verlaufsprozesse schizophrener Erkrankungen. Huber, Bern-Göttingen-Toronto 1992
Harrison, G., Croudace, T., Mason, P., Glazebrook, C., Medley, I.: Predicting the longterm outcome of schizophrenia. Psychol. Med. 26 (1996) 697-705
Hatfield, A.: Patients' accounts of stress and coping in schizophrenia. Hosp. Comm. Psychiat. 40 (1989) 1141-1145
Heaton, R., Paulsen, J.S., McAdams, L.A., Kuck, J., Zisook, S., Braff, D., Harris, J., Jeste, D.V.: Neuropsychological deficits in schizophrenics. Relationship to age, chronicity, and dementia. Arch. Gen. Psychiat. 51 (1994) 469-476
Hegarty, J.D., Baldessarini, R.J., Tohen, M., Waternaux, C., Oepen, G.: One hundred years of schizophrenia: a meta-analysis of the outcome literature. Am. J. Psychiat. 151 (1994) 1409-1416
Heim, E.: Krankheitsbewältigung. In: Heim, E., Willi, J. (Hrsg): Psychosoziale Medizin II. Springer, Berlin-Heidelberg-New York 1986
Heinrich, K.: Leitlinien neuroleptischer Therapie. Springer, Berlin-Heidelberg-New York 1990
Heinrichs, D.W., Cohen, B.P., Carpenter, W.T.: Early insight and the management of schizophrenic decompensation. J. Nerv. Ment. Dis. 173 (1985) 133-138
Held, T., Bockhorn, M., Boonen, M., Holler, G., Knahl, A.: Modellprojekt »Schizophreniebehandlung der Familie«. Bundesministerium für Gesundheit (Hrsg.), Nomos, Baden-Baden 1993
Helgason, L.: Twenty years' follow-up of first psychiatric presentation for schizophrenia: what could have been prevented? Acta Psychiatr. Scand. 81 (1990) 231-235

Hell, D., Fischer-Gestefeld, M.: Schizophrenie: Verständigungsgrundlagen und Orientierungshilfen. Springer, Berlin-Heidelberg-New York 1993

Helmchen, H.: Aufklärung über Aufklärung. Münch. med. Wschr. 132 (1990) 491-492

Helmchen, H.: Aufklärung über Spätyperkinesen. Nervenarzt 62 (1991) 265-268

Hemsley, D.R.: Information processing and schizophrenia. In: Straube, E.R., Hahlweg, K. (Hrsg): Schizophrenia. Concepts, vulnerability, and intervention. Springer, Berlin-Heidelberg-New York 1990

Hemsley, D.R.: A simple (or simplistic?) cognitive model for schizophrenia. Behav. Res. Ther. 31 (1993) 633-645

Hermle, L., Spitzer, M., Borchardt, D., Gouzoulis, E.: Beziehungen der Modellbzw. Drogenpsychosen zu schizophrenen Erkrankungen. Fortschr. Neurol. Psychiat. 60 (1992) 383-392

Herz, M.I., Glazer, W., Mostert, M., Sheard, M.A., Szymanski, H.V., Hafez, H., Mirza, M., Vana, J.: Intermittent vs. maintenance medication in schizophrenia: Two-year results. Arch. Gen. Psychiat. 48 (1991) 333-339

Herz, M.I., Glazer, W., Mirza, M., Mostert, M., Hafez, H., Smith, P., Trigoboff, E., Miles, D., Simon, J., Finn, J., Schohn, M.: Die Behandlung prodromaler Episoden zur Prävention von Rückfällen in der Schizophrenie. In: Böker, W., Brenner, H.D.(Hrsg.): Schizophrenie als systemische Störung. Huber, Bern-Stuttgart-Toronto 1989

Herz, M.I., Melville, C.: Relapse in schizophrenia. Am. J. Psychiat. 137 (1980) 801-805

Hirsch, S., Cramer, P., Jolley, A., Dikkenson, M., Haw, C.: Die Rolle von life events beim schizophrenen Rückfall. In: Brenner, H.D., Böker, W., (Hrsg): Verlaufsprozesse schizophrener Erkrankungen. Huber, Bern-Göttingen-Toronto 1992

Hodel, B., Brenner, H.D.: Ein Trainingsprogramm zur Bewältigung von maladaptiven Emotionen bei schizophren Erkrankten. Nervenarzt 67 (1996) 564-571

Hoffmann, H.: Schizophrenietheorie und Gemeindepsychiatrie - Folgerungen aus aktuellen Modellvorstellungen für die Vesorgung. Psychiat. Prax. 22 (1995) 3-8

Hofmann, P., Melisch, B., Zapotoczky, H.G., Kulhanek, F.: Neuroleptische Niedrigdosis-Langzeitstrategie und intermittierende Behandlungsstrategien bei chronisch Schizophrenen — ein kritischer Überblick. Fortschr. Neurol. Psychiat. 61 (1993) 195-200

Hogan, T.P., Awad, A.G.: Subjective response to neuroleptics and outcome in schizophrenia: a re-examination comparing two measures. Psychol. Med. 22 (1992) 347-352

Hogarty, G.E.: Prevention of relapse in chronic schizophrenic patients. J. Clin. Psychiat. 54 (1993) suppl. 18-23

Hogarty, G.E., Anderson, C.: Eine kontrollierte Studie über Familientherapie, Training sozialer Fertigkeiten und unterstützender Chemotherapie in der Nachbehandlung Schizophrener: Vorläufige Effekte auf Rezidive und Expressed Emotion nach einem Jahr. In: Böker, W., Brenner, H.D. (Hrsg.): Bewältigung der Schizophrenie. Huber, Bern-Stuttgart-Toronto 1986

Hogarty, G.E., Kornblith, S.J., Greenwald, D., DiBarry, A.L., Cooley, S., Flesher, S., Reiss, D., Carter, M., Ulrich, R.: Personal therapy: A disorder-relevant psychotherapy for schizophrenia. Schiz. Bull. 3 (1995) 379-393

Hornung, W.P.: Kooperative Pharmakotherapie. Deutsch. Ärztebl. 93 (1996 a) 1151-1154

Hornung, W.P.: Was kann Psychoedukation bei schizophrenen Patienten erreichen? Nervenheilk. 15 (1996 b) 141-144

Hornung, W.P., Buchkremer, G.: Psychoeduktive Interventionen zur Rezidivprophylaxe schizophrener Psychosen. In: Rifkin, A., Osterheider, M. (Hrsg.): Schizophrenie – aktuelle Trends und Behandlungsstrategien. Springer, Berlin-Heidelberg-New York 1992

Hornung, W.P., Franzen, U., Lemke, R., Wiesemann, C., Buchkremer, G.: Kann Psychoeduktion bei chronisch schizophrenen Patienten kurzfristig medikationsbezogene Einstellungen und Verhaltensweisen beeinflussen? Psychiat. Prax. 20 (1993) 152-154

Hornung, W.P., Holle, R., Schulze Mönking, H., Klingberg, S., Buchkremer, G.: Psychoedukativ-psychotherapeutische Behandlung von schizophrenen Patienten und ihren Bezugspersonen. Nervenarzt 66 (1995) 828-834

Huber, G.: Das Konzept substratnaher Basissymptome und seine Bedeutung für Theorie und Therapie schizophrener Erkrankungen. Nervenarzt 54 (1983) 23-32

Huber, G.: Anmerkungen des Herausgebers. In: Gottesman, I.I.: Schizophrenie. Ursachen, Diagnosen, Verlaufsformen. Spektrum, Heidelberg-Berlin-Oxford 1993

Huber, G.: Prodrome der Schizophrenie. Fortschr. Neurol. Psychiat. 63 (1995) 131-138

Huber, G., Gross, G., Schüttler, R.: Schizophrenie. Eine Verlaufs- und sozialpsychiatrische Langzeitstudie. Springer, Berlin-Heidelberg-New York 1979

Huber, G., Gross, G.: Schmerzerlebnisse der Schizophrenie. Psycho 20 (1994) 145-153

Hubschmid, T.: Psychotherapie in der psychiatrischen Institution – über Therapie am anderen Pol des diagnostischen Spektrums. Psychiat. Prax. 20 (1993) 141-144

Hubschmid, T., Ciompi, L.: Prädiktoren des Schizophrenieverlaufs – eine Literaturübersicht. Fortschr. Neurol. Psychiat. 58 (1990) 359-366

Huguelet, Ph., Favre, S., Binyet, S., Gonzalez, Ch., Zabala, I.: The use of the expressed emotion index as a predictor of outcome in first admitted schizophrenic patients in an french speaking area of switzerland. Acta Psychiatr. Scand. 92 (1995) 447-452

Huttunen, M.O., Machon, R.A., Mednick, S.A.: Prenatal factors in the pathogenesis of schizophrenia. Brit. J. Psychiat. 164 (1994) suppl. 15-19

Hyde, T.S., Nawroz, S., Goldberg, T.E., Bigelow, L.B., Strong, D., Ostrem, J.L. Weinberger, D.R., Kleinman, J.E.: Is there cognitive decline in schizophrenia? Brit. J. Psychiat. 164 (1994) 494-500

Ilisei, G.: Psychose-Seminare – Ein Erfahrungsbericht aus Baden-Württemberg. Soz. Psychiat. 18/4 (1994) 17-19

Irle, G., Pörksen, N.: Soziale Interaktion bei wieder und nicht wieder erkrankten Schizophrenen (Teil 1+2). Nervenarzt 42 (1971) 466-523

Jablensky, A., Sartorius, N., Ernberg, G. et al.: Schizophrenia: manifestations, incidence and course in different cultures. Psychol. Med. (1992) monograph suppl. 20

Johnson, S., Orrell, M.: Insight and psychosis: a social perspective. Psychol. Med. 25 (1995) 515-520

Johnstone, E.C., Frith, C.D.: Validation of three dimensions of schizophrenic symptoms in a large unselected sample of patients. Psychol. Med. 26 (1996) 669-679

Jolley, A.G., Hirsch, S.R., Morrison, E., McRink, A., Wilson, L.: Trial of brief intermittent neuroleptic prophylaxis for selected schizophrenic outpatients: clinical and social outcome at two years. BMJ 301 (1990) 837-842

Jonasson, S., Buchkremer, G.: Angehörigen- und Angehörigenselbsthilfegruppen in der Behandlung schizophrener Patienten. Syst. Fam. 2 (1989) 157-164

Jones, P., Bodgers, B., Murray, R., Marmot, M.: Child developmental risk factors for adult schizophrenia in the British 1946 birth cohort. Lancet 344 (1994) 1398-1402

Jørgensen, P.: Recovery and insight in schizophrenia. Acta Psychiatr. Scand. 92 (1995) 436-440

Kaluzny-Streicker, S., Amdur, M., Dincin, J.: Educating patients about psychiatric medications: failure to enhance compliance. Psychosoc. Rehabil. J. 9 (1986) 15-28

Kanas, N.: Group therapy with schizophrenics: a review of controlled studies. Int. J. Group. Psychother. 36 (1986) 339-351

Kane, J.M.: Prevention and treatment of neuroleptic noncompliance. Psychiatr. Ann. 16 (1986) 576-579

Kane, J.M.: Dosing issues and depot medication in the maintenance treatment of schizophrenia. Internat. Clin. Psychopharm. 10 (1995) suppl. 3, 65-71

Kane, J.M., Freeman, H.L.: Towards more effective antipsychotic treatment. Br. J. Psychiat. 165 (1994) 22-31

Kane, J.M., Marder, S.: Psychopharmacologic treatment of schizophrenia. Schiz. Bull. 19 (1993) 287-302

Kane, J.M., Smith, J.M.: Tardive dyskinesia – prevalence and riskfactors. Arch. Gen. Psychiat. 39 (1987) 470-481

Kanter, J., Lamb, H.R., Loeper, C.: Expressed emotion: in reply. Hosp. Comm. Psychiat. 38 (1987) 1118-1119

Kapfhammer, H.P.: Psychische Störungen im Zusammenhang von Geburt und Wochenbett. Münchn. med. Wschr. 135 (1993) 31-35

Katschnig, H., Konieczna, T.: Was ist an Angehörigenarbeit wirksam? – Eine Hypothese. In: Böker, W., Brenner, H.D. (Hrsg.): Schizophrenie als systemische Störung. Huber, Bern-Stuttgart-Toronto 1989

Kavanagh, D.J.: Recent developments in expressed emotion and schizophrenia. Brit. J. Psychiat. 160 (1992) 601-620

Kelly, G.R., Mamon, J.A., Scott, J.E.: Utility of the health belief model in examining medication compliance among psychiatric outpatients. Soc. Sci. Med. 25 (1987) 1205-1211

Kemp, R., David, A.: Psychological predictors of insight and compliance in psychotic patients. Brit. J. Psychiat. 169 (1996) 444-450

Kemp, R., Hayward, P., Applewhaite, G., Everitt, B., David, A.: Compliance therapy in psychotic patients: randomised controlled trial. BMJ 312 (1996) 345-349

Kendell, R.E., Juszczak, E., Cole, S.K.: Obstetric complications and schizophrenia: a case control study based on standardised obstetric records. Brit. J. Psychiat. 168 (1996) 556-561

Kendler, K.S., Diehl, S.R.: The genetics of schizophrenia: a current, genetic-epidemiologic perspective. Schiz. Bull. 19 (1993) 261-285

Kendler, K.S., Walsh, D.: Gender and schizophrenia-results of an epidemiologically-based family study. Brit. J. Psychiat. 167 (1995) 184-192

Kernbichler, A.: Zur ärztlichen Aufklärungspflicht bei Psychotikern. Nervenheilk. 11 (1992) 278-282

Kerwin, R.W., Murray, R.M.: A developmental perspective on pathology and neurochemistry of temporal lobe in schizophrenia. Schiz. Res. 7 (1992) 1-12

Kieserg, A., Hornung, W.P.: Psychoedukatives Training für schizophrene Patienten (PTS) – Ein verhaltenstherapeutisches Behandlungsprogramm zur Rezidivprophylaxe. DGVT Materialien 27, Tübingen 1994

Kingdon, D., Turkington, D.: The use of cognitive behavior therapy with a normalizing rationale in schizophrenia. J. Nerv. Ment. Dis. 179 (1991) 207-211

Kingdon, D., Turkington, D., John, C.: Cognitive behaviour therapy of schizophrenia. The amenability of delusions and hallucinations to reasoning. Brit. J. Psychiat. 164 (1994) 581-587

Kissling, W.: Neuroleptische Rezidivprophylaxe – eine verpaßte Chance? In: Rifkin, A., Osterheider, M. (Hrsg.): Schizophrenie: aktuelle Trends und Behandlungsstrategien. Springer, Berlin-Heidelberg-New York 1992 (a)

Kissling, W.: Könnte die Hälfte aller schizophrenen Rezidive vermieden werden? In: Brenner, H.D., Böker, W. (Hrsg.): Verlaufsprozesse schizophrener Erkrankungen. Huber, Bern-Göttingen-Toronto 1992 (b)

Klein, R., Orbke-Lütkemeier, E.: Späte Einsichten? Der Informationskreis Psychische Erkrankungen – ein psychoedukatives Gruppenangebot für chronisch psychisch kranke HeimbewohnerInnen. Unveröffentl. Manuskript, Bielefeld 1994

Klein, R., Orbke-Lütkemeier, E., Leuthardt, E., Gutknecht, H.: Informationskreis psychotische Erkrankungen – Eine Veranstaltungsreihe für Bewohner und Mitarbeiter im Langzeitbereich. Bethel-Beiträge 48, Bielefeld 1994

Kleinman, I., Schachter, D., Jeffries, J., Goldhamer, P.: Effectiveness of two methods for informing schizophrenic patients about neuroleptic medication. Hosp. Comm. Psychiat. 44 (1993) 1189-1191

Klimidis, S., Stuart, G.W., Minas, I.H., Copolov, D.L., Singh, B.S.: Positive and negative symptoms in the psychoses – re-analysis of published SAPS and SANS global ratings. Schiz. Res. 9 (1993) 11-18

Klimke, A., Klieser, E.: Das atypische Neuroleptikum Clozapin (Leponex©) – aktueller Kenntnisstand und neuere klinische Aspekte. Fortschr. Neurol. Pschiat. 63 (1995) 173-193

Klosterkötter, J.: Basissymptome und Endphänomene der Schizophrenie. Springer, Berlin-Heidelberg-New York 1988

Klosterkötter, J.: Minussymptomatik und kognitive Basissymptome. In: Möller, H.J., Pelzer, E. (Hrsg.): Neuere Ansätze zur Diagnostik und Therapie schizophrener Minussymptomatik. Springer, Berlin-Heidelberg-New York 1990

Klosterkötter, J.: Die Entwicklung der schizophrenen Symptome ersten Ranges. Fundam. Psychiatr. 6 (1992) 81-94

Klosterkötter, J., Alberts, M., Steinmeyer, E.M., Hensen, A., Saß, H.: The diagnostic validity of positive, negative and basic symptoms. Neurol. Psychiat. Brain Res. 2 (1994) 232-238

Knable, M.B., Weinberger, D.R.: Are mental diseases brain diseases? The contribution of neuropathology to understanding of schizophrenic psychoses. Eur. Arch. Psychiat. Clin. Neurosci. 245 (1995) 224-230

Köttgen, C.: Schizophrenie – Wider die Wahngewißheit der Psychiatrie. Eine 4-Jahres-Katamnese nach ambulanter Gruppenarbeit mit Angehörigen und Patienten. In: Thom, A., Wulff, E. (Hrsg.): Psychiatrie im Wandel. Psychiatrie-Verlag Bonn 1990

Kornhuber, J., Weller, M.: Aktueller Stand der biochemischen Hypothesen zur Pathogenese der Schizophrenien. Nervenarzt 65 (1994) 741-754

Kozaric-Kovacic, D., Folnegovic-Smalc, V., Folnegovic, Z., Marusic, A.: Influence of alcoholism on the prognosis of schizophrenic patients. J. Stud. Alcohol 56 (1995) 622-627

Kraemer, S., Hartl, L., Böhmer, M., Möller, H.-J.: Psychophysiologische und psychologische Korrelate des emotionalen Familienklimas bei schizophrenen Patienten und ihren Familienangehörigen. Nervenarzt 67 (1996) 219-228

Kraepelin, E.: Psychiatrie, Bd. 3 Barth, Leipzig 8. Aufl. 1913

Krausz, M., Sorgenfrei, T.: Der therapeutische Umgang mit Neuroleptika – Teil II: Subjektive Wirkungsfaktoren, Compliance und Konsequenzen für die Behandlungsstrategie. Psychiat. Prax. 18 (1991) 14-20

Kremen, W.S., Seidman, L.J., Pepple, J.R., Lyons, M.J., Tsuang, M.T., Faraone, S.V.: Neuropsychological risk indicators of schizophrenia: a review of family studies. Schiz. Bull. 20 (1994) 103-119

Kruckenberg, P.: Plurale Verfassung und Integration psychiatrischer Systeme. Sozialpsychiatr. Inform. 1 (1992) 54-55

Krull, F.: Psychotherapie bei Schizophrenie – Theorie und Praxis der Einzelbehandlung. Eine Übersicht. Fortschr. Neurol. Psychiat. 55 (1987) 54-67

Kühner, C., Angermeyer, M.C., Veiel, H.O.F.: Zur Wirksamkeit eines kognitiv-verhaltenstherapeutischen Gruppenprogramms bei der Rückfallprophylaxe depressiver Erkrankungen. Verhaltensther. 4 (1994) 4-12

Kulhanek, F.: Über die Bedeutung neuroleptischer Äquivalenzdosen. In: Hinterhuber, H., Fleischhacker, W.W., Meise, U. (Hrsg.): Die Behandlung der Schizophrenien – State of the Art. Integrative Psychiatrie, Innsbruck-Wien 1995

Kulhara, P.: Review outcome of schizophrenia: some transcultural observations with particular reference to developing countries. Eur. Arch. Psychiat. Clin. Neurosci. 244 (1994) 227-235

Lam, D.H.: Psychosocial family intervention in schizophrenia: a review of empirical studies. Psychol. Med. 21 (1991) 423-441

Lange, H.U.: Anpassungsstrategien, Bewältigungsreaktionen und Selbstheilversuche bei Schizophrenen. Fortschr. Neurol. Psychiat. 49 (1981) 275-285

La Roche, C., Ernst, K.: Die psychiatrische Klinikbehandlung im Urteil von 200 Kranken und ihren 15 Ärzten. Arch. Psychiat. Nervenheilk. 220 (1975) 107-116

Larsen, E.B., Gerlach, J.: Subjective experience of treatment, side-effects, mental state and quality of life in chronic schizophrenic out-patients treated with depot neuroleptics. Acta Psychiatr. Scand. 93 (1996) 381-388

Lee, P.W.H., Lieh-Mak, F., Yu, K.K., Spinks, J.A.: Coping strategies of schizophrenic patients and their relationship to outcome. Brit. J. Psychiat. 163 (1993) 177-182

Leete, E.: How I perceive and manage my illness. Schiz. Bull. 15 (1989) 197-200

Leff, J.: Interaction of environment and personality in the course of schizophrenia. In: Häfner, H., Gattaz, W.F. (Hrsg.): Search for the courses of schizophrenia, Vol. II. Springer, Berlin-Heidelberg-New York 1990

Leff, J., Sartorius, N., Jablensky, A., Korten, A., Ernberg, G.: The international pilot study of schizophrenia: five-year follow-up findings. Psychol. Med. 22 (1992) 131-145

Lefley, H.P.: Expressed emotion: conceptual, clinical, and social policy issues. Hosp. Comm. Psychiat. 43 (1992) 591-598

Lehmann, P.: Der chemische Knebel. Warum Psychiater Neuroleptika verabreichen. Antipsychiatrie, Berlin 1986

Lewandowski, L., Buchkremer, G.: Therapeutische Gruppenarbeit mit Angehörigen schizophrener Patienten – Ergebnisse zweijähriger Verlaufsuntersuchungen. Z. Klin. Psychol. 17 (1988 a) 210-222

Lewandowski, L., Buchkremer, G.: Bifokale therapeutische Gruppenarbeit mit schizophrenen Patienten und ihren Angehörigen – Ergebnisse einer 5jährigen Katamnese. In: Kaschka, W.P., Joraschky, P., Lungershausen, E. Die Schizophrenien. Tropon-Symposium, Bd. III. Springer, Berlin-Heidelberg-New York 1988 (b)

Lewandowski, L., Buchkremer, G., Hermann, T.: Zur Wirksamkeit ambulanter arbeitstherapeutischer Maßnahmen für schizophrene Patienten. Psychiat. Prax. 19 (1992) 122-128

Lewandowski, L., Buchkremer, G., Stark, M.: Das Gruppenklima und die Therapeut-Patient-Beziehung bei zwei Gruppentherapiestrategien für schizophrene Patienten – Ein Beitrag zur Klärung differentieller Therapieeffekte. Psychother. Psychosom. med. Psychol. 44 (1994) 115-121

Lewine, R.J.R.: Brain morphology in schizophrenia. Curr. Opin. Psychiat. 5 (1992) 92-97

Lewine, R.J.R., Walker, E.F., Shurret, R., Caudle, J., Haden, C.: Sex differences in neuropsychological functioning among schizophrenic patients. Am. J. Psychiat. 153 (1996) 1178-1184

Ley, P.: Satisfaction, compliance and communication. Brit. J. Clin. Psychol. 21 (1982) 241-254

Liberman, R.P., Corrigan, P.W., Schade, M.L.: Drug and psychosocial treatment interactions in schizophrenia. Int. Rev. Psychiat. 1 (1989) 283-294

Liberman, R.P., Mueser, K.T., Wallace, C.J., Jacobs, H.E., Eckman, T., Massel, H.K.: Training skills in the psychiatrically disabled: learning coping and competence. Schiz. Bull. 12 (1986) 631-647

Lieberman, J.A., Koreen, A.R.: Neurochemistry and neuroendocrinology of schizophrenia: a selective review. Schiz. Bull. 19 (1993) 371-429

Liebermann, J., Jody, D., Geisler, St., Alvir, J., Loebel, A., Szymanski, S., Woerner, M., Borenstein, M.: Time course and biologic correlates of treatment response in first-episode schizophrenia. Arch. Gen. Psychiat. 50 (1993) 369-376

Liddle, P.F.: Neurobiology of schizophrenia. Curr. Opin. Psychiat. 7 (1994) 43-46

Liddle, P.F.: Inner connections within domain of dementia praecox: role of supervisory mental processes in schizophrenia. Eur. Arch. Psychiat. Clin. Neurosci. 245 (1995) 210-215

Linden, M.: Krankheitskonzepte von Patienten. Psychiat. Prax. 12 (1985) 8-12

Linden, M.: Negative vs. positive Therapieerwartungen und Compliance vs. Non-Compliance. Psychiat. Prax. 14 (1987) 132-136

Linden, M., Chaskel, R.: Information and consent in schizophrenic patients in long-term treatment. Schiz. Bull. 3 (1981) 372-378

Linden, M., Nather, J., Wilms, H.U.: Zur Definition, Bedeutung und Messung der Krankheitskonzepte von Patienten. Die Krankheitskonzeptskala (KK-Skala) für schizophrene Patienten. Fortschr. Neurol. Psychiat. 56 (1988) 35-43

Linszen, D.H., Dingemans, P.M., Lenior, M.E.: Cannabis abuse and the course of recent-onset schizophrenic disorders. Arch. Gen. Psychiat. 51 (1994) 273-279

Loebel, A.D., Lieberman, J.A., Alvir, J.M.J., Mayerhoff, D.I., Geisler, S.H., Szymanski, S.R.: Duration of psychosis and outcome in first-episode schizophrenia. Am. J. Psychiat. 149 (1992) 1183-1188

Löffler, W., Häfner, H.: Die ökologische Verteilung schizophrener Ersterkrankungen in zwei deutschen Großstädten (Mannheim und Heidelberg). Fundam. Psychiat. 8 (1994) 103-115

Lorenzen, D.: Praxis der psychiatrischen Rehabilitation. Enke, Stuttgart 1989

Luderer, H.-J.: Kenntnis von Diagnose und medikamentöser Behandlung bei psychisch Kranken. Nervenarzt 60

(1989 a) 213-219
Luderer, H.J.: Aufklärung und Information in der Psychiatrie. Fortschr. Neurol. Psychiat. 57 (1989 b) 305-318
Luderer, H.J.: Schizophrenien. Ratgeber für Patienten und Angehörige. Trias, Stuttgart 1989 (c)
Luderer, H.J.: Schriftliche Informationen für psychisch Kranke. Fundam. Psychiatr. 4 (1990) 9-17
Luderer, H.-J.: Informationsvermittlung in der Psychiatrie (I): Diagnosemitteilung aus der Sicht von Arzt und Patient. Krankenhauspsychiat. 5 (1994 a) 121-126
Luderer, H.-J.: Informationsvermittlung in der Psychiatrie (II): Einzelgespräche, Informationsbroschüren, Informationsgruppen in der Behandlung von Schizophrenie. Krankenhauspsychiat. 5 (1994 b) 173-177
Luderer, H.-J.: Gibt es eine personenzentrierte Informationsvermittlung bei Patienten mit Schizophrenie und deren Angehörigen? GwG-Zeitschr. 97 (1995) 21-26
Luderer, H.-J., Böcker, F.M.: Clinician's information habits, patients' knowledge of diagnoses and etiological concepts in four different clinical samples. Acta Psychiatr. Scand. 88 (1993) 266-272
Luderer, H.-J., Böcker, F.M., Anders, M., Wurzner, P.: ERWIPA – ein standardisiertes Verfahren zur Erfassung des krankheitsbezogenen Wissens bei Patienten mit Schizophrenien. Psychiat. Prax. 20 (1993) 227-230
Luderer, H.J., Loskarn, W.: Die Einstellung der Ärzte zur Aufklärung psychisch Kranker. In: Böcker, F.M., Weig, W. (Hrsg.): Aktuelle Kernfragen in der Psychiatrie. Springer, Berlin-Heidelberg-New York 1988
Lücke, O.: Neugründung: Verbandslandschaft um einen Zusammenschluß reicher – Psychiatrieerfahrene organisieren sich. Eppendorfer 4 (1992) 18-19
Macpherson, R., Jerrom, B., Hughes, A.: Relationship between insight, education background and cognition in schizophrenia. Brit. J. Psychiat. 168 (1996 a) 718-722
Macpherson, R., Jerrom, B., Hughes, A.: A controlled study of education about drug treatment in schizophrenia. Brit. J. Psychiat. 168 (1996 b) 709-717

Maes, K.-D.: Körpertherapeutische Ansätze in der Psychotherapie von Psychosen. In: Hutterer-Krisch, R. (Hrsg.): Psychotherapie bei psychotischen Menschen. Springer, Wien-New York 1994
Maier, W., Lichtermann, D., Franke, P.: Ist die Schizophrenie eine genetische Einheit? In: Häfner, H. (Hrsg.): Was ist Schizophrenie? Gustav Fischer, Stuttgart-Jena-New York 1995
Malla, A.K., Cortese, L., Shaw, T.S., Ginsberg, B.: Life events and relapse in schizophrenia – a one year prospective study. Soc. Psychiat. Psychiatr. Epidemiol. 25 (1990) 221-224
Malla, A.K., Norman, R.M.: Prodromal symptoms in schizophrenia. Brit. J. Psychiat. 164 (1994) 487-493
Marder, S.R., Meibach, R.C.: Risperidone in the treatment of schizophrenia. Am. J. Psychiat. 151 (1994) 825-835
Marder, S.R., Wirshing, W.C., Mintz, J., McKenzie, J., Johnston, K., Eckman, T.A., Lebell, M., Zimmerman, K., Liberman, R.P.: Two-year outcome of social skills training and group psychotherapy for outpatients with schizophrenia. Am. J. Psychiat. 153 (1996) 1585-1592
Marder, S.R., Wirshing, W.C., Van Putten, T., Mintz, J., McKenzie, J., Johnston-Cronk, K., Lebell, M., Liberman, R.P.: Fluphenazine vs placebo supplementation for prodromal signs of relapse in schizophrenia. Arch. Gen. Psychiat. 51 (1994) 280-287
Margraf, J., Lieb, R.: Was ist Verhaltenstherapie? Versuch einer zukunftsoffenen Neucharakterisierung. Z. Klin. Psychol. 24 (1995) 1-7
Margraf, J., Schneider, S.: Panik. Angstanfälle und ihre Behandlung. Springer, Berlin-Heidelberg-New York 1989
Markowitsch, H.J.: Neuropsychologie des menschlichen Gedächtnisses. Spektr. Wiss., Sept. (1996) 52-60
Marneros, A., Andreasen, N.C.: Positive und Negative Symptomatik der Schizophrenie. Nervenarzt 63 (1992) 262-270
Marneros, A., Deister, A., Rohde, A.: Affektive, schizoaffektive und schizophrene Psychosen. Eine vergleichende Langzeitstudie. Springer, Berlin-Heidelberg-New York 1991
Marneros, A., Deister, A., Rohde, A.: Validity of the negative/positive dichotomy for schizophrenic disorders under long-

term conditions. Schiz. Res. 7 (1992) 117-123

Martensson, L.: Sollen Neuroleptika verboten werden? PMS Aktuell 3 (1988) 3-14

Mason, P., Harrison, G., Glazebrook, C., Medley, I., Dalkin, T., Croudace, T.: Characteristics of outcome in schizophrenia at 13 years. Brit. J. Psychiat. 167 (1995) 596-603

Mason, P., Harrison, G., Glazebrook, C., Medley, I., Dalkin, T., Croudace, T.: The course of schizophrenia over 13 years. A report from the international study on schizophrenia (ISoS) coordinated by the world health organization. Brit. J. Psychiat. 169 (1996) 580-586

Matussek, P.: Analytische Psychosentherapie in neuer Sicht. Nervenarzt 64 (1993) 696-705

Maurer, K., Häfner, H.: Epidemiologie positiver und negativer Symptome in der Schizophrenie. In: Häfner, H. (Hrsg.): Was ist Schizophrenie? Gustav Fischer, Stuttgart-Jena-New York 1995

Mayer-Gross, W.: Über die Stellungnahme zur abgelaufenen akuten Psychose – Eine Studie über verständliche Zusammenhänge in der Schizophrenie. Z. ges. Neurol. Psychiat. 60 (1920) 160-212

Mayer, C., Soyka, M.: Compliance bei der Therapie schizophrener Patienten mit Neuroleptika – eine Übersicht. Fortschr. Neurol. Psychiat. 60 (1992) 217-222

McCandless-Glimcher, L., McKnight, S., Hamera, E., Smith, B.L., Peterson, K.A., Plumlee, A.A.: Use of symptoms by schizophrenics to monitor and regulate their illness. Hosp. Comm. Psychiat. 37 (1986) 929-933

McCreadie, R.G., Robertson, L.J., Hall, D.J., Berry, I.: The Nithsdale schizophrenia surveys. XI: Relatives' expressed emotion. Stability over five years and its relation to relapse. Brit. J. Psychiat. 162 (1993) 393-397

McDonald-Scott, P., Machizawa, S., Satoh, H.: Diagnostic disclosure: a tale in two cultures. Psychol. Med. 22 (1992) 147-157

McEvoy, J.P., Apperson, L.J., Appelbaum, P.S., Ortlip, P., Brecosky, J., Hammil, K., Geller, J.L., Roth, L.: Insight in schizophrenia. Its relationship to acute psychopathology. J. Nerv. Ment. Dis. 177 (1989 a) 43-47

McEvoy, J.P., Freter, S., Everett, G., Geller, J.L., Apperson, J., Roth, L.: Insight and the clinical outcome of schizophrenic patients. J. Nerv. Ment. Dis. 177 (1989 b) 48-51

McEvoy, J.P., Hartman, M., Gottlieb, D., Godwin, S., Apperson, L.J., Wilson, W.: Common sense, insight, and neuropsychological test performance in schizophrenia patients. Schiz. Bull. 22 (1996) 635-641

McFarlane, W.R., Lukens, E., Link, B., Dushay, R., Deakins, S.A., Newmark, M., Dunne, E.J., Horen, B., Toran, J.: Multiple-family groups and psychoeducation in the treatment of schizophrenia. Arch. Gen. Psychiat. 52 (1995) 679-687

McGlashan, T.: A selective review of recent north american long-term studies of schizophrenia. Schiz. Bull. 14 (1988) 515-542

McGlashan, T.H.: What has become of the psychotherapy of schizophrenia? Acta Psychiatr. Scand. 90 (1994) suppl. 384, 147-152

McGlashan, T.W., Levy, S.T., Carpenter, W.T.: Integration and sealing over: clinically distinct recovery styles from schizophrenia. Arch. Gen. Psychiat. 32 (1975) 1269-1272

McGorry, P.D., Copolov, D.L., Singh, B.S.: Current concepts in functional psychosis. The case of loosening of associations. Schiz. Res. 3 (1990) 221-234

McGorry, P.D., Edwards, J., Mihalopoulos, C., Harrigan, S.M., Jackson, H.J.: EPPIC: An evolving system of early detection and optimal management. Schiz. Bull. 22 (1996) 305-326

McGuffin, P., Owen, M.J., Farmer, A.E.: Genetic basis of schizophrenia. Lancet 346 (1995) 678-682

McNeil, T.F.: Perinatal influences in the development of schizophrenia. In: Helmchen, H., Henn, F.A.: Biological perspectives of schizophrenia. Wiley, Chichester 1987

Mensching, M., Lamberti, G., Petermann, F.: Das Risikofaktorenmodell zur Schizophrenie nach Brodsky & Brodsky – ein empirischer Beitrag. ZKPPP Jg. 44 (1996) 33-48

Michalakeas, A., Skoutas, C., Charalambous, A., Peristeris, A., Marinos, V., Keramari, E., Theologou, A.: Insight in schizophrenia and mood disorders and its relation to Psychopathology. Acta Psychiatr. Scand. 90 (1994) 46-49

Miklowitz, D.J.: Family risk indicators in schizophrenia. Schiz. Bull. 20 (1994) 137-149

Miller, C.H., Fleischhacker, W.W.: Neue Antipsychotika. In: Hinterhuber, H., Fleischhacker, W.W., Meise, U. (Hrsg.): Die Behandlung der Schizophrenien – State of the Art. Integrative Psychiatrie, Innsbruck-Wien 1995

Miller, L.J., O'Connor, E., Di Pasquale, T.: Patients attitudes toward halluzinations. Am. J. Psychiat. 150 (1993) 584-588

Mirsky, A.F., Kugelmass, S., Ingraham, L.J., Frenkel, E., Nathan, M.: Overview and summary: twenty-five-year follow-up of high-risk children. Schiz. Bull. 21 (1995) 227-239

Möller, H.J.: Neuroleptische Langzeittherapie schizophrener Erkrankungen. In: Heinrich, K. (Hrsg.): Leitlinien neuroleptischer Therapie. Springer, Berlin-Heidelberg-New York 1990

Möller, H.J.: Neuroleptische Rezidivprophylaxe und Langzeitbehandlung schizophrener Psychosen. In: Riederer, P., Laux, G., Pöldinger, W. (Hrsg.): Neuro-Psychopharmaka Bd. 4: Neuroleptika. Springer, Wien 1992

Möller, H.-J. (Hrsg.): Therapie psychiatrischer Erkrankungen. Enke, Stuttgart 1993

Möller, H.-J.: The psychopathology of schizophrenia: an integrated view on positive symptoms and negative symptoms. Intern. Clin. Psychopharm. 10 (1995 a) suppl. 3, 57-64

Möller, H.-J.: Neuere Aspekte in der Diagnostik und Behandlung der Negativsymptomatik schizophrener Psychosen. In: Hinterhuber, H., Fleischhacker, W.W., Meise, U. (Hrsg.): Die Behandlung der Schizophrenien – State of the Art. Integrative Psychiatrie, Innsbruck-Wien 1995 b

Möller, H.-J.: Leitlinien der Diagnose und Behandlung schizophrener Erkrankungen. Nervenheilk. 14 (1995 c) 91-99

Möller, H.-J.: Neue Neuroleptika. Nervenheilk. 15 (1996) 286-293

Möller, H.J., Kissling, W., Stoll, K.D., Wendt, G.: Psychopharmakotherapie. Ein Leitfaden für Klinik und Praxis. Kohlhammer, Stuttgart-Berlin-Köln 1989

Moran, A.E., Freedman, R.I., Sharfstein, St.: The journey of Sylvia Frumkin: a case study for policymakers. Hosp. Comm. Psychiat. 9 (1984) 887-893

Mosher, L.R., Burti, L.: Psychiatrie in der Gemeinde. Psychiatrie-Verlag, Bonn 1992

Mühlig, W.G., Grube, B.: Zur Effizienz der Arbeitstherapie im Psychiatrischen Krankenhaus. Eine evaluative Pilotstudie. Krankenhauspsychiat. 5 (1994) 17-20

Müller, P.: Der Suizid des schizophren Kranken und sein Zusammenhang mit der therapeutischen Situation. Psychiat. Prax. 16 (1989) 55-61

Müller, P.: Neuroleptische Behandlung, Prophylaxe und Verlauf schizophrener Psychosen. In: Olbrich, R. (Hrsg.): Therapie der Schizophrenie. Kohlhammer, Stuttgart-Berlin-Köln 1990

Müller, P.: Psychotherapie bei schizophrenen Psychosen – historische Entwicklung, Effizienz und gegenwärtig Anerkanntes. Fortschr. Neurol. Psychiat. 59 (1991) 277-285

Müller, P., Bandelow, B., Gaebel, W., Köpcke, W., Linden, M., Müller-Spahn, F., Pietzcker, A., Schaefer, E., Tegeler, J.: Intervallmedikation, Coping und Psychotherapie: Interaktion bei der Rezidivprophylaxe und Verlaufsbeeinflussung. In: Brenner, H.D., Böker, W. (Hrsg.): Verlaufsprozesse schizophrener Erkrankungen. Huber, Bern-Göttingen-Toronto 1992

Müller, P., Schöneich, D.: Einfluß kombinierter Pharmako- und Psychotherapie in einer Schizophrenie-Ambulanz auf Rehospitalisierungszeiten und Behandlungskosten. Psychiat. Prax. 19 (1992) 91-95

Müller-Spahn, F., Modell, S., Thomma, M.: Neue Aspekte in der Diagnostik, Pathogenese und Therapie schizophrener Minussymptomatik. Nervenarzt 63 (1992) 383-400

Mueser, K.T., Bellack, A.S., Blanchard, J.J.: Comorbidity of schizophrenia and substance abuse: implications for treatment. J. Clin. Psychol. 60 (1992 a) 845-856

Mueser, K.T., Bellack, A.S., Douglas, M.S., Morrison, R.L.: Prevalence and stability of social skills deficits in schizophrenia. Schiz. Res. 5 (1991) 167-176

Mueser, K.T., Bellack, A.S., Morrison, R.L., Wixted, J.T.: Social competence in schizophrenia: premorbid adjustment, social skill, and domains of functioning. J. Psychiatr. Res. 24 (1990 b) 51-63

Mueser, K.T., Bellack, A.S., Wade, J.H., Sayers, S.L., Rosenthal, C.K.: An assessment of the educational needs of chronic psychiatric patients and their relatives. Brit. J. Psychiat. 160 (1992 b) 674-680

Mueser, K.T., Berenbaum, H.: Psychodynamic treatment of schizophrenia: is there a future? Psychol. Med. 20 (1990) 253-262

Mueser, K.T., Gingerich, S.L., Rosenthal,C.K.: Educational family therapy for schizophrenia: a new treatment model for clinical service and research. Schiz. Res. 13 (1994) 99-108

Mundt, C.: Suizide schizophrener Patienten. Überlegungen zur Genese und Prävention anhand einiger Fallbeispiele. Psychother. med. Psychol. 34 (1984) 193-197

Mundt, C.: Endogenität von Psychosen – Anachronismus oder aktueller Wegweiser für die Pathogeneseforschung? Nervenarzt 62 (1991) 3-15

Murray, R.M.: Neurodevelopmental schizophrenia: the rediscovery of dementia praecox. Brit. J. Psychiat. 165 (1994) suppl. 6-12

Mussgay, L., Olbrich, R.: Trainingsprogramme in der Behandlung kognitiver Defizite Schizophrener. Eine kritische Würdigung. Z. klin. Psychol. 17 (1988) 341-353

Mussgay, L., Rey, E.-R.: Schizophrene Negativsymptomatik: Die Reduktion kognitiver Defizite durch computergestütztes Training. In: Hutterer-Krisch, R. (Hrsg.): Psychotherapie mit psychotischen Menschen. Springer, Wien-New York 1994

Mussgay, L., Voss, E., Ihle, W., Handtmann, T.: Das Training kognitiver Fertigkeiten bei schizophrenen Patienten und seine Effekte auf elementare Informationsverarbeitungsmaße. Z. Klin. Psychol. 20 (1991) 103-114

Myhrman, A., Rantakallio, P., Isohanni, M., Jones, P., Partanen, U.: Unwantedness of a pregnancy and schizophrenia in the child. Brit. J. Psychiat. 169 (1996) 637-640

Nagel-Schmitt, U.: Kognitive Strategien zur Krankheitsbewältigung bei psychisch kranken Menschen – Gesundheitsunterricht im Patientenclub. In: Stark, A. (Hrsg.): Verhaltenstherapeutische und psychoedukative Ansätze im Umgang mit schizophren Erkrankten. DGVT, Tübingen 1996

Newman, R., Miller, N.: Substance abuse and psychosis. Curr. Opin. Psychiat. 5 (1992) 25-28

Niethammer, R.: Schizophrene Psychosen. TW Neurol. Psychiatr. 8 (1994) 679-686

Norman, R.M.G., Malla, A.K.: Subjective stress in schizophrenic patients. Soc. Psychiatry Psychiatr. Epidemiol. 26 (1991) 212-216

Norman, R.M.G., Malla, A.K.: Stressfull life events and schizophrenia I: A review of the research. Brit. J. Psychiat. 162 (1993 a) 161-166

Norman, R.M.G., Malla, A.K.: Stressfull life events and schizophrenia II: Conceptual and methodological issues. Brit. J. Psychiat. 162 (1993 b) 166-174

Norman, R.M.G., Malla, A.K.: A prospective study of daily stressors and symptomatology in schizophrenic patients. Soc. Psychiat. Epidemiol. 29 (1994) 244-249

Nüchterlein, K.H., Dawson, M.E.: A heuristic vulnerability/stress model of schizophrenic episodes. Schiz. Bull. 10 (1984) 300-312

Ogawa, K., Miya, M., Watarai, A., Nakazawa, M., Yuasa, S., Utena, H.: A longterm follow-up study of schizophrenia in Japan. Brit. J. Psychiat. 151 (1987) 758-765

Olbrich, R.: Expressed Emotion (EE) und die Auslösung schizophrener Episoden: eine Literaturübersicht. Nervenarzt 54 (1983) 113-121

Olbrich, R.: Die Verletzbarkeit des Schizophrenen: J. Zubins Konzept der Vulnerabilität. Nervenarzt 58 (1987) 65-71

Oldigs, J: Aufmerksamkeitsstörungen bei Schizophrenie. Beltz, Weinheim-Basel 1985

Opjordsmoen, S.: Long-term clinical outcome of schizophrenia with special reference to gender differences. Acta Psy-

chiatr. Scand. 83 (1991) 307-313
Oulis, P.G., Mavreas, V.G., Mamounas, J.M., Stefanis, C.N.: Clinical characteristics of auditory hallucinations. Acta Psychiatr. Scand. 92 (1995) 97-102
Park, S., Holzman, P.S., Goldman-Rakic, P.S.: Spatial working memory deficits in the relatives of schizophrenic patients. Arch. Gen. Psychiat. 52 (1995) 821-828
Parker, G., Hadzi-Pavlovic, D.: Expressed emotion as a predictor of schizophrenic relapse: an analysis of aggregated data. Psychol. Med. 20 (1990) 961-965
Patterson, T.: Studies towards the subcortical pathogenesis of schizophrenia. Schiz. Bull. 13 (1987) 555-576
Peet, M., Harvey, N.S.: Lithium maintenance: 1. A standard education program for patients. Brit. J. Psychiat. 158 (1991) 197-200
Penn, D.L., Mueser, K.T., Spaulding, W., Hope, D.A., Reed, D.: Information processing and social competence in chronic schizophrenia. Schiz. Bull. 21 (1995) 269-281
Penn, D.L., Mueser, K.T.: Research update on the psychosocial treatment of schizophrenia. Am. J. Psychiat. 153 (1996) 607-617
Peralta, V., Cuesta, M.J.: Symptoms of the schizophrenic negative syndrome. Brit. J. Psychiat. 169 (1996) 209-212
Petry, J.: Alkoholismustherapie. Psychologie Verlags Union, Weinheim, 2. Aufl. 1993
Peuskens, J.: Risperidone in the treatment of patients with chronic schizophrenia: a multi-national, multi-centre, double-bind, parallel-group study versus Haloperidol. Brit. J. Psychiat. 166 (1995) 712-726
Piccinelli, M. Wilkinson, G.: Outcome of depression in psychiatric settings. Brit. J. Psychiat. 164 (1994) 297-304
Pilsecker, C.: On educating schizophrenics about schizophrenia. Schiz. Bull. 7 (1981) 379-382
Plog, U.: Psychotherapie – mit psychiatrischem Handeln untrennbar verbunden. In: Bock, T., Weigand, H. (Hrsg.): Hand-werksbuch Psychiatrie. Psychiatrie-Verlag, Bonn 1991
Pogue-Geile, M.F., Garrett, A.H., Brunke, J.J., Hall, J.K.: Neuropsychological impairments are increased in siblings of schizophrenic patients. Schiz. Res. 4 (1991) 390-391
Popper, K.R., Eccles, J.C.: Das Ich und sein Gehirn. Piper, München-Zürich, 8. Aufl. 1989
Pörksen, N.: Kommunale Psychiatrie. Rowohlt, Reinbeck 1974
Profita, J., Carrey, N., Klein, F.: Sustained, multimodal outpatient group therapy for chronic psychotic patients. Hosp. Comm. Psychiatr. 40 (1989) 943-946
Rauh, H.: Frühe Kindheit. In: Oerter, R., Montada, L. (Hrsg.): Entwicklungspsychologie. Urban & Schwarzenberg, München-Wien-Baltimore 1982
Rave-Schwank, M., Nagel-Schmitt, U.: Gesundheitsunterricht im Patientenclub. Psychiat. Prax. 20 (1993) 114-115
Razali, M.S., Yahya, H.: Compliance with treatment in schizophrenia: a drug intervention program in a developing country. Acta Psychiatr. Scand. 91 (1995) 331-335
Reker, T., Eikelmann, B.: Ambulante Arbeitstherapie – Ergebnisse einer multizentrischen, prospektiven Evaluationsstudie. Nervenarzt 65 (1994) 329-337
Retzer, A. (Hrsg.): Die Behandlung psychotischen Verhaltens. Psychoedukative Ansätze versus systemische Ansätze. Auer, Heidelberg 1991
Retzer, A.: Familie und Psychose. G. Fischer, Stuttgart-Jena-New York 1994
Reynolds, G.P.: Beyond the Dopaminhypothese – the neurochemical pathology of schizophrenia. Brit. J. Psychiat. 155 (1989) 305-316
Riecher-Rössler, A.: Hat das weibliche Sexualhormon Östradiol eine Bedeutung bei schizophrenen Erkrankungen? In: Häfner, H. (Hrsg.): Was ist Schizophrenie? Gustav Fischer, Stuttgart-Jena-New York 1995
Riecher-Rössler, A., Häfner, H., Stumbaum, M., Schmidt, R.: Wirken Östrogene antipsychotisch? Fortschr. Neurol. Psychiat. 62 (1994) 22-28
Rist, F.: Psychologische Beiträge zum Verständnis schizophrener Störungen. In: Häfner, H. (Hrsg.): Was ist Schizophrenie? Gustav Fischer, Stuttgart-Jena-New York 1995
Rittmannsberger, H., Haberfellner, M., Stöbich, E.: Der Aufenthalt im psychiatrischen Krankenhaus in der Beurteilung durch seine Patienten. Krankenhauspsychiatr. 2 (1991) 59-65

Roder, V., Brenner, H.D., Kienzle, N., Hodel, B.: Integriertes psychologisches Therapieprogramm für schizophrene Patienten (IPT). Psychologie Verlags Union, Weinheim 2. Aufl. 1992

Rogers, A., Pilgrim, D., Lacey, R.: Experiencing psychiatry: user`s views of services. Macmillan/MIND Publications, London 1993. Zit nach: Bentall, R.P., Day, J.C.: Psychological factors and neuroleptic therapy: some neglected issues. Int. Rev. Psychiat. 6 (1994) 217-225

Rohde, A., Marneros, A.: Zur Prognose der Wochenbettpsychosen: Verlauf und Ausgang nach durchschnittlich 26 Jahren. Nervenarzt 64 (1993) 175-180

Rohde-Dachser, Ch.: Borderlinestörungen. In: Kisker, K.P., Lauter, H., Meyer, J.E., Müller, C., Strömgren, E. (Hrsg.): Psychiatrie der Gegenwart, Bd. 2: Neurosen – Psychosomatische Krankheiten – Psychotherapie. Springer, Berlin-Heidelberg-New York 1987

Röhricht, F., Priebe, S.: Das Körpererleben von Patienten mit einer akuten paranoiden Schizophrenie. Nervenarzt 67 (1996) 602-607

Rubin, P., Holm, A., Møller-Madsen, S., Videbech, P., Hertel, C., Povisen, U.J., Menningsen, R.: Neuropsychological deficit in newly diagnosed patients with schizophrenia or schizophreniform disorder. Acta Psychiatr. Scand. 92 (1995) 35-43

Sachsse, U., Arndt, F.-P.: Die chronisch schizophrene Psychose und ihre Behandlung als »narzistische Dauerkatastrophe«. Krankenhauspsychiat. 5 (1994) 37-41

Sacker, A., Done, D.J., Crow, T.J., Golding, J.: Antecedents of schizophrenia and affective illness – obstetric complications. Brit. J. Psychiat. 166 (1995) 734-741

Salokangas, R.K.R.: First-contact rate for schizophrenia in community psychiatric care. Eur. Arch. Psychiat. Clin. Neurosci. 242 (1993) 337-346

Sandner, D.: Analytische Gruppentherapie mit Schizophrenen und Neurotikern. Gruppenpsychother. Gruppendyn. 22 (1986) 172-196

Saupe, R., Englert, J.S., Gebhardt, R., Stieglitz, R.D.: Schizophrenie und Coping: Bisherige Befunde und verhaltenstherapeutische Überlegungen. Verhaltensther. 1 (1991) 130-138

Saykin, A.J., Shtasel, D.L., Gur, R.E., Kester, D.B., Mozley, L.H., Stafianiak, P., Gur, R.C.: Neuropsychological deficits in neuroleptic naive patients with first-episode schizophrenia. Arch. Gen. Psychiat. 51 (1994) 124-131

Scharfetter, C.: Leiborientierte Therapie schizophrener Ich-Störungen. In: Helmchen, H., Linden, M., Rüger, U. (Hrsg.): Psychotherapie in der Psychiatrie. Springer, Berlin-Heidelberg-New York 1982

Scharfetter, C.: Schizophrene Menschen. Psychologie Verlags Union, München, 3. Aufl. 1990

Schaub, A., Brenner, H.D.: Akutelle verhaltenstherapeutische Ansätze zur Behandlung schizophren erkrankter Menschen. In: Stark, A. (Hrsg.): Verhaltenstherapeutische und psychoedukative Ansätze im Umgang mit schizophren Erkrankten. DGVT, Tübingen 1996

Schaub, A., Andres, K., Schindler, F.: Psychoedukative und bewältigungsorientierte Gruppentherapien in der Schizophreniebehandlung. Psycho 22 (1996) 713-721

Scheflen, A.: Levels of schizophrenia. Bruner & Mazel, New York 1981

Schernus, R., Schindler, D.: »Psychose-Gruppe« oder das Suchen der gemeinsamen Sprache. In: Dörner, K. (Hrsg.): Akut-Psychiatrie. 44. Gütersloher Fortbildungswoche. Jakob van Hoddis, Gütersloh 1993

Scherrmann, Th.E.: Bewältigungsstrategien und Belastung von Angehörigen und Verlauf schizophrener Erkankungen. Psychiat. Prax. 22 (1995) 244-248

Scherrmann, T.E., Seitzer, H.U., Rutow, R., Vieten, C.: Psychoedukative Angehörigengruppe zur Belastungsreduktion und Rückfallprophylaxe in Familien schizophrener Patienten. Psychiat. Prax. 19 (1992) 66-71

Schied, H.-W.: Psychiatric concepts and therapy. In: Straube, E.R., Hahlweg, K. (Hrsg.): Schizophrenia – concepts, vulnerability, and intervention. Springer, Berlin-Heidelberg-New York 1990

Schiepek, G.: Der systemwissenschaftliche Ansatz in der klinischen Psychologie. Z. klin. Psychol. 23 (1994) 77-92

Schiepek, G., Schoppek, W.: Synergetik in

der Psychiatrie: Simulation schizophrener Verläufe auf der Grundlage nicht-linearer Differenzgleichungen. In: Niedersen, U., Pohlmann, L. (Hrsg.): Selbstorganisation. Jahrbuch für Komplexität in den Natur-, Sozial- und Geisteswissenschaften, Bd. 2. Duncker und Humblot, Berlin 1991

Schmidt-Degenhard, M.: Disposition – Vulnerabilität – Verletzlichkeit. Nervenarzt 59 (1988) 573-585

Schöpf, J., Rust, B.: Follow-up and family study of postpartum psychoses. Part I: overview. Eur. Arch. Psychiat. Clin. Neurosci. 244 (1994) 101-111

Schooler, N.R., Keith, J.B., Severe, J.B., Matthews, S.M., Bellack, A.S., Glick, I.D., Hargreaves, W.A., Kane, J.M., Ninan, P.T., Frances, A., Jacobs, M., Lieberman, J.A., Mance, R., Simpson, G.M., Woerner, M.G.: Relapse and rehospitalisation during maintenance treatment of schizophrenia: a review of the effects of dose reduction and family treatment. In: Hinterhuber, H., Fleischhacker, W.W., Meise, U. (Hrsg.): Die Behandlung der Schizophrenien – State of the Art. Integrative Psychiatrie, Innsbruck-.Wien 1995

Schulsinger, F., Mednick, S.A., Parnas, J.: Ein interaktiver Ansatz zur Untersuchung der Schizophrenie. In: Brenner, H.D., Böker, W. (Hrsg.): Verlaufsprozesse schizophrener Erkrankungen. Huber, Bern-Göttingen-Toronto, 1992

Schulze-Mönking, H., Stricker, K., Rook, A., Buchkremer, G.: Angehörigengruppen und Angehörigen-Selbsthilfegruppen bei schizophrenen Patienten. Konzepte, Etablierung, Probleme bei der Durchführung. Psychiat. Prax. 16 (1989) 28-35

Seltzer, A., Roncari, I., Garfinkel, P.: Effects of patient education on medication compliance. Can. J. Psychiat. 25 (1980) 638-645

Shepard, M., Watt, D., Falloon, I., Smeeton, N.: The natural history of schizophrenia: A five-year follow-up study of outcome and prediction in a representative sample of schizophrenics. Psychol. Med. 15 (1989) suppl.

Shepherd, G., Singh, K.: Zur praktischen Bedeutung des EE-Konzepts für die Rehabilitation. Psychiat. Prax. 19 (1992) 72-75

Sheperd, M.: Two faces of Emil Kraepelin. Brit. J. Psychiat. 167 (1995) 174-183

Simon, F.B.: Unterschiede, die Unterschiede machen. Klinische Epistemologie: Grundlage einer systemischen Psychiatrie und Psychosomatik. Springer, Berlin-Heidelberg-New York 1988

Simon, F.B.: Meine Psychose, mein Fahrrad und ich. Zur Selbstorganisation der Verrücktheit. Auer, Heidelberg 1990

Simon, F.B., Weber, G.: Wie chronifiziere ich meine Patienten am besten? Ein Science-fiction-Märchen. In: Stierlin, H., Simon, F.B., Schmidt, G. (Hrsg.): Familiäre Wirklichkeiten. Klett-Cotta, Stuttgart 1987

Siol, T., Stark, F.M.: Expressed Emotion und die Therapeut-Patient-Beziehung bei Schizophrenen. Nervenheilk. 13 (1994) 192-198

Skagerlind, L., Perris, C., Eisemann, M.: Perceived parental rearing behaviour in patients with a schizophrenic disorder and its relationship to aspects of the course of the illness. Acta Psychiatr. Scand. 93 (1996) 403-406

Smith, J.: Family interventions: service implications. In: Birchwood, M., Tarrier, N. (Hrsg.): Innovations in the psychological management of schizophrenia. Wiley, Chichester-New York-Brisbane 1992

Smith, W.K.: The stress anology. Schiz. Bull. 13 (1987) 215-220

Soskis, D.A.: Schizophrenic and medical inpatients as informed drug consumers. Arch. Gen. Psychiat. 35 (1978) 645-647

Soskis, D.A., Bowers, M.B.: The schizophrenic experience: a follow-up study of attitude and post hospital adjustment. J. Nerv. Ment. Dis. 149 (1969) 443-449

Spaulding, W., Garbin, C.P., Crinean, W.J.: Die logischen und psychometrischen Voraussetzungen für eine kognitive Therapie der Schizophrenie. In: Böker, W., Brenner, H.D. (Hrsg.): Schizophrenie als systemische Störung. Huber, Bern-Stuttgart-Toronto 1989

Spießl, H., Klein, H.E.: Psychiatrische Patienten beurteilen Institution und Personal. Psycho 21 (1995) 613-619

Spitzer, M.: Assoziative Netzwerke, formale Denkstörungen und Schizophrenie. Nervenarzt 64 (1993) 147-159

Spitzer, M.: Neural networks and the psy-

chopathology of delusions: The importance of neuroplasticity and neuromodulation. Neurol. Psychiat. Brain Res. 3 (1995 a) 47-58
Spitzer, M.: Conceptual developments in the neurosciences relevant to psychiatry. Curr. Opin. Psychiat. 8 (1995 b) 317-329
Spring, B.J., Ravdin, L.: Cognitive remidiation: Should we attempt it? Schiz. Bull. 18 (1992) 15-20
Stark, F.M.: Strukturierte Information über Vulnerabilität und Belastungsmanagement für schizophrene Patienten. Verhaltensther. 2 (1992) 40-47
Stark, F.M., Bremersmann, W.: Psychosoziale Rehabilitation von rückfallgefährdeten jugendlichen Patienten mit schizophrenen Psychosen. Vortrag auf dem 2. Kongreß für klinische Psychologie und Psychotherapie, Berlin 1982
Stark, F.M., Stolle, R.: Schizophrenie: Subjektive Krankheitstheorien – Eine explorative Studie. Teil 1: Patienten. Psychiat. Prax. 21 (1994) 74-78
Steinhart, I., Terhorst, B.: Wie beurteilen Patienten ein umfassendes, auf Kontinuität ausgerichtetes psychiatrisches Versorgungssystem? Sozialpsychiatr. Inform. 2 (1992) 33-39
Stern, M.J.: Group therapy with medically ill patients. In: Alonso, A., Swiller, H.L. (Hrsg.): Group therapy in clinical practice. American Psychiatric Press, Washington 1993
Stöber, G., Franzek, E., Beckmann, H.: Schwangerschafts- und Geburtskomplikationen – ihr Stellenwert in der Entstehung schizophrener Psychosen. Fortschr. Neurol. Psychiat. 61 (1993) 329-337
Stöber, G., Franzek, E., Beckmann, H.: Schwangerschaftsinfektionen bei Müttern von chronisch Schizophrenen. Nervenarzt 65 (1994) 175-182
Stoffels, H.: Die ordnende Beziehung zwischen Körper und Seele – Psychotherapie schizophrener Psychosen. W.z.M. 45 (1993) 361- 371
Strathenwerth, I.: Hör mal, wer da spricht. Die Zeit 43, 20. Okt. 1995
Straube, E.: Kann die psychologisch-physiologische Grundlagenforschung einen Beitrag zur Therapie- und Prognoseforschung leisten? In: Brenner, H.D., Rey, E.-R., Stramke, W.G. (Hrsg.): Empirische Schizophrenieforschung. Huber, Bern-Stuttgart-Wien 1983
Straube, E.: Zersplitterte Seele oder: Was ist Schizophrenie? Fischer Taschenbuch, Frankfurt 1992
Strauss, J.S.: Processes of healing and chronicity in schizophrenia. In: Häfner, H., Gattaz, W.F., Janzarik, W. (Hrsg.): Search for the causes of schizophrenia. Springer, Berlin-Heidelberg-New York 1987
Strauss, J.S.: Subjective experiences of schizophrenia: toward a new dynamic psychiatry-II. Schiz. Bull. 15 (1989 a) 179-187
Strauss, J.S.: Intermediäre Prozesse in der Schizophrenie: Zu einer neuen dynamisch orientierten Psychiatrie. In: Böker, W., Brenner, H.D. (Hrsg.): Schizophrenie als systemische Störung. Huber, Bern-Stuttgart-Toronto 1989 (b)
Strauss, J.S.: Der Mensch als Schlüssel zum Verständnis geistiger Erkrankungen: Auf dem Weg zu einer neuen, dynamischen Psychiatrie III. In: Brenner, H.D., Böker, W. (Hrsg.): Verlaufsprozesse schizophrener Erkrankungen. Huber, Bern-Göttingen-Toronto 1992
Strauss, J.S., Carpenter, W.T.: Schizophrenia. Plenum, New York 1981
Strauss, J.S., Carpenter, W.T., Bartko, J.J.: The diagnosis and understanding of schizophrenia. III. Speculations on the process that underlie schizophrenic symptoms and signs. Schiz. Bull. 1 (1974) 61-69
Strauss, J.S., Harding, C.M., Hafez, H., Lieberman, P.: Die Rolle des Patienten bei der Genesung von einer Psychose. In: Böker, W., Brenner, H.D (Hrsg.): Bewältigung der Schizophrenie. Huber, Bern-Stuttgart-Toronto 1986
Stricker, K., Schulze-Mönking, H.: Die prognostische Bedeutung der emotionalen Familienatmosphäre bei ambulanten schizophrenen Patienten. Ergebnisse einer 18-Monats-Katamnese. In: Buchkremer, G., Rath, N. (Hrsg.): Therapeutische Arbeit mit Angehörigen schizophrener Patienten. Huber, Bern 1989
Süllwold, L.: Symptome schizophrener Erkrankungen. Uncharakteristische Basisstörungen. Springer, Berlin-Heidelberg-New York 1977
Süllwold, L.: Schizophrenie. Kohlhammer,

Stuttgart-Bern-Köln-Mainz 1983 (a)
Süllwold, L.: Subjektive defizitäre Störungen bei schizophrenen Erkrankungen. In: Brenner, H.D., Rey, E.-R., Stramke, W.G. (Hrsg.): Empirische Schizophrenieforschung. Huber, Bern-Stuttgart-Wien 1983 (b)
Süllwold, L., Herrlich, J.: Psychologische Behandlung schizophren Erkrankter. Kohlhammer, Stuttgart-Berlin-Köln 1990
Süllwold, L., Herrlich, J.: Vermittlung eines Krankheitskonzeptes als Therapiebestandteil bei schizophrenen Erkrankungen. In: Brenner, H.D., Böker, W. (Hrsg.): Verlaufsprozesse schizophrener Erkrankungen. Huber, Bern-Göttingen-Toronto 1992
Süllwold, L., Huber, G.: Schizophrene Basisstörungen. Springer, Berlin-Heidelberg -New York 1986
Suslow, T., Arolt, V.: Störungen der frühen Informationsverarbeitung und der Vigilanz als Vulnerabilitätsmarker für Schizophrenie. Fortschr. Neurol. Psychiat. 64 (1996) 90-104
Susser, E., Neugebauer, R., Hoek, H.W., Brown, A.S., Lin, S., Labovitz, D., Gorman, J.M.: Schizophrenia after prenatal famine. Arch. Gen. Psychiat. 53 (1996) 25-31
Svensson, B., Hansson, L.: Patient satisfaction with inpatient psychiatric care. Acta Psychiatr. Scand. 90 (1994) 379-384
Sweet, R.A., Mulsant, B.H., Gupta, B., Rifai, A.I., Pasternak, R.E., McEachran, A., Zubenko, G.S.: Duration of neuroleptic treatment and prevalence of tardive dyskinesia in late life. Arch. Gen. Psychiat. 52 (1995) 478-486
Szymanski, S.R., Cannon, T.D., Gallacher, F., Erwin, R.J., Gur, R.E.: Course of treatment response in first-episode and chronic schizophrenia. Am. J. Psychiat. 153 (1996) 519-525
Takai, A., Uematsu, M., Kaiya, M., Inoue, M., Ueki, H.: Coping styles to basic disorders among schizophrenics. Acta Psychiat. Scand. 82 (1990) 289-294
Tarrier, N., Barrowclough, C., Porceddu, K., Fitzpatrick, E.: The salford family intervention project: Relapse rates of schizophrenia at five and eight years. Brit. J. Psychiat. 156 (1994) 829-832
Tarrier, N., Beckett, R., Harwood, S., Baker, A., Yusopoff, L., Ugarteburu, I.: A trial of two cognitive-behavioral methods of treating drug-resistant residual psychotic symptoms in schizophrenic patients: I. Outcome. Brit. J. Psychiat. 162 (1993 a) 524-532
Tarrier, N., Harwood, S., Yusopoff, L., Beckett, R., Baker, A.: Coping-Strategy Enhancement (CSE): a method of treating residual schizophrenic symptoms. Beh. Psychother. 18 (1990) 283-293
Tarrier, N., Sharpe, L., Beckett, R., Harwood, S., Baker, A., Yusopoff, L.: A trial of two cognitive-behavioral methods of treating drug-resistant residual symptoms in schizophrenic patients: II. Treatment specific changes in coping and problem-solving skills. Soc. Psychiat. Psychiatr. Epidemiol. 28 (1993 b) 5-10
Telger, K., Tölle, R., Helmes, U.: Die »Fachlektüre« psychisch Kranker. Spektrum 2 (1984) 51-60
Tennant, C.C.: Stress and schizophrenia: a review. Integr. Psychiat. 3 (1985) 248-261
Theilemann, S.: Was sagen angloamerikanische Untersuchungen zur Beeinflussung von Störungen der Informationsverarbeitung bei Schizophrenen? Verhaltensther. 5 (1995) 30-34
Theilemann, S., Peter, K.: Zur Evaluation kognitiver Therapie bei schizophren Erkrankten. Z. klin. Psychol. 23 (1994) 20-33
Theunisse, R.J., Cruysberg, J.R., Hoefnagels, W.H., Verbeek, A.L., Zitman, F.G.: Visual hallucinations in psychologically normal people: Charles Bonnet's syndrome. Lancet 347 (1996) 794-797
Thornicroft, G.: Cannabis and psychosis - is there epidemiological evidence for an association? Brit. J. Psychiatr. 157 (1990) 25-33
Thurm-Mussgay, I., Galle, K., Häfner, H.: Krankheitsbewältigung Schizophrener: Ein theoretisches Konzept zu ihrer Erfassung und erste Erfahrungen mit einem neuen Meßinstrument. Verhaltensther. 1 (1991) 293-300
Thurm-Mussgay, I., Häfner, H.: Bewältigung der Krankheit Schizophrenie und ihrer Folgen. In: Olbrich, R. (Hrsg.): Therapie der Schizophrenie. Kohlhammer, Stuttgart-Berlin-Köln 1990
Tienari, P., Lahti, I., Sorri, A., Naarala,

M., Moring, J., Wahlberg, K.-E.: Die finnische Adoptionsfamilienstudie über Schizophrenie: Mögliche Wechselwirkungen von genetischer Vulnerabilität und Familien-Milieu. In: Böker, W., Brenner, H.D. (Hrsg.): Schizophrenie als systemische Störung. Huber, Bern-Stuttgart-Toronto 1989

Tienari, P., Sorri, A., Naarala, M., Lahti, I., Pohjola, J., Boström, C., Wahlberg, K.-E.: Die finnische Adoptionsstudie: Kinder schizophrener Mütter, die von anderen Familien adoptiert werden. In: Stierlin, H., Wynne, L.C., Wirschning, M. (Hrsg.): Psychotherapie und Sozialtherapie der Schizophrenie. Springer, Berlin-Heidelberg-New York 1985

Tienari, P., Wynne, L.C., Moring, J., Lahti, I., Naarala, M., Sorri, A., Wahlberg, K.-E., Saarento, O., Seitamaa, M., Kaleva, M., Läksy, K.: The finnish adoptive family study of schizophrenia. Implications for family research. Brit. J. Psychiat. 164 (1994) suppl. 20-26

Tölle, R.: Psychiatrie. Springer, Berlin-Heidelberg-New York, 9. Aufl. 1991

Trenckmann, U.: Mit Leib und Seele. Ein Wegweiser durch die Konzepte der Psychiatrie. Psychiatrie-Verlag, Bonn 1988

Trenckmann, U.: Wirkungen und Nebenwirkungen der Depot-Neuroleptika im Erleben der Patienten. Psychiat. Prax. 17 (1990) 184-187

Tschacher, W., Scheier, C., Brenner, H.D.: Dynamische Aspekte der Schizophrenie. Psycho 22 (1996) 693-700

Van den Bosch, R.J., Van Asma, M.J.O., Rombouts, R., Louwerens, J.W.: Bewältigungsverhalten und kognitive Dysfunktion bei schizophrenen Patienten. In: Brenner, H.D., Böker, W. (Hrsg.): Verlaufsprozesse schizophrener Erkrankungen. Huber, Bern-Göttingen-Toronto 1992

Van Gent, E.M., Zwaart, F.M.: Ultra-short versus short group therapy in addition to Lithium. Pat. Educ. Couns. 21 (1993) 135-141

Van Horn, J.D., Mc Manus, I.C.: Ventricular enlargement in schizophrenia. A meta-analysis of the ventricle: brain ratio (VBR). Brit. J. Psychiat. 160 (1992) 687-697

Van Putten, T.: Drug refusal in schizophrenia: causes and prescribing hints. Hosp. Comm. Psychiat. 29 (1978) 110-112

Vaughn, C.E.: Pattern of emotional response in the families of schizophrenic patients. In: Goldstein, M.J., Hand, I., Hahlweg, K. (Hrsg.): Treatment of schizophrenia. Family assessment and intervention. Springer, Berlin-Heidelberg-New York 1987

Vauth, R., Stieglitz, R.-D.: Psychologische Interventionsmöglichkeiten bei persistierendem Wahn und persistierenden akustischen Halluzinationen bei schizophrenen Patienten. Psychiat. Prax. 20 (1993) 211-217

Ventura, J., Nüchterlein, K.H., Lukoff, D., Hardesty, J.P.: A prospective study of stressfull life events and schizophrenic relapse. J. Abn. Psychol. 98 (1989) 407-411

Ventura, J., Nüchterlein, K.H., Pederson Hardesty, J., Gitlin, M.: Life events and schizophrenic relapse after withdrawal of medication. Brit. J. Psychiat. 161 (1992) 615-620

Verein Psychiatrie-Erfahrener Bielefeld, Pörksen, N., Dietz, A.: Vom psychiatrischen Testament zum Behandlungsvertrag – Auf dem Weg zu mehr Vertrauen. In: Bock, T., Deranders, J.E., Esterer, I.: Im Strom der Ideen. Stimmenreiche Mitteilungen über den Wahnsinn. Psychiatrie-Verlag, Bonn 1994

Voelzke, W.: Auf dem Weg zum Trialog — Macht und Ohnmacht in den Beziehungen zwischen Psychiatrieerfahrenen, Angehörigen und Professionellen. Psychosoz. Umsch. 2 (1994) 6-7

Voelzke, W., Dietrich, H.: Vorstellungen und Forderungen von Psychiatrieerfahrenen an eine tatsächliche Reformpsychiatrie. In: Krisor, M. (Hrsg.): Dem Menschen begegnen. S. Roderer, Regensburg 1994

Voelzke, W., Prins, S.: Auf dem Weg zum psychiatrischen Krankenhaus der Zukunft aus der Sicht Psychiatrieerfahrener. In: Dörner, K. (Hrsg.): Akutpsychiatrie. 44. Gütersloher Fortbildungswoche. Jakob van Hoddis, Gütersloh 1993

Voelzke, W., Zingler, U.: Ab heute wird man mit uns rechnen müssen. Psychosoz. Umsch. 4 (1992) 18-20

Waddington, J.L.: Neurodynamics of abnormalities in cerebral metabolism and structure in schizophrenia. Schiz.

Bull. 19 (1993) 55-69
Wallace, C.J., Liberman, R.P.: Social skills training for patients with schizophrenia: a controlled clinical trial. Psychiatr. Res. 15 (1985) 239-247
Wallace, C.J., Liberman, R.P., MacKain, S.J., Blackwell, G., Eckmann, T.A.: Effectiveness and replicability of modules for teaching social and instrumental skills to severely mentally ill. Am. J. Psychiat. 149 (1992) 654-658
Warner, R.: Time trends in schizophrenia: changes in obstetric risk factors with industrialization. Schiz. Bull. 21 Nr. 3 (1995) 483-500
Warner, R., Taylor, D., Powers, M., Hyman, J.: Acceptance of the mental illness label by psychotic patients: effects on functioning. Am. J. Orthopsychiat. 59 (1989) 398- 409
Watzl, H., Niedermeier, T., Cohen, R.: Determinanten der Beziehung zwischen Expressed Emotion und schizophrenem Rückfall. In: Mundt, Ch., Kick, H., Fiedler, P. (Hrsg.): Angehörigenarbeit und Psychosoziale Interventionen in der Psychiatrie. Roderer, Regensburg 1993
Watzlawick, P., Beavin, J.H., Jackson, D.D.: Menschliche Kommunikation. Formen, Störungen, Paradoxien. Huber, Bern-Stuttgart-Wien, 4. Aufl. 1974
Weiden, P., Rapkin, B., Zygmunt, A., Mott, T., Goldman, D., Frances, A.: Postdischarge medication compliance of inpatients converted from an oral to a depot neuroleptic regimen. Psychiatr. Serv. 46 (1995) 1049-1054
Weiden, P.J., Shaw, E., Mann, J.: Causes of neuroleptic noncompliance. Psychiatr. Ann. 16 (1986) 571-575
Weinberger, D.R.: Implications of normal brain development for the pathogenesis of schizophrenia. Arch. Gen. Psychiat. 44 (1987) 660-669
Weinberger, D.R., Berman, K.F., Suddath, R., Torrey, F.F.: Evidence of dysfunction of a prefrontal-limbic network in schizophrenia: a magnetic resonance imaging and regional cerebral blood flow study of discordant monozygotic twins. Am. J. Psychiat. 149 (1992) 890-897
Weiner, H.: »Das biopsychosoziale Modell« – ein hilfreiches Konstrukt? Psychother. Psychosom. med. Psychol. 44 (1994) 73-83
Wessely, S., Buchanan, A., Reed, A., Cutting, J., Everitt, B., Garety, B., Taylor, P.J.: Acting on delusions. I.: Prevalence. Brit. J. Psychiat. 163 (1993) 69-76
Weymar, W.: Psychoanalytische Aspekte in der Betreuung langfristig hospitalisierter chronischer Psychosekranker. Psychiat. Prax. 18 (1991) 78-84
Wible, C.G., Shenton, M.E., Hokama, H., Kinkinis, R., Jolesz, F.A., Metcalf, D., McCarley, R.W.: Prefrontal cortex and schizophrenia. Arch. Gen. Psychiat. 52 (1995) 279-288
Wiedemann, G., Buchkremer, G.: Familientherapie und Angehörigenarbeit bei verschiedenen psychiatrischen Erkrankungen. Nervenarzt 67 (1996) 524-544
Wiedemann, G., Hahlweg, K., Hank, G., Feinstein, E., Müller, U.: Zur Erfassung von Frühwarnzeichen bei schizophrenen Patienten. Nervenarzt 65 (1994) 438-443
Wiedl, K.H.: Bewältigungsorientierte Therapie bei Schizophrenen. Z. klin. Psychol. Psychopath. Psychother. 42 (1994) 89-117
Wiedl, K.H., Schöttner, B.: Die Bewältigung von Schizophrenie (I): Theoretische Perspektiven und empirische Befunde. Z. klin. Psychol. Psychopath. Psychother. 37 (1989) 176- 194
Wienberg, G.: Psychoedukative Gruppenarbeit mit schizophren und schizoaffektiv Erkrankten: Konzeption und erste Ergebnisse einer Nutzer- und Anwenderbefragung. In: Dittman, V., Klein, H.E., Schön, D. (Hrsg.): Die Behandlung schizophrener Menschen – Integrative Therapiemodelle und ihre Wirksamkeit. Roderer, Regensburg 1997
Wienberg, G., Schünemann-Wurmthaler, S.: Psychoedukative Gruppenarbeit mit Psychoseerfahrenen – Hintergrund, Konzeption, praktische Erfahrungen bei schizophrenen Erkrankungen. In: Dörner, K. (Hrsg.): Akutpsychiatrie. 44. Gütersloher Fortbildungswoche. Jakob van Hoddis, Gütersloh 1993
Williams, C.A.: Patient education for people with schizophrenia. Persp. Psychiatr. Care 25 (1989) 14-21
Windgassen, K.: Schizophreniebehandlung aus der Sicht des Patienten. Springer, Berlin-Heidelberg-New York 1989
Wing, J.: Der Einfluß psychosozialer Faktoren auf den Langzeitverlauf der Schi-

zophrenie. In: Böker, W., Brenner, H.D. (Hrsg.): Bewältigung der Schizophrenie. Huber, Bern-Stuttgart-Toronto 1986

Wing, J.K.: Rehabilitation, Soziotherapie und Prävention. In: Kisker, K.P., Lauter, H., Meyer, J.E., Müller, C., Strömgren, E. (Hrsg.): Psychiatrie der Gegenwart, Bd. 4: Schizophrenien. Springer, Berlin-Heidelberg-New York 1987

Wing, J.K., Brown, G.W.: Schizophrenia and institutionalism. Cambridge University Press, London-New York 1970

Wittchen, H.-U., Bullinger-Naber, M., Hand, I., Kasper, S., Katschnig, H., Linden, M., Margraf, J., Naber, D., Pöldinger, W.: Patientenseminar Angst. Wie informiere ich meine Patienten über Angst? Karger, Basel-Freiburg 1993

Wöller, W., Kruse, J., Alberti, L.: Was ist supportive Psychotherapie? Nervenarzt 67 (1996) 249-252

Wood, A.J., Goodwin, G.M.: A review of the biochemical and neuropharmacological actions of lithium. Psychol. Med. 17 (1987) 579-600

Wyatt, R.J.: Neuroleptics and the natural course of schizophrenia. Schiz. Bull. 17 (1991) 325- 351

Wynne, L.C.: System-Konsultation bei Psychosen: Eine bio-psycho-soziale Integration systemischer und psychoedukativer Ansätze. In: Retzer, A. (Hrsg.): Die Behandlung psychotischen Verhaltens. Psychoedukative Ansätze versus systemische Ansätze. Auer, Heidelberg 1991

Zihl, J.: Der Beitrag der Neuropsychologie zur Psychiatrie. Fortschr. Neurol. Psychiat. 64 (1996) 403-417

Zilles, K., Rehkämper, G.: Funktionelle Neuroanatomie. Springer, Berlin-Heidelberg-New York 1993

Zöllner, H.M., Döpp, S.: Die Einstellung depressiver und schizophrener Kranker zu ihrer Diagnose. Nervenarzt 50 (1979) 28-32

Zubin, J.: Ursprünge der Vulnerabilitätstheorie. In: Olbrich, R. (Hrsg.): Therapie der Schizophrenie. Kohlhammer, Stuttgart-Berlin-Köln 1990

Zubin, J., Spring, B.: Vulnerability – a new view of schizophrenia. J. Abn. Psychol. 86 (1977) 103-126

Zubin, J., Steinhauer, S.R.: How to break the logjam in schizophrenia: a look beyond genetics. J. Nerv. Ment. Dis. 169 (1981) 477-492

Autorinnen und Autoren

Albes, Sylke
Sozial- und Milieupädagogin, Diakonin, Wohnheimverband Bielefeld, Teilanstalt Bethel, von Bodelschwinghsche Anstalten Bethel, Bielefeld

Buick, Thorsten
Dipl.-Sozialpädagoge, Verein für Betreutes Wohnen und sozialpsychiatrische Hilfen »Lebensräume e.V.«, Bielefeld

Christiansen, Dr. Veronika
Ärztin, Rehabilitationsklinik Pniel, Teilanstalt Bethel, von Bodelschwinghsche Anstalten, Bielefeld

Kastner-Wienberg, Marion
Dipl.-Psychologin, Tagesklinik, Teilanstalt Bethel, von Bodelschwinghsche Anstalten Bethel, Bielefeld

Pleininger-Hoffmann, Marite
Dipl.-Sozialpädagogin, Rehabilitationsklinik Pniel, Teilanstalt Bethel, von Bodelschwinghsche Anstalten Bethel, Bielefeld

Schünemann-Wurmthaler, Dr. Sibylle
Dipl.-Psychologin, feiberufliche Psychotherapeutin, Fröndenberg/Ruhr

Sibum, Dr. Bernhard
Facharzt für Psychiatrie/Psychotherapie, Fachkrankenhaus Eckardtsheim, von Bodelschwinghsche Anstalten Bethel, Bielefeld

Voelzke, Wolfgang
Stadtoberinspektor, Verein Psychiatrie-Erfahrener, Bielefeld

Wienberg, Günther
Dipl.-Psychologe, Dezernent Ausbildungsstätten, von Bodelschwinghsche Anstalten Bethel, Bielefeld

Thomas Bock

Lichtjahre – Psychosen ohne Psychiatrie

Krankheitsverständnis und Lebensentwürfe von Menschen mit unbehandelten Psychosen

Lichtjahre messen eine unvorstellbar weite Entfernung. Sterne sind Lichtjahre voneinander entfernt. Lichtjahre sind aber auch Jahre voll Licht. Licht wirft Schatten – und neues Licht bringt neue Blickwinkel.
Lichtjahre entfernt sind psychotische Menschen oft vom psychosozialen Versorgungssystem. Psychiatrische Einrichtungen erreichen nur rund die Hälfte aller psychisch Kranken. Wenig ist darüber bekannt, wie die andere Hälfte mit ihren Beeinträchtigungen lebt und sich den Alltag strukturiert. Thomas Bock hat sich auf die Suche nach diesen Menschen gemacht und mit 34 von ihnen ausführliche Gespräche über ihr Leben geführt. Er hat beeindruckende Lebensgeschichten gefunden und zudem ganz neue Einsichten gewonnen in den Umgang dieser Menschen mit ihrer Krankheit. Seine Beobachtungen führen zu einem neuen Verständnis von Psychosen. So sehr Psychosen das Leben beeinträchtigen, sie sind auch ein ganz normales Feld menschlicher Erfahrung.

ISBN 3-88414-204-6, 376 S., 39.80 DM (37 sFr, 291 öS)

Manfred Zaumseil/Klaus Leferink (Hg.)

Schizophrenie in der Moderne Modernisierung der Schizophrenie

Es bedeutet heute etwas anderes, psychisch krank oder gesund zu sein, als noch vor wenigen Jahren. Es bedeutet ebenfalls etwas anderes, sich als psychisch krank oder gesund zu verstehen und gesellschaftlich entsprechend behandelt zu werden. Der Umgang mit psychisch Kranken, das Verständnis ihrer Probleme und auch das Selbstverständnis der Normalen und der Professionellen haben sich in den letzten Jahrzehnten ebenso unmerklich wie tiefgreifend gewandelt. Es ist, mit einem Wort, »moderner« geworden. Dieser Wandel ist eng verknüpft mit allgemeinen Veränderungen unserer Lebensformen, mit veränderten Vorstellungen über Gesundheit und Krankheit, Normalität und Abweichung. Die AutorInnen legen mit diesem Buch eine Studie vor, die sozialwissenschaftlich fundiert ist, in der die Kranken, ihre Angehörigen und ihre TherapeutInnen ausführlich zu Wort kommen. Ein Buch, das fasziniert und das zu denken gibt.

ISBN 3-88414280-1, 360 S., geb., 44.00 DM (44 sFr, 321 öS)

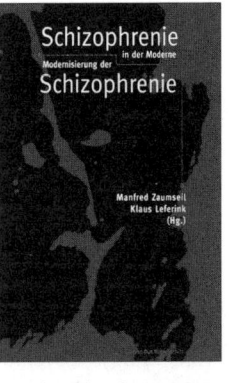

Jakob Christ/Ulrike Hoffmann Richter

Therapie in der Gemeinschaft
Gruppenarbeit, Gruppentherapie und Gruppenpsychotherapie im psychiatrischen Alltag

Das Anliegen dieses Buches ist es, theoretische Grundlagen und handwerkliches Können zu vermitteln, die für jede Gruppenarbeit nützlich sind. Ohne einer spezifischen therapeutischen Schule verpflichtet zu sein, beschreiben Ulrike Hoffmann-Richter und Jakob Christ die verschiedenen therapeutischen und alltagspraktischen Anwendungsformen aus ihren jahrzehntelangen Erfahrungen in sozialpsychiatrischen Institutionen der USA, der Schweiz und Deutschlands. Sie stellen in verständlicher Form die Grundlagen von Gruppenarbeit und gruppendynamischen Prozessen, von allgemeiner und spezifischer Gruppentherapie dar. Die Gruppenprozesse werden transparent und die therapeutischen Ansatzpunkte deutlich. So bietet dieses Buch eine praktische Anleitung für Einsteiger und erleichtert erfahrenen Profis die systematische Reflexion der eigenen Arbeit und Rolle.

ISBN 3-88414-203-8, 240 Seiten, 34.00 DM (31.50 sFr, 284 öS)

Thomas Keller/ Nils Greve (Hg.)

Systemische Praxis in der Psychiatrie

Dieser Band gibt einen spannenden Überblick über den derzeitigen Stand des systemischen Denkens und Handelns in der Psychiatrie der Bundesrepublik sowie einen Einblick in die Praxis internationaler Systemiker.
»Ich halte dieses Buch für einen bahnbrechenden Beitrag sowohl für das sozialpsychiatrische wie für das systemische Feld. Eine derart umfassende Diskussion der Möglichkeiten systemischen Arbeitens im Kontext der (Versorgungs-)Psychiatrie wird für den deutschsprachigen Raum erstmals vorgelegt.« Dr. Thomas Hegemann

Mit einem Vorwort von Helm Stierlin und Beiträgen von T. Andersen, H. Anderson, D. Blymyer, L. Boscolo, J. A. Booker, G. Cecchin, K. G. Deissler, L. Fruggeri u.a., A. Gerlach, N. Greve, I. Hartviksen, T. Keller, P. Kruckenberg, K. Ludewig, W. Rotthaus, J. Schweitzer-Rothers, J. Seikkula, S. de Shazer, C. E. Sluzki

ISBN 3-88414-186-4, 425 Seiten, 39.80 DM (37 sFr, 291 öS)

Psychiatrie-Verlag • Th.-Mann-Str. 49a • 53111 Bonn